ARCHITECTURE HYDRAULIQUE,

OU

L'ART DE CONDUIRE,

D'ÉLEVER, ET DE MÉNAGER

LES EAUX

POUR LES DIFFÉRENS BESOINS DE LA VIE.

TOME SECOND.

Par M. BELIDOR, *Commissaire Provincial d'Artillerie.*

A PARIS, RUE DAUPHINE,

Chez CHARLES-ANTOINE JOMBERT, Libraire du Roi pour
l'Artillerie & le Génie, à l'Image Notre-Dame.

M. DCC. XXXIX.
AVEC APPROBATION ET PRIVILEGE DU ROI.

AVANT-PROPOS.

N'ayant pu me difpenfer de prolonger d'un an le terme auquel devoit paroître ce fecond Volume, il eft jufte de rendre compte de ce retardement, en faifant voir que le principal motif a été de mettre cet Ouvrage en état de mériter le fentiment avantageux que le Public femble en avoir conçu.

Quand on eft un peu jaloux de fa réputation & délicat fur la précifion qui convient au fujet que l'on traite, il ne faut fouvent qu'une réflexion judicieufe pour trouver médiocre un ouvrage qu'on avoit cru digne de quelque confidération ; alors fi l'on eft encore en poffeffion de fon manufcrit, on s'eftime heureux d'être le maître de le fupprimer, ou de lui donner une nouvelle forme ; celui de ce volume étoit entre les mains de l'Imprimeur, & je croyois n'avoir plus rien à y retoucher, lorfqu'une occafion imprévue me défabufa d'un fentiment qui paroiffoit d'autant plus naturel, que je n'avois rien négligé pour le mettre en état de voir le jour dans le tems prefcrit.

Meffieurs les Prevôt des Marchands & Echevins de la Ville de Paris ayant appris que j'avois fait des remarques fur les défauts des pompes de la machine appliquée au pont Notre-Dame, qui fournit l'eau de la riviere de *Seine* au plus grand nombre des fontaines publiques, me firent l'honneur de m'inviter en 1737 de leur communiquer mes vues fur la maniere de rectifier cette machine, afin de la rendre capable d'un plus grand produit. Comme en travaillant au projet qu'on a exécuté, il m'eft arrivé de faire plufieurs nouvelles découvertes fur le mouvement des eaux & la perfection des machines propres à les élever, j'ai cru devoir suspendre l'impression de ce Volume afin de les y inférer, & en même tems corriger plusieurs endroits essentielles, fondés sur quelques principes d'Hydraulique, communément reçus, dont j'ai apperçu l'erreur, comme on pourra s'en convaincre.

Ces objets m'ayant paru d'une assez grande conséquence pour ne point avoir de ménagement, je me suis mis au-dessus des murmures qui pourroient naître de la part des Souscripteurs & de mon Libraire, me flattant que le Public équitable approuveroit ma conduite dès que cet ouvrage paroîtroit, enrichi des augmentations dont je sentois la nécessité ; & pour l'y engager, j'ai accompagné ce Volume de toute la magnificence dont il pouvoit être susceptible.

N'ayant fait dans la préface du premier Volume qu'une légere mention des sujets qui devoient être traités dans celui-ci, voici ceux que comprennent le troisieme & quatrieme Livre, selon l'ordre qu'on a cru qui devoit leur convenir.

Le troisieme Livre est divisé en cinq chapitres. Le premier commence par une dissertation sur les propriétés de l'air, déduites d'un grand nombre d'expériences, accompagnées de remarques utiles, servant d'introduction à la physique & à la théorie des pompes.

Le second comprend la maniere de calculer la force du vent, & le plus grand effet des différentes machines qui peuvent être mises en mouvement par son action.

Dans le troisieme, on trouve une description raisonnée des pompes de toutes sortes d'especes, & une théorie étendue sur la maniere d'en calculer exactement l'effet.

Le quatrieme comprend la description d'un grand nombre de belles machines exécutées en France & dans les pays étrangers, pour élever l'eau avec des pompes, mises en mouvement par la force des hommes, des chevaux &

AVANT-PROPOS.

des courans, dont on calcule les différens effets dans le cas
le plus avantageux, en faifant voir les défauts & les avantages de ces machines, & ce qu'il faudroit faire pour les
rendre parfaites.

Le cinquieme commence par un difcours fur les grands
ouvrages que les Romains ont faits pour la conduite des
eaux, fuivi d'une defcription de la machine appliquée au
pont Notre-Dame à Paris, accompagnée des développemens des nouvelles pompes, pour la rectifier, & des calculs
qui en déterminent le produit.

A l'égard du quatrieme Livre, il eft auffi divifé en cinq
chapitres : le premier commence par la defcription &
le calcul de l'effet d'une machine que j'ai imaginée, qui n'a
rien de commun avec toutes celles qui ont été mifes en
ufage jufqu'ici, dont l'objet eft de faire que l'eau d'une
chûte s'éleve elle-même à telle hauteur que l'on voudra,
fans aucune *fujétion*; enfuite on en rapporte quelques autres executées pour le même objet à Paris & en Angleterre.

Dans le fecond, l'on examine l'action de l'eau dans les
tuyaux de conduite, & les frottemens qui en retardent la
vîteffe, d'où l'on déduit toutes les regles qu'il convient de
favoir fur ce fujet, accompagnées d'un grand nombre
d'expériences & remarques utiles.

Le troifieme commence par un difcours hiftorique fur
l'origine & le progrès des machines mues par l'action du
feu; on en rapporte une pour exemple, développée jufques dans fes moindres parties, on en calcule l'effet réla-
tivement à la force de la vapeur de l'eau bouillante, la réfiftance de l'atmofphere, & celle du poids de la colonne
d'eau qu'on veut élever; enfuite on rapporte un grand nombre d'autres machines mues par les animaux, & les courans pour tirer l'eau des mines & des puits fort profonds.

Le quatrieme comprend la maniere de rechercher, raſſembler & conduire les eaux de ſource par des tranchées de
pierrée, tuyaux, canaux & aqueducs; tout ce qui peut
appartenir aux fontaines publiques, pour diſtribuer l'eau
dans les différens quartiers d'une ville & aux maiſons par-
ticulieres ; la forme la plus convenable aux cuvettes de
diſtribution, pour que la jauge & la répartition de l'eau
ſe faſſent judicieuſement ; le meilleur emplacement des
réſervoirs, tuyaux de conduite, robinets, regards &
puiſards, avec l'uſage qu'on en peut faire pour éteindre
les incendies.

Enfin le cinquieme & dernier chapitre de ce volume
renferme tout ce qui convient à la décoration des jardins
de plaiſance, pour conduire & diſtribuer avantageuſement
les eaux jailliſſantes, afin qu'elles produiſent un agréable
effet ; la maniere de déterminer les diametres des tuyaux
de conduite, ceux des ajutages par rapport à la *hauteur* des
jets & à leur dépenſe. L'on donne des tables fort commodes ſur ce ſujet, qui diſpenſent des calculs qu'il faudroit
faire ſans leur ſecours, ſuivis de la conſtruction des baſſins,
réſervoirs & citernes. Ce chapitre finit par pluſieurs regles
pour déterminer l'épaiſſeur qu'il convient de donner aux
murs deſtinés à ſoutenir la pouſſée de l'eau.

Ceux qui ſavent ce qu'on a écrit ſur l'Hydraulique &
ſur les machines propres à élever l'eau, conviendront
qu'il y a peu de Livres qui ſe reſſentent moins de la com-
pilation que celui-ci, & qui ſoient plus propres à conduire
inſenſiblement à une parfaite connoiſſance de la Méchanique, par le grand nombre d'exemples différens, auxquels
ces principes ſe trouvent *appliqués; mais* pour en bien
ſentir la liaiſon, il importe extrêmement de recourir ſur le
champ aux articles que l'on trouvera cités, qui contri-
bueront à rendre familier tout l'ouvrage qu'on peut regar-

AVANT-PROPOS.

der comme un Cours complet de Méchanique & d'Hydraulique.

Je ne dis rien de la peine que m'a donné la compofition
de la matiere, ni des foins de l'exécution des planches
que j'ai fait enforte de rendre les plus belles qu'il m'a été
poffible, me trouvant bien dédommagé par l'honneur que
le Public a fait au premier volume, & par l'empreffement
qu'il a marqué pour celui-ci.

APPROBATION.

J'Ai lû par ordre de Monfeigneur le Chancelier, le fecond volume de l'*Architecture Hydraulique* de M. BELIDOR, qui m'a paru digne de la bonne opinion
que le Public en avoit conçu, fur la lecture du premier, les fujets y étant traités
avec toute la netteté qu'on peut defirer : il paroît même peu d'ouvrages dont
l'utilité foit plus relative aux befoins de la vie, & on ne fauroit trop louer le
zele infatigable de l'Auteur pour le progrès des Sciences. FAIT à Paris ce 23
Février 1739. PITOT.

EXTRAIT *des Regiftres de l'Académie Royale des Sciences.*
Du dix huit Février mil fept cens trente-neuf.

MEssieurs Nicole & Pitot, qui avoient été nommés pour examiner le fecond
volume de l'*Architecture Hydraulique* de M. BELIDOR, en ayant fait leur rapport, la Compagnie a jugé que ce volume, qui, outre la théorie & la defcription
de plufieurs machines exécutées avec fuccès, contient quantité de recherches
neuves pour la perfection des pompes & autres machines hydrauliques, étant
joint au premier, comprend une ingénieufe application des regles de la Méchanique & de l'Hydraulique à un grand nombre de fujets utiles, comme la
conduite, diftribution & jauges des eaux, &c. que M. Belidor a développés
avec beaucoup de netteté. En foi de quoi j'ai figné le préfent Certificat. A Paris
ce 24 Février 1739. FONTENELLE, *Secretaire perpétuel de l'Académie
Royale des Sciences.*

PRIVILEGE DU ROI.

LOUIS, par la grace de Dieu, Roi de France & de Navarre : A nos amés & féaux
Confeillers, les Gens tenant nos Cours de Parlement, Maîtres des Requêtes ordinaires
de notre Hôtel, Grand-Confeil, Prevôt de Paris, Baillifs, Sénéchaux, leurs Lieutenans
Civils, & autres nos Jufticiers qu'il appartiendra : SALUT. Notre amé CHARLES-ANTOINE
JOMBERT, notre Libraire à Paris, Nous a fait expofer qu'il defireroit faire imprimer &

réimprimer des Ouvrages qui ont pour titre : *ARCHITECTURE HYDRAULIQUE ;
Bibliotheque portative d'Architecture élémentaire ; Architecture Françoise*, par M. Blondel ;
Cours d'Architecture de Vignole, par d'Aviler, avec un Dictionnaire des termes d'Architecture,
par le même ; *Méthode pour apprendre le Dessein*, avec des Figures & des Academies ; *Ana-
tomie à l'usage des Peintres*, par Tortebat ; *Géométrie de Le Clerc ; Traité de Stéréotomie*,
par M. Frezier ; *Architecture Moderne ; De la décoration des Edifices*, par M. Blondel ;
La Théorie & la Pratique du Jardinage, par Alexandre Le Blond ; *Œuvres de M. Ozanam ;
Œuvres de M. Belidor ; savoir, le Cours de Mathématique, la Science des Ingénieurs, le
Bombardier François ; Cours de Science militaire*, par M. Le Blond, contenant l'*Arithmétique & la Géométrie de l'Officier, la Fortification, l'Artillerie, l'Attaque & la Défense des
Places, la Castramétation, la Tactique*, &c. *Recueil des Pierres gravées du Cabinet du Roi*,
s'il nous plaisoit de lui accorder nos Lettres de privilege pour ce nécessaires. A CES CAUSES,
voulant favorablement traiter l'Exposant, nous lui avons permis & permettons par ces Présentes, de faire imprimer & réimprimer lesdits Ouvrages, autant de fois que bon lui sem-
blera, & de les vendre, faire vendre & débiter par tout notre Royaume, pendant le tems
de dix années consécutives, à compter du jour de la date des Présentes : Faisons défenses
à tous Imprimeurs, Libraires & autres personnes, de quelque qualité & condition qu'elles
soient, d'en introduire d'impression étrangere dans aucun lieu de notre obéissance : comme
aussi d'imprimer ou faire imprimer, vendre, faire vendre, débiter ni contrefaire lesdits
Ouvrages, ni d'en faire aucuns extraits, sous quelque prétexte que ce soit, d'augmentation,
correction, changemens ou autres, sans la permission expresse & par écrit dudit Exposant,
ou de ceux qui auront droit de lui ; à peine de confiscation des exemplaires contrefaits,
de trois mille livres d'amende contre chacun des contrevenans, dont un tiers à Nous, un
tiers à l'Hôtel-Dieu de Paris, & l'autre tiers audit Exposant, ou à celui qui aura droit de
lui, & de tous dépens, dommages & intérêts : à la charge que ces Présentes seront enre-
gistrées tout au long sur le Registre de la Communauté des Imprimeurs & Libraires de
Paris, dans trois mois de la date d'icelles ; que l'impression & réimpression desdits Ouvrages sera faite dans notre Royaume, & non ailleurs, en bon papier & beaux caracteres,
conformément à la feuille imprimée, attachée pour modele sous le contre-scel des Présentes ; que l'Impétrant se conformera en tout aux Réglemens de la Librairie, & notam-
ment à celui du 10 Avril 1725 ; & qu'avant de les exposer en vente, les manuscrits &
imprimés qui auront servi de copie à l'impression & réimpression desdits Ouvrages, seront
remis dans le même état où l'Approbation y aura été donnée, ès mains de notre très-cher
& féal Chevalier, Chancelier de France, le Sieur DE LAMOIGNON ; & qu'il en sera ensuite
remis deux exemplaires de chacun dans notre Bibliotheque publique, un dans celle de notre
Château du Louvre, un dans celle dudit Sieur DE LAMOIGNON, & un dans celle de notre
très-cher & féal Chevalier Vice-Chancelier & Garde des Sceaux de France, le Sieur DE
MAUPEOU ; le tout à peine de nullité des Présentes. Du contenu desquelles vous mandons
& enjoignons de faire jouir ledit Exposant ou ses ayans cause, pleinement & paisiblement,
sans souffrir qu'il leur soit fait aucun trouble ou empêchement. Voulons que la copie desdites
Présentes, qui sera imprimée tout au long au commencement ou à la fin desdits Ouvrages,
soit tenue pour duement signifiée ; & qu'aux copies collationnées par l'un de nos amés & féaux
Conseillers-Secretaires, foi soit ajoutée comme à l'original. Commandons au premier notre
Huissier ou Sergent sur ce requis, de faire, pour l'exécution d'icelles, tous actes requis &
nécessaires, sans demander autre permission, & nonobstant clameur de haro, Charte nor-
mande, & Lettres à ce contraires : CAR tel est notre plaisir. DONNÉ à Paris, le premier
jour du mois de Février, l'an de grace mil sept cent soixante-quatre, & de notre Regne
le quarante-neuvieme. Par le Roi en son Conseil.

LE BEGUE.

*Regiftré sur le Registre XVI de la Chambre Royale & Syndicale des Libraires & Imprimeurs
de Paris, n°. 115, fol. 61, conformément aux Réglemens de 1723. A Paris, le 6 Février 1764.*

LE BRETON, Syndic.

ARCHITECTURE

ARCHITECTURE
HYDRAULIQUE,

Ou l'Art de conduire, d'élever & de ménager les eaux pour les différens besoins de la vie.

LIVRE TROISIEME.

Où l'on enseigne la Théorie des Pompes, la maniere de les mouvoir, & la description de plusieurs belles machines pour élever l'eau.

CHAPITRE PREMIER.

Des propriétés de l'air, servant d'introduction à la Théorie des Pompes.

786. DEPUIS que les Philosophes ont commencé à vouloir expliquer les effets de la nature jusques vers le milieu du dernier siecle, ils avoient attribué à l'horreur du vuide ce qui n'étoit qu'un

Part. I. Tome II.   A

effet de la pesanteur de l'air. Si on leur demandoit pourquoi l'eau monte en tirant le piston d'une pompe ou d'une seringue, ils répondoient, *que la nature avoit de l'horrreur pour le vuide*, & que l'eau aimoit mieux monter dans un tuyau dont on a ôté l'air, que de souffrir que cet espace ne fût pas rempli par la matiere. Le célebre *Galilée* est le premier qui se soit apperçu que les *pompes aspirantes* ne pouvoient élever l'eau au-delà de 31 ou 32 pieds, quoique le tuyau en eut 40 ou 50, & que la partie au-dessus de 32 pieds, fut privée d'air grossier ; il en tira seulement cette conséquence, que la nature n'avoit de l'horreur pour le vuide que jusqu'à un certain point, & que l'effort qu'elle fait pour l'éviter est limité.

787. *Toricelli*, son disciple, & qui lui succéda en qualité de Mathématicien du Duc de Florence, fit ensuite une expérience qui est devenue fort fameuse ; il prit un tuyau de verre AB, de 4 pieds de longueur, scellé *hermétiquement* par un bout A, qu'il remplit de mercure, bouchant l'autre avec le doigt, le mit tremper perpendiculairement dans un vaisseau D, où il y avoit aussi du mercure. Il fut fort étonné de voir qu'en ôtant le doigt, le mercure du tuyau tomba en partie, laissant un vuide AC, & resta suspendu à la hauteur CE d'environ 28 pouces au-dessus de la surface du mercure contenu dans le vaisseau ; *il conçut que l'horreur du vuide étoit une chimere*, & jugea que l'air devoit avoir de la pesanteur. Cette expérience fut envoyée à Paris en 1644 au Pere *Mersenne* qui la rendit publique ; voilà ce qui a donné lieu à toutes celles qui ont été faites par M. *Pascal*, d'où l'on a reconnu que la sphere de l'air pressoit par son poids toute la surface de la terre. Il est vrai que nous ne sentons point ce poids, parce que nous en sommes pressés également de toutes parts. Quelques Physiciens ayant calculé quelle étoit la pression de l'atmosphere sur le corps d'un homme d'une taille ordinaire, ont trouvé qu'elle pouvoit être de 20 milliers de livres.

788. Pour rendre raison de l'expérience de *Toricelli*, on fera attention que si le mercure se soutient environ à la hauteur de 28 pouces, cela vient de ce qu'il n'y a point d'air dans la partie AC du tuyau que le mercure a abandonné, & que celui de dehors presse la surface du mercure qui est dans le vaisseau, & non pas celui du tuyau, qui se maintient en équilibre avec ce dernier, lequel n'est poussé en bas que par l'action de sa pesanteur. Ainsi le *poids d'une colonne de mercure de 28 pouces de hauteur, est égal à celui d'une colonne d'air de même base, qui auroit pour hauteur celle de l'atmosphere.*

Pour être convaincu que l'élévation du mercure dans le tuyau est un effet du poids de l'air, on n'a qu'à le porter avec le vaisseau où il trempe, dans un lieu profond ; on verra le mercure s'élever sensiblement au-dessus de 28 pouces, parce que la colonne d'air étant plus haute, par conséquent plus pesante, est capable de soutenir en équilibre un plus grand poids de mercure. Il arrive le contraire lorsqu'on porte cette machine au sommet d'une montagne fort élevée ; à mesure que l'on monte, l'on voit descendre le mercure du tuyau, & se mêler avec celui du vaisseau.

Lorsqu'on dit qu'une colonne de mercure de 28 pouces de hauteur est en équilibre avec la pesanteur moyenne de l'air, on suppose le barometre placé au niveau de la surface des eaux de la mer, qui étant par-tout également éloignée du centre de la terre, doit être regardée comme un point fixe pour déterminer ce qui est plus élevé ou plus bas.

789. Pour mieux faire connoître ces différences, on a exprimé par la figure dix-septieme les expériences qui furent faites à Clermont en Auvergne par un parent de M. *Pascal* : il y a proche cette ville une montagne de 500 toises de hauteur, nommée *le Puits de Dôme*, où l'on fit en même tems trois observations : la premiere A dans un jardin de Clermont, le mercure se trouva dans le tuyau à 26 pouces 3 lignes ½ ; la seconde B environ au tiers de la côte, le mercure *se trouva dans le tuyau* à 25 pouces de hauteur, étant *descendu*, en montant, de 15 lignes ½ ; la troisieme C au sommet de la montagne où le mercure ne s'est plus trouvé qu'à la hauteur de 23 pouces 2 lignes, étant descendu en tout de 3 pouces une ligne ½.

790. Ce que nous venons de voir de l'équilibre du mercure avec la pesanteur de l'air, doit s'entendre de toutes les autres liqueurs ; une colonne *d'eau*, par exemple, se mettra aussi en équilibre avec une colonne d'air ; mais comme une certaine quantité d'eau pese 13 fois ½ moins qu'une égale quantité de mercure, (343) il faut qu'une colonne d'eau de même base, soit 13 fois ½ plus haute qu'une colonne de mercure de 28 pouces, c'est-à-dire, qu'elle ait à-peu-près 31 pieds 8 pouces ; mais l'on compte ordinairement sur 32 pieds.

L'aspiration pour l'élévation de l'eau dans les tuyaux qui y trempent, se fait, comme on le voit dans la figure douzieme, en tirant un piston B de bas en haut tout d'une venue, en commençant de son extrémité E, où l'on en chasse l'air par plusieurs coups de piston, comme nous le ferons voir dans le Chapitre troisieme. Alors l'eau monte & suit le piston jusqu'à la hauteur CD, de 31 ou 32 pieds, selon l'état où se trouve l'air ; & si l'on tire le piston plus haut que cette élévation, l'eau ne le suit plus, & l'intervalle CB qui

A ij

est entre deux, reste vuide, c'est-à-dire, privé d'air grossier; ce qui vient encore un coup de ce que l'air extérieur presse la surface FG de l'eau où trempe le tuyau, qui ne trouvant d'autre issue pour s'échapper de la contrainte où elle est, que le vuide que le piston a causé dans le tuyau, y monte tant que l'action du poids de l'air a de force pour l'y soutenir, après quoi l'un & l'autre se maintiennent en équilibre.

Maniere de connoître la pesanteur de l'atmosphere.

791. Prévenu de la hauteur où se trouve une colonne d'eau, quand elle est en équilibre avec l'air, il sera aisé de juger de la pesanteur de l'air dans l'état où il est alors; car si la colonne d'eau a, par exemple, 31 pieds $\frac{1}{2}$ de hauteur, & pour base un pied quarré, elle sera de 31 pieds $\frac{1}{2}$ cube; & comme le pied cube pese 70 livres, (340) l'on peut dire que la colonne d'eau pesera alors 2205 livres.

Maniere de connoître la pesanteur d'un certain volume d'air.

792. Si l'on a un barometre au pied d'une montagne, & que le mercure y soit suspendu à la hauteur de 28 pouces, il est évident que le poids de toute la colonne d'air sera égal à celui de 28 pouces de mercure. Si l'on porte ensuite le barometre à 10 toises plus haut, & que le mercure à cette hauteur soit descendu d'une ligne, comme cela arrivera en effet, la colonne restante, qui ne sera plus que de 27 pouces 11 lignes, sera en équilibre avec celle de l'air dont la base répond à 10 toises au-dessus de l'horizon; par conséquent le poids de la ligne dont le mercure est descendu, est égal à celui d'une colonne d'air de 10 toises de hauteur au pied de la montagne, qui auroit pour base celle qu'a le mercure dans le tuyau. Si l'on fait une seconde observation à 10 toises au-dessus de la premiere, & que le mercure y soit descendu de $\frac{5}{6}$ de ligne, par exemple, on pourra conclure que la colonne d'air qui répond à cette hauteur, est égale au poids du mercure suspendu dans le barometre, c'est-à-dire, de 27 pouces 10 lignes $\frac{1}{6}$ de ligne, & que le poids de la colonne d'air de 10 toises de hauteur, comprise entre la premiere & la seconde observation est de $\frac{5}{6}$ de ligne. On pourra donc, avec cet instrument, mesurer le poids d'un même volume d'air à 60 pieds de hauteur, pris à différentes distances de la terre, & connoître le rapport du poids d'un volume d'air donné à celui d'un pareil volume d'eau. Comme un pied cube de mercure pese moyennement 946 liv. (343) divisant ce nombre par 144, il viendra 6 livres 9 onces pour le poids d'une ligne de mercure qui auroit un pied quarré de base; par conséquent pour celui d'une colonne d'air de même base, & dont la hauteur seroit de 60 pieds : divisant encore 6 livres 9 onces par 60, il viendra une once 6 dragmes pour la pesanteur d'un pied cube de cet air, en le supposant uni-

forme sur la hauteur de 10 toises. Si l'on veut savoir le rapport de la pesanteur de l'air à celle de l'eau, il n'y aura qu'à réduire 70 liv. pesanteur d'un pied cube d'eau, en dragmes, on en trouvera 8960; & comme le pied cube d'air pese 14, on pourra donc dire que sa pesanteur est à celle de l'eau comme 14 est à 8960, ou comme 1 est à 640.

793. Messieurs *Mariotte* & *Homberg* ont fait ensemble plusieurs expériences en 1683 sur ce sujet, & ils ont trouvé que le poids de l'air est à celui de l'eau, comme 1 est à 360. Depuis, plusieurs Sçavans ont aussi cherché ce rapport, mais ils ne se sont pas toujours parfaitement rencontrés, parce que l'air se dilatant par la chaleur & se condensant par le froid, un même espace en comprend plus ou moins dans un tems que dans l'autre; mais si l'on n'a point égard à ses variations, on peut conclure qu'il est 640 ou 630 fois plus rare ou plus dilaté que l'eau.

Au sujet des différentes hauteurs du mercure dans le barometre, selon les différentes températures de l'air, il paroît bien surprenant de voir que quand l'air est fort chargé de vapeurs & prêt à pleuvoir, le mercure descend; lorsqu'il semble que la colonne d'air qui pese immédiatement sur le mercure du bout du tuyau qui est ouvert, doit *être la plus pesante*: & qu'au contraire le mercure s'éleve au plus haut quand l'air devient pur & serein.

794. M. *Leibnitz* attribue la descente du mercure du barometre, quand il doit pleuvoir, à une cause fort naturelle, & qui me paroît plus satisfaisante que toutes les hypotheses qui sont venues à ma connoissance. Pour l'entendre, il faut se rappeller ce qui a été dit dans l'article 630, qu'un corps étranger qui est dans une liqueur, fait partie de son poids tant qu'il y surnage; mais que dans le moment qu'il descend, son poids ne fait plus entiérement partie de celui de la liqueur, laquelle vient par-là à peser moins sur le fond du vaisseau qui la soutient.

Explication des variations du barometre.

De même, tant que les parcelles imperceptibles de l'eau, en une quantité prodigieuse, sont soutenues dans l'air, elles en augmentent le poids, qui presse alors davantage la surface des corps, sur lesquels il s'appuie, & voilà ce qui fait que le mercure du barometre est contraint de monter. Mais aussi-tôt que les parcelles de l'eau sont en assez grand nombre pour acquérir une pesanteur au-dessus de celle de l'air qui les soutient, elles descendent, se joignent plusieurs ensemble, forment des gouttes qui, venant à tomber, cessent de faire une aussi grande partie du poids de l'air: celui-ci ne pressant plus avec autant de force la surface des corps sur lesquels il s'appuie, le mercure defcend. Sur quoi il eft à remarquer, que comme il arrive fouvent que les parcelles de l'eau les plus élevées, en tombant fort lentement, mettent un tems confidérable avant que de fe joindre aux inférieures, la pefanteur de l'air diminue avant qu'il pleuve, & le barometre prédit le tems qu'il doit faire.

L'air a du reffort, & peut être condenfé.

795. Une des principales propriétés de l'air, eft de pouvoir être extrêmement *condenfé*, & de conferver toujours une vertu de ref-fort, par laquelle il fait effort pour repouffer les corps qui le pref-fent; car l'air qui répond à la furface de la terre, eft fort éloigné d'être dans fon état naturel; étant chargé du poids de toute l'at-mofphere, il eft plus condenfé que celui qui eft le plus élevé. Pour donner une idée de ceci, fuppofons un grand amas de laine cardée, d'une hauteur confidérable; il eft conftant que la laine qui eft en-bas étant chargée du poids de toute celle qu'elle porte, ne fera pas fi étendue que celle qui eft au fommet; c'eft pourquoi celle de deffous fera autant d'effort pour fe remettre dans fon état naturel, que celle dont elle eft chargée en fait pour la comprimer. L'air eft précifément dans le même cas à quelque hauteur qu'on le prenne; la colonne qui eft deffous une *Table*, par exemple, fait autant d'effort pour l'enlever de bas en haut, que celle qui eft deffus la table en fait de haut en bas pour la preffer; autre-ment fi les deux colonnes n'étoient point en équilibre, & que l'action de la fupérieure pût agir feule, la table ayant feulement 20 pieds quarrés de fuperficie, feroit chargée d'un poids de plus de 44000 liv. qu'elle ne pourroit foutenir fans fe rompre. De mê-me les toits des maifons & les planchers des appartemens ne réfif-teroient jamais au poids immenfe dont ils font chargés, s'ils ne fe trouvoient toujours entre deux colonnes d'air, dont celle de deffous eft en équilibre par fon reffort avec celle qui la preffe.

Le reffort de l'air agit en tout fens avec une force éga-le.

Il eft à remarquer *que le reffort de l'air agit en tout fens avec une égale force*, de même que les liqueurs: (343) que cette force étant tou-jours égale au poids de la colonne d'air correfpondante, ou au poids d'une colonne de mercure équivalente, qui auroit la même bafe, & pour hauteur environ 28 pouces, ou à une colonne d'eau de 32 pieds, l'on connoîtra toujours la force de ce reffort, qui fera égale au poids de cette colonne dont la bafe eft déterminée par la furface du corps contre lequel il agira. Par exemple, l'air naturel renfermé dans une caiffe cubique, dont chaque face au-roit intérieurement un pied quarré, pouffera chacune de fes faces pour les féparer avec une force de reffort équivalente à 2205 liv. lorfque le barometre eft à fa hauteur moyenne; & les fépareroit en effet fi l'air de dehors étoit anéanti, ou que fon reffort fût beau-coup moindre que celui de dedans ; ainfi à l'avenir *nous prendrons indifféremment la pefanteur de l'air pour exprimer la force de fon ref-fort, ou fon reffort pour fa pefanteur.* Quand on fera dans un lieu plus élevé ou plus bas que le niveau de la mer, l'on pourra tou-jours juger à-peu-près de la force du reffort de l'air en cet endroit par l'élévation du barometre qu'on y aura porté.

796. Prévenu de la pefanteur & du reffort de l'air, il eft aifé d'expliquer plufieurs effets de la nature, que les Anciens attribuoient à l'horreur du vuide : par exemple, l'expérience fait voir que fi l'on a deux corps fort *polis*, comme deux glaces de miroir, appliquées l'une contre l'autre, & qui fe touchent dans toutes les parties de leurs furfaces, on trouve beaucoup de difficulté à les féparer, parce que n'y ayant point d'air entre-deux, dont le reffort puiffe faire équilibre avec la colonne qui preffe par fon poids les deux corps, il faut furmonter la pefanteur de toute la colonne qui au-roit pour bafe la furface qui touche l'autre.

La force du reffort de l'air eft caufe de la difficulté qu'on éprouve à féparer deux corps polis.

Fig. 1.

De même, fi l'on a un foufflet fermé, dont le canon & la fou-pape foient bien bouchés, & qu'on attache une des aîles contre une furface verticale ou horizontale ; on ne peut ouvrir le foufflet, c'eft-à-dire, écarter l'autre aîle de la précédente, fans furmonter la réfiftance d'une grande partie de la colonne d'air qui auroit pour bafe une des aîles du foufflet ; car comme il ne refte dans l'ame que très-peu d'air lorfqu'on enfle le foufflet, celui dont il veut occuper la place ne pouvant rentrer dans la capacité intérieure, réfifte avec une force qu'on auroit peine à croire fi l'expérience ne le confirmoit.

Raifon pour-quoi on ne peut ouvrir, fans un grand effort, un foufflet dont toutes les ou-vertures font bouchées.

Fig. 15 & 16.

797. Pour expliquer comment la pefanteur de l'air fait paffer l'eau d'un vaiffeau dans un autre, à l'aide d'un *fiphon*, il faut être prévenu que le vaiffeau D où il y a de l'eau, doit être un peu plus élevé que l'autre E où elle doit fe rendre ; & que le fiphon A, qui n'eft autre chofe qu'un tuyau de cuivre ou de fer-blanc, a une de fes branches B plus courte que l'autre C. Pour en faire ufage, on remplit le fiphon avec de l'eau afin d'en chaffer l'air ; enfuite on en bouche les deux trous bien exactement, on retourne le fiphon mettant la plus courte branche tremper dans le vaiffeau D, & on la débouche dans l'eau même ; on débouche auffi l'autre C, alors on voit toute l'eau d'un vaiffeau paffer dans l'autre, ce qui vient de ce qu'il y a plus de hauteur d'eau dans la branche C que dans l'autre B. Car d'abord l'air agit de part & d'autre pour faire mon-ter l'eau plus haut que le fommet A du fiphon, mais il eft repouffé avec plus de force par l'eau de la branche C, que par celle de

Que la pe-fanteur de l'air eft caufe de la propriété du fiphon.

Fig. 14.

l'autre B, quoique la colonne d'air qui répond à la branche C, soit un peu plus haute que celle qui agit sur la branche B. Mais la différence de ces deux colonnes est un trop petit objet pour mettre une inégalité sensible dans leur pesanteur; ainsi la branche B ayant 12 pouces par exemple, & l'autre C 13, la différence des deux colonnes d'eau ne sera que d'un douzieme de leurs hauteurs. Alors on voit que l'eau de la branche B, par rapport à son poids, sera plus poussée en haut par l'air, que l'eau de la branche C ne le sera par rapport au sien; ainsi l'eau de cette derniere descendra, & celle de l'autre trouvant à s'introduire dans le tuyau, sera contrainte d'y passer tant qu'il y en aura dans le vaisseau supérieur, pour s'aller rendre dans l'inférieur. Ceci arrivera avec toute sorte de siphons, de quelque grandeur qu'on les fasse, pourvu que la plus courte branche soit au-dessous de 30 ou 31 pieds.

Expérience familiere pour prouver la force du ressort de l'air.

Fig. 10.

798. Voici encore une petite expérience pour prouver la pesanteur de l'air, ou, si l'on veut, la force de son ressort, que tout le monde est à portée de faire. On remplit un verre de liqueur tant qu'elle surmonte les bords; & l'ayant couvert d'un morceau de papier mouillé que l'on presse avec la main, pour l'appliquer juste contre les bords; on le renverse dans cet état la patte en haut, alors on voit le papier soutenir la liqueur contenue dans le verre, sans qu'il s'en répande une goutte, parce que l'air presse de bas en haut le papier avec plus de force que la liqueur n'en a pour descendre.

Description de la machine pneumatique.

Fig. 2.

799. La machine du vuide que l'on nomme *Pneumatique*, est trop utile dans les expériences physiques, pour ne point en donner la description, ne voulant rien laisser à deviner à ceux qui n'ont point vu cette machine. Elle est composée d'une *tablette* de cuivre ABC, qui peut avoir 10 à 12 pouces de diametre, soutenue horizontalement par trois *branches* de fer E, qui aboutissent à un cercle FG qui embrasse le corps d'une *seringue* FGHI; cette seringue traverse un *plateau* de bois KL, avec lequel elle est bien attachée, le tout soutenu par trois pieds M, entretenus ensemble par des *branches de fer*, qui se réunissent à un cercle N, pour plus de solidité.

Le *piston* de la seringue se fait quelquefois de bois entouré de filasse, ou de plusieurs rondelles de cuir, mêlées de feutres, pressées ensemble comme un talon de soulier; le piston est attaché à une *tige* de fer OP, à l'extrémité de laquelle est un *étrier* S, servant à passer le pied dans le tems de l'aspiration.

Fig. 4, 5, & 6.

A la tête de la seringue est attaché un *robinet V* de cuivre, fer-

mé

mé par une *clef y;* cette clef eſt percée au travers, comme celles
des fontaines ordinaires, & à égale diſtance des deux extrémités
du trou, ſur la ſurface de la clef d'un côté ſeulement, eſt un *rainure*
ou fente A, d'une demi-ligne de largeur ſur une ligne de profondeur.

La tablette AC eſt percée dans le milieu par un trou X, ſoudé
avec l'orifice d'un petit tuyau, dont l'autre bout répond au robinet;
on applique ſur la tablette un morceau de *cuir* mouillé ſur lequel
on poſe une cloche de verre Z, nommé *récipient*, dont voici l'effet.

800. Suppoſant que le piſton Q touche immédiatement la tête
de la ſeringue, on tourne la clef *y* pour laiſſer libre la communication du récipient & de la ſeringue; alors l'air groſſier qui étoit
dans le corps de la ſeringue en ayant été chaſſé, celui du récipient trouvant à ſe dilater, ſe répand dans le corps de la ſeringue;
de ſorte que ſi l'on ſuppoſe, pour un moment, que la capacité de la
ſeringue ſoit égale à celle du récipient, occupant un eſpace double, il eſt une fois plus dilaté, ou, ſi l'on veut, une fois moins con-
denſé que celui que nous reſpirons, puiſqu'il n'en peut pas être
rentré d'autre. Quand le piſton eſt en bas, on tourne la clef *y* d'un
autre ſens pour interrompre la communication du récipient & de
la ſeringue. *Alors ſi l'on retire le pied de l'étrier S, le reſſort de
l'air extérieur pouſſant le piſton de bas en haut, le fait remonter
juſqu'à la moitié du chemin qu'il a fait en deſcendant, c'eſt-à-dire,
juſqu'à ce que l'air de la ſeringue ſoit réduit au même degré de
condenſation que celui de dehors;* & ſi l'on pouſſe la tige du piſton pour le faire monter vers la tête de la ſeringue, l'air du corps
de la ſeringue deviendra plus comprimé que celui du dehors, &
ſortira par la petite fente A qui eſt à la clef *y.* Si l'on tourne de nouveau la clef d'un autre ſens, & que l'on faſſe deſcendre le piſton,
l'air qui étoit reſté dans le récipient ſe dilatera encore une fois
davantage, & n'aura que le quart du reſſort qu'il avoit dans ſon
état naturel. Répétant pluſieurs fois la même manœuvre, on parviendra à ôter du récipienr la plus grande partie de l'air groſſier;
car il ne faut pas compter ſur un vuide parfait: tout ce que l'on
peut faire eſt d'augmenter de plus en plus la dilatation par un plus
grand nombre de coups de piſton.

801. Pour connoître après un certain nombre de coups de piſton
déterminé, de combien l'air qui eſt reſté dans le récipient, eſt plus
dilaté que celui qu'on y avoit renfermé, il faut faire attention *que
la dilatation de l'air renfermé dans le récipient, quelle qu'elle ſoit, eſt
toujours à la dilatation de celui qui y reſte immédiatement après chaque*

Fig. 4.

Fig. 5.

*Maniere de
connoître à
quel point
l'air eſt dilaté
dans la machi-
ne pneumati-
que.*

coup de piston, comme la capacité du récipient est à celle de la seringue & du récipient pris ensemble ; d'où il suit que la dilatation de l'air augmente après chaque coup de piston, selon que croissent les termes d'une progression géométrique, dont le rapport des termes seroit comme la capacité du récipient à celle de la seringue & du récipient pris ensemble.

Nommant a, la capacité du récipient ; b, celle de la seringue & du récipient, l'on aura $\therefore a, b^1, \frac{b^2}{a}, \frac{b^3}{a^2}, \frac{b^4}{a^3}, \frac{b^5}{a^4}$, dont les exposans des numérateurs de chaque terme représentent le nombre des coups de piston, tandis que les termes expriment la dilatation de l'air resté dans le récipient. Mais on sait que l'on peut trouver tel terme que l'on voudra d'une progression géométrique, dès que l'on connoît les deux premiers ; par exemple, pour avoir celui qui répond au quarantieme coup de piston, j'éleve le premier & le second terme à la quarantieme puissance, & nommant x, celui qu'on cherche, l'on aura $a^{40}, b^{40} :: a, x$; & si au lieu de a, l'on prend l'unité pour exprimer l'air naturel renfermé dans le récipient, la proportion sera $a^{40}, b^{40} :: 1, x$, qui donne $\frac{b^{40}}{a^{40}} = x$. Si l'on suppose que la capacité du récipient soit *sextuple* de celle de la seringue, leur rapport sera comme 6 est à 1, par conséquent l'on aura $a = 6, b = 6 + 1 = 7$. Pour connoître la valeur de x ou de $\frac{b^{40}}{a^{40}}$, il faut se servir des logarithmes, afin d'abréger le calcul qui deviendroit fort pénible s'il falloit élever le nombre 6 & 7 à la quarantieme puissance. Je suppose donc que m est le logarithme de $6 = a$, & que n est le logarithme de $7 = b$, alors on aura $40 \times n - 40 \times m = x$, au lieu de $\frac{b^{40}}{a^{40}} = x$; *c'est-à-dire, qu'il faut prendre dans les tables les logarithmes des nombres 7 & 6, qui sont 8450980, & 7781512, & multiplier leur différence, qui est 669468, par 40, pour avoir 26778720, qui est le logarithme du nombre que l'on cherche, qui répond à 476* ; on aura donc $a^{0}, b^{40} :: 1, 476$; qui fait voir qu'après le quarantieme coup de piston, l'air du récipient sera 476 fois plus dilaté que celui qu'on y avoit enfermé.

Trouver le nombre de coups de piston qu'il faut donner pour dilater l'air jusqu'à un certain point déterminé.

802. Quand on connoîtra le rapport de la capacité du récipient, à celle de la seringue, on pourra aussi trouver combien il faudra donner de coups de piston, pour dilater l'air du récipient jusqu'à un certain point déterminé ; par exemple, on demande de le dilater 476 fois plus qu'il ne l'est dans son état naturel ; je nom-

me x, le nombre de coups de piston qu'il faudra donner ; d, la quantité de fois dont on veut que l'air soit plus dilaté que celui que nous respirons ; je suppose encore $a = 6$, & $b = 7$, la question se réduit à trouver l'exposant d'une proportion semblable à celle de l'article précédent ; car l'on aura a^x, $b^x :: 1, d$, ou $\frac{b^x}{a^x} = d$. Or si à la place des quantités a, b, d, l'on prend leurs logarithmes, que je suppose exprimés par m, n, p ; on aura $xm - xn = p$, au lieu de $\frac{b^x}{a^x} = d$, ou $x = \frac{p}{m - n}$, ou $x = \frac{26778720}{8450980 - 7781512}$, ou $x = \frac{26778720}{669468} = 40$, *qui fait voir qu'il faut diviser le logarithme de* 476, (*c'est-à-dire, du nombre qui exprime la quantité de fois dont on veut que l'air soit plus dilaté qu'il ne l'est naturellement*) *par la différence des deux logarithmes des nombres qui expriment, l'un la capacité du récipient, & l'autre celles du récipient & de la seringue, prises ensemble.*

803. De même, si l'on vouloit ne dilater l'air du récipient que cent fois plus qu'il ne l'est naturellement, supposant $d = 100$; nous aurons encore, en prenant le logarithme de ce nombre, qui est 20000000, $x = \frac{20000000}{8450980 - 7781512} = 32$, qui fait voir qu'il faut donner environ 32 coups de piston.

L'on verra par la suite, combien il importe, pour se servir avec exactitude de la machine du vuide, de savoir à quel point on a dilaté l'air dans une expérience plus ou moins que dans l'autre, afin d'en pouvoir faire le rapport ; au reste je ne me suis point arrêté à donner une description fort exacte de cette machine, parce qu'on la trouve dans plusieurs Auteurs, principalement dans le Livre des Expériences Physiques de M. *Poliniere*, qui en rapporte toutes les dimensions. Voici quelques expériences qui pourront donner une idée de la maniere dont se font les autres.

804. Si l'on met un petit animal sous le récipient, à mesure qu'on en pompe l'air, on le voit tomber en défaillance ; parce que celui qu'il a dans les poumons & dans le sang, cessant d'être en équilibre avec celui qu'il a coutume de respirer, se dilate & empêche que la circulation du sang ne se fasse comme à l'ordinaire. Si l'on continue à dilater l'air encore davantage, l'animal meurt, & si l'on a soin de compter le nombre de coups de piston que l'on a donnés pour le faire mourir, l'on peut trouver ensuite, par le calcul, de combien il a fallu que l'air fût dilaté pour qu'il cessât d'être respirable pour cet animal. Mais il faut remarquer

B ij

que comme l'air que l'on renferme sous le récipient, n'est pas toujours le même, pouvant se trouver plus ou moins condensé une fois que l'autre ; l'on ne peut comparer la dilatation qui a servi à cette expérience, ou à toute autre, qu'avec l'état de l'air naturel dans le moment où s'est fait l'expérience ; à moins qu'on ne se serve du *manometre*, qui est un instrument imaginé par M. *Varignon*, avec lequel on mesure les différens degrés de la dilatation de l'air en différens tems, & qui fait connoître non-seulement combien l'air primitif qu'on a enfermé dans la machine, aura été dilaté par un certain nombre de coups de piston ; mais encore de combien un air primitif qu'on y auroit enfermé dans un certain tems, auroit été plus ou moins raréfié de lui-même, que celui qu'on y auroit enfermé dans un autre tems, ce qui donne un moyen infaillible de comparer les expériences qui demanderoient une grande précision. Car comme le remarque M. de *Fontenelle* * en parlant du *manometre*, il ne faut pas compter que le barometre ni le thermometre puissent servir en pareil cas ; parce que le premier marque la raréfaction qui vient du poids de l'atmosphere, & l'autre celle qui vient de la chaleur ; & comme ces deux causes agissent toutes deux ensemble, & se modifient l'une l'autre, elles mettent l'air dans un degré de raréfaction qui n'est ni celui que marque le barometre, ni celui que marque le thermometre ; il faut donc avoir un troisieme instrument qui puisse marquer le degré de raréfaction de l'air, tel que le produisent à chaque moment les deux causes différentes qui ont part à cet effet, & qui puisse faire dans le même tems les fonctions des deux autres.

805. On peut encore dilater l'air du récipient jusqu'à un certain point déterminé, d'une maniere très-simple, en se servant d'un barometre disposé exprès ; car le poids de l'atmosphere étant en équilibre avec une colonne de mercure de 28 pouces ; si le même air étoit une fois plus dilaté que dans son état naturel, il ne soutiendroit qu'une colonne de 14 pouces, & qu'une de 7, s'il étoit quatre fois plus dilaté que de coutume. Comme on ne peut se servir du barometre ordinaire, à cause qu'il est trop grand pour être mis sous le récipient, on pourra en faire un dont la hauteur ne sera que de 8 pouces, tout rempli de mercure, divisant, comme à l'ordinaire, en un nombre de parties égales, la hauteur de 7 pouces ; on pompera l'air tant que le mercure soit à la hauteur de 7 pouces au-dessus de celui de l'orifice, alors il sera quatre fois plus dilaté que dans son état

moyen, & continuant de pomper, on le dilatera felon telle proportion qu'on voudra, au-deſſus du précédent, en obſervant les
diviſions marquées le long du tuyau. Si l'on continue à pomper tant que le mercure approche d'être de niveau de part &
d'autre, l'on verra fenſiblement combien il faut donner de coups
de piſton pour évacuer tout l'air groſſier.

806. Si l'on a une bouteille où il y ait du mercure juſqu'à la
hauteur AB, & un tuyau EF, ouvert par les deux bouts, dont
l'un trempe dans le mercure juſques vers le fond, & que la ſurface du tuyau & le goulet de la bouteille ſoient intimement unis,
de façon que l'air ne puiſſe ſortir de la bouteille; lorſque celui
du récipient ſe dilate, on voit le mercure s'élever dans le tuyau
par la force du reſſort de l'air qui eſt dans la bouteille: cet air, cherchant à ſe dilater auſſi, preſſe la ſurface du mercure, qui ne l'étant
plus à l'endroit du tuyau, eſt contraint de s'élever, tant que l'un
& l'autre ſoient en équilibre.

Fig. 11.

807. Si l'on y met de la *poudre à canon*, & qu'on l'allume au
travers le récipient par le moyen d'un *verre ardent*; au lieu de s'en-
flammer avec détonnation, elle ne fait que ſe fondre & bouil-
lonner, parce que tandis que le ſalpêtre & le ſoufre ſe fon-
dent par la chaleur, l'air *qui étoit* renfermé dans les grains ſe
raréfie, s'échappe & cauſe le bouillonnement, ce qui prouve
manifeſtement, comme je me ſuis appliqué à l'inſinuer dans le
Bombardier françois; *que la poudre enflammée n'eſt qu'un feu qui a
la proprieté de mettre l'air en action, & de débander ſon reſſort avec
beaucoup de promptitude, & qu'il n'y a que l'air ainſi raréfié qui produit
tous les effets qu'on attribue uniquement à la poudre, mais fort mal à propos, puiſqu'elle ceſſe d'agir auſſit-ôt que les molécules de l'air lui manquent.* Comme l'air a plus ou moins de reſſort, ſelon qu'il eſt
plus ou moins raréfié, & que la chaleur, le froid, l'humidité y
cauſent continuellement des changemens conſidérables, il n'eſt
pas étonnant que la même poudre produiſe tant d'inégalités dans
ſes effets, puiſqu'elle ſe reſſent néceſſairement de toutes les variations de l'air; c'eſt pourquoi les expériences qui ont rapport
à l'artillerie, ont beſoin d'une préciſion bien au-deſſus de celle
qu'on y apporte ordinairement, puiſqu'on ne peut connoître de
quelle part naiſſent les changemens qui ſurviennent, qu'en obſervant en même tems ceux qui arrivent à l'air; deſorte qu'à le bien
prendre, on peut dire que l'art de jetter des bombes devient l'objet non-ſeulement d'une Géométrie au-deſſus des principes communs, mais encore d'une phyſique très-délicate.

*La poudre à
canon ne fait
point d'effet
dans la machi-
ne pneumati-
que.*

808. On se sert aussi de la machine du vuide, pour connoître la pesanteur d'un certain volume d'air, afin de la comparer à celle d'un pareil volume qui seroit plus ou moins dilaté ; on prend un *ballon* de verre ou une bouteille, dont on adapte bien le goulet avec le tuyau de la seringue, afin d'en pomper l'air, comme l'on vuide celui du récipient ; & après qu'on en a affoibli le ressort autant qu'il est possible, on ferme le tuyau, & on le sépare de la seringue. On pese la bouteille en cet état dans des balances fort justes, après quoi on ouvre le tuyau pour laisser rentrer l'air naturel, on pese encore le tout une seconde fois, la différence des deux poids donne celui de l'air grossier de la bouteille, dont il est aisé de connoître le volume par le poids de la quantité d'eau qu'elle peut contenir (626). C'est ainsi que M. *Homberg* a trouvé, par des expériences faites avec beaucoup d'exactitude, *qu'un pied cube d'air pesoit en été 7 gros 9 grains, & en hiver 14 gros & environ 19 grains ;* c'est-à-dire, un peu plus d'une once, six gros, qui est le même poids que nous avons trouvé par le calcul du barometre dans l'article 792 ; *ainsi l'on peut conclure, qu'en France l'air ne pese en été que la moitié de ce qu'il pese en hiver.* Une si grande différence vient, selon M. *Homberg*, d'un plus grand mouvement de la matiere subtile qui produit une chaleur plus grande, & sépare en été les molécules de l'air les unes des autres, & leur donne un moyen de déployer leur ressort ; au lieu qu'en hiver y ayant une moindre quantité de cette matiere répandue dans l'air, ou celle qui s'y trouve ayant moins de mouvement, les molécules se rapprochent les unes des autres, & il s'en trouve par conséquent davantage dans un même volume. Ainsi l'air pese plus ou moins selon la quantité de matiére étrangere dont il est chargé ; dans les grandes chaleurs il est plus léger, parce qu'il contient plus de matiere subtile, & en hiver il pese davantage, parce qu'il en contient beaucoup moins. Il suit de ce raisonnement & de l'article 807, que la poudre à canon doit avoir beaucoup moins de force en été qu'en hiver, parce qu'elle trouve beaucoup moins de parties d'air à raréfier, & c'est ce que j'ai éprouvé dans un grand nombre d'expériences.

Cependant le mercure du barometre ne laisse pas d'être toujours élevé à 27 ou 28 pouces dans une saison comme dans l'autre, au lieu qu'il devroit, ce semble, être élevé en hiver du double de ce qu'il est en été. Cela vient de ce que la colonne d'air qui pese sur l'orifice de la fiole du barometre, est toujours, dans sa totalité, d'un poids à-peu-près égal dans quelque saison que ce foit; mais qu'elle est plus dilatée environ du double, en été de ce qu'elle est en hiver, ainsi qu'il arrive à des liqueurs, dont une certaine mesure ne laisse pas d'égaler son même poids, quoiqu'elle se soit toute mise en mousse.

809. On peut conclure de ce qui précede, qu'on n'a jamais le véritable poids des corps qui ont beaucoup de volume, tels que les ballots de laine, de coton, de crins, &c. puisque ces ballots pesent moins dans l'air que dans le vuide, de tout le volume d'air dont ils occupent la place, & d'autant moins que cet air est lui-même plus pesant; ainsi il est plus avantageux d'acheter ces sortes de marchandises en hiver qu'en été.

On n'a jamais exactement la pesanteur des corps qui ont beaucoup de volume.

810. On a un pareil intérêt, s'il s'agit de liqueurs qui se vendent à la mesure, de les acheter plutôt l'hiver que l'été, puisqu'un même vase en contiendra davantage; par exemple, on voit dans la table de l'article 339 que le pied cube de vin de Bourgogne pese en été 66 liv. 9 onces, & en hiver 68 liv. 1 once, qui est une différence de 24 onces par pied cube; & comme le muid en contient 8, il suit qu'il contiendra en hiver 12 livres de vin, ou environ 6 pintes de Paris plus qu'en été : je laisse à penser à bien des gens, si la Physique est une science purement curieuse.

811. *La raréfaction de l'air peut devenir très-considérable*, si l'on en juge par les conséquences qu'on a tiré de plusieurs expériences. M. *Mariotte*, qui en a fait plus que personne, rapporte qu'un certain volume d'air, tel que celui que nous respirons, doit être dilaté quatre-mille fois, pour être dans son étendue naturelle ; c'est-à-dire, que s'il étoit possible de porter un pied cube d'air de dessus la surface de la terre au haut de l'atmosphere, il occuperoit un espace de 4000 pieds cubes.

812. Par tout ce qui précede, on a dû voir que le ressort de l'air diminuoit à mesure qu'il étoit plus dilaté, & il est naturel de conclure qu'il doit au contraire augmenter à mesure qu'il est plus condensé. En effet, si l'atmosphere étoit pressée par quelque cause que ce fût, les molécules de l'air s'approcheroient davantage les unes des autres, & feroient plus d'effort qu'elles n'ont coutume d'en faire pour se remettre dans leur état naturel ; c'est-à-dire, qu'elles auroient une plus grande force de ressort, & soutiendroient une colonne de mercure plus haut que de 28 pouces. M. *Mariotte*, & plusieurs autres après lui, ont fait des expériences pour *voir si le ressort de l'air augmentoit à proportion des poids, dont il étoit chargé*, comme on avoit lieu de le présumer, & ils ont trouvé que cela étoit.

Le ressort de l'air augmente dans la raison des poids dont il est chargé.

On prend un tuyau de verre ABDI, recourbé, dont le bout A de la petite branche doit être fcellé hermétiquement ; par l'autre bout I, on verfe du mercure pour remplir la partie inférieure BD du tuyau, prenant garde qu'il n'entre dans la branche AB plus d'air qu'il n'y en avoit auparavant, afin que celui qu'on y enferme refte en équilibre, par fon reffort, avec 28 pouces de mercure, fi le barometre eft à cette hauteur dans l'endroit où l'on fait l'expérience. Continuant à verfer du mercure, il fe foutiendra à des hauteurs inégales dans les deux branches ; car celui qui paffera dans la plus courte AB venant occuper une partie de la place de l'air qui s'y trouve, & n'ayant aucune ouverture pour s'échapper, fe réduira en un plus petit volume. Si l'on fuppofe qu'il n'occupe plus que AF, moitié de AB, tirant la ligne horizontale FG, on verra que le mercure fe foutiendra à la hauteur GH de 28 pouces ; or comme les deux colonnes FB & GD font en équilibre entr'elles, le reffort de l'air contenu dans l'efpace AF, fera égal au poids de 28 pouces de mercure GH, plus à celui de l'atmofphere qui preffe la furface HM, par conféquent au poids de 56 pouces de mercure.

Si l'on continue à en verfer, tant que l'air foit réduit à l'efpace AK, moitié de AF, ou le quart de AB, tirant la ligne horizontale KL, on verra que le mercure fera monté jufqu'à la hauteur LO de 84 pouces, auxquels joignant 28 pouces, poids de l'atmofphere, l'on aura 112 pouces pour la colonne de mercure équivalente à la force du reffort de l'air réduit dans l'efpace AK ; ce qui prouve que fon reffort augmente dans la proportion des poids dont il eft chargé, ou dans la raifon inverfe de la diminution de fon volume, d'où l'on déduit ce principe général.

813. *Que le produit de l'efpace qu'occupe un certain volume d'air, par la charge qu'il foutient en cet état, eft toujours égal au produit de l'efpace où il s'eft condenfé par le poids qu'il porte alors.*

Ainfi, prenant le nombre 28, pour exprimer la colonne de mercure qui eft en équilibre avec le reffort de l'air, fi le barometre eft à cette hauteur dans le moment de l'expérience, on aura toujours quatre termes réciproquement proportionnels, dont il fera aifé d'avoir celui qu'on ignore. L'air a encore cette propriété, qu'étant condenfé, la force de fon reffort ne s'affoiblit pas par la fuite du tems. M. *de Roberval* ayant chargé une arquebufe à vent comme à l'ordinaire, la laiffa pendant 16 ans fans y toucher, au bout de ce tems fon effet fut auffi grand que fi elle avoit été chargée fur le champ.

814. A

814. A l'égard de la dilatation de l'air, l'expérience fait voir aussi que *la force de son ressort diminue dans la raison inverse de l'augmentation de son volume*; c'est-à-dire, qu'un certain volume d'air venant à occuper un espace double ou triple, n'aura plus que la moitié ou le tiers de la force de ressort qu'il avoit auparavant : voici comme on peut s'en convaincre.

On prend un tuyau de verre, que nous supposons de 38 pouces, scellé hermétiquement par un bout, dans lequel on verse du mercure sans le remplir entièrement, afin d'en laisser une partie occupée par l'air, qui sera, si l'on veut, de 2 pouces; mettant ensuite le doigt sur le trou ouvert, on renverse le tuyau pour le plonger dans un vaisseau EF, où il y a du mercure; aussi-tôt l'air qu'on y a laissé gagne le haut du tuyau, le mercure descend, & se soutient suspendu à une hauteur CB, au-dessous de 28 pouces, parce qu'il n'est pas seul dans le tuyau à soutenir le poids de l'atmosphere, étant aidé par l'air qui est avec lui, lequel trouvant à se dilater dans l'espace abandonné par le mercure, perd une partie de la force de ressort qu'il avoit auparavant. Cependant celle qui lui reste, jointe au poids du mercure du tuyau, faisant équilibre avec l'air extérieur, si le mercure est demeuré à la hauteur de 24 pouces au-dessus de la surface de celui du vaisseau, *la force du ressort de l'air* compris dans la hauteur AB ne pourra plus faire équilibre qu'avec une colonne de 4 pouces de mercure, c'est-à-dire, avec la septieme partie de celle qu'il soutenoit auparavant. Aussi au lieu d'occuper un espace de deux pouces, qui est celui où on l'avoit renfermé d'abord, il en occupera un de 14, ou sept fois plus grand, d'où l'on déduit encore cette regle générale.

815. *Que le produit de l'espace qu'occupe l'air par la charge qu'il soutient, dans l'état où il se trouve à l'égard du barometre, est toujours égal au produit de l'espace dans lequel il s'est dilaté, par le poids dont son ressort est capable alors;* ce qui donne quatre termes réciproquement proportionnels, dont il sera toujours aisé de connoître celui qui manquera.

C'est sur ce principe qu'on a trouvé le moyen de faire des barometres dont l'atmosphere ne soutient guere que quatre pouces de mercure, parce que le reste du tuyau, qui est d'environ 2 pouces, au lieu d'être privé d'air grossier comme à l'ordinaire, en contient dont le ressort est en équilibre avec 24 pouces de mercure, qui étant ajouté avec quatre pouces, est équivalent à une colonne de 28; ainsi lorsque l'air extérieur change par les causes ordinaires, l'air du tuyau se condense ou se dilate, & le mercure

Part. I. Tome II.   C

monte ou defcend auffi fenfiblement que dans les barometres fim-
ples, dont on a coutume de fe fervir : cependant les petits ne
m'ont pas paru auffi juftes.

Conféquence de la dilata-tion de l'air, au fujet de l'afpiration de l'eau dans les tuyaux.

FIG. 2.

816. On peut conclure, que fi peu qu'il y aura d'air dans l'efpace BC, compris entre le pifton & la furface de l'eau, dans un
tuyau d'afpiration, la colonne DC ne parviendra pas à la hauteur
de 32 pieds, quoique le poids de l'air extérieur foit alors équivalent à cette colonne, parce que le reffort de l'air de l'efpace BC,
fi dilaté qu'il foit, agira toujours fur la furface C. Il eft vrai qu'à
mefure qu'on élevera le pifton plus haut, l'eau montera davantage, mais fans jamais parvenir à la hauteur que nous venons de
dire : cet article deviendra effentiel quand nous parlerons des pompes afpirantes.

La chaleur augmente la force du ref-fort de l'air.

817. L'air a auffi la propriété d'augmenter confidérablement la
force de fon reffort par l'action de la chaleur ; il faut concevoir
que la chaleur confifte en une infinité de petites particules extrêmement agitées, qui venant à pénétrer les corps qui enferment
de l'air, s'infinuent parmi les molécules, qui occupent alors un
bien plus grand volume qu'auparavant, fi rien ne leur fait obftacle ; mais fi elles font retenues & comme emprifonnées par la réfiftance de quelque corps, elles font effort de toutes parts contre
les mêmes corps pour les écarter, & c'eft la caufe des effets fur-
prenans de la poudre à canon, & des feux fouterreins. Or comme plus le nombre des molécules fera grand, étant renfermées,
plus leur force élaftique fera confidérable, quand elles feront mifes
en action par la chaleur ; *il fuit que l'air condenfé venant à fe raréfier,
a une bien plus grande force de reffort, que s'il étoit en équilibre avec
celui que nous refpirons ; & qu'ainfi la force du reffort de l'air renfermé,
augmente encore dans la proportion inverfe de la diminution de fon volume, quoique raréfié avec un même degré de chaleur.*

La force que le reffort de l'air a acquis par la chaleur, diminue à me-fure qu'il peut fe dilater.

818. Cependant il eft à remarquer que fi l'air que l'on raréfie par
la chaleur venoit, par fon effet, à aggrandir la capacité de l'endroit
où on l'a renfermé, la force de fon reffort diminueroit dans la
raifon que fon volume augmenteroit ; par exemple, l'on fuppofe
que fi l'air renfermé dans un globe d'airain d'un pied de diametre,
étant raréfié à un certain point, en avoit augmenté la capacité
jufqu'à avoir deux pieds de diametre, la force de fon reffort ne
fera plus que la huitieme partie de ce qu'elle eût été, fi la furface
du globe étoit reftée inflexible. De même, fi l'on avoit un cylindre
creux dont un des cercles qui fert de fond fût inflexible, & que
l'autre qui lui eft oppofé pût s'en éloigner, pour aggrandir la capa-

cité du cylindre; l'air qui seroit dedans venant à se dilater, sans trouver aucune ouverture pour s'échapper, la force de son ressort sera diminuée dans la raison de l'augmentation de la hauteur du cylindre; que si la hauteur du cylindre étoit devenue double, chaque cercle ne soutiendroit plus que la moitié de l'effort dont l'air raréfié auroit été capable, s'il ne s'étoit point dilaté.

819. Le froid diminue beaucoup la force du ressort de l'air, & même avec plus de promptitude que la chaleur ne l'augmente, c'est ce que l'on remarque quand on plonge la boule du thermometre dans de l'eau froide, les molécules de l'air qui se trouvent dans l'esprit-de-vin venant à se resserrer, occupent moins d'espace, & la liqueur descend dans le tuyau.

Le froid diminue la force du ressort de l'air.

Pour faire voir que la chaleur agit avec beaucoup de promptitude pour augmenter le ressort de l'air, voici comme on en pourra faire l'expérience.

820. On prend un tuyau de verre recourbé ABDC, dont une des branches est beaucoup plus courte que l'autre; à l'extrémité de la petite doit être un ballon, dont l'air qu'il contient puisse avoir communication avec celui du tuyau. On verse du mercure par le trou A, tant qu'il en entre dans la boule jusqu'à une hauteur arbitraire EG; *alors une partie de l'air qui étoit dans le tuyau,* qui n'a pu sortir par le trou A, se réunit à celui du ballon, qui se trouve réduit dans l'espace EFG, où la force de son ressort augmente dans la raison inverse de la diminution de son volume (813). Ainsi prolongeant la ligne horizontale EG jusqu'en B, le mercure se trouvera élevé dans la grande branche à une hauteur BH, qui sera, par exemple, de 12 pouces : dans cet état le ressort de l'air de la boule sera en équilibre avec la colonne BH, plus le poids de l'atmosphere; par conséquent avec une colonne de mercure de 40 pouces. Si l'on plonge la boule dans l'eau bouillante, la chaleur agissant sur l'air qu'elle renferme pour le dilater, augmentera son ressort, lequel pressera la surface EG du mercure beaucoup plus qu'il ne faisoit auparavant, & le fera remonter dans la grande branche, au-dessus du point H, comme en I, à une hauteur HI d'environ 13 pouces, c'est-à-dire, à une hauteur qui sera à peu près le tiers de la colonne de 40 pouces de mercure avec lequel il étoit en équilibre avant que d'avoir été échauffé par l'eau bouillante, & le mercure ne monte pas plus haut, quoique l'on continue à laisser le ballon dans l'eau bouillante. Ce qui fait voir *que la chaleur de l'eau bouillante, a des bornes qui se terminent à augmenter d'un tiers la force du ressort de l'air,* en quelque état qu'il se

Expérience sur la force que le ressort de l'air acquiert par la chaleur de l'eau bouillante.

FIG. 8.

trouvé dans le ballon avant que de l'avoir plongé dans l'eau bouillante, selon que son ressort sera plus ou moins augmenté par le poids du mercure qu'on aura mis dans le tuyau en plus ou moins grande quantité ; c'est-à-dire, que la force de son ressort, devant & après avoir mis le ballon dans l'eau, sera toujours dans le rapport de 3 à 4. D'où il suit que la chaleur de l'eau bouillante ne peut augmenter la force du ressort de l'air que nous respirons, au-dessus de celle qu'il a naturellement, que jusqu'à lui faire soutenir le tiers d'une colonne de mercure de 28 pouces, c'est-à-dire, de 9 pouces & quelques lignes. M. Amontons est le premier qui se soit appliqué à cette recherche, comme on peut le voir dans les Mémoires de l'Académie Royale des Sciences, année 1699, où l'on trouvera aussi, que le même Auteur, ayant voulu savoir si l'eau salée n'acquereroit pas, lorsqu'elle bout, plus de chaleur que l'eau douce, a fait dissoudre environ 6 livres de salpêtre brut dans deux pintes d'eau commune, dans laquelle il mit encore une quantité assez considérable de sel marin. Ayant fait bouillir le tout, & répété l'expérience précédente, il n'a point trouvé que le mercure soit monté plus haut que l'endroit où l'avoit fait monter l'eau douce.

Ordinairement, en France ; le plus grand froid de l'hiver ne va qu'à un sixieme de la diminution de la plus grande chaleur de l'été.

821. Des Sçavans ayant fait les mêmes expériences en différens endroits de la terre, dont le résultat s'est trouvé conforme à ce qui arrive en France, on peut dire avoir présentement dans la nature un degré de chaleur égal en quelqu'endroit où l'on se trouve, duquel l'on peut, comme d'un point fixe, commencer à compter tous les autres degrés de chaleur, soit au-dessus, soit au dessous de celui que donne l'eau bouillante, puisque toute chaleur moindre donnant moins de ressort à l'air, il doit soutenir moins de mercure, outre le poids de l'atmosphere, de ce que l'eau bouillante lui en fait soutenir. Ainsi l'on peut dire que l'extrême froid seroit celui qui réduiroit l'air à ne plus soutenir aucune charge par son ressort ; mais il y a bien de l'apparence que ce froid extrême n'existe en nul endroit du monde, si l'on en juge par la grande différence qui se rencontre entre ce premier degré de froidure, & ce que nous prenons en France pour le plus grand froid ; l'expérience faisant connoître que la hauteur du mercure à Paris, pendant le plus grand chaud, est à sa hauteur pendant le plus grand froid, comme 6 est à 5, qui n'est qu'un sixieme de diminution, du plus grand chaud au plus grand froid.

FIG. 8.   822. Comme il n'y a point à douter que le ressort de l'air renfermé dans la boule EFG, n'augmente ou ne diminue dans les mêmes proportions que la chaleur qui agit sur cette boule, & que la hauteur du mercure renfermé dans la branche AB suit les mêmes proportions que le ressort de l'air ; on peut, par le moyen de ce thermometre, connoître tous les degrés de chaleur au-dessous de l'eau bouillante, en appliquant à côté du tuyau une division qui commence par zero, au point où la chaleur de l'eau bouillante aura fait monter le mercure ; mais il faudra prendre garde, quand on voudra faire des observations sur ce thermometre, à l'état actuel de la pesanteur de l'atmosphere ; ce que l'on connoîtra par le barometre. J'entends que si le mercure monte au-dessus de 28 pouces dans le barometre, il faudra retrancher la hauteur excédente de celle où sera le mercure dans le thermometre, & qu'au contraire si le mercure descend au-dessous de 28 pouces dans le barometre, il faudra ajouter la différence à la hauteur du thermometre, pour avoir exactement le degré de chaleur qui est dans l'air, eu égard à celui de l'eau bouillante.

Ce thermometre peut servir à connoître la température des climats les plus éloignés, à rectifier les observations faites sur les thermometres ordinaires, en différens tems, & en des lieux différens, & à transmettre à la postérité les expériences que l'on a faites, aussi-bien que celles qu'on pourra faire sur ce sujet.

823. Puisque j'en suis sur la *chaleur*, je crois qu'il ne sera pas hors de propos de rapporter quelques expériences curieuses, faites en Angleterre par M. *Newton*, extraites des *Transactions Philosophiques*, article 270. Pour avoir un point fixe, cet Auteur se sert de la chaleur qui regne sous la zone *torride*, qu'il prend pour premier degré : ainsi quand il dit, par exemple, que la chaleur de l'eau bouillante est de trois degrés, il entend qu'elle est triple de celle de l'air sous la zone ; de même des autres corps, comme on en va juger. *Expériences faites en Angleterre sur le plus grand degré de chaleur, dont plusieurs corps peuvent être capables.*

Chaleur sous la zone torride	1
Chaleur du corps humain	1
Chaleur de l'eau bouillante	3
Chaleur de l'étain fondu	6
Chaleur du plomb fondu	8
Chaleur du feu de charbon de terre	16
Chaleur d'un grand feu de bois	17
Chaleur d'un fer rouge	16 à 17

824. Comme *la* chaleur du corps humain semble intéresser plus que toute autre, j'ajouterai ici de quelle maniere on s'est apperçu qu'elle étoit la même que celle qui regne sous l'équateur. M. *Derham*, dans sa *Théologie Physique*, Livre premier, Chapitre second, rapporte qu'avec des thermometres faits à Londres, qui *La chaleur du corps humain est ordinairement égale à celle qui regne sous l'équateur.*

ont été portés sous la zone, on a observé que la liqueur montoit entre 284 & 288 lignes, ou dixiemes de pouces d'Angleterre, au-dessus de la boule ; qu'ayant voulu comparer cette chaleur avec celle de son corps, au mois de juillet 1709, dans un jour assez chaud, & où il n'avoit fait aucun exercice, il plaça la boule d'un semblable thermometre sous l'aisselle, & à quelqu'autre endroit du corps, où il regne ordinairement le plus de chaleur, la liqueur du thermometre monta à 284 lignes. Il fit la même expérience dans un jour aussi chaud qu'il s'en rencontre ordinairement en Angleterre, s'étant d'ailleurs échauffé le corps par autant d'exercice qu'il en pouvoit prendre sans s'incommoder : quoi qu'il pût faire, la liqueur n'a pas monté au-delà de 288 lignes. Il ajoute que la différence entre ces deux expériences lui parut bien peu de chose en comparaison de la chaleur de son corps qui lui sembla beaucoup plus grande dans la seconde expérience que dans la premiere : il en a fait d'autres en hiver, qui lui ont donné les mêmes choses, d'où il conclut que la chaleur du corps humain en santé, est à peu près la même en été & en hiver, & qu'elle est égale à celle de l'air qui regne dans la partie la plus échauffée de la terre, comme le rapporte M. Newton.

Je crois ne pouvoir plus à propos désabuser ceux qui s'imaginent que les caves sont froides en été, & chaudes en hiver, quoiqu'il arrive le contraire, ce que je vais prouver en suivant les vues de M. Mariote qui a écrit un fort beau discours sur ce sujet.

Dissertation pour faire voir, contre l'opinion commune, que les caves sont plus chaudes en été qu'en hiver, & plus froides en hiver qu'en été.

825. La plûpart des choses naturelles faisant leurs fonctions par la chaleur, soit qu'elle soit interne & propre, comme celle des hommes & des autres animaux, soit qu'elle soit externe, comme celle que les plantes reçoivent du soleil ; le degré de chaleur qui leur convient ne peut être notablement augmenté ou diminué qu'elles ne périssent. C'est pourquoi le sens de notre attouchement a dû être disposé de telle sorte, que tout ce qui excede la température de notre chaleur, nous paroît chaud, & que tout ce qui a moins de chaleur que nous, excite un autre sentiment tout différent, que nous appellons froid, afin que nous puissions éviter les inconvéniens qui arriveroient par l'augmentation ou par la diminution de notre chaleur naturelle, & nous conserver dans notre juste tempérament. Mais d'en tirer cette conséquence que tout ce que nous sentons froid soit absolument sans chaleur ; c'est une erreur très-grossiere : car de même que quelques animaux qui sont naturellement plus chauds que nous, se tromperoient, si en nous touchant ils nous jugeoient sans cha-

leur, aussi nous trompons-nous, lorsque nous estimons froids absolument, ceux qui ont leur tempérament de chaleur dans un degré inférieur au nôtre.

816. Ce n'est donc pas par le sentiment du froid, que nous devons juger si une chose est sans chaleur, mais par des raisonnemens fondés sur d'autres principes, & par les effets que la chaleur
produit ordinairement; ainsi c'est à tort que la plûpart se plaignent
que nos sens nous trompent; ce n'est point à eux qu'il faut s'en
prendre, mais plutôt au défaut de notre maniere de raisonner;
car les sens ne nous sont pas donnés pour juger des choses telles
qu'elles sont en elles-mêmes, mais seulement telles qu'elles sont à
notre égard, afin que nous puissions éviter celles qui nous sont
nuisibles, & nous servir de celles qui sont propres à notre conservation.

Si on suppose que dans les caves ordinaires il n'y a point d'autre chaleur que celle qui procede du soleil, il n'y a point de doute
que pendant les premieres chaleurs de l'été, les caves très-profondes ne doivent être moins échauffées qu'au commencement de
septembre; parce que la chaleur ne s'insinuant que peu à peu dans
la terre, il faut beaucoup de tems avant qu'elle ait pénétré jusqu'aux
souterreins : le soleil ayant luit tout le *jour*, la *surface de la terre
est plus échauffée à trois heures après midi, qu'à dix ou onze heures du matin, & il fait ordinairement moins chaud au solstice d'été,
qu'un mois ou six semaines après*: par la même raison la plus grande
chaleur des caves profondes doit être vers la fin de l'été, & le plus
grand froid vers la fin de l'hiver, parce qu'elles s'échauffent & se
refroidissent peu à peu.

M. Mariotte, voulant savoir si l'expérience seroit conforme à
ce raisonnement, fit placer un thermometre dans une des caves
de l'Observatoire royal de Paris. Ayant suivi pendant plusieurs
années les variations de ce thermometre, il a reconnu que la liqueur descendoit dans le tems des plus grands froids de l'hiver, &
montoit au plus haut point, dans le tems des plus grandes chaleurs
de l'été; ainsi, sans entrer dans le détail, il n'en faut pas davantage
pour être convaincu que la chaleur qui regne dans les caves est plus
grande en été qu'en hiver.

Cependant comme les caves paroissent froides en été & chaudes en hiver, il ne faut, pour rendre raison de ces apparences, que faire attention, que si l'on met la main dans l'eau bouillante & qu'aussi-tôt on la trempe dans de l'eau tiede, cette derniere paroîtra froide; au contraire, si on met la main dans de

l'eau prête à se geler, ensuite dans l'eau tiede, celle-ci paroîtra chaude. De même, lorsqu'en été on sort d'un air fort
échauffé, pour entrer dans une cave, où il est beaucoup moins
chaud, ce dernier paroît froid, & devient à l'égard de celui
de dehors, ce que l'eau tiede est à l'égard de l'eau bouillante.
Au contraire, lorsqu'en hiver l'on sort d'un air très-froid pour
entrer dans une cave, l'air y paroît chaud, parce qu'il a moins
perdu de son degré de chaleur que celui de dehors, & le sentiment qu'occasionne l'air de la cave en été & en hiver, doit être
d'autant plus vif, qu'en été les pores de notre peau étant fort
ouverts, dès qu'on passe dans un endroit où l'air n'est que médiocrement chaud, il nous surprend en s'insinuant dans l'intérieur
des mêmes pores, lesquels se trouvant alors très-chauds & très-
sensibles, font cause que l'on regarde comme froid, une chaleur
moindre que celle que nous sentons, au contraire de ce qui arrive en hiver, le propre du froid étant de resserrer les pores, mais
qui se dilatent quand on passe dans un air qui a moins perdu de sa
chaleur.

827. Tandis que nous en sommes sur l'action du chaud & du
froid, je crois qu'on ne sera pas fâché de trouver ici la description d'une pompe naturelle qui peut élever l'eau à une hauteur médiocre par le moyen de ces deux agens.

Elle est composée d'un vaisseau sphérique NBAC qu'il convient de faire de cuivre, & lui donner le plus grand diametre
qu'il est possible; à ce vaisseau sont adaptés, vers le bas, deux tuyaux,
le premier NK, qui est vertical, & qui trempe dans l'eau qu'on
veut élever, doit avoir à son extrémité K une soupape.

Le second tuyau EFG, qui va en montant, aboutit par son extrémité G au réservoir H où l'on veut que l'eau aille se rendre, &
doit avoir aussi une soupape en F, disposée de façon qu'étant fermée, l'eau qui est une fois montée dans le tuyau ne puisse plus
descendre; on observera que l'autre extrémité G de ce tuyau doit
être plus élevée que le sommet de la sphere.

Pour faire agir cette machine, il faut qu'elle soit exposée de
façon que le soleil puisse donner dessus pendant toute la journée;
on commence d'abord par verser de l'eau dans la sphere, environ jusqu'aux deux tiers BNC, que l'on introduit par un orifice
A qu'il faut ensuite fermer, afin que l'air qui occupera le reste BAC
de la capacité de la sphere, ne puisse sortir.

Pour juger de l'effet de cette pompe, considérez que l'air renfermé dans la partie BAC venant à être échauffé par les rayons

du

du soleil, tendra à se dilater, & pressera la surface de l'eau, laquelle ouvrira la soupape qui est en F, poussera celle qui est dans le tuyau FG, la fera passer dans le réservoir H, & suivra le même chemin pour y couler elle-même, tant que la chaleur du soleil donnera assez de ressort à l'air renfermé pour presser la surface BC autant qu'il est nécessaire. Quand la chaleur sera passée, la fraîcheur de la nuit succédant, les molécules de l'air intérieur se resserreront, n'auront pas tant de ressort que pendant le jour, & même beaucoup moins que l'air extérieur, parce que celui qui est renfermé occupant un plus grand volume qu'au commencement que la chaleur a agi, se sera dilaté dans l'espace vuide qu'a laissé l'eau qui est montée le jour. Car la sphere ayant été remplie aux deux tiers d'eau, s'il en est monté la moitié, par exemple, l'air qui n'occupoit qu'un tiers de la sphere, en occupera les deux tiers, & sera dilaté du double de l'air extérieur ; ainsi ce dernier ayant l'avantage pressera la surface MI de l'eau de la fontaine, ou du puits où trempe le tuyau NK, & la fera monter dans le même tuyau pour passer dans la sphere jusqu'à la hauteur où son poids, joint à la force du ressort de l'air intérieur, sera en équilibre avec celui de dehors, & l'un & l'autre demeureront dans cet état jusqu'au tems où le soleil échauffera de *nouveau* l'air *intérieur, pour* faire monter l'eau comme auparavant : ainsi *la fraîcheur fera monter l'eau, pendant la nuit, de la fontaine dans la sphere, & pendant le jour la chaleur la fera monter de la sphere dans le réservoir.* Au reste cette pompe ne peut guere réüssir comme il faut, que dans les pays où les jours sont fort chauds, & les nuits très-froides.

828. L'humidité a la propriété d'augmenter considérablement la force du ressort de l'air ; c'est-à-dire, que si un air chargé de vapeurs vient à se raréfier par la chaleur, il se raréfie davantage : alors étant renfermé, il fait beaucoup plus d'effort pour se dilater, qu'il n'en eût fait, quoique mis en action avec un même degré de chaleur, s'il avoit été pur & serein ; ce qui est confirmé par plusieurs expériences.

J'ai mis plusieurs fois des bouteilles de gros verre bien bouchées dans de l'eau bouillante ; celles où il n'y avoit que de l'air ne cassoient point, mais les autres où j'avois mis une demi-cuillerée d'eau, éclatoient un moment après avec une grande détonnation. Nous verrons par la suite, en expliquant les machines qu'on fait agir par l'action du feu, que si l'on renferme dans un vaisseau de fer ou d'airain bien bouché, de l'eau & de l'air,

Part. I. Tome II.   D

& que l'on faſſe bouillir l'eau, la vapeur qu'elle exhale augmente le reſſort de l'air à un point qui eſt à peine croyable.

829. Je ne dois pas oublier de dire que l'eau eſt toute remplie d'air ; ſi on met de l'eau dans un vaſe, qu'on le place ſous le récipient de la machine du vuide, on voit, après un certain nombre de coups de piſton, des bulles d'air s'élever du fond de l'eau juſqu'à la ſurface, où elles ſe diſſipent, ce qui continue juſqu'à ce que le vuide ſoit entiérement fait, après quoi l'on ne voit plus monter de bulles, quelque tems que l'eau reſte dans la machine. Si l'on retire cette même eau pour la faire un peu chauffer, & qu'on la remette ſous le récipient, à meſure que l'on pompe, on en voit ſortir des bulles beaucoup plus groſſes qu'auparavant, & il ſe fait une efferveſcence, plus grande que celle qui ſeroit cauſée par le feu, qui diminue à meſure que l'eau refroidit, & ne ceſſe que quand elle eſt entiérement froide. Quoiqu'il ſoit déja ſorti de cette eau beaucoup d'air, elle en contient encore une grande quantité, puiſque ſi on la fait chauffer une ſeconde fois, mais un peu plus que la premiere, on en tirera autant d'air qu'il en étoit ſorti ; continuant à diverſes repriſes de faire chauffer l'eau de plus en plus, on en verra toujours ſortir de nouvel air.

830. Ce n'eſt pas ſeulement avec les liqueurs, que l'air a de l'adhérence, il en a auſſi avec les corps ſolides : par exemple, ſi l'on met une aiguille ſur la ſurface d'un verre d'eau, elle ſe ſoutient, quoique ſa peſanteur ſpécifique ſoit beaucoup plus grande que celle de l'eau, ce qui vient de l'adhérence des parties de l'air à l'aiguille, & comme cette aiguille ne touche l'eau que le long de ſa partie inférieure, le reſte eſt comme porté dans une petite gondole d'air : cela eſt ſi vrai que dès qu'on mouille l'aiguille pour en écarter l'air qui lui eſt contigu, elle ne ſurnage plus.

831. L'eau eſt plus légere étant glacée, que lorſqu'elle eſt liquide, puiſqu'elle ſurnage ou flotte ſur elle-même ; M. *Mariotte* compte qu'elle eſt plus légere de $\frac{1}{14}$, au contraire de ce qui arrive à l'air que le froid condenſe. Cela ne peut provenir que des bulles d'air, dont la ſubſtance de la glace eſt parſemée, qui ayant abandonné les pores de l'eau au moment qu'elle a commencé à ſe geler, ſe ſont raſſemblés par peloton ; comme elles ont alors plus d'agitation & de force qu'auparavant pour s'étendre, elles font occuper à l'eau gelée plus de volume que la même quantité n'en occupoit auparavant. C'eſt ce qui fait que l'eau qui remplit quelque vaſe, s'enfle & ſort du vaſe à meſure qu'elle ſe glace, & même le briſe ſouvent, à moins que ſa figure n'aille en

s'élargissant du fond vers les bords, afin que l'eau puisse se gonfler librement autant que l'air qu'elle contient le demande.

Ce qui confirme que la dilatation de l'eau glacée ne vient que de l'extention de l'air qu'elle contient, c'est l'expérience de l'eau que l'on a fait bouillir pendant quelque tems pour en faire sortir l'air, ou en la mettant sous le récipient de la machine du vuide; puisque dans ces deux expériences on voit sensiblement une infinité de bulles d'air sortir de toute l'étendue de l'eau. Si l'on fait glacer ensuite cette eau, en l'exposant au grand froid, ou par artifice, & qu'on la plonge en cet état dans de pareille eau non glacée, elle descend au fond au lieu de surnager, ce qui marque qu'elle est alors plus pesante, ne contenant plus d'air pour la dilater. Au reste, quand elle en est toute imprégnée, elle ne laisse pas de se condenser un peu par le froid, puisqu'elle est plus pesante en hiver qu'en été, environ dans le rapport de 373 à 370.

L'eau dont on a tiré l'air s'en remplit en peu de tems y étant exposée, comme l'expérience le confirme; c'est pour cela que lorsque la gelée dure quelque tems, on est obligé de casser la glace des étangs & autres réservoirs, où il y a du poisson, afin qu'ils en reprennent de nouveau; car l'air est si nécessaire à la subsistance du poisson, aussi-bien qu'à celle des autres animaux, qu'il ne sauroit vivre dans l'eau dont on a attiré l'air; il y tombe aussi-tôt en défaillance, comme si on l'avoit mis sous la machine du vuide, & on ne peut le rappeller à la vie, qu'en le mettant dans de l'eau qui n'est pas purgée d'air.

832. Si le froid a la propriété de durcir les parties de l'eau & de les condenser, la chaleur au contraire les rend plus fluides, & en augmente extrêmement l'action, puisqu'elle devient capable de pénétrer & de dissoudre des corps durs, ce qui marque que ses parties sont alors dans une grande agitation. Or cette agitation peut être causée ou par la matiere du feu que l'on met dessous, laquelle pénétrant au travers du vase qui la contient, remplit toute sa substance, ou par les rayons du soleil rassemblés par un miroir ardent. Mais ce qu'il y a de bien singulier, c'est que le degré de chaleur de l'eau bouillante ainsi que des autres liqueurs est limité, & ne croît pas à mesure qu'on augmente le feu; ce qui vient sans doute de ce que les parties du feu ou de la lumiere n'augmentent plus l'action de l'eau lorsqu'elles sont entiérement détachées les unes des autres, & qu'elles ont leur liberté toute entiere.

Conjecture sur la maniere dont le feu agi pour dilater les fluides.

D ij

Pendant cette agitation, les parties du feu qui demandent toujours à s'étendre, enlevent avec elles quantité de parties d'eau, & ce compofé de parties de matiere éthérée & d'eau étant plus léger que l'air qui répond à la furface de la terre, ce dernier les chaffe au-deffus de lui, & les tient fufpendues en vapeurs, brouillards, ou nuées, jufqu'à ce que les vents les pouffent les unes contre les autres; & lorfqu'en s'épaiffiffant elles deviennent plus pefantes que l'air qui les foutient, elles retombent en pluie.

Effets furpre-
nans des cor-
des mouillées.

833. L'air contient en tout tems beaucoup de ces vapeurs ou petites gouttes d'eau fufpendues, comme cela fe prouve par l'expérience fuivante: fi l'on trempe une feule fois une vieille corde dans de l'eau falée, & qu'on la fufpende en cet état, elle dégoutera toute l'année des gouttes d'eau. On fait auffi que quand on commence à pomper l'air de la machine du vuide, il s'y forme comme un brouillard qui ne peut venir que des vapeurs qui retombent les unes fur les autres n'étant plus foutenues par l'air comme auparavant.

Mais rien n'eft plus admirable qu'une corde fufpendue à une poutre; on attache à l'extrémité de cette corde un poids auffi grand que l'on veut, comme de 10000 livres, enforte qu'il pofe légerement à terre pendant un *tems fec*; auffi-tôt que l'air devient humide, on voit ce poids monter peu à peu, & redefcendre de même quand l'air devient plus fec. Pour expliquer ce phénomene il faut confidérer les parties de l'eau comme des grains de fable très-fins, extrêmement polis, fort durs, & fans angles, qui pénétrent les pores des différens corps, comme feroient des petits coins qui gliffent les uns contre les autres, & s'infinuent dans les pores de la corde, où elles ne trouvent par un air auffi groffier & auffi embarraffant, à pénétrer que celui qui les contient; quand elles font une fois dans ces pores, elles font forcées de pénétrer plus avant par l'action du reffort de l'air environnant: alors la corde s'enfle, par conféquent fe raccourcit & enleve le poids.

La même chofe arrive lorfque cette corde étant feche, on l'arrofe avec de l'eau; on voit monter le poids dans le moment, ce qui prouve que la corde s'eft renflée par l'humidité qu'elle a bue, puifqu'elle s'eft raccourcie. Mais fi cette élévation du poids vient de la preffion de l'air extérieur, comme nous le fuppofons, il faut que la colonne d'air qui environne la corde, trouve lieu de defcendre un peu, à mefure qu'elle éleve le poids, puifque dans l'état de l'équilibre le poids doit toujours être à la force motrice ré-

ciproquement comme le chemin de celle-ci est au chemin du
poids ; il faut donc qu'à mesure que la corde s'enfle, elle s'accour-
cisse en telle proportion qu'elle occupe moins d'espace étant humide que seche ; c'est-à-dire, que si l'on multiplie sa base ou grosseur
par sa longueur, dans ces deux états, le dernier produit, lorsqu'elle
est mouillée, sera plus petit que le premier lorsqu'elle est seche, (ce
qui pourroit passer pour un paradoxe) & la différence de ces produits étant divisée par la base de la colonne d'air environnante, qui
est la surface de la corde enflée, donnera une longueur qui sera
égale à la descente de cette colonne ; mais la difficulté qu'il y a
de faire ces calculs exactement, fait que je ne m'y arrête pas davantage.

834. On se sert de la même force de l'eau pour déroquer les
marbres des carrieres, ou pour fendre de grosses pierres. Ayant
fait un sillon autour du bloc qu'on veut détacher, on y enfonce
des coins d'un bois très-léger desséché au four, que l'on arrose
ensuite d'eau ; après quelque tems on trouve le bloc de marbre
détaché de son lit, ce que des milliers de chevaux n'auroient pu
faire. Or ce qui produit un effet si surprenant, c'est sans doute le
double effort du coin qui s'y rencontre, car le bois que l'on y enfonce à force, fait déja un très-grand effort par sa figure ; & les
parcelles de l'eau par la leur l'augmentent encore prodigieusement.

On peut se servir utilement de l'action de l'eau pour déroquer le marbre des carrieres, ou pour fendre des grosses pierres.

Il n'y a pas de doute au reste que la plûpart des autres liqueurs,
particuliérement celles qu'on appelle *maigres*, ne fassent enfler les
corps secs, poreux, & capables d'extension, parce qu'elles contiennent beaucoup d'eau, outre les parties salines dont elles sont
fort remplies, qui ne sont pas moins propres au même effet que
celles de l'eau, si elles ne le sont davantage.

CHAPITRE II.

De la théorie des machines mues par le vent, & la maniere d'en calculer l'effet.

Examen du choc du vent, où l'on fait voir sa conformité avec le choc de l'eau.

835. L'air étant un fluide, doit, à certains égards, suivre les mêmes loix que l'eau : on sait que quand la vîtesse de l'eau est différente, ses impressions sont comme les quarrés des vîtesses ; (568) de même, quand un vent va plus vîte qu'un autre, non-seulement il frappe un corps opposé avec plus de force, parce qu'il va plus vîte, mais parce qu'il y a plus de parties d'air qui frappent dans le même tems ; & le nombre de ces parties sera d'autant plus grand que la vîtesse est plus grande. (569) D'où il suit que de deux vents dont le premier auroit deux degrés de vîtesse, & le second trois, l'impression du premier sera à l'impression du second, sur des surfaces égales & directement opposées, comme le quarré de deux est au quarré de trois.

Expériences sur le choc du vent, pour en connoître le rapport avec le choc de l'eau.

836. Comme on n'ose s'assurer de rien dans les sujets qui ont rapport à la Physique, que l'expérience ne l'ait confirmé, MM. *Mariotte* & *Huyghens* en ont fait un grand nombre qui se sont toutes trouvées conformes à ce raisonnement. Prévenus que l'eau d'un réservoir soutenoit, à la sortie des ajutages égaux, des poids proportionnés à la hauteur des colonnes d'eau qui répondoient aux mêmes ajutages, (570) ils ont voulu voir s'il arriveroit la même chose à l'air, quoiqu'il n'y eut nulle raison d'en douter. Pour cet effet, ils se sont servis d'une machine dans laquelle l'air étoit successivement pressé par différens poids, & s'échappoit par un tuyau ouvert ; on voyoit par-là quel poids l'air pouvoit contrebalancer à sa sortie, & la force de son impression sur les surfaces qu'il rencontroit ; on pouvoit voir aussi combien il étoit de tems à en sortir entiérement suivant les différentes vîtesses que lui donnoient les différens poids dont il étoit chargé.

Par toutes les différentes expériences qui furent faites, on fut convaincu qu'il en étoit de l'air comme de l'eau ; l'air sort plus vîte de son tuyau quand il est pressé par de plus grands poids ; c'est-à-dire, que quand la vîtesse est trois ou quatre fois plus grande, l'impression qu'il fait à sa sortie sur les surfaces opposées, est neuf fois, seize fois plus grande, toujours en raison doublée des vîtesses ; ainsi les poids qui lui impriment ces différentes vîtesses, sont en-

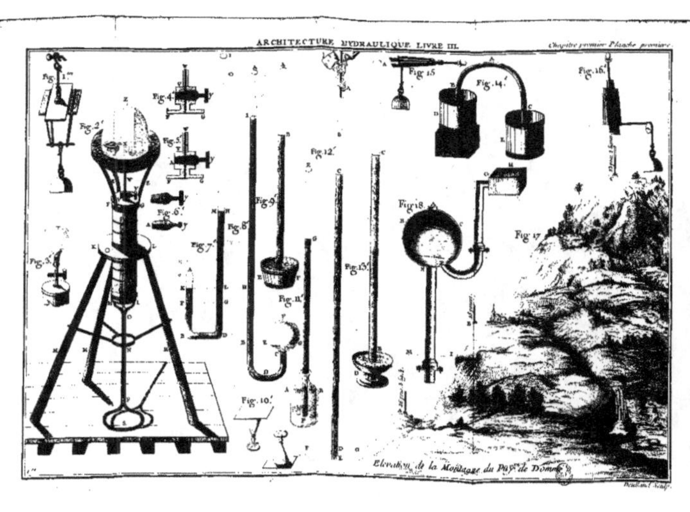

Fig. 1.
Fig. 2.
Fig. 4.
Fig. 5.
Fig. 6.
Fig. 7.
Fig. 8.
Fig. 3.
Fig. 9.
Fig. 10.
Fig. 11.
Fig. 12.
Fig. 13.
Fig. 14.
Fig. 15.
Fig. 16.
Fig. 17.
Fig. 18.
Elevation de la Montagne du Puy de Dôme.

tr'eux comme les quarrés des vîtesses. Voici le détail de quelques-
unes de ces expériences.

837. La machine dont on s'est servi est représentée par la
troisieme figure de la planche 2 ; c'est une espece de cylindre
creux, dont les deux bases AD & BC sont de bois, & le reste de
cuir tendu par plusieurs cerceaux de fil de fer FE, HI, LM ;
afin que la base AD puisse s'approcher de la base BC, qu'on suppose inébranlable ; à cette base est un trou N, par où l'air enfermé
dans le cylindre peut sortir.

On a placé au-dessous du cylindre un tourniquet représenté
dans la seconde figure, composé d'un essieu CD traversé d'une
regle OR posée horizontalement & divisée en deux parties égales
par l'essieu ; l'extrémité R de cette regle répondoit directement
au-dessous du trou N ; à l'autre extrémité étoit un poids Q, soutenu par un appui UO ; ensuite on a chargé la base AD d'un
poids P, qui étoit tel que faisant descendre cette base, l'air qui
sortoit par le trou N, venant choquer la regle à l'extrémité R,
faisoit équilibre avec le poids Q. Quand cela arrivoit, le poids
Q étoit au poids P, comme la surface du trou N, à la surface
du cercle AD ou BC, ce qui est bien naturel, car tout l'air du
cylindre se trouvant pressé *par le poids P*, venoit s'appuyer également sur toutes les parties de cette base. Par conséquent, si la superficie du trou N étoit la trentieme *partie* de la superficie du
cercle BC, la pression de l'air qui répondoit à ce trou, ne pouvoit être que la trentieme partie de la pression que soutenoit la
base BC, elle étoit par conséquent équivalente à la trentieme partie
du poids P ; or comme l'extrémité de la regle OR, recevoit la même impression qu'auroit reçu la superficie du trou N s'il avoit
été fermé, le poids Q devoit donc être la trentieme partie du
poids P.

On a fermé l'ouverture N ; & l'on en a fait une autre K, égale
à la précédente, pour voir si l'air en sortiroit avec la même vîtesse ;
on a trouvé qu'il faisoit encore équilibre avec le poids Q comme
auparavant ; parce que le rapport du poids P au poids Q, étoit
toujours le même que celui de la base BC à l'ouverture K. On a
répété la même expérience avec des poids différens, & l'on a
trouvé que les petits *poids* qui faisoient équilibre au choc de l'air,
étoient toujours l'un à l'autre dans le même rapport que les grands
dont le cylindre étoit chargé.

On a rempli d'eau ce cylindre, pour voir si en sortant par l'ouverture K, elle feroit le même effet que l'air ; ce qui est arrivé,

ayant fait équilibre par son choc avec un poids qui étoit au poids P, comme l'ouverture K à toute la base BC; sur quoi il est à remarquer que le poids de l'eau renfermée dans le cylindre, ne pouvoit pas contribuer à la force du jet, puisque s'appuyant sur la base BC, elle étoit presque toute au-dessous de l'ouverture.

Il suit donc que l'air & l'eau qui sortent successivement par la même ouverture, quelque poids qu'on mette sur la base, soutiennent le même poids par leur choc, quoique l'eau soit d'une matiere beaucoup plus dense & plus pesante que celle de l'air; ce qui vient de ce que l'air sort beaucoup plus vîte que l'eau.

La vitesse du vent doit être 24 fois plus grande que celle de l'eau, pour choquer une même surface avec une égale force.

838. On a trouvé par plusieurs expériences, que quand le cylindre étoit plein d'eau, il lui falloit un tems vingt-quatre fois plus grand pour se vuider que quand il étoit plein d'air; c'est-à-dire, que quand il falloit vingt-quatre secondes à l'eau pour se vuider, il n'en falloit qu'une à l'air : d'où l'on peut conclure, qu'afin qu'un jet d'air fasse le même effet par son choc qu'un jet d'eau qui auroit un même ajutage, il faut que la vîtesse de l'air soit vingt-quatre fois plus grande que celle de l'eau.

Puisque les forces ou les impressions de l'air sont comme les quarrés des vîtesses, il suit que quand il a 24 degrés de vîtesse, il fait une impression cinq cens soixante-seize fois plus grande que s'il n'en avoit qu'un. Or comme sa vîtesse doit être vingt-quatre fois plus grande que celle de l'eau pour faire une impression égale; on voit que quand l'air & l'eau vont également vîte, l'eau a cinq cens soixante-seize fois plus de force que l'air; c'est-à-dire, que les impressions de l'air & de l'eau sont comme les quarrés de 1 & de 24, puisque ces deux nombres expriment le rapport des vîtesses qui rendent leurs forces égales.

Autre maniere d'estimer le rapport du choc de l'air, à celui de l'eau.

839. On peut encore juger du rapport du choc de l'eau à celui de l'air indépendamment de l'expérience précédente, car selon l'article 792, on a trouvé que le poids de l'eau étoit à celui de l'air comme 640 est à 1. Or s'il s'agissoit de deux corps solides dont l'un fût six cens quarante fois plus léger que l'autre, il faudroit que le plus léger allât six cens quarante fois plus vîte que le premier, pour que leur choc fût égal, parce qu'alors leur quantité de mouvement sera la même; mais étant question de deux fluides, leurs quantités de mouvement seront en raison composée de leurs masses, & des quarrés de leurs vîtesses. Ainsi, pour que la quantité de mouvement de l'air & celle de l'eau soit la même, il faut que les pesanteurs d'un égal volume d'eau & d'air, qu'on peut prendre pour leurs masses, soient dans la raison réciproque des quarrés de

leurs

leurs vîtesses. Prenant donc l'unité pour la vîtesse de l'eau, 640 pour son poids, celui de l'air sera aussi exprimé par l'unité, & nommant x, sa vîtesse, on aura 1, quarré de la vîtesse de l'eau, est à xx, quarré de la vîtesse de l'air, comme 1 liv. poids de l'air, est à 640, poids de l'eau ; d'où l'on tire $640 = xx$, ou $25\frac{1}{2} = x$, qui fait voir que la vîtesse de l'air doit être au moins vingt-cinq fois plus grande que celle de l'eau, pour choquer avec une égale force une même surface. Ce calcul ne cadre point exactement avec les expériences dont nous venons de parler, mais il ne faut pas s'en étonner, vu les frottemens que l'air & l'eau ont essuyés en sortant du trou ; d'ailleurs l'air étant beaucoup plus dilaté en été qu'en hiver, (808) doit avec la même vîtesse, choquer avec d'autant moins de force, qu'il sera plus dilaté, & au contraire : ainsi l'on ne peut estimer à la rigueur le choc de l'air par le quarré de sa vîtesse seulement, à moins d'avoir égard à l'état où il se trouvera alors. Cependant, pour nous arrêter à un point fixe, & nous conformer à la regle la plus suivie dans les *Mémoires de l'Académie Royale des Sciences*, nous nous en tiendrons à l'expérience de l'article 838.

840. Puisqu'il faut que la vîtesse du vent soit vingt-quatre fois plus grande que celle de l'eau, pour que le choc du vent soit égal à celui de l'eau, il sera aisé de mesurer le choc du vent comme on mesure celui de l'eau, en divisant la vîtesse du vent par 24, pour la réduire à celle de l'eau qui feroit la même impression, ou en quarrant la vîtesse du vent, & en divisant le produit par 576 ; le quotient pourra être considéré comme le quarré de la vîtesse d'une eau dont le choc seroit équivalent à celui du même vent. Ensuite il sera aisé par la regle (602) de connoître en livres ou en onces la force du choc du vent ; par exemple, s'il s'agissoit d'un vent dont la vîtesse fût de 24 pieds par seconde, son quarré sera encore 576, qui étant divisé par le même nombre, le quotient sera 1, qu'on peut regarder comme le quarré de la vîtesse d'une eau qui ne seroit que d'un pied par seconde, qu'il faut diviser par 60, pour avoir $\frac{1}{60}$ multiplié par la surface choquée. Si l'on suppose cette surface d'un pied quarré, le produit sera encore $\frac{1}{60}$, qui étant multiplié par 70, pesanteur d'un pied cube d'eau, l'on aura $\frac{70}{60}$ ou $\frac{7}{6}$ pour le poids de la colonne d'eau, équivalent au choc d'un courant dont la vîtesse seroit d'un pied par seconde, ou d'un vent dont la vîtesse, dans le même tems, seroit de 24 pieds. Multipliant 7 par 16, pour réduire les livres en onces, on aura 112, qui étant divisés par 6, le quotient donnera 19 onces, pour le choc du vent contre la surface d'un pied quarré ; c'est-à-dire, qu'ayant une

Maniere d'estimer le choc du vent en livres, comme on fait celui de l'eau.

Part. I. Tome II.   E

PLAN. 2.
FIG. 1.

surface ABCD d'un pied quarré, directement opposée au vent &
attachée verticalement à un tourniquet, elle soutiendra en équilibre un poids H, de 19 onces, si ce poids répond à un bras de
levier dont la longueur HE, depuis le centre de l'axe E du tourniquet jusqu'à la ligne de direction tirée du centre de gravité du
poids, soit égale à la distance EF du même axe au centre de gravité F de la surface. On observera que si la ligne EF étoit plus
grande de la moitié, d'un quart, ou d'un cinquieme que le bras de
levier HE qui répond au poids, alors la surface d'un pied sera en
équilibre avec un poids qui seroit plus grand que H, de la moitié,
d'un quart, ou d'un cinquieme du même poids.

J'ajouterai, qu'on suppose ici que la regle EH, qui sert de bras
de levier, traverse l'essieu, afin d'avoir un autre bout EG, qui soit
en équilibre par sa pesanteur avec la partie HE, avant que d'y
avoir appliqué le poids.

Connoissant
le choc & la
vitesse d'un
certain vent,
connoître le
choc d'un au-
tre vent dont
on a la vitesse

841. Quand on est une fois prévenu du choc d'un certain vent
dont on connoît la vitesse, on peut, par une regle beaucoup plus
courte que la précédente, mesurer le choc d'un autre vent dont
on connoît la vitesse; par exemple, nous savons qu'un vent qui
auroit 24 pieds de vitesse par seconde, fait une impression de 19
onces contre une surface d'un pied quarré; si l'on demande quel
sera l'effort d'un autre vent qui auroit 15 pieds de vitesse par
seconde, contre la même surface; il faut dire si 576, quarré de 24
pieds, donne 19 onces, combien donnera 225, quarré de 15 pieds
de vitesse; on trouvera 7 onces 3 gros. Or multipliant ce nombre par la quantité de pieds quarrés que contient la surface qui
est choquée par le même vent, par exemple par 60 pieds, on trouvera un peu moins de 28 livres pour l'effort du vent contre cette
surface.

Maniere de
connoître la
vitesse du
vent, en con-
noissant la
force du choc
dont il est ca-
pable.

842. On pourra de même connoître la vitesse du vent par son
choc; car supposant que dans une expérience faite avec toutes les
précautions nécessaires, on a trouvé qu'un certain vent a fait une
impression de 12 onces contre une surface verticale d'un pied
quarré, pour connoître la vitesse de ce vent, on dira comme 19
onces est au quarré de 24, ainsi 12 onces est au quarré de la vîtesse que l'on cherche; qu'on trouvera d'environ 363, dont la racine est 19 pieds 4 pouces.

Remarques
sur les diffé-
rentes manie-
res dont une
surface peut

843. Comme c'est la même chose que l'air aille avec une certaine vitesse, à la rencontre d'une surface immobile, ou que l'air
étant en repos, ce soit la surface qui aille à sa rencontre avec la
même vitesse; il s'ensuit que l'impression que recevra cette surface,

doit être exprimée par le quarré de sa vîtesse. Ainsi tirant deux *être choquée*
coups de canon d'une même piece, le premier chargé à la pesanteur *par le vent.*
du boulet, & le second à la moitié de cette pesanteur seulement,
(on suppose ici les effets proportionnels à leurs causes) la vîtesse
du premier boulet sera double de celle du second ; par conséquent
la résistance de l'air sur le premier sera quadruple de la résistance
de l'air sur le second ; sur quoi il faut faire attention que la surface
qui reçoit l'impression de l'air n'est pas exprimée par celle du boulet, mais par la superficie de son grand cercle.

Si l'on avoit deux pieces de différens calibres, chargées dans
le rapport des pesanteurs de leurs boulets, il est certain que les
deux boulets iroient avec la même vîtesse, parce que les impul-
sions seroient proportionnées aux masses ; cependant le gros boulet portera beaucoup plus loin que le petit, parce que le cercle
qu'il présente à l'air est moindre, à proportion de sa masse, que le
cercle du petit boulet ne l'est à l'égard de la sienne.

J'ajouterai que quand une surface va directement à la rencontre du vent, son choc doit être exprimé par le quarré de la somme des vîtesses de la surface & du vent : (599) que si une surface
suit le cours du vent avec une vîtesse qui lui soit égale, le choc
sera zero : (587) que si la surface suit le cours du vent avec une vîtesse plus grande que celle du vent, le choc sera exprimé par le
quarré de l'excès de la vîtesse de la surface sur celle du vent. (585)

844. Ce n'est que vers la fin du douzieme siecle, qu'on a com- *Origine des*
mencé en Europe à se servir du vent pour faire tourner des meules. *moulins à*
Au retour de la croisade qui se fit en ce tems-là, l'invention des *vent.*
moulins à vent fut apportée d'Asie ; le manque d'eau qui se trouve
dans presque tout l'Orient, ayant contraint les habitans d'y avoir
recours. Depuis, on s'est aussi servi du vent pour faire aller d'autres
machines, mais toujours construites sur le modele des moulins,
que nous nous proposons de détailler, afin de montrer à quoi se réduit leur point de perfection.

Les machines les plus ingénieuses ne sont pas ce qu'on admire
le plus ; on est accoutumé de voir des moulins à vent, cela suffit
pour qu'on n'y apperçoive rien de merveilleux : mais quand on les
examine sérieusement, on est étonné d'y rencontrer un méchanisme *PLAN. I.*
beaucoup plus subtil qu'on ne se l'étoit imaginé. *FIG. 5.*

845. Ceux qui ont été les premiers inventeurs des moulins à vent,
se sont apperçus qu'il falloit que l'axe AB, c'est-à-dire, l'arbre au- *L'axe d'un moulin à vent*
quel sont attachées les aîles, fût précisément dans la direction du *doit être situé dans la direc-*
vent, & en cela ils se sont rencontrés avec la théorie la plus exacte, *tion du vent.*

comme M. *Parent* l'a démontré dans le second volume de ses *Recherches de Mathématique & de Physique*, imprimées en 1713, page 530; mais si la pratique en cette occasion a prévenu la théorie, en récompense nous allons faire voir que les aîles des mêmes moulins sont bien éloignées d'avoir toute la perfection qu'on pourroit leur donner.

Les aîles d'un moulin, pour tourner, doivent recevoir obliquement l'impression du vent.

846. L'axe d'un moulin étant dans la disposition que nous venons de dire, il est visible que si les surfaces des quatre aîles, comme CDEF étoient perpendiculaires sur le même axe AB, elles seroient aussi choquées perpendiculairement par le vent, & cette impression tendroit à renverser le moulin, & non à le faire agir : ce qui fait voir la nécessité de rendre les aîles obliques à l'axe. Ainsi, ne considérant qu'une aîle, l'impression oblique qu'elle reçoit du vent, selon la théorie des mouvemens composés, se réduit à une direction perpendiculaire. Cette direction, qui ne peut être entiérement suivie par l'aîle, est composée de deux autres, dont l'une tend à faire tourner l'axe, & l'autre à le renverser de devant en arriere ; mais il n'y a que la premiere direction qui peut être suivie : par conséquent tout l'effort du vent sur cette aîle, n'a d'autre effet, que de la faire tourner d'un côté ou de l'autre, selon que l'angle aigu qu'elle forme avec l'axe, regarde la gauche ou la droite. La question se réduit donc à savoir quelle doit être l'obliquité des aîles par rapport à l'axe, ou, si l'on veut, l'ouverture de l'angle que les aîles & l'axe doivent former, pour que les mêmes aîles reçoivent la plus grande impression qu'il est possible.

PLAN. I.

Je fais abstraction des moulins à vent pour un moment, afin de nous attacher à la seconde figure de la planche premiere, qui nous menera à ce que nous cherchons. Pour cela, je suppose que la ligne RS, représente un essieu qui peut tourner horizontalement autour des points P, S; que sur cet essieu on a attaché obliquement à l'endroit G, milieu de la ligne AB, une surface rectangulaire ACDB, tellement située, que son centre de gravité F se trouve dans le milieu de la ligne EG, perpendiculaire à l'essieu ; ainsi la surface & l'essieu feront un angle aigu AGP. Nous supposerons aussi qu'un fluide comme le vent, par exemple, vient selon les paralleles OA, PG, QB, choquer cette surface avec la liberté de se réfléchir.

Prenant la ligne KG pour exprimer la force totale de l'impulsion du vent, cette ligne étant oblique à la base AB, j'abaisse la perpendiculaire KM, qui exprimera l'action du fluide sur la surface : je divise derechef l'impulsion KH, dans les deux autres KM & MH, la premiere parallele, & la seconde perpendiculaire à l'axe

PS; ainsi HM exprimera seule l'action du fluide pour faire tourner la surface autour de l'axe.

847. Pour trouver l'angle AGP, que la surface & l'essieu doivent former, afin que la force latérale HM du fluide qui agit pour faire tourner la surface, soit la plus grande qu'il est possible, nous ferons abstraction de cette surface, aussi-bien que de la longueur du bras de levier GF, pour n'avoir égard qu'aux lignes qui nous sont nécessaires, afin de rendre le calcul plus simple ; nous nommerons AG, a ; KG, b ; & RG, x ; à cause du triangle rectangle AGR, on aura $AR = \sqrt{aa - xx}$. Pour venir à la connoissance de la ligne KH, & ensuite de HM, je considere que les triangles semblables AGR & KHG, donnent AG (a), AR ($\sqrt{aa - xx}$) :: KG (b), KH ($\frac{b}{a}\sqrt{aa - xx}$). De même, à cause des triangles semblables AGR & KHM, on aura AG (a), GR (x) :: KH ($\frac{b}{a}\sqrt{aa - xx}$), HM ($\frac{bx}{aa}\sqrt{aa - xx}$) ; par conséquent HM ($\frac{bx}{aa}\sqrt{aa - xx}$) sera l'expression de la force latérale du fluide, qu'il faut multiplier par AI, ($x\sqrt{aa - xx}$) c'est-à-dire, par la largeur réduite de la surface, qui donne $\frac{2aabx - 2bx^3}{aa}$ qui doit être un *maximum*. Car il ne suffit pas que l'impression latérale HM du vent soit la plus grande qu'il est possible ; il faut aussi que la ligne AI, qui exprime la largeur de la surface réduite, ou, si l'on veut, la largeur de la colonne d'air qui doit la choquer, soit aussi la plus grande qu'il est possible ; parce qu'alors il résultera que le produit de HM par AI, sera le plus grand de tous ceux qui pourroient naître de ces deux lignes, en rendant l'angle AGP plus ouvert ou plus aigu. Il n'y a donc qu'un seul angle qui puisse répondre au plus grand effet ; ainsi prenant la différentielle de $\frac{2baax - 2bx^3}{aa}$ suivant la méthode ordinaire, on aura $\frac{2baadx - 6bx^2dx = 0}{aa}$; après la réduction, $aa - 3xx = 0$, ou bien $\sqrt{\frac{aa}{3}} = x$; ce qui fait voir que le quarré du côté RG, doit être le tiers de celui de l'hypothenuse AG.

Pour avoir l'angle que nous cherchons dans toute la précision géométrique, je décris un demi-cercle ARG, je divise le diametre AG en trois parties égales ; au point B, qui répond au tiers BG, j'éleve la perpendiculaire BR, & je tire la ligne RG, qui donne

Maniere de trouver l'angle que chaque aile doit faire avec l'axe.

l'angle RGA, que la surface doit former avec l'essieu ; car si l'on nomme AG, a ; BG sera $\frac{a}{3}$; on aura AG (a) × BG $\left(\frac{a}{3}\right)$ = $\overline{RG}^2\left(\frac{aa}{3}\right)$. Si l'on suppose le diametre AG de 120 parties ; on trouvera que le côté RG, du triangle ARG, en contient à peu près 69 ; connoissant dans ce triangle les deux côtés AG & GR, on trouvera, par les tables des sinus, que l'angle RGA est de 54 degrés 54 minutes, c'est-à-dire, à peu près de 55 degrés.

Comme ce qu'on vient de voir peut s'appliquer à chacune des aîles d'un moulin, il s'ensuit qu'afin que ces mêmes aîles reçoivent de la part du vent la plus grande impulsion qu'il est possible, il faut qu'elles fassent un angle de 55 degrés, avec l'axe auquel elles sont attachées.

Ayant vu qu'il falloit multiplier HM $\left(\frac{bx}{aa}\sqrt{aa-xx}\right)$ par AI $\left(2\sqrt{aa-xx}\right)$, & venant de trouver $x = \sqrt{\frac{aa}{3}}$ pour le plus grand effet, substituant la valeur de x dans les expressions précédentes, on aura $\frac{b}{aa}\sqrt{\frac{aa}{3}}\times\sqrt{\frac{2aa}{3}}\times\sqrt{\frac{2aa}{3}} = \frac{2b}{3}\sqrt{\frac{aa}{3}}$, ou $\sqrt{\frac{4aabb}{27}} = \frac{4}{27}\times ab$. Or si l'on multiplie le numérateur & le dénominateur de la fraction $\frac{4}{27}$ par 10000, pour en extraire la racine plus exactement, il viendra $\frac{200}{519}$, qui peut se réduire à $\frac{5}{13}$; ainsi l'on aura $\frac{5}{13}ab$, qui montre que la force latérale n'est que les $\frac{5}{13}$ de la force absolue.

848. On pourra donc à l'avenir, dans le calcul des machines mues par le vent, chercher la force absolue du vent & en prendre les $\frac{5}{13}$; ou bien l'on peut prendre les $\frac{5}{13}$ de la surface entiere des aîles, qu'on multipliera par la force absolue du vent ; le produit donnera la puissance motrice, ce qui devient un abrégé fort commode dans la pratique, comme on en va juger par un exemple.

849. Pour faire voir présentement de quelle maniere on peut calculer l'action du vent contre les aîles d'un moulin ordinaire, il faut être prévenu qu'elles ont 30 pieds de longueur sur 6 de largeur, & qu'il y a toujours une distance de 5 pieds entre l'extrémité CF des toiles & le centre B de l'axe, parce qu'elles ne sont jamais tendues jusqués-là ; ainsi il se trouve 20 pieds de distance du centre de gravité G de chaque aîle, au centre B de l'axe ; ce qu'il importe de savoir, puisque cette longueur de 20 pieds est

le bras du levier par lequel agit l'action du vent, que l'on doit regarder comme réuni au centre de gravité des aîles.

Chaque aîle ayant 6 pieds de largeur sur 30 de hauteur, la superficie sera de 180 pieds quarrés, qui étant réduits, en la multipliant par $\frac{1}{13}$, (848) donnent $64\frac{1}{4}$; ce produit étant multiplié par 4, il vient 257 pieds quarrés. Présentement, si l'on suppose que ces quatre aîles reçoivent l'impression d'un vent dont la vîtesse seroit de 18 pieds par seconde, il faut, pour en mesurer le choc, diviser le quarré de 18, qui est 324, par 576, on aura $\frac{324}{576}$ pour le quarré de la vîtesse d'un courant d'eau, dont l'impression sera égale à celle d'un vent de 18 pieds de vîtesse. Ainsi multipliant le dénominateur de cette fraction par 60 (602), & le dénominateur par 70 (601), on aura $\frac{628236}{3456} =$ 182 livres, pour l'impression latérale du vent contre les quatre aîles du moulin, qu'on doit considérer comme une puissance appliquée à l'extrémité d'un bras de levier de 20 pieds de longueur.

Le rouet qui tourne avec l'axe du moulin, & qui répond à la lanterne de la meule, ayant ordinairement un rayon de 4 pieds, qui est le bras de levier qui répond à la puissance résistante; on aura cette proportion, comme 4 pieds, demi-diametre du rouet, est à 20 pieds, distance du centre de l'axe au centre de gravité des aîles; ainsi 182 livres est à l'action du vent contre les fuseaux de la lanterne, qu'on trouvera de 910 livres.

Voyez l'intérieur du moulin à vent exprimé par la troisieme figure de la planche huitieme du premier Chapitre du second Livre, ou la planche 26 du premier volume.

Il sera aisé présentement, en tenant compte des frottemens, de faire à l'égard des moulins à vent, tous les calculs que nous avons rapporté au sujet des moulins à eau dans le premier chapitre du second livre, soit qu'on se serve de l'action du vent pour moudre du bled, ou pour pulvériser des écorces d'arbre pour les Taneurs, ou pour faire agir les pilons de moulins à huile, à papier ou à sucre. Il est vrai que l'estimation de la force motrice changera selon que le vent augmentera ou diminuera, mais on pourra toujours connoître son effet en mesurant sa vîtesse actuelle; parce qu'alors son effet changera dans la raison des quarrés des vîtesses.

Le rouet des moulins à vent ayant 48 dents & la lanterne 10 fuseaux, comme aux moulins à eau, l'on voit que chaque tour du rouet ou des aîles, en fait faire près de 5 à la meule, & qu'ainsi les aîles ne doivent faire qu'un tour en 5 secondes, pour que la meule en fasse un par seconde, qui est la vîtesse qui lui convient le mieux pour l'ufage, comme nous l'avons dit ailleurs, (638) c'eft pourquoi, lorfque le vent eft trop violent, on ne tend qu'une partie des toiles pour réduire les aîles à cette vîteffe.

Remarque fur l'importance de faire que les aîles d'un moulin forment avec l'a-xe un angle de 55 degrés.

850. Quand on a trop de vent, on peut bien en ménager la quantité néceffaire, mais lorfqu'il n'agit que foiblement, la plûpart des moulins ne travaillent pas, ce qui vient fouvent de la mauvaife difpofition des aîles, qui font toujours un angle trop ouvert avec l'effieu, cet angle n'ayant été déterminé que par hazard. Cependant il eft plus de conféquence qu'on ne penfe de le faire exactement de 55 degrés, & non pas de 72, comme autour de Paris; car ayant calculé combien l'action d'un vent quelconque étoit moindre fur des aîles qui feroient avec l'axe un angle tel que ce dernier, que fur celles qui feroient conformes à la théorie précédente, j'ai trouvé que la différence étoit de $\frac{2}{7}$; c'eft-à-dire, qu'ayant deux moulins femblables en tout, excepté dans la feule circonftance dont je parle, expofés au même vent; fi celui dont les aîles font avec l'axe un angle de 55 degrés, eft capable d'un effort de 7 fur les fufeaux de la lanterne, celui dont les aîles feroient avec l'axe un angle de 72 degrés ne fera capable que d'un effort de 5; de forte que l'un des moulins pourroit agir fort rondement avec un certain vent, tandis que l'autre feroit dans l'inaction.

Examen de la figure la plus avantageufe qu'on pourroit donner aux aîles des moulins à vent.

851. Ce défaut n'eft pas le feul qui fe rencontre dans les moulins à vent: jufqu'ici l'ufage a autorifé les aîles rectangulaires, fans penfer fi on n'en pourroit pas faire d'une autre figure capable d'un plus grand effet avec le même vent; il eft cependant bien fûr que les aîles ordinaires ne font pas les meilleures, & pour en être convaincu, il ne faut que fuivre le raifonnement que voici.

L'effet du moulin dépendant de l'impreffion du vent, cette impreffion fera d'autant plus grande que la furface des aîles fera plus étendue; ne les confidérons d'abord que de la grandeur qu'on a coutume de les faire, c'eft-à-dire, de 30 pieds de longueur fur 6 de largeur: felon cette proportion la largeur fe trouve la cinquieme partie de la longueur, mais quelle certitude a-t'on que ce foit la figure & la proportion qui convient le mieux? D'ailleurs a-t'on quelque raifon de mettre la petite dimenfion du côté de l'axe plutôt que la grande? Si l'on y prend garde, on verra qu'on a juftement pris le parti le plus défavantageux, puifque, pour bien faire, les aîles devroient être difpofées d'un fens oppofé; j'entends que la plus grande dimenfion devroit être du côté de l'axe. Car comme la longueur du bras de levier eft exprimée par la diftance du centre de l'axe au centre de gravité de chaque aîle, plus le

centre

centre de gravité sera éloigné de celui de l'axe, & plus l'action du vent aura d'avantage. Mais nous avons vu ci-devant (849), que le centre de l'axe étoit éloigné de 20 pieds du centre de gravité des toiles, & que l'extrémité des aîles étoit éloignée de 35 pieds du centre de l'axe; or si l'on change la disposition du rectangle formé par les toiles, & que la base de 30 pieds soit toujours éloignée de 35 pieds de l'axe, comme l'est ordinairement celle qui n'est que de 6 pieds; alors le centre de gravité sera éloigné de 32 pieds du centre de l'axe, & par conséquent le bras de levier par lequel agira le vent, au lieu de 20 pieds en aura 32. Cependant comme, selon cette disposition, il y auroit 29 pieds de distance depuis les aîles jusqu'au centre de l'axe où le vent ne feroit point d'effet, à cause que nous n'y supposons point de toiles tendues; M. *Parent*, pour ne point laisser de vuide inutile, propose de faire des aîles de la figure d'un secteur d'ellipse; ou bien que faisant les aîles rectangulaires, leur largeur fût double de leur hauteur, qui est le plus grand parallélogramme qui pourroit être inscrit dans un secteur d'ellipse, tel que celui qu'il a trouvé. Mais des aîles elliptiques paroîtroient si extraordinaires qu'on n'oseroit se flatter que l'usage les adoptât quoique les plus avantageuses de toutes, non plus que les rectangulaires disposées du sens que je viens de dire. Il est *vrai* que ces dernieres ayant une figure moins recherchée, feroient peut-être reçues plus volontiers; mais en leur donnant beaucoup de largeur, elles feroient sujettes à un inconvénient dans la pratique, qui est que devant former un angle de 55 degrés avec l'axe, une de leurs extrémités ne manqueroit pas, à cause de cette obliquité, de rencontrer le corps du moulin, contre lequel elle se briseroit; à moins qu'on ne fît saillir l'axe autant qu'il le faudroit, pour que les aîles pussent tourner librement.

Cependant il est à remarquer que dans les moulins, comme aux autres machines, on retombe toujours dans le cas de la loi générale des méchaniques, de ne pouvoir augmenter l'action de la puissance sans augmenter aussi le tems qu'elle doit employer pour produire un certain effet. Par exemple, ici en éloignant le plus que l'on peut le centre de gravité des aîles du centre de l'axe, on alonge à la vérité le bras du levier, ce qui soulage beaucoup la puissance, mais en récompense les aîles ne tourneront point si vîte, que si le levier étoit plus court. Or comme ce n'est point absolument de la plus grande vîtesse des aîles que dépend le plus grand effet du moulin, mais bien de la plus grande quantité de grain qu'il pourra moudre à la fois, par conséquent de la force des aîles pour faire

Part. I. Tome II.   F tourner la meule ; que d'ailleurs cette vîteſſe de la meule doit être limitée, on gagnera beaucoup plus à proportion, en augmentant l'action de la puiſſance qu'on ne perdra par la diminution de la vîteſſe des aîles. On ſait que pour qu'une machine miſe en mouvement par l'eau faſſe le plus grand effet qu'il eſt poſſible, il faut que la vîteſſe de la roue ſoit le tiers de celle du courant qui la fait tourner (588) ; comme il en eſt de même pour toutes celles qui ſont mues par un fluide, il ſuit qu'un moulin à vent ſera auſſi capable du plus grand effet, lorſque la vîteſſe des aîles ſera le tiers de celle du vent. Or comme cette vîteſſe des aîles doit être meſurée par la circonférence que décrit le centre de gravité des mêmes aîles , c'eſt-à-dire, du cercle qui auroit pour rayon le bras de levier à l'extrémité duquel on ſuppoſe l'action du vent réunie : ſi ce rayon a 28 pieds de longueur, ſa circonférence en aura 88 , qui eſt la meſure du chemin des aîles dans chaque révolution. Ainſi il faudroit , pour que la machine fût dans toute ſa perfection, que le vent fît 264 pieds de chemin, tandis que les aîles feroient un tour.

852. L'obliquité qu'on eſt obligé de donner aux aîles des moulins étant cauſe qu'il s'en faut beaucoup que le vent n'agiſſe avec ſa force abſolue, l'on a cherché à profiter de toute ſa force, en faiſant tourner les aîles horizontalement, comme on en peut juger par l'exemple que j'en rapporte ſur la planche 2.

Les aîles ſont au nombre de 6, marquées par les lettres B, C, D, E, F, G, au plan d'une cage de charpente, dont l'élévation HI eſt au-deſſous ; cette cage eſt placée au ſommet d'une tour L, qui comprend le corps du moulin & peut tourner indépendamment des aîles, leſquelles ſont formées par des chaſſis revêtus de toile & aſſemblés dans l'arbre tournant A qui répond à la meule ſupérieure ; car on peut ſe paſſer ici de rouet & de lanterne.

L'objet de la cage eſt de n'expoſer au vent que les aîles qui en doivent être choquées, & de mettre les autres à l'abri ; pour cet effet, elle n'eſt revêtue d'ais fort minces que ſur une partie IOH. J'ai lu dans le Recueil des machines approuvées par l'Académie royale des Sciences, qu'en Portugal & en Pologne, les moulins dans le goût de celui-ci étoient fort en uſage.

853. Les formules étant très-commodes pour exprimer d'une maniere générale toutes les grandeurs qui entrent dans les rapports, en voici deux par le moyen deſquelles on pourra connoître exactement tout ce que l'on peut eſpérer des machines mues par le vent.

Nommant a, la vîteſſe du vent, & ff, la ſurface choquée, priſe ſans aucune réduction, on aura $\frac{aa}{576}$ pour l'expreſſion du quarré de la vîteſſe d'un courant dont le choc ſera égal à celui du vent, (840) qui étant multiplié par 70, & le produit diviſé par 60, donnera $\frac{aa}{576} \times \frac{7}{6}$ pour la hauteur de la colonne d'eau dont le poids ſera égal au choc direct ſur une ſurface d'un pied quarré ; (602) par conſéquent $\frac{aaff}{576} \times \frac{7}{6}$ exprimera le même choc contre une ſurface quelconque directement oppoſée. Comme il faut multiplier cette expreſſion par $\frac{1}{13}$, lorſqu'il s'agira d'une machine dont les aîles feront avec l'axe un angle de 55 degrés, (848) il viendra, après la réduction, $\frac{aaff}{1283}$ pour la premiere formule ; ce qui montre que *l'on aura tout d'un coup l'impreſſion du vent exprimée en livres, en multipliant le quarré de ſa viteſſe, conſidérée pendant une ſeconde, par la ſurface entiere, c'eſt-à-dire, par celle que comprennent les quatre aîles ſans réduction, & en diviſant le produit par 1283 ;* après quoi il ſera aiſé, en conſidérant le méchaniſme qui regne dans la machine, d'avoir égard aux différens bras de levier qui doivent répondre à la puiſſance qu'on aura trouvée à l'aide de la formule, & à ceux qui doivent répondre au poids, dans l'état d'équilibre, qu'il faudra réduire aux $\frac{4}{9}$ pour le plus grand effet. (589, 595)

854. Si l'on multiplie la formule précédente par $\frac{4}{9}$, on aura $\frac{aaff}{2888}$, qui eſt une ſeconde formule, par le moyen de laquelle on trouvera tout d'un coup la force reſpective du vent dans le cas du plus grand effet, ſans être obligé de faire aucune réduction ; *c'eſt-à-dire, qu'après avoir multiplié la ſurface des aîles exprimées en pieds par le quarré de la viteſſe du vent, & diviſé le produit par 2888, le quotient donnera la valeur en livres de la puiſſance réduite,* qui ſervira à trouver le poids qui lui convient pour le plus grand effet, dès qu'on connoîtra les bras de leviers qui répondent à l'un & à l'autre ; alors les aîles prendront d'elles-mêmes une vîteſſe qui ſeta le tiers de celle du vent.

Nommant P, la puiſſance modifiée comme il convient pour le plus grand effet, on aura $P = \frac{aaff}{2888}$ qui peut ſervir à trouver la ſuperficie des aîles, dès qu'on connoîtra la puiſſance réduite & la vîteſſe du vent, ou à trouver la vîteſſe du vent, quand on con

Formules gé-
nérales pour
calculer l'effet
d'toutes les
machines mues
par le vent.

noîtra la superficie des aîles & la puissance, puisque pour le premier cas, on aura $\frac{2888 \times P}{aa} = \mathit{ff}$, & pour le second $\sqrt{\frac{2888 \times P}{\mathit{ff}}} = a$.

855. Que si l'on nomme Q, le poids qui convient pour le plus grand effet, & u, sa vîtesse ; $\frac{a}{3}$ sera celle des aîles de la machine, prises à leur centre de gravité ; alors on aura $\frac{a}{3} \times P = u \times Q$, qui est encore une formule générale par le moyen de laquelle on trouvera celui des quatre termes qui seroit ignoré, & même la superficie des aîles, que l'on y fera entrer en substituant $\frac{aa\,\mathit{ff}}{2888}$ à la place de P, ou $\frac{1}{3}\sqrt{\frac{2888 \times P}{\mathit{ff}}}$ à la place de $\frac{a}{3}$.

Pour appliquer la premiere formule $\frac{aa\,\mathit{ff}}{1283}$ à un exemple, nous supposerons qu'il s'agit de calculer l'impression latérale du vent contre les aîles du moulin dont il a été fait mention dans l'article 849, & que l'on a encore $a = 18$, ou $aa = 324$, & $\mathit{ff} = 720$; d'où l'on tire $\frac{324 \times 720}{1283} = 182$ livres, qui est le même nombre que nous avons trouvé dans cet article.

856. Si l'on considere la premiere figure de la planche premiere, on verra qu'elle représente un moulin qui tourne à tout vent, & s'y dirige de lui-même par le moyen de la girouette A, composée d'ais fort minces ; l'arbre B est fixe & bien affermi dans les terres, tout le reste de l'assemblage est mobile & tourne avec la girouette. Quant à l'arbre incliné ED, il tourne avec les aîles, de même que la roue à godets D qui est assemblée à cet arbre. On fait un fossé circulaire pour ramasser l'eau qu'on veut épuiser, ce qui se pratique ordinairement dans un terrein aquatique pour le dessecher ; car on voit que le bas de la roue trempe dans l'eau, & tourne aisément sans toucher aux terres. Par ce moyen l'eau du fossé sera élevée dans une rigole aussi circulaire, dont l'arbre B est le centre, pour être conduite où l'on voudra ; cette machine n'éleve l'eau qu'à 6 ou 7 pieds au plus, mais en récompense elle en épuise une grande quantité, pour peu que le vent la favorise.

Les prairies de Hollande sont peuplées de ces sortes de machines, on en rencontre à chaque pas ; mais la roue qui puise l'eau est différente de celle-ci, n'étant composée que d'un nombre de rayons, comme dans la quatrieme figure. Ces rayons sont des especes de palettes qui ressemblent à des rames, un peu creuses d'un côté en forme de cuillere; au lieu de porter l'eau en haut comme font les godets, elles la font jaillir dans la rigole; ce qui se fait avec tant de vîtesse, qu'elles ne laissent pas d'en puiser beaucoup en très-peu de tems.

857. L'angle EFB, que l'axe ED fait avec l'arbre B, est ordinairement de 60 degrés; ainsi l'angle IHK, que les aîles font avec la verticale, sera de 30 degrés. D'où il suit que les toiles tendues depuis H jusqu'en K, ne reçoivent l'impression du vent que selon une direction oblique à laquelle il faut avoir égard. Pour cet effet, considérez que le triangle rectangle HIK est la moitié d'un triangle équilatéral, dont le côté IH est la perpendiculaire: & comme le côté HK est ici de 7 pieds, prenant les trois quarts du quarré de ce nombre, c'est-à-dire, les trois quarts de 49, qui est $36\frac{3}{4}$, pour le quarré de la perpendiculaire; extrayant la racine quarrée de ce nombre, il viendra environ 6 pieds pour le côté IH.

Les toiles ayant 7 pieds de hauteur sur 4 de largeur, la superficie de chaque aîle sera de 28; par conséquent les quatre ensemble de $112 = ff$. Si l'on suppose qu'elles sont choquées par un vent de 20 pieds de vîtesse par seconde, multipliant le quarré de ce nombre, qui est $400 = aa$, par la superficie précédente, & divisant le produit par 2888, pour suivre ce qu'indique la formule $\frac{aaff}{2888}$ (854), il viendra $15\frac{1}{2}$ liv. pour l'impression latérale du vent dans le cas du plus grand effet, en supposant que les aîles font avec l'axe un angle de 55 degrés, & que les mêmes aîles font verticales. Mais comme cette derniere circonstance n'a pas lieu, il faudra donc faire une seconde réduction, & dire, en suivant l'article 583: comme HK (7) est à IH (6), ainsi $15\frac{1}{2}$ livres, est à la force réduite, qu'on trouvera de $13\frac{1}{7}$ livres.

858. La longueur RH des aîles, prise depuis le centre R de l'axe jusqu'à l'extrémité H, se trouve ici de 10 pieds, d'où retranchant 3 pieds 6 pouces pour la distance HS, il restera $6\frac{1}{2}$ pieds pour la longueur du bras de levier de la puissance. D'autre part le rayon de la roue D, pris depuis le centre de l'essieu jusqu'au centre de gravité d'un des godets, étant de 3 pieds, pourra être considéré comme un bras de levier à l'extrémité duquel est appliqué le poids, que l'on trouvera en divisant le moment de la puissance, qui est $\frac{1109}{14}$, par le rayon de la roue, pour avoir $28\frac{11}{14}$ liv. Mais comme il s'agit d'élever l'eau par le moyen d'une roue dont les godets se touchent immédiatement sur une demi-circonfé-

rence du cercle, & dont les bras de leviers doivent être exprimés par tous les finus du quart de cercle & non par le feul rayon ; le poids de l'eau réuni à l'extrémité du rayon, fera à celui de l'eau contenue dans les godets, comme la fuperficie d'un quart de cercle eft à celle du quarré de fon rayon, ou comme 11 eft à 14. (57, 58) Or ayant trouvé que la machine pouvoit élever à l'extrémité du rayon une colonne d'eau du poids de 28 $\frac{11}{14}$ livres ; on dira donc, comme 11 eft à 14, ainfi 28 $\frac{11}{14}$ liv. eft à un quatrieme terme, qu'on trouvera d'environ 36 $\frac{3}{4}$ livres, pour le poids de l'eau que la roue élevera à chaque tour, dans le cas du plus grand effet, lorfqu'elle fera mife en action par un vent de 20 pieds de vîteffe.

Autre calcul pour découvrir la quantité d'eau que la même machine épuifera par heure.

859. Pour favoir combien cette machine épuifera d'eau en une heure, il faut confidérer que la roue & les aîles ayant un axe commun feront un égal nombre de tours dans le même tems ; que la vîteffe des aîles, prife à leur centre de gravité, fe trouvant le tiers de celle du vent, dans le cas du plus grand effet, elles ne feront que 6 pieds 8 pouces de chemin par feconde, qu'il faut multiplier par 3600 pour avoir leur vîteffe par heure, qui fera de 24000 pieds, lefquels étant divifés par 40 $\frac{6}{7}$ pieds, qui eft la circonférence que décrit le centre de gravité de chaque aîle dans une révolution, donnent 587 tours par heure, qu'il faut multiplier par 36 $\frac{3}{4}$ liv. d'eau ; il vient 21572 livres, ou environ 308 pieds cubes, pour la quantité d'eau que cette machine épuifera par heure, en faifant abftraction de ce qu'il s'en pourra perdre. Je ne dis rien du déchet que peut caufer le frottement, qui eft peu de chofe, n'ayant lieu qu'aux endroits O & P où l'arbre ED eft foutenu : tous les calculs précédens ne devant être confidérés que comme des exemples pour faire fentir l'application des principes qui fervent de fondement à ce chapitre.

J'oubliois de dire que pour qu'un tel moulin foit capable du plus grand effet, il faut fur toutes chofes bien proportionner la grandeur des godets à la quantité d'eau qu'ils doivent puifer, fansquoi le plus ou le moins retarderoit ou augmenteroit la vîteffe des aîles, & alors cette vîteffe n'étant plus le tiers du vent, la machine ne feroit pas ce qu'on veut qu'elle faffe.

Pour dire auffi un mot de la girouette A, qui doit diriger le moulin au vent, il faut confidérer qu'elle a 16 pieds 6 pouces de longueur, depuis le pivot L jufqu'à fon extrémité R, & que la hauteur RS eft de 6 pieds, ce qui donne une furface triangulaire de 49 $\frac{1}{2}$ pieds, fans avoir égard au vuide qui eft vers le pivot L, qu'on a laiffé tel pour faire voir le chaffis auquel font attachés les áis, mais qui doit être couvert dans l'exécution. Or ce triangle ayant 49½ pieds de superficie, présentera au vent une surface beaucoup plus grande que celles que peuvent présenter les aîles du moulin, prises de côté, ainsi il faut de nécessité que le fort l'emporte sur le foible, d'autant plus que le bras de levier qui répond à la girouette est exprimé par l'intervalle LM, pris depuis le point d'appui L, jusqu'au centre de gravité M, qui se trouve de 11 pieds de longueur. (100) Moyennant toutes ces considérations, il sera aisé de calculer l'effort du vent sur cette girouette.

860. La troisieme figure représente une autre machine qui a un avantage sur la précédente, pouvant élever l'eau beaucoup plus haut; c'est une pompe aspirante dont le piston agit par le moyen des aîles d'un moulin à vent & d'une manivelle. Comme le mouvement du piston dépend de l'action des aîles, cette pompe élevera plus ou moins d'eau, selon la vîtesse du vent & la grandeur du corps de pompe. Je ne m'arrêterai pas à en faire le calcul, je me contenterai de dire qu'elle se dirige d'elle-même au vent par le moyen d'une girouette, comme dans la précédente, n'y ayant que le chassis ABCD qui tourne avec la girouette & les aîles; le corps de pompe EF reste immobile, étant bien arrêté par l'assemblage de charpente qui l'accompagne. Je crois qu'il n'est pas besoin d'ajouter que quand l'eau est élevée à la hauteur de la gargouille I, qui peut être située jusqu'à 30 pieds au-dessus de la surface de l'eau, elle va se décharger dans une goutiere ou auge, pour être conduite à l'endroit où l'on veut, & que cette machine peut servir pour dessecher un terrein aquatique, ou pour arroser des jardins, y faire des jets d'eau, cascades, &c.

Description d'une pompe aspirante, mise en mouvement par l'action du vent.

PLAN. 1.
FIG. 3.

861. Voici un moulin à chapelet représenté par la quatrieme figure de la seconde planche, servant à épuiser l'eau par l'action du vent, & qui peut être très-utile pour dessecher un terrein aquàtique. Il est composé d'un axe CD, auquel sont attachées les aîles; cet axe tourne dans deux especes de colets L & M, disposés de façon qu'il ne touche point l'arbre immobile A, autour duquel tourne toute la machine pour être dirigée au vent par la girouette. C'est pourquoi ce moulin doit avoir autour de lui un fossé circulaire BB, afin que de tout sens le chapelet trempe dans l'eau: l'axe CD doit être percé depuis C jusqu'à son extrémité D, pour recevoir l'eau que le chapelet éleve & la conduire ensuite dans la girouette circulaire KK, qui est soutenue sur des poteaux assemblés par des croix de saint André, afin que de quelque côté que le moulin soit situé, le tuyau D puisse verser l'eau sans perte. Pour empê-

Description d'un moulin à vent pour dessecher un terrein aquatique.

PLAN. 2.
FIG. 4 & 5.

cher que le tuyau F, qui reçoit l'eau de la goutiere pour la conduire où l'on souhaite, n'interrompe le mouvement des aîles du moulin, lorsqu'elles se trouveroient de ce côté-là, on a fait un siphon GF, afin que les aîles puissent passer librement. J'ajouterai que l'axe CD se trouvant plus chargé du côté C que du côté D, on pourra lui rendre l'équilibre en attachant des poids à l'extrémité de la girouette.

Comme le plus essentiel de la machine consiste à faire tomber l'eau des barrils dans le canal pratiqué au centre de l'arbre tournant CD, on a cru que pour plus d'intelligence, il convenoit de dessiner en grand la lanterne qui porte le chapelet exprimé par la cinquieme figure. Nous supposerons qu'elle tourne du sens que le marquent les fleches qui sont à la circonférence ; cela posé, il faut être prévenu que la lanterne est divisée en quatre cellules par des cloisons de planches qui répondent à quatre ouvertures quarrées, comme *c* & *d*, pratiquées dans l'essieu à l'endroit de la lanterne. Au-dedans de chacune de ces ouvertures, il y a un petit clapet de fer ou de cuivre, qui s'ouvre & se ferme par son propre poids : par exemple, l'on sent bien qu'à mesure que le chapelet tourne, chaque barril, lorsqu'il se trouve vers le sommet de la lanterne, verse son eau dans la cellule *abc* qui lui répond, & qu'alors le clapet *f* du trou *c* qui regarde cette cellule, se trouve ouvert pour donner passage à l'eau qui entre dans le tuyau. Un instant après, aussi-tot que la lanterne a fait un demi tour, le trou qui étoit ouvert se trouve fermé par le propre poids du clapet, comme on le voit en *g* ; mais comme il y en a quatre qui s'ouvrent & se ferment l'un après l'autre, l'eau en trouve toujours un ouvert pour lui donner entrée dans le tuyau, ce qui est assez bien exprimé par la figure, pour n'avoir pas besoin d'une si longue explication.

862. Pour donner un nouvel exemple de la maniere de calculer les machines mues par le vent, je suppose que les toiles de chaque aîle s'étendent depuis O jusqu'en P, sur la longueur de $8\frac{1}{2}$ pieds, & sur 5 de largeur, ce qui donne $42\frac{1}{2}$ pieds quarrés pour la superficie de chacune, & 170 pour les quatre ensemble ; ainsi l'on aura $ff = 170$. Je suppose aussi que la distance du centre R de l'axe au centre de gravité Q des aîles est de 6 pieds ; & comme c'est du point Q qu'on doit mesurer la vitesse des aîles, il suit que le rayon de la lanterne étant le quart du bras de levier QR, le rapport de la vitesse de la puissance appliquée au point Q, sera à celle du poids, comme 4 est à 1. Or, si l'on nomme *a*,

la

la vîtesse du vent, $\frac{a}{3}$ exprimera celle de la puissance dans le cas du plus grand effet ; par conséquent $\frac{a}{12}$ pourra exprimer la vîtesse du poids qui étant nommé x, & la puissance P, on aura $P \times \frac{a}{3} = x \times \frac{a}{12}$. Mais comme la formule de l'article 854 donne $P = \frac{a\,a\,ff}{2888}$, substituant la valeur de P dans l'équation précédente, on aura $\frac{a\,a\,ff}{2888} \times \frac{a}{3} = x \times \frac{a}{12}$, ou $\frac{a\,a\,ff}{744} = x$, après la réduction ; qui est une dernière équation ou formule, dans laquelle il ne s'agit plus que de connoître la vîtesse du vent, pour juger de la pesanteur du poids que la machine élevera, dans le cas du plus grand effet & de la situation la plus avantageuse des aîles par rapport à l'axe.

Ayant $ff = 170$, & supposant que la vîtesse du vent soit de 16 pieds, on aura $aa = 256$; par conséquent $\frac{256 \times 170}{744} = x = 55\frac{3}{4}$ liv. c'est-à-dire, que les barrillets du chapelet, pris d'un côté seulement, & qui sont depuis la surface B de l'eau jusqu'au sommet N de la lanterne, ne doivent comprendre ensemble qu'environ 56 livres d'eau pour en élever le plus qu'il est possible, avec le plus de vîtesse.

863. Il faut remarquer que plus la hauteur où l'on voudra élever l'eau sera grande, & moins on en puisera dans le même tems, parce que le chapelet sera plus long ; & comme il doit être assujetti à ne porter que la même quantité d'eau, les barrils se trouvant en plus grand nombre, il faudra que la lanterne fasse aussi plus de tours pour les vuider tous. Or, si l'on suppose qu'il s'agit d'élever l'eau à 15 pieds, & que la circonférence de la lanterne soit de 10 pieds, il faudra qu'elle fasse un tour & demi, pour que tous les barrils qui sont depuis B jusqu'en N, puissent se vuider dans le canal CD : pendant ce tems, la machine n'aura élevé que 56 liv. d'eau, ou, ce qui revient au même, $37\frac{1}{3}$ livres, à chaque tour de lanterne. Comme les aîles de la machine & la lanterne tournent en même tems, on pourra estimer la quantité d'eau que le chapelet puisera en une heure, dès qu'on saura le nombre de tours que les aîles feront pendant ce tems ; car le centre de gravité Q, étant éloigné de 6 pieds du centre R de l'axe, décrira à chaque tour une circonférence d'environ 19 pieds ; & la vîtesse des aîles ne devant être que le tiers de celle du vent, le point Q ne parcourera que 5 pieds 4 pouces par feconde; il lui faudra donc un peu plus de trois fecondes & demie pour décrire une circonférence entiere, mais nous fuppoferons que ce tems fuffit, afin d'éviter l'embarras du calcul. Cela étant, les aîles feront 17 tours & $\frac{1}{2}$ en une minute, & à peu près 1050 en une heure. Mais nous favons qu'à chaque tour de lanterne, le chapelet doit élever 37 $\frac{1}{3}$ liv. d'eau; multipliant ce nombre par 1050, on aura 39375, qui étant divifés par 70, donnent environ 563 pieds cubes, pour la plus grande quantité d'eau que cette machine élevera en une heure, à la hauteur de 15 pieds, par un vent de 16 pieds de vîteffe par feconde.

Après avoir trouvé l'eau qui peut être contenue dans les barrils depuis B jufqu'en N, il faut proportionner la grandeur de ces barrils à leur nombre, afin que chacun ne contienne à peu près que la quantité qu'il doit élever; car s'il en contenoit davantage, la machine iroit plus lentement, & la diminution de vîteffe n'étant point compenfée par une quantité d'eau proportionnée à la perte du tems, la machine ne feroit plus capable du plus grand effet. En un mot, il arriveroit tout ce que nous avons dit des machines mues par l'eau, puifque ceci n'eft qu'une fuite du premier volume, articles 589, 595 : car qu'une machine foit mife en mouvement par l'eau ou par le vent, elle ne pourra jamais élever, dans l'état de perfection, que les $\frac{2}{3}$ de fon poids d'équilibre.

864. Voici encore un moulin dans le goût des précédens, pour arrofer un terrein aride, qui eft affez bien imaginé. La feconde figure eft le plan du fond d'un puits creufé à une profondeur convenable pour recevoir les eaux d'un ruiffeau ou d'une riviere, c'eft pourquoi il répond à un foffé de communication par le petit aqueduc AB. La premiere figure exprime le profil du puits & celui de la machine dont il s'agit, le feuil C, fert à loger une crapaudine, dans laquelle tourne un pivot attaché à la femelle D, d'un chaffis DEE, compofé de deux montans E, affemblés avec les entretoifes G. Ces montans vont aboutir à un cylindre de bois F, qui tourne dans un collier HI; ce collier eft foutenu & affemblé avec huit pieces K, qui font enmortoifées dans une femelle circulaire LM, pofée fur le bord du puits, que l'on ne peut bien diftinguer que dans la quatrieme figure. Cette charpente, qui fert à foutenir le fommet de la machine, eft immobile, mais non pas le chaffis DEE, qui tourne en tout fens au gré du vent, à l'aide d'une girouette dont la queue ON, eft faite d'une piece de 4 pouces d'épaiffeur, fur 12 de largeur, depuis N jufqu'en P, pofée à plat;

la partie PO eſt beaucoup plus légere que l'autre NP, celle-ci ayant beſoin d'une certaine force pour être liée avec le cylindre F. Cette piece eſt traverſée par les tenons R des poupées Q, retenues avec des clefs ; ces poupées ſervent à porter l'arbre ST, auquel ſont attachées les aîles U ; ainſi l'on voit que quand le vent frappe ſur la girouette, le chaſſis DEE & l'arbre du moulin tournent pour ſe mettre dans ſa direction.

Au milieu de l'arbre eſt une molette X, ayant deux cannelures paralleles, ſervant à loger deux cordes ou deux chaînes ſans fin, qui paſſent au travers de la piece NP & du cylindre, l'une & l'autre étant percés d'un trou : ces cordes ſoutiennent en l'air un tambour *ab*, qui porte un chapelet dont voici l'effet.

Quand l'arbre ST fait tourner la molette X, il fait tourner en même tems le tambour *ab*, par conſéquent le chapelet qui puiſe l'eau pour la porter en haut & la répandre dans le corps du tambour, dont la conſtruction eſt repréſentée par les figures 9, 10, 11 & 12 : la 11ᵉ en eſt l'élévation vue en face ; la 10ᵉ un profil pris le long de l'axe ; la 9ᵉ & 12ᵉ ſont deux autres profils coupés perpendiculairement au même axe. Par ces développemens, on voit que le tambour eſt compoſé de deux molettes C, D, percées diamétralement d'un trou E, & jointes enſemble par huit ais comme F, *formant autant de cellules ſans fond, qui vont ſe terminer à la circonférence du trou E, au travers duquel paſſe un petit canal de cuivre GH, exprimé par les figures 6 & 8, qui en font voir le plan & le profil. Ce canal, qui ſert comme d'eſſieu au tambour, eſt arrêté à demeure avec les montans E du chaſſis DEE, qu'il traverſe, comme les figures 14 & 16 le font voir.* Le tambour ſe place dans l'intervalle CD des figures 6 & 8, & tourne autour du canal GH, ſans preſque le toucher, parce qu'il eſt ſuſpendu aux cordes dont nous venons de parler.

Les extrémités G & H du canal répondent, dans la 4ᵉ figure, à une rigole Q, creuſée dans la pierre qui couronne le puits ; ainſi l'on voit que le chapelet, en tournant, répand ſon eau dans le canal, que cette eau de-là paſſe dans la rigole, & qu'elle coule enſuite dans une gargouille ST, pour être conduite où l'on veut.

La troiſieme & la cinquieme figures ſont deux élévations différentes de ce moulin, l'une en face & l'autre de côté, avec le profil du foſſé où ſe raſſemble l'eau, & ſon entrée dans le puits ; enfin la 7ᵉ figure eſt une repréſentation du petit toit qui couvre l'arbre du moulin & qui tourne avec lui. Quant à la 15ᵉ figure, elle marque

G ij

l'affemblage des pieces qui compofent le collier HI, défigné dans la 5e & la 7e. Je ne dis rien de la 13e figure, qui eft un bout de chapelet dont il eft aifé de s'imaginer la conftruction. Je n'ai pas cru qu'il fût néceffaire de calculer l'effet de cette machine, le grand nombre des exemples de même efpece ne faifant qu'enfler un livre mal à propos.

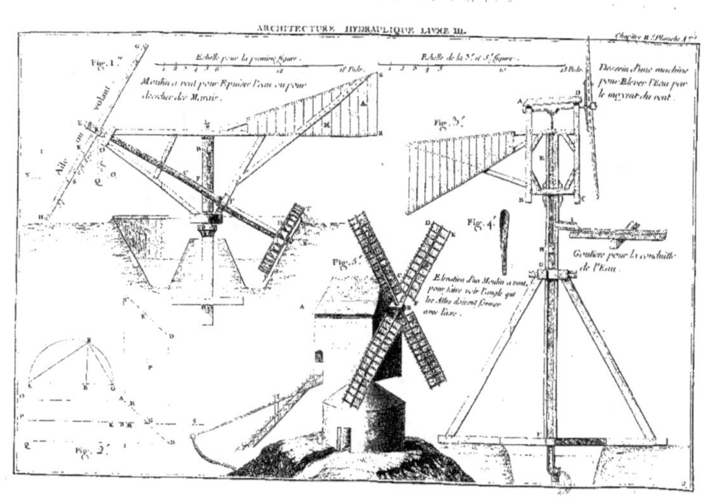
Chapitre II. Planche 1.er
Fig. 1.re
Echelle pour la première figure.
Moulin a vent pour Epuiser l'eau ou pour
dessécher des Marais.
Echelle de la 2.e et 3.e figure.
Dessein d'une machine
pour Elever l'eau par
le moyen du vent.
Fig. 2.
Fig. 3.
Fig. 4.
Fig. 5.
Elévation d'un Moulin a vent,
pour faire voir l'angle que
les Ailes doivent former
avec l'axe.
Gouttière pour la conduite
de l'eau.
Aile
volant

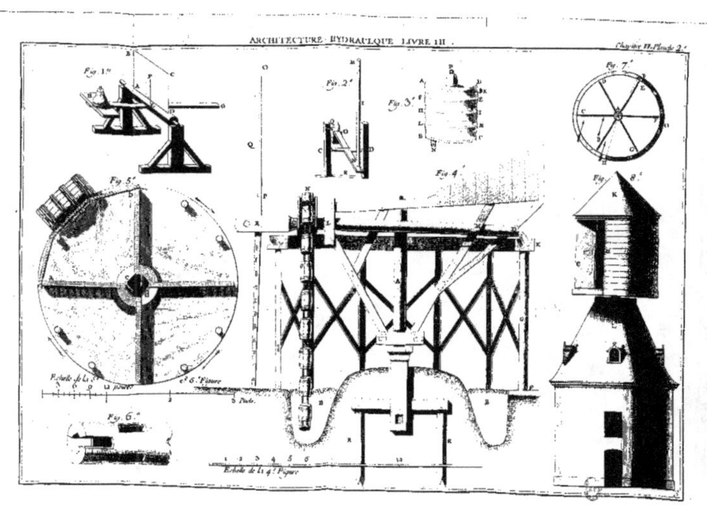

ARCHITECTURE HYDRAULIQUE. LIVRE III.
Chapitre IV. Planche 2.
Fig. 1.
Fig. 2.
Fig. 3.
Fig. 4.
Fig. 5.
Fig. 6.
Fig. 7.
Fig. 8.
Echelle de la 4.e Figure
Echelle de la 4.e Figure

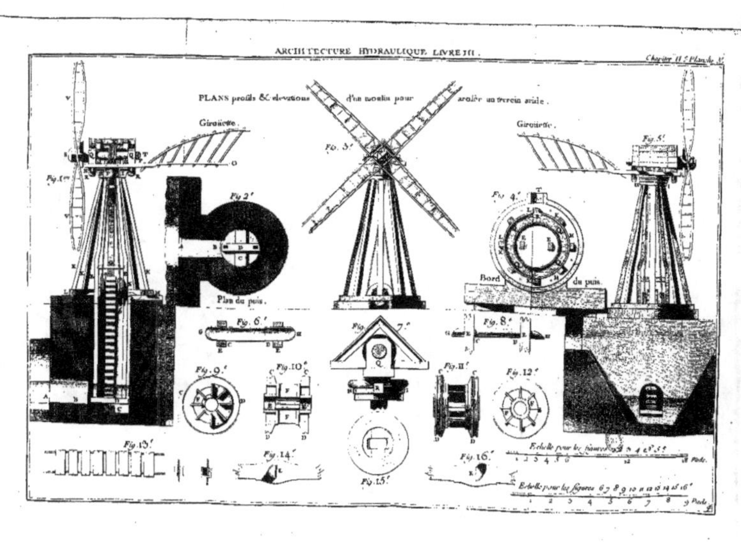

ARCHITECTURE HYDRAULIQUE. LIVRE III.
Chapitre II.e Planche V.
PLANS profils & elevations d'un moulin pour arrofer un terrein aride.
Girouette.
Girouette.
Fig. 1.er
Fig. 2.e
Fig. 3.e
Fig. 4.e
Fig. 5.e
Plan du puis.
Bord du puis.
Fig. 6.e
Fig. 7.e
Fig. 8.e
Fig. 9.e
Fig. 10.e
Fig. 11.e
Fig. 12.e
Fig. 13.e
Fig. 14.e
Fig. 15.e
Fig. 16.e
Echelle pour les figures 1.2.3.4 et 5.e
Echelle pour les figures 6.7.8.9.10.11.12.13.14.15 et 16.e

CHAPITRE III.

Où l'on donne une description générale des pompes de toutes sortes d'especes, avec un examen de ce qui peut contribuer à les rendre parfaites.

LES pompes sont devenues si nécessaires par les commodités qu'elles procurent, & le sujet est par lui-même si intéressant, qu'on peut regarder ce chapitre comme un de ceux de cet Ouvrage qui mérite le plus d'attention. On y trouvera un examen de toutes les pompes qui ont été imaginées jusques ici, je m'y suis appliqué d'autant plus volontiers, que je ne crois pas que personne ait pris ce soin d'une maniere assez instructive, pour satisfaire ceux qui aiment que les choses soient traitées avec exactitude, & qui ne s'en tiennent pas aux usages que les gens qui n'ont que la simple pratique se sont faits, sans rechercher si telles ou telles parties d'une pompe ne sont pas susceptibles d'une plus grande perfection.

De quelque maniere que l'on fasse agir ces sortes de machines, elles peuvent toutes se réduire à trois especes principales : savoir, la *pompe aspirante*, la *pompe refoulante*, & celle qui est en même tems *aspirante & refoulante*.

865. La pompe *aspirante simple* est composée de deux tuyaux 'AB, CD, dont le diametre du second est beaucoup plus grand que celui du premier ; ces deux tuyaux sont unis par deux especes de rebords E, F, que l'on nomme *brides*, qui ont été fondues avec les tuyaux mêmes ; ces brides sont percées de quatre trous pour y passer des *vis* C, C, qui s'ajustent dans des écrous ; pour serrer plus intimement ces brides l'une contre l'autre, on met entre deux des *rondelles* de cuir. Le tuyau AB qui trempe dans l'eau YZ qu'on veut élever, se nomme *tuyau d'aspiration*, son extrémité est un peu évasée par le bas, pour que l'eau s'y introduise mieux ; à l'endroit AA, est une plaque de tole percée d'un nombre de trous, pour que l'eau, en montant, n'entraîne point d'ordure. Le tuyau CD, qui est ordinairement de cuivre ou de potain, se nomme *corps de pompe :* on le fait intérieurement fort poli, parce que c'est là-dedans que joue le *piston*, dont il convient de diminuer le frottement le plus qu'il est possible.

PLAN. 1.
FIG. 1.
Description d'une pompe aspirante.

PLAN. 2.

Explication du piston de la pompe aspirante.

866. Le piston de cette pompe est une espece de cône tronqué renversé OPKL, dont la grande base est entourée d'une bande de cuir, clouée par une ou deux rangées de clous posés près-à-près ; cette bande doit être un peu évasée en entonnoir du côté du ciel, & entrer avec peine dans le corps de pompe quand on y introduit le piston, dont le diametre doit être de deux lignes plus petit. Ces sortes de pistons se font de bois de *charme* ou *d'aune*, étant moins sujets à se fendre que les autres ; on frète leurs deux bases avec des *cercles* de fer, afin qu'ils durent plus long-tems. Ce piston est percé d'un trou MKL, le long de son axe, que l'on ferme d'une *soupape* N, faite de cuir, attachée sur le bois par une queue servant de charniere ; cette soupape, quand elle est abattue, doit déborder d'un demi-pouce le pourtour du trou, & pour le fermer plus exactement, on la charge d'une plaque de plomb. Enfin le piston a une queue OQP, faite du même morceau de bois dont il est composé, évuidée en forme d'arcade ORP, à laquelle est attachée une *tige* de fer R 4 : on a représenté en particulier ce piston sur la planche 3 par les figures 11 & 12.

Détail de la soupape qui se place au fond d'un corps de pompe.

PLAN. 1.

FIG. 1, 2, 3 & 4.

867. Dans le milieu EF, de la jonction du corps de pompe & du tuyau d'aspiration, est un autre trou H, fermé par une seconde soupape G, qui se trouve développée par les figures 2, 3 & 4, auxquelles je m'arrêterai un moment. Le tuyau d'aspiration AB, est uni à une plaque de cuivre représentée par la quatrieme figure, l'un & l'autre ayant été fondus en même tems ; cette plaque est percée dans le milieu du trou H, dont nous avons déja fait mention. Le diametre EF excédant celui du tuyau d'aspiration, la partie excédente forme une couronne que nous avons appellée *bride*, dont la largeur est exprimée par l'intervalle EG & IF, de deux cercles concentriques ; c'est sur cette couronne que l'on applique une rondelle de cuir NKL, échancrée de N en L, pour loger la queue de la soupape, comme on le peut voir dans la figure troisieme, où il est aisé de distinguer le morceau de cuir qui compose la soupape, qu'on a exprimé d'une teinte un peu plus forte que le reste ; on remarquera que son diametre est plus petit que GI, & plus grand que celui du trou H, afin qu'il puisse le fermer exactement. La seconde figure montre que si l'on applique le rebord du corps de pompe sur la troisieme, la queue N de la soupape, & la rondelle de cuir OQP, se trouveront enfermées entre les deux brides, que l'on serre l'une contre l'autre, à l'aide des vis & des écrous, comme nous l'avons dit plus haut.

Il faut que le morceau de fer ou de cuivre R, dont la soupape est chargée, pour lui donner du poids, afin qu'elle se ferme plus promptement, ait aussi une forme circulaire, & que son diametre excede un peu celui du trou H, sur-tout quand il est question des pompes refoulantes; afin que la grande pression que la soupape est obligée de souffrir, ne la fasse pas plier.

868. Quand on leve le piston, il laisse un grand vuide dans l'espace ISTG, où il ne reste qu'un air extrêmement dilaté; alors celui du tuyau d'aspiration n'étant plus en équilibre avec celui du corps de pompe, (814) éleve par la force de son ressort la soupape G, qui fermoit la communication des deux tuyaux, se dilate dans l'espace ISTG, & se met au même degré de raréfaction, depuis la surface de l'eau jusqu'au dessous de la base ST du piston. Son ressort se trouvant affoibli, donne lieu au poids de l'atmosphere, qui presse sur la surface YZ de l'eau, de la faire monter dans le tuyau d'aspiration (790) jusques à une certaine hauteur, qui n'est pas bien grande au premier coup de piston; car l'eau ne peut monter dans le tuyau, sans condenser l'air qui s'y trouve, parce qu'elle le réduit dans un espace plus petit que celui où il étoit, de toute la capacité dont elle occupe la place. Aussi l'eau monte-t'elle au commencement plus vîte que sur la fin, parce qu'à mesure qu'elle chasse l'air en avant, elle le condense davantage, & devient elle-même en partie la cause de l'obstacle qui l'empêche de monter plus haut. En effet, si elle s'arrête par exemple à la hauteur de 3 pieds au-dessus de la source, & qu'on suppose le poids de l'atmosphere équivalent à celui d'une colonne d'eau de 31 pieds de hauteur, il arrivera (814) que le ressort de l'air resté dans la pompe est encore capable de soutenir une colonne d'eau de 28 pieds, après la condensation causée par l'eau qui est montée.

Si l'on fait descendre le piston, la soupape G se refermera, l'air contenu dans l'espace ISTG, se trouvant comprimé de plus en plus à mesure que le piston descendra, son ressort acquérera une force au-dessus du poids de l'atmosphere, (812) levera la soupape N, & s'échappera par le trou KLM. Alors si on leve le piston tout de nouveau, la soupape N se refermera, & l'air du tuyau AB se dilatant dans l'espace IT, le poids de l'atmosphere fera monter l'eau encore plus haut qu'en premier lieu. Enfin continuant de faire jouer le piston, l'eau parviendra dans le corps de pompe jusqu'à une certaine hauteur 5, 6; & l'espace I, S, T, G, du corps de pompe se trouvera rempli en partie par l'eau & par l'air, qui sera réduit dans l'espace 5, S, T, 6. Mais faisant descendre le piston, la soupape C se refermera, ce qui restoit d'air dans le corps de pompe, sera contraint de passer à travers le piston avec une partie de l'eau, qui étant une fois montée au dessus de la soupape N, il n'y aura plus du tout d'air au-dessous; c'est alors que l'eau l'accompagnera en montant jusqu'à la hauteur ST. En faisant descendre le piston, l'eau du corps de pompe, se trouvant refoulée, passera au-dessus, & lorsqu'on le fera remonter, elle ira se dégorger dans la cuvette VX, pour être distribuée où on le jugera à propos; ainsi on voit que tout le jeu de cette pompe se fait par l'action de l'air extérieur, (790) & le mouvement des deux soupapes N & G, qui s'ouvrent & se ferment alternativement.

Maniere de calculer la hauteur où l'eau peut monter par aspiration, à chaque coup de piston.

869. Si l'on vouloit savoir à quelle hauteur l'eau montera dans le tuyau d'aspiration, au moment de la premiere élévation du piston, aussi-bien qu'à toutes les autres suivantes, jusqu'à ce qu'elle soit parvenue à une hauteur déterminée dans le corps de pompe; il faut commencer par chercher la capacité du tuyau d'aspiration, y compris l'espace vuide qui se trouve au-dessous de la soupape N, lorsque le piston est arrivé au plus bas du fond du corps de pompe, qu'il ne touche jamais, à cause du relief de la soupape G. Le trou KLM laisse encore un espace rempli d'air, qu'on doit considérer aussi comme faisant partie du tuyau d'aspiration, dont la capacité sera par conséquent exprimée par le volume d'air qui est depuis la surface de l'eau jusques au-dessous de la soupape N, qu'il faudra diviser par la superficie du cercle intérieur du tuyau d'aspiration, afin d'avoir la hauteur qu'auroit ce tuyau, s'il étoit uniforme d'un bout à l'autre. Il faut de même chercher l'espace que le piston parcourt, & le diviser par la superficie du cercle du tuyau d'aspiration, alors le quotient exprimera la hauteur du vuide du corps de pompe, réduit en un tuyau de même diametre que celui d'aspiration; le rapport de ce quotient & du précédent, sera le même que celui du vuide du corps de pompe à la capacité du tuyau d'aspiration. Pour rapporter ces deux termes à une application qui puisse servir d'exemple, nous supposerons qu'on a trouvé 26 pieds pour le premier quotient, & 6 pieds pour le second, ajoutant ces deux nombres ensemble, on aura 32 pieds, qui exprimeront la capacité du tuyau d'aspiration, avec celle du vuide causé par l'élévation du piston; *ainsi l'air naturel renfermé dans le tuyau d'aspiration, est à la dilatation où il se trouve après avoir élevé le piston pour la premiere fois, comme 26 est à 32,* (801)

Nous supposerons que c, exprime le poids de l'atmosphere équivalent à une colonne d'eau de 31 pieds de hauteur; x, la hauteur où doit s'élever l'eau dans le tuyau d'aspiration au premier coup

de

de piston, que $26 = a$, & $32 = b$. Cela posé, quand on aura levé le piston, la dilatation de l'air exprimée par b, sera en équilibre avec la colonne c, moins la hauteur de l'eau qui sera montée dans le tuyau d'aspiration (c'est-à-dire avec $c - x$), si l'eau qui monte dans le tuyau d'aspiration ne diminuoit pas le volume de l'air, de toute la capacité dont elle occupe la place. Car, comme nous venons de le remarquer dans l'article 868, l'eau chassera l'air en avant, ainsi la dilatation de cet air ne sera plus exprimée par b, mais bien par $b - x$: c'est donc avec cette quantité que la colonne $c - x$, sera en équilibre. Mais, par les articles 814, 815, on sait que le produit de l'espace qu'occupe l'air, par la charge qu'il soutient, est toujours égal au produit de l'espace dans lequel il s'est dilaté, par le poids dont son ressort est capable alors ; c'est pourquoi le produit du volume de l'air naturel du tuyau d'aspiration par 31 pieds d'eau, qui est ac, sera égal à celui de $b - x$ par $c - x$, qui donne $ac = bc - cx - bx + xx$; & supposant $c + b = 2d$, on aura $ac - bc = xx - 2dx$, ou $ac + dd - bc = dd - 2dx + xx$, ou enfin $x = d - \sqrt{ac + dd - bc}$, qui fait voir qu'au premier coup de piston, l'eau montera dans le tuyau d'aspiration à la hauteur d'environ 3 pieds 1 pouce 4 lignes. On trouvera de même à quelle hauteur elle montera après chaque coup de piston, & combien il en faut donner avant que l'eau commence à se rendre dans la cuvette ; mais c'est à quoi je ne m'arrêterai pas davantage, ces recherches étant plus curieuses qu'utiles dans la pratique : il me suffit d'en avoir donné l'introduction.

870. A l'égard des pompes refoulantes, leurs parties sont les mêmes que celles des aspirantes, n'y ayant de différence que dans leur position, comme on en peut juger par la figure cinquieme, où l'on voit que le corps de pompe ABCD, trempe dans l'eau qu'on veut élever, dont la surface est exprimée par la ligne 2, 3 ; il est uni à un *tuyau montant* BGHC, à l'aide des brides & des vis : ce tuyau est composé de deux pieces ; la premiere BEFC, est contournée de maniere à ne point faire obstacle au mouvement du chassis de fer TXYV, qui porte la tige N du piston M ; & la seconde EGHF, dont la grosseur est uniforme, conduit l'eau à l'endroit où on veut l'élever.

Description d'une pompe refoulante, plongée dans l'eau.

Plan. 1.

Fig. 5.

Le piston de cette pompe differe peu de celui de la figure premiere, étant percé de même d'un trou L, couvert d'une soupape K ; toute la différence est qu'il est posé le haut en bas ; sa tige NO étant attachée au travers RS & TV du chassis, lequel est suspendu à la piece Z, qui est censée répondre à un balancier, où

Détail du piston d'une pompe refoulante.

à une manivelle : les figures 9 & 10 de la planche troisieme, font voir ce piston représenté selon deux sens différens.

Quelquefois le corps de pompe est de deux pieces, afin d'évaser celle d'en bas APDQ, pour faciliter l'entrée du piston, & de donner plus d'aisance à l'eau de monter ; c'est ainsi qu'on en a usé dans la construction des pompes de Lyon. Mais on peut le faire tout d'une piece, & se contenter d'en évaser la partie inférieure dans l'épaisseur du métal, comme on l'a pratiqué aux pompes de Notre-Dame & de la Samaritaine à Paris, dont nous ferons mention dans la suite. Quant à la partie supérieure du corps de pompe, on voit qu'elle est percée d'un trou couvert d'une soupape I, dont voici l'effet, qui est celui de la pompe même.

871. Il faut d'abord s'imaginer que le piston est au bout du corps de pompe ; quand il descendra pour la premiere fois, il laissera un espace vuide, où il ne pourra y avoir qu'un air extrêmement dilaté, provenant de celui qui étoit entre les soupapes I & K. Alors l'eau dont il veut occuper la place, sera poussée de bas en haut par les colonnes collatérales, aidées du poids de l'atmosphere ; (790) la soupape K s'ouvrira, l'eau passera au travers du piston, montera dans le corps de pompe, & chassera en avant l'air qui y étoit resté, qui se réduira à peu près dans l'état où il étoit auparavant. Mais aussi-tôt que l'on fera remonter le piston, la soupape K se refermera, & l'eau qui est au-dessus étant refoulée de bas en haut, ouvrira la soupape I, & passera avec l'air du corps de pompe dans le tuyau montant : le piston venant à descendre, le poids de l'eau renfermée dans le tuyau montant, refermera la soupape supérieure, & le vuide qui se formera dans le corps de pompe, sera successivement rempli par l'eau, à mesure que le piston descendra ; ce qu'elle fera avec d'autant plus de liberté, qu'elle ne rencontrera d'autre obstacle que celui que peut causer le poids de la soupape K, qui est peu de chose. Enfin, lorsque le piston remontera, l'eau dont il sera chargé passera de nouveau dans le tuyau montant ; continuant la même manœuvre un certain nombre de fois, elle parviendra dans le réservoir où on veut l'élever.

872. Après l'idée que je viens de donner des pompes de la premiere & de la seconde espece, il sera aisé de juger de l'effet de la troisieme, c'est-à-dire, de la pompe *aspirante & refoulante*. La figure sixieme montre qu'elle est composée d'un corps de pompe ABCD, d'un tuyau d'aspiration CDEF, & d'un autre montant GKNO, lequel est fait de trois pieces : la premiere GK est supposée avoir été coulée avec le corps de pompe ; la seconde IKLM sert à for-

mer le coude que ce tuyau doit avoir, & la troisieme LNOM, à faire monter l'eau au réservoir. A l'endroit de la jonction IK, est une soupape pendante S, en forme de clapet, qui s'ouvre & se ferme alternativement avec la soupape R, qui est au fond du corps de pompe : la premiere S, sert à retenir l'eau qui est passée dans le tuyau montant, pour l'empêcher de descendre dans le tems de l'aspiration, comme on le va voir.

873. Le piston PQTV de cette pompe est massif, & traversé d'une tige de fer arrêtée par deux clavettes ; il ressemble à deux cônes tronqués égaux & semblables, qu'on auroit unis par leurs petites bases : chacun de ces cônes est garni d'une bande de cuir évasée d'un sens contraire.

Détail du piston de cette pompe.

Comme le piston ne doit point descendre plus bas qu'à l'endroit TV, parce qu'autrement il boucheroit l'entrée GH du tuyau montant ; on voit que d'abord il y a de l'air grossier enfermé dans l'espace XTZ, sans qu'on puisse l'empêcher, quoique ce soit un défaut essentiel comme nous le ferons voir ailleurs. Ainsi quand on leve le piston pour la premiere fois, cet air se dilate dans le corps de pompe, & cesse d'être en équilibre avec celui du tuyau d'aspiration, qui leve la soupape R par la force de son ressort pour se dilater aussi, ce qui laisse à l'eau la liberté de monter de quelques pieds, comme on l'a expliqué dans l'article 868. Alors la soupape S reste fermée, & ne pourroit même s'ouvrir qu'avec difficulté, parce que l'air du tuyau montant dont elle est pressée, a plus de ressort que celui qui se trouve du côté de Z. Mais le piston venant à descendre, la soupape R se referme, l'air contenu dans le corps de pompe étant refoulé de plus en plus, acquiert une force de ressort au-dessus de celui qui appuie contre la soupape S, laquelle s'ouvre, & l'air du corps de pompe passe dans le tuyau montant, tant que de part & d'autre ils soient en équilibre. Ensuite faisant remonter le piston, la soupape S se referme, l'autre R s'ouvre, l'air du tuyau d'aspiration se dilate de nouveau, & est refoulé ensuite dans le tuyau montant. Continuant la même manœuvre, l'eau parvient enfin dans le corps de pompe, où elle se trouve mêlée avec l'air qu'on n'a pu épuiser, qui est ensuite chassé avec une partie de l'eau par la descente du piston, l'un & l'autre passant dans le tuyau montant ; c'est après cela que celle d'en bas monte sans difficulté dans le corps de pompe, où elle accompagne le piston jusqu'en haut, pour être refoulée dans le tuyau montant, où elle est retenue dans le tems que le piston aspire de nouveau.

H ij

*Situation dif-
férente qu'on
peut donner
aux tuyaux
d'aspiration
des pompes af-
pirantes, & re-
foulantes.*

874. Les pompes de la troisieme espece peuvent être variées de plusieurs manieres dans leur construction, qui ont chacune leurs avantages & leurs défauts ; nous les examinerons après avoir montré les différentes situations qu'on peut donner aux tuyaux d'aspiration & aux tuyaux montans, par rapport aux corps de pompe.

Dans la figure septieme on voit que le tuyau d'aspiration CDE, est dégagé du corps de pompe auquel il est uni vers le haut, afin que le piston A, qui ne differe en rien du précédent, sinon que sa tige est portée par un chassis, puisse refouler l'eau de bas en haut, au lieu que dans l'autre il la refoule de haut en bas. Car on voit bien que lorsqu'il baissera pour la premiere fois, il formera un vuide dans lequel se dilatera l'air naturel renfermé dans l'espace CB ; alors celui du tuyau d'aspiration ouvrira la soupape C, & viendra se répandre dans le corps de pompe. Faisant remonter le piston, la soupape F s'ouvrira, & la plus grande partie de l'air sera refoulée dans le tuyau montant G ; continuant à aspirer & à refouler, l'eau parviendra enfin dans le corps de pompe & montera dans le tuyau G, ce qui est aisé à entendre par ce qui a été dit ci-devant.

*Description
des pompes du
pont Notre-
Dame à Paris.*

FIG. 8.

875. Les pompes de la troisieme espece ont quelquefois deux pistons, dont l'un aspire l'eau tandis que l'autre la refoule pour la faire monter ; telles sont les pompes du pont Notre-Dame à Paris, dont la figure huitieme représente l'effet. D'abord il y a un corps de pompe AB uni avec le tuyau d'aspiration EF, ayant une soupape Y à la jonction, comme à l'ordinaire ; ce corps de pompe dégorge son eau dans une *bache* HG, d'où elle est ensuite reprise par l'autre piston O, pour être refoulée dans le corps de pompe PQ, & de-là dans le tuyau montant RS, qui aboutit au réservoir. Je crois qu'il n'est pas besoin de dire que les tiges M & N des pistons sont attachées à la traverse KL du chassis CD, qui les fait jouer en cette sorte.

Lorsque le chassis monte, l'eau de la riviere passe dans le tuyau d'aspiration EF par la pression de l'air extérieur, (790) & levant la soupape Y, monte dans le corps de pompe AB que le piston I a laissé vuide ; quand le chassis descend, la soupape X s'ouvre, l'autre Y se referme, & toute l'eau du corps de pompe, passant au travers du piston, va se décharger dans la bache HG. D'un autre côté le piston O, en descendant, laisse un espace vuide dans le corps de pompe PQ ; alors l'air qui presse sur la surface HW de l'eau de la bache fait lever la soupape T, & le corps de pompe se remplit. Peu après le piston venant à remonter, la soupape T se referme, force l'eau d'ouvrir l'autre V, paſſe dans le tuyau RS, qui ſe referme auſſi-tôt que le piſton deſcend. Ainſi l'on voit que la cuvette reſte toujours pleine, le piſton I aſpirant autant d'eau que l'autre O en refoule : il eſt même à propos de donner quelques lignes de plus au diametre du corps de pompe d'en bas qu'à celui d'en haut, afin qu'il y ait toujours plus d'eau dans la bache qu'il n'en peut monter, pour ſurvenir à la dépenſe de celle qui ſe perd.

PLAN. 2.
FIG. 13.

Deſcription d'une pompe de la machine de Marly.

876. Voici encore une autre ſorte de pompe qui appartient à la troiſieme eſpece, exécutée à la machine de Marly. D'abord il eſt queſtion d'un tuyau de communication HLMKIFDCEG, d'une ſeule piece, dont l'un des bouts GH eſt uni avec un tuyau d'aſpiration NO, qui trempe dans l'eau ; l'autre LMK, qui eſt fait en retour d'équerre, aboutit au tuyau montant KSM, qui porte l'eau ſur la montagne, au premier réſervoir. Dans le milieu eſt une branche ECDF, entée avec le corps de pompe ABCD, dans lequel agit le piſton Q, parfaitement cylindrique & maſſif, traverſé par la tige VY, ſuſpendu à une *bille* pendante, qui lui donne le mouvement, comme nous le ferons voir ailleurs.

A l'égard de l'effet de cette pompe, on voit que quand le piſton monte juſques en T, l'air de la partie PX ſe dilate dans l'eſpace YZ ; celui du tuyau d'aſpiratiou NO ouvre la ſoupape P, ſe répand avec le précédent, & la ſoupape R reſte fermée par l'action du poids de l'atmoſphere ; mais quand le piſton baiſſe, la ſoupape P ſe referme, l'autre R s'ouvre, & l'air eſt refoulé dans le tuyau S. Lorſqu'après un certain nombre de coups de piſton, l'eau eſt enfin parvenue dans le corps de pompe, elle eſt refoulée dans le tuyau montant S.

PLAN. 2.

877. La quinzieme figure eſt encore une pompe aſpirante & refoulante, exécutée en Angleterre ſur le bord de la Tamiſe, à *York-buildings*, à la fameuſe machine qui éleve l'eau par le moyen du feu. Le tuyau d'aſpiration AB eſt uni au corps de pompe CDEF, comme à l'ordinaire ; ayant une ſoupape M à l'endroit de jonction : le tuyau montant FGKL eſt auſſi accompagné d'une ſoupape N, pour fermer la ſortie IH de la partie coudée GI. Juſque-là cette pompe reſſemble aſſez à celle qui eſt exprimée par la ſixieme figure de la planche deuxieme, mais le reſte en eſt tout différent ; le piſton OPQ eſt un cylindre creux, de cuivre, qu'on remplit de plomb, pour lui donner un poids capable de refouler l'eau qui doit paſſer dans le tuyau montant. Comme la hauteur de cette eau pourroit être telle que le poids du piſton ne ſuffiroit pas, on le ſurcharge avec des tables de plomb marquées T, qu'on

Deſcription d'une pompe exécutée en Angleterre, à la machine qui éleve l'eau par le moyen du feu.

FIG. 15.

enfile dans la verge V, en aulli grand nombre qu'il eſt néceſſaire;
c'eſt pourquoi la tête du piſton qui n'entre point dans le corps de
pompe, a une figure quarrée d'une capacité ſuffiſante pour ſervir
de baſe au poids T.

Détail du piſton de cette pompe.

878. Pour éviter le frottement du piſton contre la ſurface intérieure du corps de pompe, qui ſeroit conſidérable, s'il avoit lieu
ſur toute ſon étendue, on a donné au diametre du piſton deux ou
trois lignes de moins qu'à celui du corps de pompe, afin de laiſſer un intervalle entre deux. Cependant pour empêcher la communication de l'air extérieur, qui ſeroit un obſtacle à l'aſpiration,
& qu'en refoulant l'eau ne ſorte par l'entrée CD du corps de pompe, on a diſpoſé cette entrée d'une maniere fort ſimple & fort ingé-
nieuſe, mais qu'on ne peut bien entendre qu'avec le ſecours de la
figure ſixieme, qui n'eſt autre choſe que la partie CD miſe en grand.

L'entrée LL du corps de pompe eſt accompagnée d'un rebord
KL, qui regne tout autour, & coulé enſemble, comme ſont les
brides; ſur le rebord ſont appliquées deux ou trois rondelles de
cuir E, F, G, repliées autour de la ſurface intérieure du corps de
pompe, enſuite eſt un anneau de cuivre dont le diametre du petit
cercle tient un milieu entre celui du piſton, & celui du corps de
pompe. Là-deſſus ſont poſées d'autres rondelles de cuir ABZ, repliées comme les précédentes, mais d'un ſens oppoſé, le tout re-
couvert d'un ſecond anneau de cuivre HH, dont le petit diametre I, I, eſt égal à celui du corps de pompe. Cet anneau eſt lié
avec le rebord KL, par des vis C, D, ajuſtées dans leurs écrous;
ainſi l'anneau du milieu ſert de guide au piſton qui ne touche qu'au
cuir ZG, avec lequel il eſt intimement uni; car comme il y a toujours de l'eau dans la cuvette XY, le cuir ſe maintient renflé.
Cette eau ne pouvant s'écouler, empêche que l'air extérieur ne
puiſſe s'introduire dans le corps de pompe, & cela de la maniere
du monde la plus commode, puiſqu'on peut, quand il eſt néceſſaire, renouveller les cuirs, & maintenir la pompe en bon état,
ſans être obligé de démonter aucune de ces parties.

*Fig. 15 &
16.*

Pour que l'eau de la pompe même puiſſe entretenir la cuvette
pleine, on a ajouté un petit robinet R, qui a communication avec
le corps de pompe, & qui eſt fermé par une clef S, comme aux
fontaines ordinaires. Quand le piſton refoule, à cauſe du jeu qu'on
lui a donné, l'eau monte dans le robinet, & quand on veut qu'elle
ſe rende dans la cuvette, on ne fait que tourner la clef S; comme la violence avec laquelle elle eſt pouſſée par l'effort du piſton,
la feroit jaillir avec impétuoſité, on lui a oppoſé une plaque de

cuivre Z, portée par quatre branches, liées enfemble comme la figure le montre. Ce robinet fert encore au commencement de l'afpiration, pour chaffer l'air de la pompe plus promptement que s'il étoit obligé de fortir par le feul tuyau montant ; on ouvre & ferme la clef S, alternativement quand le pifton monte & defcend, comme à la machine du vuide.

879. Dans tous les deffeins de pompe qu'on vient de décrire, on a dû s'appercevoir que l'eau ne paffoit dans le tuyau montant que par intervalle, c'eft-à-dire, quand le pifton refouloit, & que le tems de l'afpiration étoit un tems perdu. C'eft pourquoi aux grandes machines qui fervent à élever l'eau, il y a toujours au moins deux corps de pompe féparés A & B, qui répondent au même tuyau montant C par des branches D & E qui s'y réuniffent ; alors tandis que le pifton F afpire, l'autre G refoule, & l'eau ne ceffe de monter. C'eft ainfi que font exécutées les pompes de la Samaritaine à Paris, dont le profil, pris dans un autre fens, eft repréfenté par la quatorzieme figure, où l'on remarquera que les foupapes des corps de pompe font à *coquille*, comme on peut juger par les figures 18 & 19. M. *de la Hire*, *le fils*, pour ne pas multiplier les êtres, a imaginé une pompe rapportée dans les *Mémoires de l'Académie Royale des Sciences*, année *1716*, avec laquelle l'eau monte continuellement quoiqu'elle n'ait qu'un feul corps de pompe ; mais comme elle m'a paru fort compofée, & fujette à plufieurs inconvéniens, je n'en fais point la defcription, aimant mieux celle qui fuit, dont l'objet eft le même.

Defcription des pompes de la Samaritaine à Paris.
PLAN. 1.
FIG. 17.

880. La figure vingtieme montre que cette pompe eft compofée d'un tuyau CAB, partagé en deux parties égales AB & AC, formant deux corps de pompe oppofés qui aboutiffent à une même branche QDR, à laquelle ils communiquent par deux trous G & H, comme on en peut juger par cette figure. Elle repréfente ces deux trous vus en face, étant un profil pris entre BC & QD, par lequel on voit qu'à ce bout cette branche eft elliptique, de même que les deux trous G & H, qui s'ouvrent & fe ferment alternativement par une feule foupape, qui leur eft commune. Pour la bien entendre, il faut s'imaginer un foufflet ouvert dont on auroit fupprimé le canon & les deux poignées, & dont les aîles feroient elliptiques, formant enfemble un angle de 60 degrés, comme les figures 21 & 24 le repréfentent, faifant voir cette foupape de deux fens différens, l'un en face, & l'autre de côté. La vingt-deuxieme figure eft un profil coupé dans le milieu de la vingt-unieme ; cette foupape eft toute de cuivre, on la fait maffive ou creufe

Defcription d'une pompe qui fait monter l'eau fans interruption.
FIG. 20.

PLAN 2.

felon fa grandeur, puifqu'il eft feulement queftion de la rendre folide. On voit dans la figure vingtieme qu'elle joue à l'aide d'une charniere placée à l'endroit E, entre les deux trous G & H, où eft fon centre de mouvement ; fi l'on prend garde aux lettres femblables qui répondent aux parties relatives des figures 20, 21, 22, 23 & 24, on n'aura point de difficulté à comprendre ce que j'ai voulu infinuer.

Le chaffis ZY porte deux piftons qui agiffent d'un fens oppofé ; car fi l'on conçoit la machine plongée dans l'eau jufqu'à la hauteur TV qui en exprime le niveau, on verra que quand le chaffis monte, la foupape N du pifton M s'ouvre, & l'eau entre dans le premier corps de pompe AB. Celle qui fe trouve renfermée dans le fecond AC, étant refoulée par le pifton X, paffe par le trou H dans le tuyau montant, foutient la foupape F dans la fituation où elle eft préfentement, & tandis qu'elle gliffe le long de la face EK, l'autre EI s'appuie contre l'orifice du trou G, qu'elle maintient fermé. Mais auffi-tôt que le chaffis defcend, la foupape N fe referme, l'autre L s'ouvre, & celle du milieu change de fituation ; l'eau qui fe trouve dans le corps de pompe AB, paffe par le trou G, pour être refoulée à fon tour dans le tuyau montant, alors le trou H eft fermé par la face EK. D'un autre côté il entre dans le corps de pompe AC de la nouvelle eau qui vient occuper le vuide laiffé par le pifton, pour être refoulée à fon tour comme auparavant ; ainfi on voit qu'elle paffe alternativement par les trous G & H, & qu'elle monte fans interruption au réfervoir. Comme elle paffe fans ceffe par le trou P, il femble que la foupape O eft affez inutile ; mais comme elle n'incommode point, il n'y a pas d'inconvénient qu'elle y foit, parce que fi le jeu d'un des piftons venoit à être interrompu, l'autre feroit toujours monter l'eau, comme aux pompes refoulantes ordinaires.

Ayant deffein de donner une idée des différentes pompes qu'on peut mettre en ufage, en voici encore une que j'ai ajuftée à mon gré, qui fait monter l'eau fans interruption comme la précédente, mais d'une maniere plus fimple.

881. Le corps de pompe DB eft uni à un récipient de cuivre XYZ, de figure cylindrique, couvert d'une calotte Y en forme de demi-fphere : ces deux pieces fe communiquent par un trou G, qui s'ouvre & fe ferme à l'aide de la foupape H, faite de cuivre en maniere de clapet. Le tuyau d'afpiration AD répond au corps de pompe, & le tuyau montant ZW au récipient ; l'un & l'autre accompagnés de leurs foupapes F & V, comme à l'ordinaire ; le
pifton

piston C qu'on suppose massif, joue à l'aide d'un chassis qui en soutient la tige que l'on n'a point fait voir, crainte d'embrouiller la figure : à cela près, voici de quoi il est question.

Quand, après plusieurs coups de piston, l'eau est parvenue dans le tuyau d'aspiration au-dessus de la soupape F, elle passe de-là dans le corps de pompe pour être refoulée de bas en haut. Lorsque cela arrive pour la premiere fois, elle va se rendre dans le récipient & dans la branche IT, au-dessus du trou I, à une hauteur ET, à peu près au même niveau, alors l'air renfermé dans l'espace 2, 3 & 4, ne peut s'échapper par aucun endroit ; le piston continuant d'aspirer & de refouler de nouvelle eau, une partie passe dans le tuyau montant, & l'autre reste dans le récipient ; ce qui augmente le ressort de l'air de plus en plus, à mesure qu'il se trouve réduit dans un moindre espace. (811) Car il est bon de remarquer que le trou G par où l'eau entre, étant plus grand que l'autre I par où elle sort, le piston en refoule toujours plus qu'il n'en peut passer dans le même tems par le tuyau montant. Comme la soupape H se referme à chaque fois que le piston descend, quand l'air du récipient a acquis une force de ressort, au-dessus de celle qui le mettroit en équilibre avec un poids égal à celui d'une colonne d'eau qui auroit pour base le cercle du récipient, & pour hauteur celle du tuyau montant, l'air fait effort sur la surface de l'eau, & l'oblige à descendre du niveau 5, 6, au niveau 7, 8, en la refoulant dans le réservoir, & le diametre du récipient étant beaucoup plus grand que celui du tuyau montant, il suffit que la surface de l'eau descende de quelques pouces, pour en fournir autant qu'il en peut passer au réservoir dans le tems de l'aspiration. Ainsi elle montera sans interruption, puisqu'il suffit que le piston à chaque fois qu'il refoule, chasse deux fois autant d'eau qu'il en peut passer dans le même tems par le trou I.

Pour que l'air se maintienne toujours à peu près au degré de condensation le plus convenable, & qu'il n'acquierre pas plus de force de ressort qu'il n'en faut, il est à propos que le récipient réponde à un petit tuyau fermé par une soupape qui, étant chargée d'un poids proportionné à la force de ressort que l'air doit avoir, maintienne l'équilibre.

882. Il y a plusieurs remarques à faire sur les propriétés des différentes especes de pompes dont on vient de parler ; savoir, que les cuirs des pistons & des soupapes ne font leurs effets que très-imparfaitement, lorsqu'ils viennent à se sécher dans les grandes chaleurs, ou quand les pompes ne jouent pas continuellement,

Réflexions
sur les avan-
tages & les
défauts des
pompes précé-
dentes.

ce qui oblige de verfer de l'eau deſſus par le haut de la pompe pour les humecter, particuliérement aux pompes aſpirantes, exprimées par la premiere figure. Les pompes aſpirantes & refoulantes ne ſont pas non plus tout-à-fait exemptes de cet inconvénient, à moins qu'elles ne ſoient plongées dans l'eau, comme celles des figures cinquieme & quatorzieme ; mais c'eſt une grande ſujétion que de les diſpoſer ainſi, par la difficulté de les retirer toutes les fois qu'il y faut travailler, ſoit pour renouveller les cuirs, ou nettoyer les ſoupapes & les piſtons, qui à la longue ſe chargent de vaſe.

D'un autre côté les aſpirations ont preſque toujours quelqu'imperfection, à cauſe du raccordement des tuyaux qu'on ne joint jamais aſſez bien pour que l'air ne puiſſe s'y inſinuer tant ſoit peu. De même, quand le cuir du piſton n'eſt pas aſſez humecté, il ceſſe d'adhérer à la ſurface intérieure du corps de pompe, & l'air s'introduiſant dans l'eſpace vuide fait ceſſer l'aſpiration, ſur-tout quand elle eſt grande ; c'eſt pourquoi il faut bien prendre garde de la faire la plus petite qu'il eſt poſſible, c'eſt-à-dire, d'élever le moins que l'on pourra le corps de pompe au-deſſus de la ſurface de l'eau qu'on veut puiſer, ſans avoir égard à tout le poids de l'atmoſphere, qui ne peut avoir lieu qu'avec des conditions qui ſe rencontrent rarement, & dont nous ferons mention par la ſuite ; il nous ſuffira de dire préſentement, que plus l'aſpiration eſt petite, & plus l'eau monte avec vîteſſe, & maintient les cuirs humectés.

Pour avoir la facilité de réparer une pompe refoulante plongée dans une riviere, on la place dans le fond d'une bache, de maniere que ſes bords ſurmontent la ſurface de l'eau, & on la vuide quand on veut viſiter la pompe ; mais dans le tems des grandes eaux, comme elle peut être ſubmergée, on tombe encore dans le même inconvénient.

883. Le moyen le plus ſûr & le plus commode pour élever l'eau à une hauteur conſidérable, c'eſt de faire ces ſortes de pompes dans le goût de la figure huitieme ; on a la liberté de rendre l'aſpiration auſſi petite que l'on veut, puiſqu'il ſuffit que le fond de la bache GH ſoit élevé de quelques pieds au-deſſus de la ſurface des plus grandes eaux ; celle qui y monte entretient toujours les cuirs humectés, & quand on a quelques réparations à faire, on met les pompes à découvert pour les démonter ſans toucher au tuyau d'aſpiration. Auſſi cette pompe me paroît-elle préférable à toutes les autres, ſur-tout quand il y aura, comme à la machine

du pont Notre-Dame à Paris, plusieurs équipages qui font monter l'eau sans interruption ; car il faut faire attention que telle pompe qui pourroit être à la bienséance d'un particulier, ne conviendra peut-être point pour donner de l'eau à une ville. Chacune de celles que je rapporte ici peut avoir son mérite, mais il faut savoir en faire un bon choix, selon les lieux & les circonstances. Par exemple, si l'on avoit un bassin qui reçût l'eau d'une source ou d'une riviere par le moyen d'une saignée, dont le cours pourroit être interrompu par une écluse, & qu'on eût de la pente pour mettre le bassin à sec toutes les fois qu'on le jugera nécessaire, on pourra se servir de la pompe exprimée par la cinquieme figure, préférablement à celle dont je viens de parler, étant plus simple, par conséquent d'une moindre dépense, eu égard à l'exécution & à l'entretien ; car plus une machine est composée, & plus il y a de pieces sujettes à se déranger.

Quant aux pompes des figures sixieme & septieme, j'aimerois mieux la seconde que la premiere, étant bien plus commode de faire refouler un piston de bas en haut, que de haut en bas. D'ailleurs les barres de fer qu'on emploie pour cela ont beaucoup plus de force lorsqu'elles sont tirées selon leur longueur, que quand elles soutiennent un effort qui tend à les faire plier. Le poids du chassis, dans la septieme figure, suffit pour faire descendre le piston, & surmonter la colonne d'eau qui lui est opposée ; il se maintient perpendiculairement dans le corps de pompe, & il est aisé de l'assujettir à cette situation, en mettant une portion de cercle à l'extrémité du balancier qui porte le chassis, au lieu que quand il refoule de haut en bas, la tige fléchit, écarte le piston, & cause un grand frottement qui use les cuirs en très-peu de tems.

884. Il faut prendre garde de régler si bien la levée du piston dans les pompes dont nous parlons, qu'il ne bouche jamais tout-à-fait en refoulant l'entrée H du tuyau montant, ou d'aspiration, principalement à la septieme figure, parce qu'il pourroit arriver que le piston se trouvant tout près de la soupape F, lorsqu'il n'y auroit plus d'air entre-deux, il auroit à surmonter, en descendant, tout le poids de l'atmosphere, qui causeroit une résistance égale à la pesanteur d'une colonne d'eau, qui auroit pour base le cercle du piston, & pour hauteur environ 32 pieds ; de sorte que si le diametre du piston étoit de 6 pouces, son cercle seroit repoussé de bas en haut par un effort de 440 liv. qui, se trouvant au dessus du poids du chassis, ne manqueroit pas de le soutenir en l'air sans pouvoir descendre.

Il ne faut pas qu'un piston, en refoulant, bouche l'entrée d'un tuyau montant.

PLAN. I.

De-là vient qu'il arrive quelquefois qu'une pompe cesse tout-à-coup d'agir sans qu'on en puisse deviner la cause, qui n'est sensible qu'à l'esprit de ceux à qui rien n'échappe ; mais pour ceux qui n'y entendent pas finesse, ils la cherchent en vain, & croient que cela vient de quelques défauts de la part des soupapes ou du piston : on démonte la machine plusieurs fois, on n'y voit que ce que l'on avoit déja vu, sans savoir à quoi s'en prendre.

La puissance qui fait agir une pompe aspirante & refoulante, n'est pas uniforme.

885. Aux pompes aspirantes & refoulantes, il arrive ordinairement que la puissance qui leur donne le mouvement, n'agit pas d'une maniere uniforme, lorsqu'il n'y a qu'un seul équipage ; car l'aspiration se fait sans qu'elle y ait aucune part, le seul poids du chassis qui porte le piston suffisant pour le faire descendre ; il n'y a donc que lorsqu'il refoule qu'elle fait effort, à moins qu'il n'y ait deux équipages comme en la figure dix-septieme. Moyennant une double manivelle, la puissance agit toujours également, puisque tandis que l'aspiration se fait d'une part, elle refoule de l'autre ; sur quoi il est à remarquer, que si l'on a un seul équipage qui fasse

PLAN. 2.

monter l'eau sans interruption, comme dans la figure vingtieme, toutes choses d'ailleurs étant égales, il faut surmonter une puissance double de celle qu'il faudroit si les pistons M & X agissoient dans deux corps de pompes séparés, comme en la dix-septieme figure. Car pour que le piston M puisse refouler l'eau de son corps de pompe, il faut que le chassis ZY soit accompagné d'un poids au-dessus de la pesanteur d'une colonne d'eau qui auroit pour base le cercle du piston, & pour hauteur celle du réservoir au-dessus du trou G ; mais quand la puissance fera remonter le chassis, il lui faudra une force capable de surmonter, non-seulement la colonne d'eau que refoule le piston X, mais encore le poids dont le chassis sera chargé ; ce qui fait voir que cette pompe n'est pas aussi avantageuse qu'elle a pu le paroître lorsque nous en avons fait la description. Car on peut avoir le courant d'une riviere, ou tout autre moteur capable de faire agir deux pompes séparées, qui refouleroient l'eau alternativement, mais qui ne suffiroient point pour faire, par intervalle, un effort double de celui dont il seroit capable continuellement. Après tout, supposons que le moteur suffise, ne vaut-il pas mieux n'avoir qu'un seul corps de pompe simple, comme en la figure cinquieme ou septieme, dont la superficie du cercle du piston seroit double de la superficie de celui des pistons M ou X, que d'en avoir un plus composé qui ne produiroit pas plus d'eau à la suite du tems ? Pourvu qu'il monte par heure au réservoir, autant d'eau que le moteur peut en fournir, qu'importe que ce soit par intervalle, ou par un jet continuel. Si M. de la Hire y avoit pris garde, il auroit peut-être fait moins d'estime de la pompe que j'ai citée, puisqu'elle se rencontre précisément dans le cas de celle dont je parle.

886. On peut dire la même chose de la pompe exprimée par la vingt-cinquieme figure; car quoiqu'elle soit en partie de mon invention, je ne prétends pas l'épargner plus que les autres. Pour que l'eau passe continuellement au réservoir, il faut que le piston en montant refoule deux fois autant d'eau qu'il en peut passer dans le même tems par le trou I, afin que celle qui reste dans le récipient puisse monter à son tour pendant l'aspiration. Pour cet effet, le cercle du piston doit avoir une superficie double de celle du trou I; d'où il suit que la puissance soutient, chaque fois que le piston monte, le poids d'une colonne d'eau qui auroit pour base le cercle du piston, & pour hauteur celle du réservoir, au-dessus du même piston. Or si le diametre du tuyau montant étoit égal à celui du piston, l'eau monteroit tout d'une traite au réservoir, par intervalle, à la vérité, comme dans la septieme figure; mais l'on aura toujours par heure la même quantité d'eau. Ainsi les pompes vingt & vingt-cinquieme ne méritent nulle préférence sur la septieme, aussi ne les ai-je rapporté que pour faire voir que quand on n'examine point les choses de près, il est aisé de se laisser éblouir par des avantages apparens; & voilà le cas où tombent presque tous les Machinistes. Ils saisissent avec joie une pensée ingénieuse qui se présente, & qui donne à la chose dont il s'agit un air de nouveauté; aussi-tôt ils publient la merveille prétendue, la multitude y applaudit. Cependant, tout bien consideré, il arrive souvent que la découverte n'aboutit qu'à rendre une machine plus composée qu'elle n'étoit, sans être capable d'un plus grand effet. Car enfin il faut se mettre dans l'esprit que les loix de la méchanique ont des bornes que l'on ne peut surpasser; que si l'on gagne d'un côté, on perd nécessairement de l'autre. La plûpart, faute d'être convaincus de cette vérité, ont négligé de rectifier un grand nombre de machines utiles, pour ne penser qu'à en produire de nouvelles; cependant j'ose dire qu'il reste encore bien des choses à défricher, & sans sortir du sujet que je traite, on va voir qu'il y a plusieurs points essentiels qui semblent être échappés à ceux qui ont travaillé sur les pompes.

Rien ne doit se faire au hazard dans la construction des machines, tout y doit être assujetti à un enchaînement de proportions qui doivent dépendre d'une suite de principes; & souvent ces principes dépendent eux-mêmes du point principal d'où l'on est parti. Par exemple, voulant déterminer les rapports que les dimensions d'une pompe aspirante & refoulante doivent avoir entr'elles, afin de rendre cette machine la plus parfaite qu'il est possible, je considere d'abord que ces sortes de pompes agissent par le moyen de la pesanteur de l'air, qui est équivalente au poids d'une colonne de mercure de 28 pouces. Mais comme l'air n'est pas toujours dans le même état, & qu'il pese dans un tems plus ou moins que dans un autre, il convient de ne compter que sur l'impression dont il est capable lorsqu'il est le plus léger. Or l'expérience faisant voir que le mercure du barometre simple ne descend jamais plus de 15 ou 16 lignes au-dessous de la hauteur de 28 pouces, je ne regarde le poids de l'air que comme équivalent à une colonne de mercure de 26 pouces 8 lignes, ou à une colonne d'eau de 31 pieds ; ainsi, sans nous embarrasser de la variation de l'air, nous prendrons pour maxime que son poids est égal à une colonne d'eau de 31 pieds de hauteur ; & voilà le point fixe qu'il ne faut pas perdre de vue.

887. La perfection qu'on peut donner aux pompes dépend,

1°. Du diametre du piston relativement à la force de la puissance motrice qui doit lui donner le mouvement.

2°. Du diametre du tuyau d'aspiration qui doit être assujetti à celui du corps de pompe, à la vîtesse du piston, & à la hauteur où il faudra faire monter l'eau par aspiration.

3°. De la plus grande hauteur où l'on peut élever l'eau par aspiration, relativement au poids de l'atmosphere, au jeu du piston, & à la disposition intérieure du corps de pompe, afin que l'eau parvienne jusqu'au piston, & qu'elle ne rencontre point d'arrêt en chemin.

4°. De l'épaisseur qu'il faudra donner au corps de pompe & au tuyau montant, pour être capable de soutenir l'effort qui tend à les crever.

5°. De la construction la plus avantageuse des pistons, afin que leur surface ait une parfaite adhésion à celle du corps de pompe, & que jamais l'air ni l'eau ne puisse passer entre-deux.

6°. Du choix des soupapes, selon les endroits où il faudra les placer, afin que l'eau passe par-tout librement, sans être forcée à couler plus vîte dans un endroit que dans l'autre.

888. Voilà six sujets qui demandent d'être examinés avec beaucoup de soin, c'est ce que nous allons tâcher de faire dans l'ordre qu'on vient de les rapporter ; car ce que nous avons dit jus-

qu'ici fur les pompes, ne font que des defcriptions pour en faire connoître les différentes efpeces, & ce feroit négliger l'effentiel que de nous en tenir là. Mais avant que d'entrer en matiere, il eft à propos d'être prévenu que de quelque groffeur que foit le tuyau montant, la puiffance qui refoule eft toujours chargée, dans l'état d'équilibre, d'un poids égal à celui d'une colonne d'eau qui auroit pour bafe le cercle du pifton, & pour hauteur celle du réfervoir au-deffus de la tête du même pifton, foit que l'eau monte perpendiculairement, ou le long d'un plan incliné, parce que la colonne d'eau à laquelle le cercle du pifton fert de bafe, ne pefe pas felon fon volume, mais bien felon fa hauteur perpendiculaire. (360)

889. Comme nous n'avons rien dit jufques ici de la maniere de calculer l'effort de la puiffance qui meut un pifton dans le tems de l'afpiration, je vais faire voir à quoi elle fe réduit, afin qu'on n'ait point de difficulté à comprendre quelques endroits de la fuite de ce chapitre.

Confidérez les deux tuyaux NABO, & PS, l'un plus gros que l'autre, unis enfemble au fond NO, lequel eft percé d'un trou P. Pour mieux infinuer ce que j'ai à dire, nous fuppoferons que le tuyau PS répond à un autre HT, par la communication ST, comme fi le tout formoit une efpece de fiphon BSTH. J'ajouterai qu'au fond du tuyau NABO, il y a un pifton M, foutenu par une puiffance X, & que l'on fuppofe que la ligne DK eft égale à la hauteur de la branche HT; ainfi retranchant de part & d'autre les parties égales GK, HL, il reftera DG, égale à KR ou à LT.

Cela pofé, fi l'on verfe de l'eau dans le tuyau NB, jufqu'à la hauteur CD, & que la pefanteur du pifton M foit égale au volume d'eau dont il occupe la place, la puiffance X foutiendra alors le poids d'une colonne d'eau qui a pour bafe le cercle IK du pifton, & pour hauteur DK. (344) D'un autre côté, fi l'on remplit d'eau le fiphon PSTH, le pifton fera pouffé de bas haut par l'action du poids de la colonne HL feulement, qui fera le même effet que fi le tuyau PS étoit auffi gros que QNOR; (346, 347) car pour l'eau qui eft au-deffous de la ligne IK, elle eft en équilibre avec elle-même; (329) c'eft pourquoi le pifton ne fera plus pouffé de haut en bas que par le poids de la colonne FCDG, différence de DK à HL.

Si la puiffance X vouloit attirer le pifton pour le faire monter, & que le tuyau HT fût continuellement entretenu plein d'eau, il eft conftant que cette puiffance aura befoin à chaque inftant d'un

l'eau dans un réfervoir.

De quelle maniere on doit calculer l'effort d'une puiffance qui afpire l'eau dans un corps de pompe.

PLAN. 3.
FIG. 8.

nouvel accroissement de force, à mesure que la ligne IL approchera de FH, parce que la hauteur de la colonne HL, qui pousse le piston de bas en haut, diminuera selon que le piston montera, au lieu que celle qui le presse de haut en bas demeurera toujours la même. Ainsi quand le piston sera parvenu au point E, c'est-à-dire, quand la ligne IK prendra la place de FG, la puissance X portera tout le poids de la colonne ICDK, qui par sa nouvelle situation sera devenue FABG.

Il est aisé d'appliquer ce qui précède aux pompes aspirantes; car faisant abstraction de la communication ST, pour ne considérer que le tuyau PV, dont le bout SV trempe dans l'eau, représentée par la ligne QY, l'on pourra prendre HT pour une colonne d'eau de 31 pieds de hauteur, équivalente au poids de l'atmosphere (790) qui presse la surface QY, autour du tuyau d'aspiration PV, & qui soutient celle qui seroit élevée dans le même tuyau, laquelle étant en équilibre avec la partie LT, de la colonne HT, l'autre partie HL exprimera ce qui reste du poids de l'atmosphere pour pousser le piston de bas en haut. Celui-ci étant aussi pressé de haut en bas par le poids de toute l'atmosphere, équivalent à celui de la colonne d'eau ICDK, dont la hauteur DK est encore de 31 pieds, il suit que retranchant la hauteur HL ou GK de DK, il restera la colonne FCDG, ou son égale QIKR, pour exprimer la partie du poids de l'atmosphere qui presse absolument sur le piston, par conséquent la force de la puissance X.

Si l'on vouloit que la puissance X fît monter le piston de K en G, d'un mouvement uniforme, il est constant que la force que nous venons de lui attribuer ne suffiroit pas, parce qu'à mesure que le piston montera, il sera chargé d'un plus grand poids, qui approchera toujours de plus en plus d'égaler la totalité de celui de l'atmosphere. Ainsi il faudra que la puissance acquierre à chaque instant de nouveaux accroissemens de force, selon l'ordre des termes d'une progression arithmétique, pour suppléer à l'action de la partie du poids de l'atmosphere, exprimé par la colonne HL qui poussoit le piston de bas en haut, & qui ira toujours en diminuant, & se terminera à zero, au moment que la base IK sera parvenue à la hauteur FG, c'est-à-dire, à 31 pieds au-dessus de la surface QY; alors la colonne qui le presse de haut en bas, sera égale au poids de l'atmosphere.

890. Il suit de-là, 1°. que la force de la puissance qui aspire l'eau dans une pompe, doit être au moins égale au poids de la colonne d'eau qui auroit pour base le cercle du piston, & pour hauteur la

distance

diſtance de la ſource au piſton, lorſqu'il eſt parvenu dans ſa plus
haute élévation ; à quoi il faut ajouter le poids de l'eau dont le piſton eſt ſurmonté, lorſqu'il s'éleve au-deſſus du terme de l'aſpiration pour la dégorger dans une cuvette ou réſervoir.

d'une puiſſan-
ce qui fait agir
des pompes.

2°. Que la groſſeur du tuyau d'aſpiration eſt indifférente à la
puiſſance qui éleve le piſton, puiſqu'elle ſoutiendra toujours le
même poids. (360)

3°. Que la hauteur où l'on veut élever l'eau, étant déterminée
au-deſſous de 31 pieds, il n'y a pas plus d'avantage de la faire
monter par aſpiration de S en IK, que ſi le piſton la puiſoit dans
la ſource même, & qu'il fût réellement chargé d'une colonne d'eau
égale à IQRK, dans le cas où le corps de pompe NFGO, ſeroit
d'une groſſeur uniforme ſur toute la hauteur, c'eſt-à-dire, qu'il de-
vînt ſemblable au tuyau FQRG. Voilà l'explication que j'ai promis de donner de la pompe dont il a été fait mention ſur la fin
du premier volume, articles 757, 758.

Sur les diametres des corps de pompe, ou des piſtons.

Quand on veut déterminer les dimenſions d'une pompe, il
faut, avant toutes choſes, connoître, 1°. la quantité de mouvement qu'aura la force motrice qui doit la faire agir ; 2°. la hauteur à laquelle il faudra élever l'eau au-deſſus de la ſource, ſoit en
aſpirant ou en refoulant, ou des deux manieres enſemble ; car
c'eſt de-là que doit dépendre la groſſeur du corps de pompe, ou le
diametre du piſton, qui eſt la premiere dimenſion qu'il faut déterminer pour être en état de régler les autres.

891. Selon le principe général de la méchanique, on ſait que
le produit de la puiſſance motrice, par ſa vîteſſe, eſt toujours égal
au produit du poids par ſa vîteſſe ; (85, 89) & comme il ſera aiſé
de connoître la valeur du poids que la puiſſance peut élever, de
quelque maniere que la machine ſoit conſtruite, nous n'aurons
ici égard qu'à ce poids, ſans nous mettre en peine de ſa vîteſſe.
Ainſi nous ſuppoſerons d'abord qu'il eſt queſtion d'une pompe aſpirante, comme celle de la premiere figure de la planche premiere, qui doit ſervir à élever l'eau à 26 pieds de hauteur pour la
décharger dans une cuvette ; & que la colonne d'eau que la puiſſance peut ſoutenir, indépendamment de la charge du piſton &
des ferrures qui l'accompagnent, eſt équivalente à un poids de
360 liv. Il s'agit de ſavoir quel doit être le diametre de la baſe de
cette colonne, puiſqu'il ſera le même que celui du piſton, ou du
corps de pompe, par l'article 360.

Le diametre
d'un piſton
doit être pro-
portionné à la
puiſſance qui
fait agir la
pompe.
Plan. 1.
Fig. 1.

Part. I. Tome II.   K

Le pied cylindrique pefant 55 livres, (341) fi on le multiplie par 26, on aura 1430 livres pour le poids d'une colonne d'eau qui auroit pour bafe un cercle de 12 pouces de diametre, & 26 pieds de hauteur ; mais comme celle dont il s'agit ne doit pefer que 360 liv. on dira : Si une colonne de 1430 liv. donne 144 pouces, pour le quarré du diametre de fa bafe, que donnera une colonne de 360 livres de même hauteur, pour le quarré du diametre de la fienne ? On trouvera environ 36 pouces, dont la racine donne 6 pouces pour le diametre de la pompe.

Attention qu'il faut avoir quand une puiffance fait agir à la fois plufieurs pompes afpirantes.

892. Si la puiffance motrice devoit faire agir en même tems deux pompes afpirantes, & que les piftons n'élevaffent l'eau qu'alternativement, afin que la puiffance travaille fans interruption, & non par intervalle, il ne faudroit compter que fur le poids de la colonne d'eau dont un des piftons doit être chargé, ce qui tombe dans le cas précédent. Mais au lieu de deux pompes afpirantes, fi la puiffance en faifoit mouvoir 4 ou 6 à la fois, & qu'il n'y eût que la moitié du nombre des piftons qui fît monter l'eau, tandis que l'autre moitié ne feroit chargée d'aucun poids étranger : il faudroit divifer le poids que la puiffance eft capable d'élever par la moitié du nombre des piftons, & le quotient donnera le poids de la colonne d'eau que chacun d'eux doit foutenir, dont on cherchera le diametre de la bafe, relativement à la hauteur de la même colonne, pour avoir celui de tous les corps de pompe, que nous fuppofons uniformes.

PLAN. I.

Si l'on avoit une ou plufieurs pompes refoulantes, comme celle qui eft repréfentée par la cinquieme figure, on trouvera de même le diametre dont il s'agit, relativement au poids que la puiffance motrice peut foutenir, & à la hauteur de la colonne, ou du réfervoir au-deffus de la furface de l'eau qu'on veut puifer. (890)

Obfervation fur le diametre qu'il faut donner aux pompes qui afpirent & refoulent alternativement.

893. Mais fi la pompe étoit afpirante & refoulante, comme celles des figures 6ᵉ, 7ᵉ & 8ᵉ, dont le réfervoir fût plus élevé au-deffus du pifton, lorfqu'il eft parvenu en fon plus bas, que ce même pifton n'eft élevé au-deffus de la fource lorfqu'il afpire ; la puiffance faifant alors deux efforts féparés, l'un pour afpirer (890) & l'autre pour refouler, il faudra régler le diametre du corps de pompe (891) fur le poids de la plus haute des deux colonnes, c'eft-à-dire, fur le poids de l'eau qui doit paffer dans le tuyau montant.

PLAN. I.
A quoi il faut avoir égard quand la puiffance afpire &

894. Enfin, fi la puiffance afpiroit d'une part & refouloit en même tems de l'autre, comme cela arrive affez fouvent, il faudroit en ce cas déterminer le diametre du corps de pompe du pifton qui refoule, fur le poids de la colonne d'eau qui auroit pour

hauteur l'élévation du réservoir au-deſſus de la ſource; parce que refoule en mê-
me tems. dans ce cas, la puiſſance ſoutient enſemble le poids de la colonne qui eſt refoulée & celui de la colonne que le piſton aſpire. (890) C'eſt à quoi il faut bien prendre garde, de même qu'au nombre des piſtons qui agiront de la ſorte, pour partager le poids que la puiſ-ſance peut élever dans le nombre des colonnes d'eau qui ſeront effectivement élevées dans le même tems, afin d'en déterminer au juſte le diametre, pour ne point tomber dans quelque erreur groſ-ſiere, en faiſant les corps de pompe trop gros ou trop petits, com-me je pourrois en citer des exemples.

895. Quand les pompes ſont en nombre impair, la puiſſance A quoi il faut
avoir égard
quand la puiſ-
ſance fait agir
des pompes qui
ſont en nombre
impair. n'agiſſant pas uniformément, il eſt à propos de faire remarquer ce qui arrive dans ce cas, afin que l'on ſache à quoi il faut avoir égard, pour déterminer le diametre des corps de pompe. Suppo-ſons donc que l'on aie trois piſtons ſuſpendus à une manivelle à tiers points (112) pour faire monter l'eau continuellement, & que le premier piſton, dans le tems que la machine joue, ſoit parvenu au ſommet de ſa levée, le ſecond ſera en chemin de deſcendre, & le troiſieme en chemin de monter; enſuite le premier deſcen-dra avec le ſecond, & le troiſieme montera ſeul; immédiatement après, le ſecond & le troiſieme monteront enſemble, & le pre-mier deſcendra ſeul; le troiſieme étant parvenu au ſommet de ſa levée, ne tardera pas de deſcendre avec le premier, & il n'y aura plus que le ſecond qui montera ſeul, lequel étant ſuivi par le pre-mier, ils monteront tous deux enſemble, & il n'y aura plus que le troiſieme qui deſcendra ſeul; par conſéquent il y a alternati-vement deux piſtons qui montent & un qui deſcend, & puis deux qui deſcendent & un qui monte. Or, ſoit que la puiſſance agiſſe pour faire deſcendre les piſtons, ce qui arrive lorſqu'ils refoulent de haut en bas, ou qu'elle agiſſe quand les piſtons remontent pour refouler de bas en haut, cette puiſſance ſoutiendra par intervalle deux colonnes d'eau au lieu d'une; mais auſſi le bras de levier qui répond à ces colonnes n'étant plus que la moitié du coude de la manivelle, tandis que celui de la puiſſance demeure le même, il ſuit que ces colonnes font le même effet que s'il n'y en avoit qu'une qui eût pour bras de levier le coude entier, qui eſt le cas de la plus grande réſiſtance, (113) tandis que la moyenne n'en eſt que les quinze-ſeiziemes. (114) C'eſt pourquoi il faut ſuppoſer que la puiſ-ſance ne doit mouvoir qu'un ſeul piſton, & faire le cercle de cha-cun des trois corps de pompe égal aux quinze-ſeiziemes de celui que la puiſſance pourroit élever, afin de ſe conformer à l'article 114.

K ij

La hauteur des corps de pompes doit se régler sur la levée des pistons.

896. Je ne dis rien de la hauteur que l'on doit donner aux corps de pompes, quoi qu'elle semble dépendre de leur diametre ; cependant on ne peut pas établir un rapport entre ces deux lignes, la premiere devant être assujettie au jeu du piston, lequel dépend lui-même de la construction de la machine. Mais je ferai remarquer en passant, que ce ne sont pas les pistons qui ont le plus de levée qui font monter le plus d'eau au réservoir ; dès que le diametre en est une fois déterminé, leur effet dépend de la vîtesse qu'on peut leur donner ; alors il est indifférent qu'ils aient trois ou six pieds de levée, pourvu qu'ils en fassent deux de trois pieds dans le même tems qu'ils en feroient une de six ; puisque ce sera toujours la même vîtesse, à moins qu'on ne soit contraint par des circonstances qui ne permettent pas de balancer sur le choix. Par exemple, lorsque la hauteur du tuyau d'aspiration est déterminée, alors on n'est pas le maître de faire le jeu du piston tel qu'on veut ; puisque s'il y a un espace vuide dans le fond du corps de pompe, il faut qu'il regne une certaine proportion entre cet espace, le jeu du piston, la hauteur du tuyau d'aspiration, & le poids de l'atmosphere, comme nous le ferons voir en son lieu. Mais quand on n'est arrêté par aucune sujétion, si l'on ne peut faire ensorte que la tige du piston se maintienne toujours perpendiculairement en montant & en descendant, il vaut mieux en conservant au piston la plus grande vîtesse qu'on pourra lui donner, faire les levées d'une hauteur moyenne, parce que plus elles sont hautes, & plus il y a d'obliquité dans le mouvement de la manivelle ou du balancier où est suspendue la tige ; ce qui fatigue plus les pistons d'un côté que de l'autre, & empêche la puissance d'agir rondement ; mais ce n'est pas ici l'endroit d'examiner cet article, nous en parlerons plus amplement ailleurs.

Dans les pompes refoulantes, il faut que le tuyau montant soit par-tout d'une grosseur uniforme, & que son diametre soit au moins égal à celui du corps de pompe.

897. Quand un corps de pompe a une branche **GHLM**, comme à la sixieme figure, il faut que son diametre **GH**, aussi-bien que celui du tuyau montant, soit au moins égal au diametre du corps de pompe, afin que l'eau que le piston refoulera passe sans contrainte ; car s'il étoit plus petit, la puissance motrice seroit obligée de faire un effort au-dessus de celui qui lui convient naturellement ; si je ne me suis pas conformé à cette maxime dans les figures des pompes que j'ai décrit ci-devant, ç'a été pour les rendre moins massives, & ne pas charger les planches inutilement.

PLAN. 1. Quand on a plusieurs pompes accolées, & qui répon-

898. Quand l'on a deux pompes accolées qui refoulent l'eau alternativement dans un même tuyau montant, auquel les branches ou fourches des deux pompes vont se réunir, comme dans

la figure dix-septieme, il suffit que le diametre du tuyau montant
soit le même que celui d'un des corps de pompe, que je suppose
égaux, parce qu'il n'y aura jamais qu'un des pistons qui refoulera
à la fois ; mais si l'on avoit trois corps de pompes dont les branches allassent se réunir à un même tuyau montant, & qu'il y eût
par intervalle deux pistons qui refoulassent l'eau dans le même tems,
il faudroit, pour proportionner la grosseur du tuyau montant à la
quantité d'eau qui doit y passer, que le quarré de son diametre fût
double de celui du diametre du corps de pompe. Comme il paroît
qu'on n'a point eu égard à cette considération, & qu'au contraire
tous les Machinistes s'imaginent soulager la puissance en faisant le
diametre du tuyau montant moindre que celui du corps de pompe,
je vais faire ensorte de les désabuser d'une erreur aussi grossiere.

*dent à un mê-
me tuyau mon-
tant, il faut
que la grosseur
de ce tuyau
soit propor-
tionnée à la
plus grande
quantité d'eau
qui sera refou-
lée dans le
même tems.*

Sur l'inconvénient de faire le diametre des tuyaux montans, & celui du trou des soupapes des pompes refoulantes, plus petit que celui des pistons.

899. Ayant un tuyau vertical AD toujours entretenu plein d'eau,
uni à une branche horizontale CDEF, dans laquelle on a introduit un piston P, soutenu par une puissance R, il arrivera que si
cette puissance, que je suppose toujours la même, est inférieure à
la poussée de l'eau, le piston sera chassé vers l'orifice EF avec une
certaine vîtesse uniforme, & *l'action relative de l'eau que soutiendra cette puissance, sera exprimée par le quarré de la différence de la vîtesse du piston à celle dont la chûte BD est capable* ; (585) ainsi nommant *a*, cette chûte ; *b*, celle qui répond à la vîtesse du piston ; & *c*,
la chûte capable de la vîtesse respective, l'on aura $\sqrt{a} = \sqrt{b} + \sqrt{c}$

*Maniere de
calculer la for-
ce de l'action
de l'eau qui
coule dans un
tuyau horizon-
tal.*
PLAN. 3.
FIG. 1.

(433). Or comme le quarré de $\sqrt{a}$, qui est *a*, exprime la force absolue, ou la hauteur de la colonne d'eau qui donne la chasse au
piston, le quarré de $\sqrt{c}$, qui est *c*, exprimera aussi la force respective, ou la hauteur d'une colonne d'eau qui tiendroit lieu de la
puissance appliquée au piston. Car pour peu qu'on y fasse attention, l'on concevra qu'il n'y a point de vîtesse respective qui ne
puisse être regardée comme une vîtesse naturelle, qui n'a reçue
aucune modification ; par conséquent point de vîtesse respective
qui n'ait pu être acquise par une chûte dont la hauteur déterminera celle de la colonne d'eau qui en exprimera la force absolue. (570)

Pour rendre ceci plus sensible, avec le secours des Tables du
premier volume, nous supposerons que la vîtesse du piston est de

5 pieds 6 pouces par seconde, & que la chûte BD est de 10 pieds, qui se trouve relative à une vîtesse de 24 pieds 6 pouces, dont la différence avec celle du piston donne 19 pieds pour la vîtesse respective ($\sqrt{a} - \sqrt{b} = \sqrt{c}$); si l'on en cherche la chûte (c), on la trouvera de 6 pieds, qui montre que la puissance R, qui soutient le piston P, avec une vîtesse de 5 pieds 6 pouces par seconde, est égale au poids d'une colonne d'eau qui auroit pour base le cercle du piston, & pour hauteur 6 pieds (c).

900. Si l'on bouche l'orifice EF, & qu'on adapte au tuyau DF une branche verticale GIKE, dont la hauteur IG soit égale à c, que nous venons de trouver de 6 pieds, & que le piston P, dont je suppose la pesanteur spécifique égale à celle de l'eau, soit placé au fond GE de la branche GK ; il est constant que la remplissant d'eau, le piston P sera poussé de bas en haut par l'eau du tuyau AD, avec une vîtesse uniforme, exprimée dans le premier instant par $\sqrt{b}$, qui est de 5 pieds 6 pouces par seconde ; c'est pourquoi nous ne considérerons plus que le siphon BCDGFI, dont la petite branche peut être regardée comme le tuyau montant d'une pompe, & la grande comme la puissance qui en meut le piston ; alors on pourra dire que la puissance ou la force absolue du courant, est au poids de la colonne que soutient le piston, comme BD (a), est à IG (c), ou comme 5 est à 3.

901. Il suit que quand un courant meut le piston d'une pompe, il lui faut plus de force pour élever, avec une certaine vîtesse, une colonne d'eau, que s'il la soutenoit seulement en équilibre ; & que la force du courant doit être d'autant plus grande, que la même colonne sera refoulée avec plus de vîtesse, parce que la vîtesse respective du courant demeurant la même, il faut nécessairement augmenter sa vîtesse entiere, par conséquent sa chûte, pour accroître la vîtesse du piston.

En général on peut dire que *la puissance qui soutient un piston dans l'état d'équilibre, est à celle qui le meut avec une certaine vîtesse déterminée, comme le quarré de la vitesse qu'un corps peut acquérir en tombant de la hauteur de la colonne refoulée, est au quarré de la vitesse composée de la précédente & de celle du piston,* parce qu'en supposant, comme nous faisons ici, que le courant agit immédiatement sur le piston, la hauteur de la colonne refoulée exprimera le quarré de la vîtesse respective, par conséquent la puissance qui soutient cette colonne dans l'état d'équilibre, tandis que celle qui meut le piston doit l'être par le quarré de la vîtesse entiere, laquelle est toujours composée de la vîtesse respective & de celle du piston. (899)

On tire des articles précédens une regle pour connoître la

force qui doit mouvoir le piston d'une pompe, dont la hauteur du tuyau montant est déterminée: pour cela, il faut chercher la vîtesse relative à une chûte égale à celle de la hauteur où l'on veut élever l'eau, ajouter à cette vîtesse celle que le piston doit avoir par seconde; la chûte capable de la somme de ces deux vîtesses exprimera la hauteur de la colonne d'eau qui déterminera la force que l'on demande.

902. Supposant un nouveau siphon ACEG, dont les branches AB, DF soient de même diametre, aussi-bien que la communication CD, & qu'on ait adapté à la petite branche DF un tuyau HMI d'un diametre plus petit, que nous prendrons pour le tuyau montant d'un corps de pompe DF, il est constant que remplissant d'eau l'un & l'autre, il faudra beaucoup plus de force à la colonne AB, qui doit donner la chasse au piston P, pour lui faire parcourir l'espace DG d'un mouvement uniforme, dans un certain tems déterminé, qu'il ne lui en faudroit pour faire faire à ce piston le même chemin dans le même tems, si le tuyau montant étoit d'une grosseur uniforme au corps de pompe, quoique dans l'état d'équilibre le piston soit toujours également chargé (349), parce qu'il faudra que cette force comprime l'eau que contient le corps de pompe, de maniere à lui imprimer une vîtesse au passage de l'orifice HI, qui soit à celle du piston, dans la raison réciproque du quarré du diametre GF, au quarré du diametre HI; ce qui est bien évident par l'article 455, où il est démontré que *lorsqu'il sort de deux orifices différens des quantités d'eau égales dans des tems égaux, il faut que les vitesses de l'eau soient dans la raison réciproque des orifices, ou des quarrés de leur diametre.* Ainsi nommant D, le diametre GF du corps de pompe, d, celui du tuyau montant HMI; V, la vîtesse que doit avoir l'eau au passage de l'orifice HI, & u, celle du piston, l'on aura DD, dd :: V, u, d'où l'on tire D^4, d^4 :: VV, uu.

903. Ayant vu dans l'article 431 que *les forces qui impriment les vitesses à l'eau, sont dans la raison des quarrés des mêmes vitesses;* nommant F la force qu'il faudroit à la puissance qui refoule l'eau dans le tuyau HMI, & f, celle qu'il faudroit pour la faire monter dans le tuyau GKNF, de même grosseur que le corps de pompe, l'on aura F, f :: VV, uu; que si, à la place des deux derniers termes de cette proportion, l'on met D^4 & d^4, qui sont dans le même rapport, l'on aura F, f :: D^4, d^4, qui montre que *lorsqu'on aura deux tuyaux montans d'égale hauteur, unis à des corps de pompes de même calibre, le premier de ces tuyaux d'un diametre égal à celui du piston, & l'autre d'un diametre plus petit, il faudra que les forces employées*

pour faire monter une égale quantité d'eau dans le même tems, soient dans la raison réciproque des quarrés quarrés, ou des quatriemes puiſſances des diametres des tuyaux montans.

Par exemple, l'on a un corps de pompe de 8 pouces de diametre, répondant à un tuyau montant de 4 pouces ſeulement; leur rapport ſera celui de 2 à 1, dont les quatriemes puiſſances ſont 16 & 1; or ſi l'on prend l'unité pour exprimer la force qu'il faut à la puiſſance pour faire monter une colonne d'eau dans un tuyau d'un diametre égal à celui du corps de pompe, il faudra que cette puiſſance ſoit exprimée par 16, pour refouler l'eau en même quantité, & dans le même tems, par un tuyau dont le diametre ne ſeroit que la moitié de celui du piſton.

Les mêmes choſes ſubſiſteroient encore, ſupprimant le tuyau HMI, pour en ſubſtituer un autre GKNF, d'un diametre égal à celui du corps de pompe, s'il y avoit à l'endroit GF un diaphragme percé d'un trou HI, plus petit que le cercle du piſton, parce que la puiſſance qui pouſſera ce piſton, trouvera la même réſiſtance à vuider le corps de pompe que ſi le tuyau HM y étoit, en faiſant abſtraction du ſurcroît de frottement que ce tuyau peut faire naître; ce qui montre la conſéquence de ne point faire le diametre de la ſoupape qui eſt au bas du tuyau montant, plus petit que celui du corps de pompe, comme nous le ferons voir plus particuliérement dans les articles 963, 964.

904. Si la puiſſance qui refoule l'eau ſans obſtacle, par un tuyau montant de même groſſeur que le corps de pompe, n'étoit pas ſuſceptible d'accroiſſement, & que reſtant la même, elle fût contrainte de refouler l'eau dans un tuyau plus petit; *les tems qu'il lui faudra dans ces deux cas pour faire faire le même chemin au piſton, ſeront dans la raiſon réciproque des quarrés des diametres des tuyaux montans & du corps de pompe.* (460) Ainſi dans l'exemple de l'article 903, s'il falloit à la puiſſance 5 ſecondes pour faire faire naturellement au piſton un chemin de 18 pouces, il lui en faudroit 20 dans le ſecond cas pour lui faire parcourir le même eſpace.

905. Je n'ai point eu égard aux quantités de mouvement de la puiſſance dans les deux cas où nous avons conſidéré ſon action, parce que lui ayant ſuppoſé la même vîteſſe, ſes quantités de mouvement doivent être dans le rapport des réſiſtances qu'elle aura à ſurmonter. Cependant on remarquera que lorſque cette puiſſance ſera un courant, la raiſon réciproque des quarrés quarrés des diametres, ne peut avoir lieu que dans la comparaiſon des forces relatives du courant, & non pas des forces abſolues provenant des

vîteſſes

vîteſſes entieres dont il peut être ſuſceptible.

906. Le principal objet d'un piſton qui refoule l'eau, étant de la faire monter beaucoup plus haut que le niveau de la ſource, il n'arrive jamais que la chûte du courant qui le meut ſoit plus élevée que le tuyau montant, comme on l'a vu dans les articles 900, 902, parce que le courant, au lieu d'agir immédiatement ſur le piſton, agit ſur les aubes d'une roue, dont la ſuperficie de chacune eſt beaucoup plus grande que celle du piſton ; alors la regle que l'on doit ſuivre, après avoir déterminé la vîteſſe de la roue, *eſt de faire enſorte que la ſuperficie du piſton, celle d'une des aubes, la hauteur où l'on veut élever l'eau, & la chûte capable de la vîteſſe reſpective du courant, compoſent quatre termes réciproquement proportionnels;* ou, ce qui revient au même, que le produit de la chûte dont nous parlons, par la ſuperficie d'une des aubes, ſoit égal au produit du cercle du piſton, par la hauteur où l'on veut élever l'eau. On trouvera à la fin du quatrieme chapitre pluſieurs formules qui comprennent tout ce que l'on peut deſirer ſur ce ſujet.

Il ſuit des articles 901, 904, que quand une puiſſance fera mouvoir une pompe ſans défaut, c'eſt-à-dire, une pompe refoulante où le diametre du tuyau montant & celui du trou de la ſoupape ſeront les mêmes que celui du piſton, l'on pourra toujours connoître quelle eſt la force qu'il faudra à cette puiſſance pour refouler l'eau avec une certaine vîteſſe déterminée, relative à la quantité d'eau qu'on voudra faire monter par heure au réſervoir.

Regle pour déterminer le rapport de la force du courant qui meut une pompe, au poids de la colonne d'eau que le piſton refoule.

Sur la hauteur où l'on peut élever l'eau par aſpiration, eu égard aux dimenſions des pompes.

On a dû remarquer dans les figures rapportées ſur la premiere & la ſeconde planches, que le diametre des tuyaux d'aſpiration étoit beaucoup plus petit que celui des corps de pompes auxquels ils appartenoient, parce qu'ordinairement le piſton n'a pas tant de vîteſſe en aſpirant que l'eau en a pour monter dans le corps de pompe, lequel doit être plein au moment que le piſton eſt parvenu à ſa plus haute élévation. Pour que cela arrive, il doit régner une certaine proportion entre la ſuperficie de ſon cercle, celle de celui du tuyau d'aſpiration, la vîteſſe de l'eau en montant & celle du piſton; pour en bien juger, nous ferons abſtraction des pompes pour un moment, afin d'établir d'abord quelques principes préliminaires qui faciliteront l'intelligence de ce que j'ai deſſein d'inſinuer.

Part. 1. Tome II.　　　　　　　　　　　　L

Si l'on a un ſiphon CBFG d'une groſſeur uniforme, accompagné d'un robinet T, enſorte que la premiere branche AE ſoit toujours entretenue pleine d'eau, malgré la dépenſe qui s'en pourra faire; il eſt conſtant que ſi tout le reſte du ſiphon ſe trouve vuide, & que l'on ouvre ſubitement le robinet, l'eau coulera d'abord dans la communication VX, avec une vîteſſe uniforme, égale à celle qu'un corps peut acquérir en tombant de la hauteur AB, mais qui ira enſuite en diminuant de plus en plus, à meſure que la ſeconde branche ſe remplira.

Pour faire voir dans quel ordre diminuera la vîteſſe de l'eau à tous les points Q de la hauteur GS, où ſa ſurface QR ſe trouvera en montant, il faut décrire ſur les lignes AB, CD, comme axe, avec un même parametre, deux paraboles égales CPH & BKI, ſituées dans un ſens oppoſé. Alors ſi l'on acheve le rectangle AM, & que l'on mene à la ligne horizontale IG autant de paralleles LR que l'on voudra; prenant l'ordonnée AI, ou ſon égale DH, pour exprimer la vîteſſe entiere & uniforme de l'eau au pied de la chûte CD, il eſt conſtant que l'ordonnée OP exprimera de même la vîteſſe de la chûte CO, tandis que l'ordonnée NK exprimera la vîteſſe de la chûte NB ou QS. Or je vais prouver que la vîteſſe qu'aura la ſurface QR de l'eau dans la ſeconde branche, lorſqu'elle ſera parvenue au point Q, ne doit point être exprimée par l'ordonnée OP qui lui répond, comme on l'a cru juſqu'ici, mais bien par la ligne LK, différence de la vîteſſe LN, ou MB, de la chûte AB à la vîteſſe NK.

907. On a vu dans l'article 899, que la hauteur QS ou NB de la colonne SR, étoit égale à la chûte capable de la vîteſſe reſpective de l'eau de la chûte CD, c'eſt-à-dire, à l'excès de la vîteſſe entiere de cette chûte à celle de la ſurface de l'eau au point Q. Or comme cette vîteſſe relative eſt exprimée par l'ordonnée NK, ſa différence LK avec la vîteſſe entiere MB ou LN exprimera donc la vîteſſe retardée de l'eau dans la communication DX, qui eſt la même que celle de la ſurface QR au point Q.

Comme il en ſera de même pour toutes les vîteſſes retardées que l'eau aura en rempliſſant la branche GF, il ſuit que la ſomme de toutes ces vîteſſes ſera exprimée par celle des élémens du complément parabolique MIKB, au lieu qu'on a coutume d'eſtimer cette ſomme par celle des élémens de la parabole DCPH ou ABHI, parce qu'on exprime ordinairement la vîteſſe de l'eau au point Q par la racine de la charge CO, au lieu qu'elle doit l'être par la différence des racines des hauteurs CD & QS, comme j'aurai occaſion de le faire voir plus particuliérement ailleurs. J'ai moi-même été long-tems dans l'erreur ſur ce point, & j'y ſerois peut-être encore, ſi je ne m'étois déſabuſé en faiſant le calcul d'une machine que j'ai imaginée, & qu'on trouve au commencement du quatrieme Livre.

Le complément parabolique MIKB n'étant que la moitié de la ſuperficie ABKI de la parabole, on voit que la ſomme de toutes les vîteſſes retardées de l'eau, en rempliſſant la ſeconde branche, n'eſt que la moitié de la ſomme des vîteſſes ſur laquelle on a cou-tume de compter, d'où il ſuit qu'il faut à la branche FG, pour ſe remplir, le double du tems de celui qu'on eſtime ordinaire-ment.

Il ſuit encore que puiſque le complément MIKB n'eſt que le tiers du rectangle MB, il faut à la branche BF, pour ſe remplir, le triple du tems qu'il lui faudroit ſi l'eau y montoit toujours avec une vîteſſe uniforme, exprimée par MB.

Enfin il ſuit que la ſomme des vîteſſes de l'eau, en montant de Q en q, au lieu d'être exprimée par la ſomme des élémens du quadri-latere mixte POop, doit l'être par celle du quadrilatere KLlk.

908. Nous ſervant d'un autre ſiphon pareil au précédent, dont la premiere branche ſoit toujours entretenue pleine d'eau, & la ſeconde ſeulement juſqu'à la hauteur QR, parce qu'elle eſt rete-nue par un piſton P que ſoutient une puiſſance T; je dis que ſi cette puiſſance fait monter le piſton de R en C, avec une vîteſſe tou-jours uniforme, il arrivera l'un des deux cas ſuivans.

Quoique l'eau ne ſoit pas libre, elle tendra toujours, en accom-pagnant le piſton de R en C, à monter avec toutes les vîteſſes dif-férentes dont elle peut être ſuſceptible; mais ſi en chemin faiſant elle ſe trouve réduite à une vîteſſe moindre que celle du piſton, elle ceſſera de le ſuivre, & il y aura un eſpace vuide entre-deux, qui croîtra de plus en plus à meſure que la vîteſſe de l'eau devien-dra inférieure à celle du piſton : voilà le premier cas.

Si, pour le ſecond cas, la plus petite vîteſſe de l'eau ſe trouve fort ſupérieure à celle du piſton, non-ſeulement il n'y aura point d'eſpace vuide entre-deux, mais il arrivera au contraire que l'eau pourroit remplir dans le tems de la levée du piſton un eſpace beaucoup plus grand que RQbc.

909. Suppoſant que les branches du ſiphon ſoient chacune de 31 pieds de hauteur, le poids de l'eau de la premiere AD pourra être pris pour celui de l'atmoſphere (886), & ne conſidérant plus que le ſeul tuyau GL trempant dans l'eau juſqu'au niveau DM, il

PLAN. 3.
FIG. 9 &
10.

Examen de ce qui arrive lorſ-qu'il y a un piſton dans la branche où l'eau monte.
PLAN 3.
FIG. 11.

Les articles précédens peu-vent s'appli-quer à la théo-rie des pompes aſpirantes.

arrivera que fi, par quelque caufe que ce foit, ce tuyau eft privé d'air groffier, l'eau y montera naturellement de F en R jufqu'à la rencontre du pifton, (790) & agira à fon égard avec les circonftances qui appartiennent à l'un ou l'autre des deux cas précédens, c'eft pourquoi l'on peut regarder le tuyau GL comme une pompe afpirante & uniforme, dont la hauteur RC marqueroit le jeu du pifton.

Il fuit du premier cas, que lorfque dans une pompe afpirante la vîteffe de l'eau, en montant, eft moindre que celle du pifton, il fe forme un efpace vuide, qui eft caufe que la pompe ne fournit point la quantité d'eau qu'elle devroit donner, quoique l'afpiration fe faffe à une hauteur fort au-deffous de 31 pieds, parce que le pifton venant à defcendre avant que le corps de pompe foit rempli, l'on perd à chaque relevée un volume d'eau égal au vuide. Que fi cet inconvénient peut arriver dans le cas même où le diametre du tuyau d'afpiration feroit égal à celui du corps de pompe, à plus forte raifon fi l'on faifoit ce tuyau beaucoup plus étroit, parce que l'eau montant avec moins d'abondance, mettra plus de tems à remplir le corps de pompe, abandonnera plus promptement le pifton, par conféquent laiffera un plus grand vuide entre-deux.

910. Il fuit au contraire du fecond cas, que lorfque la plus petite vîteffe de l'eau, confidérée comme uniforme, fera beaucoup plus grande que celle du pifton, il n'y aura point d'efpace vuide, & l'on pourra faire le corps de pompe plus gros que l'afpirant, fans craindre que l'eau abandonne jamais le pifton ; *c'eft de quoi l'on fera affuré lorfque les quarrés des diametres du pifton & du tuyau d'afpiration, la plus petite viteffe de l'eau, & celle du pifton, feront réciproquement proportionnels*, parce qu'alors le volume intérieur du corps de pompe fera toujours moindre que celui de la colonne d'eau qui pourroit y entrer dans le tems de la levée du pifton. Or j'eftime qu'on ne peut guere donner à un pifton plus de quatre pieds de vîteffe par feconde, fans expofer les parties de la machine au danger d'être bientôt rompues ; & de toutes celles qui font venues à ma connoiffance, je n'en ai point vu dont le mouvement ait autant d'activité.

Nommant a, la hauteur de la colonne d'eau équivalente au poids de l'atmofphere ; b, la plus grande élévation du pifton au-deffus de la furface de l'eau de la fource ; $\sqrt{a} - \sqrt{b}$ exprimera la plus petite vîteffe de l'eau qui montera dans le corps de pompe (899) & non pas $\sqrt{a-b}$, ce qui eft bien différent ; car l'on a $a + b - 2\sqrt{ab}$

pour la chûte capable de cette vîteſſe, au lieu de $a - b$, ſelon la méthode ordinaire. Ainſi, *pour avoir cette chûte, il faut chercher une moyenne proportionnelle entre la hauteur de la colonne d'eau équivalente au poids de l'atmoſphere, & celle de la plus grande élévation du piſton au-deſſus de la ſource, doubler cette moyenne, & la ſouſtraire de la ſomme des deux extrémes.*

Par exemple, ayant $a = 31$ pieds, (886) nous ſuppoſerons $b = 16$, ainſi la moyenne entre ces deux nombres ſera à peu près de 22 pieds 3 pouces, qui, étant doublée, donne 44 pieds 6 pouces qu'il faut ſouſtraire de 47, ſomme des mêmes nombres, la différence ſera de 2 pieds 6 pouces pour la chûte, au lieu que ſelon l'idée commune, elle ſeroit de 15 pieds. Je laiſſe à penſer de quelle conſéquence peut être dans la pratique la différence qui naît de cette erreur.

911. Pour établir une formule générale qui renferme tout ce qui peut appartenir au ſujet dont nous parlons, nous nommerons V, la plus petite vîteſſe de l'eau qui monte dans le corps de pompe; u, celle du piſton; D, le diametre du corps de pompe; & d, celui du tuyau d'aſpiration; alors on aura (910) $V, u :: DD, dd$, d'où l'on tire $Vdd = uDD$, qui eſt une équation compoſée ſeulement de quatre grandeurs différentes, dont il eſt aiſé d'avoir l'une d'elles moyennant la connoiſſance des trois autres.

Par exemple, ſi l'on avoit une pompe aſpirante de 6 pouces de diametre, dont le piſton, ſelon la diſpoſition de la machine & la vîteſſe du moteur, dût faire 20 relevées par minute, chacune de 2 pieds, & qu'il employât autant de tems à monter qu'à deſcendre, ce piſton fera 80 pieds de chemin en une minute, & aura par conſéquent 16 pouces de vîteſſe par ſeconde.

Je ſuppoſe en ſecond lieu que la plus haute élévation du piſton au-deſſus des plus baſſes eaux, eſt de 18 pieds, & qu'il s'agit de ſavoir le diametre qu'il faudra donner au tuyau d'aſpiration, pour que le corps de pompe ſe rempliſſe toujours dans le tems de la levée du piſton. Pour cela il faut chercher les vîteſſes uniformes par ſeconde, des chûtes de 31 (886; 909) & de 18 pieds (176), qu'on trouvera de 43 & de 32 pieds 9 pouces, dont la différence donne 10 pieds 3 pouces pour la plus petite vîteſſe de l'eau.

On a donc $D = 6$ pouces, $u = 1\frac{1}{3}$ pieds, & $V = 10$ pieds, en négligeant la fraction, qui étant ſubſtitués dans $\sqrt{\dfrac{uDD}{V}} = d$, donne 2 pouces 2 lignes 3 points pour le diametre que l'on demande, mais qu'il convient de faire au moins de 2 pouces 6 lignes, pour avoir égard aux frottemens.

Quand on connoîtra la vîtesse du piston, le diametre du corps de pompe & celui du tuyau montant, l'on aura $\frac{uDD}{dd} = V$ pour la plus petite vîtesse de l'eau, *qu'on trouvera en multipliant le quarré du diametre du piston par la vitesse du même piston, & en divisant le produit par le quarré du diametre du tuyau d'aspiration* ; ensuite il faudra retrancher cette vîtesse de celle qui est relative à la colonne d'eau, équivalente au poids de l'atmosphere ; la différence donnera la vîtesse respective, dont il n'y aura plus qu'à chercher la chûte qui déterminera la plus haute élévation du piston au-dessus des plus basses eaux de la source, si son niveau est sujet à varier, par conséquent la situation de la pompe.

Supposant qu'on ait trouvé 10 pieds 3 pouces pour la plus petite vîtesse de l'eau, il faudra la retrancher de 43 pieds, la différence donnera 32 pieds 9 pouces pour la vîtesse respective ; ainsi cherchant la chûte capable de cette vîtesse (177), l'on trouvera 18 pieds pour la plus grande élévation du piston.

De même quand on connoîtra le diametre du corps de pompe, celui du tuyau d'aspiration, & la plus grande élévation du piston, par conséquent la plus petite vîtesse de l'eau, on pourra déterminer la vîtesse que doit avoir le piston, pour que le corps de pompe se remplisse, puisqu'alors on a $\frac{Vdd}{DD} = u$, qui montre *qu'il faut multiplier la plus petite vitesse de l'eau par le quarré du diametre du tuyau d'aspiration, & diviser le produit par le quarré du diametre du piston.*

Enfin quand on connoîtra la vîtesse du piston, le diametre du tuyau d'aspiration, & la plus haute élévation du piston, ou la plus petite vîtesse de l'eau, on déterminera aussi le diametre du corps de pompe, puisqu'on a $\sqrt{\frac{Vdd}{u}} = D$, *qui montre aussi qu'il faut multiplier le quarré du diametre du tuyau d'aspiration par la plus petite vitesse de l'eau, diviser le produit par la vitesse du piston, & extraire la racine quarrée du quotient.*

Lorsque les pompes sont aspirantes & refoulantes, & situées sur une riviere, il n'est pas nécessaire que les pistons aspirans soient élevés autant qu'ils peuvent l'être au-dessus du niveau des plus basses eaux, puisqu'il suffit d'établir les corps de pompe à une hauteur convenable au-dessus des plus grandes, pour que la machine ne soit point submergée, parce que les corps de pompe & les tuyaux d'aspiration ne pouvant jamais être si bien raccordés ensemble, qu'ils ne se forme à la longue des pertuis imperceptibles par où l'air extérieur s'insinue, il convient, dans la pratique, de donner toujours à l'aspiration moins de hauteur que celle qu'on aura trouvé par le calcul.

912. Il est essentiel de remarquer que dans tout ce que nous venons de dire sur les pompes aspirantes, nous avons supposé que l'air en avoit été entiérement évacué avant même que le piston eût commencé à jouer, afin de n'avoir égard qu'à la diminution de la vîtesse de l'eau en montant, causée par l'augmentation de son propre poids; mais comme cette supposition ne peut avoir lieu quand l'eau ne monte que par degrés dans l'aspirant, à mesure que le piston en évacue l'air, lequel ne cesse de retarder la vîtesse que l'eau auroit naturellement, si elle ne rencontroit pas cet obstacle (868); il nous reste à considérer la modification que l'action de l'atmosphere peut recevoir de la part du poids de l'eau qui monte, & de celle du ressort de l'air qui lui résiste dans la pompe, afin de déduire de cette recherche la hauteur qu'il faut donner au tuyau d'aspiration, relativement à la situation de la soupape inférieure, au jeu du piston & au poids de l'atmosphere. Mais pour rendre aussi simple qu'il est possible les calculs qui ont rapport à ce sujet, nous n'y ferons point entrer la vîtesse du piston ni celle de l'eau en montant, afin de ne considérer les choses que dans l'état d'équilibre, (869) c'est-à-dire, dans l'état où elles se trouvent, lorsqu'à chaque relevée le piston étant parvenu à sa plus haute élévation, l'eau cesse de monter; ce qui convient d'autant mieux, que notre principal objet est de déterminer dans quelles occasions l'eau peut s'arrêter en montant dans une pompe aspirante.

913. La situation de la soupape inférieure par rapport au jeu du piston, peut faire naître trois cas différens; le premier, lorsque cette soupape étant placée dans le fond du corps de pompe, le piston en approche immédiatement, ne laissant que très-peu de vuide entre-deux, comme dans la figure sixieme, où l'on suppose que la soupape S étant fermée, la base OP du piston peut toucher toutes les fois qu'elle descendra le fond QR. Le second, lorsque la soupape inférieure est placée au bas du tuyau d'aspiration, c'est-à-dire, lorsqu'elle est aussi éloignée qu'elle peut l'être du piston, comme dans la figure cinquieme, où la soupape P trempe dans l'eau même que l'on veut élever, & soutient, quand le piston baisse, le poids de celle qui est montée. Enfin le troisieme, lorsque cette soupape étant placée dans le fond du corps de pompe, le piston

n'en peut approcher qu'à une certaine diftance, pour des raifons qui ne permettent pas d'en ufer autrement.

914. Il eft à remarquer que dans le premier cas on peut faire monter l'eau, dans une pompe afpirante, à une hauteur qui approchera plus de 31 pieds que dans les deux autres ; car l'air du tuyau d'afpiration étant totalement épuifé, l'eau ne manquera pas de fuivre le pifton, au moment qu'elle fera parvenue à la hauteur Y, parce qu'elle trouvera un vuide dans le corps de pompe où il ne pourra y avoir qu'un air extrêmement dilaté, dont le reffort n'aura point affez de force pour s'y oppofer ; lorfque le pifton defcendra immédiatement après, l'air & l'eau paffant au travers du trou T du pifton, il n'y aura plus du tout d'obftacle dans les levées fuivantes qui puiffe empêcher l'eau de monter jufqu'à une certaine hauteur, qui fera toujours inférieure à celle de 31 pieds, parce que felon les articles 901, 902, il faudra que cette hauteur foit ménagée, relativement à la moindre vîteffe de l'eau, à celle du pifton, aux quarrés des diametres du corps de pompe & du tuyau d'afpiration, qui doivent, comme nous l'avons dit (910), être toujours réciproquement proportionnels, indépendamment de la folution des problêmes qu'on va voir que M. *Parent* a propofé fur ce fujet.

Comme les pompes afpirantes les plus parfaites, font celles qui élevent l'eau à une plus grande hauteur, on voit qu'on ne peut leur donner cet avantage, qu'autant qu'il y a le moins de vuide qu'il eft poffible entre la foupape & le pifton, & qu'il feroit à fouhaiter qu'il n'y en eût point du tout ; mais ne pouvant éviter totalement ce vuide, parce que le trou dont le pifton eft percé, en fait naître indifpenfablement un, dans lequel l'air que l'on veut évacuer fe condenfe toutes les fois que le pifton defcend ; il faut fur-tout bien prendre garde de ne pas l'augmenter, comme il arrive à la plûpart des ouvriers, qui, au lieu de difpofer la bande de cuir du pifton, dans le fens où elle eft exprimée à l'endroit MN de la fixieme figure, la mettent dans un fens oppofé, comme on le voit dans la cinquieme, où le pifton ne defcendant point jufqu'au fond du corps de pompe, occafionne un furcroît de vuide fort mal à propos.

915. De tous les endroits où l'on peut placer une foupape, il n'y en a pas de plus défavantageux que celui du fecond cas ; car quand même la bafe du pifton E viendroit toucher le fond du corps de pompe, on trouvera toujours beaucoup de difficulté à expulfer l'air du tuyau d'afpiration, & on ne fera jamais monter

l'eau

l'eau auffi haut que fi la foupape étoit au fond du corps de pompe,
comme on en va juger.

PLAN. 3.
FIG. 6.

   Lorfque, dans la figure fixieme, on veut expulfer l'air, à chaque
levée celui du tuyau d'afpiration VX, fe dilate dans le corps de
pompe; & toutes les fois que le pifton defcend, il en chaffe un
volume égal à la capacité de fon jeu. Ainfi plus eette capacité eft
grande, par rapport à celle du tuyau d'afpiration, plus l'évacuation
eft prompte & facile; au lieu que quand la foupape eft placée en
bas, le pifton, en defcendant, ne peut évacuer qu'un volume d'air
égal à celui de l'eau qui paffe dans le tuyau d'afpiration. Comme
il entre toujours moins d'eau dans ce tuyau à mefure qu'elle y
eft plus élevée, il fort par conféquent de la pompe des volumes
d'air qui vont toujours en décroiffant, jufqu'à l'inftant où il n'en
fort plus du tout. Alors, à moins que la hauteur du tuyau d'afpiration ne foit médiocre, l'eau ne paffe pas dans le corps de pompe
& refte à une certaine hauteur GY, fans qu'il foit poffible de la
faire monter plus haut, quoique l'on continue à faire jouer le pifton, parce que, felon l'article 815, il y a un moment où le poids
de la colonne d'eau ZGY, joint à la force du reffort qui fera refté
à l'air qu'on n'a pu expulfer, eft en équilibre avec l'atmofphere.
Pour faire voir la différence que caufe l'emplacement des foupapes, *toutes chofes d'ailleurs-étant égales, nous allons chercher à
quelle hauteur on peut faire monter l'eau dans la figure cinquieme.
Pour cet effet, nous fuppoferons que l'on a réduit la groffeur du
corps de pompe à celle du tuyau d'afpiration, afin que ces deux
tuyaux ayant le même diametre, on puiffe prendre leur hauteur
à la place de leur capacité:* cela pofé, nous nommerons a, la colonne d'eau équivalente au poids de l'atmofphere; b, la hauteur
IL du tuyau d'afpiration, au deffus de la furface de l'eau QR; c, la
hauteur réduite du jeu de pifton, & x, la plus haute élévation de
l'eau dans la pompe.

   716. Quand l'eau fera parvenue à la hauteur GY, fans pouvoir
paffer outre, & que le pifton, que nous fuppoferons plein, fera defcendu jufqu'au fond du corps de pompe, l'air fera réduit dans l'efpace GI, qu'on peut exprimer par $b-x$; & comme cet air eft alors
dans fon état naturel, il fera en équilibre avec le poids de l'atmofphere. Mais lorfque le pifton fera monté au plus haut de fon
jeu, cet air fe dilatera dans un efpace plus grand que le précédent,
de toute la capacité du corps de pompe, que nous avons nommée
c, qui étant ajoutée avec $b-x$, l'on aura $b+c-x$, pour exprimer la dilatation de l'air qui ne fera plus en équilibre qu'avec

*Maniere de
calculer la
hauteur où
l'eau peut
monter dans
les pompes du
fecond cas.*

Part. I. Tome II.   M

ce qu'il manque à la hauteur YL pour égaler une colonne d'eau de 31 pieds, c'est-à-dire, avec $a - x$. Mais l'on fait, par l'article 815, que le produit de l'espace qu'occupe un certain volume d'air par la charge qu'il soutient, est toujours égal au produit de l'espace où il s'est condensé & dilaté, par la charge qu'il peut soutenir alors. Ainsi multipliant a par $b - x$, & $a - x$ par $b + c - x$, on aura $ab + ac - aa - bx - cx + xx = ab - ax$, ou bien $xx - bx - cx + ac = 0$ après la réduction; & faisant $b + c = d$, on aura $xx - dx = - ac$. Ajoutant de part & d'autre le quarré de la moitié du coefficient du second terme, pour avoir un quarré parfait, il viendra $xx - dx + \frac{dd}{4} = \frac{dd}{4} - ac$, dont les racines sont $x - \frac{d}{2} = \sqrt{\frac{dd}{4} - ac}$, & $\frac{d}{2} - x = \sqrt{\frac{dd}{4} - ac}$; faisant attention que la seconde $\frac{d}{2} - x$, est celle que l'on doit prendre préférablement à la premiere, puisque le quarré xx vient de la multiplication de $- x$ par $- x$, par conséquent le résultat donne $x = \frac{d}{2} - \sqrt{\frac{dd}{4} - ac}$.

Si l'on suppose la hauteur IL du tuyau d'aspiration de 28 pieds, & que la hauteur BX du jeu du piston soit de 2 pieds; la plus haute élévation VX du jeu du piston, au-dessus de la surface de l'eau QR sera de 30 pieds, qui est la hauteur où l'eau pourroit monter, si la soupape inférieure étoit placée au fonds du corps de pompe, & que le piston, en descendant, pût la toucher, comme dans la sixieme figure; mais cela n'étant point, cherchons, en suivant ses dimensions, jusqu'à quelle hauteur elle pourra monter.

Si l'on suppose le diametre du corps de pompe double de celui du tuyau d'aspiration, la hauteur réduite du corps de pompe sera de 8 pieds; ainsi l'on aura $a = 31$, $b = 28$, $c = 8$, & $b + c = d = 36$; appliquant les nombres précédens à l'équation $x = \frac{d}{2} - \sqrt{\frac{dd}{4} - ac}$, on trouvera 9 pieds 3 pouces 6 lignes pour la valeur de l'inconnue, c'est-à-dire, pour la hauteur où l'eau montera dans le tuyau d'aspiration, sans qu'elle puisse jamais passer outre; ce qui fait voir que cette pompe est la plus défectueuse de toutes celles que l'on peut mettre en usage. Il est surprenant que M. *Mariotte* l'ait donné pour exemple, p. 151, * en voulant établir une regle pour connoître à quelle hauteur l'eau peut monter dans les pompes aspirantes; je n'en aurois pas parlé, si en faisant l'analyse de la quatrieme figure, je n'étois obligé de supposer la

* *Traité du mouvement des eaux.*

soupape inférieure placée au bas du tuyau d'aspiration.

917. Quand il y a un espace entre le fond du corps de pompe & le piston, comme nous l'avons supposé dans le troisieme cas, cet espace, que nous nommerons *superflu*, peut faire manquer la pompe, en empêchant que l'eau qui s'est élevée à une certaine hauteur OP dans le tuyau d'aspiration, puisse monter plus haut; ce qui peut arriver quand même sa plus grande hauteur XB au-dessus de la surface de l'eau VX, seroit au-dessous de 30 pieds, si la hauteur du tuyau d'aspiration, le jeu du piston, l'espace superflu, & le poids de l'atmosphere n'ont point entr'eux une certaine proportion.

Examen du troisieme cas. Plan. 3. Fig. 4.

Pour en juger, considérez qu'il y aura un moment où la colonne d'eau du tuyau d'aspiration, & l'air dilaté, quand le piston est monté jusques à sa plus grande hauteur AB, seroit en équilibre avec le poids de l'atmosphere; comme l'air resté dans le tuyau d'aspiration sera dans le même état que celui qui se trouve répandu dans le corps de pompe, il n'en passera pas davantage du prémier dans le second. Quand le piston descendra, la soupape E se refermera pour ne plus s'ouvrir, & l'air dilaté dans le corps de pompe se laissera comprimer, pour se réduire dans l'espace superflu CFGD, au même degré de condensation que celui de dehors; ainsi quoique l'on continue à faire jouer le piston, l'eau ne passera pas le terme où elle est restée.

918. M. *Parent*, au commencement du troisieme volume de ses recherches de Physique & de Mathématique, propose huit problêmes qui appartiennent à notre troisieme cas; il dit les avoir tirés d'un petit Traité sur les pompes qu'il avoit dessein de faire imprimer; mais il ne l'a pas été, on ignore même ce qu'il est devenu, m'en étant informé à ceux qui pouvoient en avoir connoissance. Il est surprenant que cet ouvrage, qui a été achevé & même approuvé par l'Académie Royale des Sciences en 1700, n'ait pas été mis au jour dans l'espace de 14 ans que M. *Parent* a vécu depuis, cet Auteur n'ayant pas coutume de laisser reposer ses écrits long-tems; il travailloit rapidement, & faisoit imprimer de même, ce qui est cause que ses Ouvrages, quoique très-bons & presque tous originaux, sont un peu négligés. Par l'idée qu'il donne de son Traité, il devoit comprendre de bonnes choses, dont il semble avoir voulu faire mystere en proposant ces huit problêmes, comme une espece de défi. Il dit, page 62, *qu'il n'a pas feint de les traiter de nouveaux, & de les proposer à résoudre aux Sçavans de l'Europe, comme du moins aussi dignes de leur application qu'aucun*

M. Parent *a proposé aux Sçavans huit problêmes sur les pompes.*

problême de Géométriè seche, ou d'Algebre pure qui les ait occupé juſ-qu'ici. Cependant ils n'ont piqué l'émulation de perſonne, n'en ayant trouvé la ſolution en nul endroit ; mais les trois premiers étant fort utiles, les voici dans les mêmes termes que M. *Parent* les a rapportés ; je ferai voir enſuite les formules ſur leſquelles ſont établis les calculs numériques qu'il donne pour exemple, & dont il a ſupprimé l'analyſe, dans la penſée qu'on auroit beaucoup de peine à la découvrir. Je ne ſais ſur quoi il a voulu fonder la fauſſe gloire de n'être entendu de perſonne ; ce n'eſt qu'aux demi-ſavans à qui il appartient d'en uſer ainſi pour ſe faire admirer du vulgaire, le profond ſavoir de M. *Parent* étoit aſſez connu pour ne pas recou-rir à des fineſſes ſi peu dignes de lui : quelquefois le hazard fait découvrir une méthode que les plus habiles gens chercheront en-vain, ſans que pour cela ils perdent rien de leur ſupériorité.

PROBLÊMES DE M. PARENT.

Proposés aux Savans, ſur les meſures les plus parfaites, des pompes & de leurs aſpirans.

Premier pro-blême.

919. *Etant données les hauteurs du jeu du piſton & du vuide du corps de pompe, trouver tant & de ſi parfaites pompes qu'on voudra.*

Soit, par exemple, le jeu du piſton réduit de huit pieds de hau-teur, & le vuide de 2 ; multipliez 8 par 32, nombre abſolu, & di-viſez le produit 256, par 8 joint avec 2, c'eſt-à-dire, par 10 ; le quotient donnera $25\frac{3}{5}$, & comme ce 10 eſt moindre que $25\frac{3}{5}$, tout nombre moindre que $25\frac{3}{5}$, comme 15, 20, &c. compoſera avec les hauteurs données 8 & 2, une pompe parfaite.

Mais ſi le vuide étoit de 12, ajoutant 8 avec 12, & diviſant 256 ci-deſſus, par leur ſomme 20 ; le quotient donnera $12\frac{4}{5}$, qui étant moindre que 20, il faudroit tirer la racine quarrée de 256, ſavoir 16, & la doubler, & du double 32, nombre parti-culier, ôter 20 pour avoir leur reſte 12 ; alors tout nombre moin-dre que 12, comme 4, 6, 10, &c. pourra ſervir d'aſpirant avec les nombres donnés 8 & 12 ; mais ſi la ſouſtraction ne peut ſe faire, le problême ſera impoſſible, & cette pompe ſera d'autant plus parfaite, que le nombre choiſi ſera petit.

Second pro-blême.

920. *Etant données les hauteurs du jeu du piſton, & de l'aſpirant trouver tant & de ſi parfaites pompes qu'on voudra.*

Soit la hauteur du jeu du piſton de 8 parties, celle de l'aſpi-rant de $25\frac{3}{5}$; retranchez cette derniere de 32, nombre abſolu, la reſte ſera $6\frac{2}{5}$, qu'il faut multiplier par 8 donné, dont le produit eſt $51\frac{1}{5}$, que l'on diviſera par $25\frac{3}{5}$ ci-deſſus, ce qui donnera 2 au quotient ; comme donc ce 2, joint avec ce 8 ci-deſſus, c'eſt-à-dire 10, ſont moindres que $25\frac{3}{5}$, je prends 8 avec $25\frac{3}{5}$, & tout autre nombre moindre que 2, comme $\frac{1}{3}$, $\frac{1}{2}$, &c. pour les trois dimenſions de la pompe propoſée ; plus ce nombre ſera moindre que 2, plus la pompe ſera parfaite.

Mais ſi la hauteur de l'aſpirant étoit de $12\frac{4}{5}$, le jeu du piſton étant toujours de 8 ; alors retranchant $12\frac{4}{5}$ de 32, nombre abſolu, le reſte eſt $19\frac{1}{5}$, qui étant multiplié par 8 donné, le produit eſt $153\frac{3}{5}$, & ce produit étant diviſé par $12\frac{4}{5}$ donné, le quotient ſera 12, qui étant ajouté à 8 donné, fait 20. Or 20 étant plus grand que $12\frac{4}{5}$, je tire la racine quarrée du produit de 32, nombre abſolu, par 8 donné, c'eſt-à-dire de 256 ; ce qui donne 16, que je double pour avoir 32, nombre particulier, dont j'ôte 8, joint avec $12\frac{4}{5}$ donnés, c'eſt-à-dire $20\frac{4}{5}$, le reſte eſt $11\frac{1}{5}$; alors tout nombre moindre que $11\frac{1}{5}$ pris pour le vuide, comme 4, 6, 10, &c. compoſera avec 8 & $12\frac{4}{5}$ donnés, une pompe ſi parfaite qu'on voudra, & plus ce nombre ſera moindre que $11\frac{1}{5}$, plus la pompe ſera parfaite.

Ayant cette longueur du vuide, il ne reſtera que de la réduire ſur la groſſeur du corps de pompe, pour avoir la longueur naturelle du vuide.

Troiſiéme pro-
blême.

921. *Etant données les hauteurs de l'aſpirant & du vuide réduit à la groſſeur de l'aſpirant, trouver tant & de ſi parfaites pompes qu'on vou-dra.*

Soit le vuide réduit à la groſſeur de l'aſpirant de deux parties, l'aſpirant de $25\frac{3}{5}$, multipliez-les l'un par l'autre, pour avoir le produit $51\frac{1}{5}$; retranchant enſuite $25\frac{3}{5}$, de 32 nombre abſolu, il reſtera $6\frac{2}{5}$, par lequel reſte vous diviſerez $51\frac{1}{5}$, & le quotient ſera 8, à quoi vous ajouterez le 2 donné, pour avoir leur ſomme 10, laquelle étant moindre que $25\frac{3}{5}$ donné, tout nombre au-deſſus de 8 étant pris pour le jeu du piſton, compoſera avec les nombres donnés 2 & $25\frac{3}{5}$, une pompe ſi parfaite qu'on voudra ; ſavoir, plus ce nombre au-deſſus de 8 ſera grand, plus la pompe ſera parfaite.

Mais ſi le vuide eſt 12, & l'aſpirant $12\frac{4}{5}$, multipliant ces deux nombres entr'eux pour avoir leur produit $153\frac{3}{5}$, & ôtant $12\frac{4}{5}$ de 32, nombre abſolu pour avoir le reſte $19\frac{1}{5}$, il ne reſteroit que de diviſer $153\frac{3}{5}$ par $19\frac{1}{5}$, pour avoir le quotient 8, lequel étant joint à 12 donné, fait 20 ; & parce que 20 eſt plus grand que $12\frac{4}{5}$ donné, ajoutez enſemble 12 & $12\frac{4}{5}$, pour avoir la ſomme de $24\frac{4}{5}$, qu'il faut ôter de l'abfolu 32, pour avoir le refte 7⅕, qu'il faut doubler afin d'avoir 14⅖, dont on tirera la racine quarrée que l'on multipliera par 8 nombre abfolu, ce qui donnera environ 30⅖; j'ajoute enfuite au refte 7⅕ ci-deffus l'abfolu 32, ce qui donne 39⅕, à laquelle fomme j'ajoute 30⅖, pour avoir 69⅗, & j'en ôte auffi 30⅖, le refte eft 8⅘; je prends donc entre 8⅘, & 69⅗ un nombre à plaifir pour la hauteur du jeu du pifton, comme par exemple 30, lequel 30 avec les données 17 & 12⅘, compofera une pompe parfaite, & d'autant plus parfaite que ce nombre pris fera plus grand.

Ayant la hauteur du pifton, il ne reftera que de la réduire fur la groffeur du corps de pompe pour avoir la hauteur naturelle.

Les cinq autres problêmes ne comprenant rien qui ne foit renfermé dans les précédens, je les paffe fous filence; mais pour qu'on ne s'imagine pas qu'ils foient de quelque conféquence, en voici l'énoncé.

<table>
<tr><td>Quatrieme problême.</td><td>922. Etant données les hauteurs du jeu du pifton, & la fomme des hauteurs de l'afpirant & du vuide, le tout réduit à la groffeur de l'afpirant, trouver tant & de fi parfaites pompes qu'on voudra.</td></tr>
<tr><td>Cinquieme problême.</td><td>923. Etant donnée la hauteur de l'afpirant, & la fomme des hauteurs du jeu du pifton & du vuide, réduites à la groffeur de l'afpirant, trouver tant, &c.</td></tr>
<tr><td>Sixieme problême.</td><td>924. Etant donnée la hauteur du vuide avec la fomme des hauteurs de l'afpirant & du jeu du pifton, dans une pompe uniforme, renverfée, trouver tant, &c.</td></tr>
<tr><td>† Septieme problême.</td><td>925. Etant donnée la hauteur de l'afpirant avec la fomme du vuide & de la moitié du jeu du pifton, trouver tant, &c.</td></tr>
<tr><td>Huitieme problême.</td><td>926. Etant données dans les pompes uniformes, renverfées, la fomme du jeu du pifton & du vuide entier, & de la moitié du jeu du pifton & de l'afpirant entier, trouver tant, &c.</td></tr>
</table>

On voit qu'en s'y prenant ainfi, cet Auteur, au lieu de 8 problêmes, en auroit pu propofer un auffi grand nombre qu'il auroit voulu, mais qui n'euffent toujours été qu'une combinaifon des trois premiers.

<table>
<tr><td>Remarques fur les problêmes de M. Parent.</td><td>727. On a dû remarquer, dans les trois premiers problêmes, que M. Parent diftinguoit deux cas; le premier, lorfque le tuyau d'afpiration étoit plus grand que la fomme du vuide & du jeu du pifton; le fecond, lorfqu'au contraire la fomme du vuide & du jeu du pifton furpaffoit l'afpirant. On a peine d'abord d'appercevoir la raifon de cette différence, & pourquoi les opérations du fecond cas font plus compofées que celles du premier; auffi eft-ce là le nœud de la théorie de fon calcul; mais avant que de l'expli-</td></tr>
</table>

quer, il est à propos de commencer par rendre raison des opérations qu'il fait pour le premier cas.

928. Quand on a une pompe dans le goût de celle dont nous parlons, & qu'on la fait jouer pour faire monter l'eau dans le tuyau d'aspiration; il est constant que toutes les fois que le piston est descendu, l'air naturel contenu dans l'espace superflu CFGD, est en état de soutenir une colonne d'eau de 31 pieds de hauteur; & que quand le piston est élevé en AB, le même air s'étant dilaté diminue la force de son ressort dans la raison inverse de l'augmentation de son volume. Par conséquent si l'eau ne peut passer au-dessus de la hauteur OP, on pourra dire que l'air ainsi dilaté n'est plus en équilibre qu'avec ce qu'il manque à la colonne VP pour égaler 31 pieds; puisque cet air est alors dans le même état que celui qui est resté dans l'espace OR; d'où l'on tire cette analogie, comme l'espace superflu CEGD est à la capacité composée du jeu du piston & de l'espace superflu, ainsi la hauteur qui manque à la colonne VP pour valoir 31 pieds, est à 31 pieds. Supposant donc $a = 31$, $b = BG$, $c = DG$, & $x = OV$, on aura $b + c = BD$; & l'on pourra prendre c, & $b + c$ pour exprimer le rapport du volume de l'air naturel de l'espace superflu au volume du même air dilaté dans la pompe. Ainsi l'on aura $c, b + c :: a - x, a$; & en raison inverse $b + c, c :: a, a - x$; & en divisant $b + c, b :: a, x$; d'où il suit que la somme du jeu du piston & du vuide est au jeu du piston, *comme le poids de l'atmosphere est à la hauteur du tuyau d'aspiration au-dessus de la surface de l'eau qu'on veut élever*; ce qui donne $\frac{ab}{b + c} = x$, qui est une formule qui répond au premier cas du premier problême, où il est dit que pour avoir la hauteur du tuyau d'aspiration, il faut multiplier la hauteur du vuide par le poids de l'atmosphere, que M. *Parent* a supposé équivalent à une colonne d'eau de 32 pieds, & diviser le produit par la somme du vuide & du jeu du piston.

Si l'on donne pour hauteur au tuyau d'aspiration le quotient de la division précédente, l'eau montera indubitablement jusques au-dessous de la soupape E, & ne passera jamais dans le corps de pompe, quoique l'on continue à faire jouer le piston, à moins que l'on ne diminue la hauteur du tuyau d'aspiration, pour augmenter la colonne d'eau équivalente au ressort de l'air dilaté dans le corps de pompe. Venant à élever le piston immédiatement après, il restera assez de force à l'air extérieur pour contraindre l'eau à ouvrir la soupape pour passer ensuite dans le corps de pompe, & surmonter

Solution du premier problême de M. Parent, lorsque le tuyau d'aspiration est plus grand que la somme du vuide & du jeu du piston.
FIG. 4.

jufqu'à un certain point la réfiftance de l'air qu'elle y trouvera; pour fe mettre, par exemple, au niveau MN, au moment qu'elle aura atteint l'équilibre. Enfuite le pifton venant à defcendre, la foupape E fe fermera, l'eau qui eft entrée dans le corps de pompe s'y trouvera enfermée, & le pifton comprimera l'air plus forte-

ment qu'il n'avoit fait auparavant, c'eft-à-dire, plus que ne l'eft celui de dehors, parce qu'il ne trouvera, pour fe réduire, que l'ef-pace MFGN, au lieu de CFGD; ainfi il ouvrira la foupape L, pour s'échapper & fe mettre en équilibre avec l'air extérieur. (812) Lorfque le pifton viendra à remonter, ce qui fera refté d'air fe dilatera de nouveau, & la force de fon reffort fe trouvant au-def-fous de la preffion de la partie du poids de l'atmofphere, qui agira dans ce moment, le niveau MN de l'eau s'élevera encore de quelques pouces : continuant à faire jouer le pifton, il arrivera enfin qu'elle le fuivra immédiatement.

Voilà ce qui a fait dire à M. *Parent*, que plus le tuyau d'afpi-ration feroit au-deffous de fa hauteur naturelle, plus la pompe fe-roit parfaite ; (911) cependant comme il eft inutile de le dimi-nuer plus qu'il ne faut, examinons à quoi doit aller cette diminu-tion, afin que l'eau étant parvenue à la foupape E, puiffe monter au premier coup de pifton à une hauteur déterminée MN dans le corps de pompe.

929. Le trou du pifton devant faire partie de l'efpace fuperflu, puifqu'il en augmente le volume, nous fuppoferons que fon dia-metre HI eft de 3 pouces, de même que celui du tuyau d'afpira-tion, que la hauteur IK eft de 4, le diametre du corps de pompe de 9, la hauteur GD du vuide de 8, & celle du jeu du pifton de 24. Cela pofé, réduifant la groffeur du corps de pompe à celle du tuyau d'afpiration, on trouvera 18 pieds pour le jeu du pifton, & 6 pour le vuide, à quoi ajoutant 4 pouces pour la hauteur du trou K, nous aurons $a = 31$, $b = 18$, & $c = 6\frac{1}{3}$; & l'on trouvera fuivant la formule $\frac{ab}{b+c} = x$, que la hauteur naturelle du tuyau d'afpiration doit être de 22 pieds 6 pouces.

Préfentement, fi l'on veut que l'eau monte à la hauteur MN, de 4 pouces, au premier coup de pifton que l'on donnera immédia-tement après qu'elle aura atteint la foupape E; je confidere que le tuyau d'afpiration étant fuppofé de 22 pieds $\frac{1}{2}$, il refte 8 pieds $\frac{1}{3}$ pour la colonne d'eau qui eft en équilibre avec l'air de l'efpace fuperflu, après s'être dilaté dans le corps de pompe, & que cet air fe trouvant refferré dans l'efpace MABN, aura plus de force de de reſſort qu'il n'avoit étant répandu dans l'eſpace CABD, dans la raiſon inverſe de la diminution de ſon volume, (812, 813) c'eſt-à-dire, comme $21\frac{1}{3}$ eſt à $24\frac{1}{3}$, parce que l'eſpace **CMND** étant réduit à la groſſeur du tuyau d'aſpiration, donne 3 pieds, au lieu de 4 pouces, pour la hauteur **NB**, qu'il a fallu retrancher de 24 pieds $\frac{1}{3}$. Ainſi multipliant 24 pieds $\frac{1}{3}$ par $8\frac{1}{2}$, & diviſant le produit par $21\frac{1}{3}$, on trouvera à peu près 9 pieds 9 pouces pour la hauteur de la colonne d'eau équivalente à la partie du poids de l'atmoſphere qui doit faire monter l'eau à la hauteur donnée, laquelle étant retranchée de 31 pieds, reſte 21 pieds 3 pouces pour la hauteur du tuyau d'aſpiration ; alors on ſera aſſuré qu'en continuant de pomper, l'eau ſuivra le piſton, comme on l'a expliqué dans l'article 790.

920. Je reviens à l'examen des problêmes de M. *Parent :* dans le ſecond on donne le jeu du piſton & la hauteur de l'aſpirant, on demande de trouver celle du vuide ; pour cela, nous ſervant de la même formule $\frac{ab}{b+c}=x$, nous nommerons p, l'aſpirant, & y, la hauteur du vuide. Ainſi mettant p, à la place de x, & y à la place de c, l'on aura $\frac{ab}{b+y}=p$, ou $\frac{ab-bp}{p}=y$, qui indique le même calcul que celui de ce problême, puiſqu'il faut ſouſtraire l'aſpirant p, de a, poids de l'atmoſphere, multiplier la différence par le jeu du piſton, & diviſer le produit par l'aſpirant, pour avoir un quotient qui exprimera la hauteur du vuide.

Solution du ſecond problême, avec la circonſtance de l'article 928.

931. Dans le troiſieme problême, on demande le jeu du piſton, moyennant la connoiſſance de l'aſpirant & du vuide ; mettant dans la formule y, à la place de b, l'on aura $\frac{ay}{y+c}=p$, qui donne $\frac{pc}{a-p}=y$; c'eſt-à-dire, qu'il faut multiplier l'aſpirant par le vuide, & diviſer le produit par la différence de 31 à la hauteur de l'aſpirant.

Solution du troiſieme problême, avec la circonſtance de l'article 928.

A l'égard du ſecond cas, il paroît d'abord renfermer une contradiction, puiſqu'il eſt naturel de penſer que moins le tuyau d'aſpiration aura de hauteur, par rapport à la ſomme du jeu du piſton & du vuide, & plus la pompe ſera parfaite. Cependant il faut faire attention qu'après avoir trouvé la hauteur de l'aſpirant, & l'ayant diminué pour que l'eau puiſſe paſſer dans le corps de pompe, il pourroit bien arriver encore qu'elle s'arrêteroit en chemin ſans jamais parvenir juſqu'au piſton, quoique l'on continue à le

Raiſon pour laquelle M. Parent change de méthode, lorſque la hauteur du tuyau d'aſpiration, eſt moindre que la ſomme du vuide & du jeu du piſton.

faire jouer ; car si l'espace vuide excede le jeu du piston, l'air renfermé dans la pompe ne se dilatant que médiocrement, il lui restera assez de ressort pour arrêter l'eau en chemin. Cet inconvénient sera d'autant plus à craindre que le jeu du piston sera petit par rapport à l'espace vuide ; mais lorsqu'il arrive le contraire, il importe peu que la somme du jeu du piston & du vuide surpasse la hauteur de l'aspirant.

Plan. 3.
Fig. 4.
& 5.

Quand l'eau est parvenue dans le corps de pompe à une certaine hauteur MN, & que l'on continue à faire jouer le piston pour la faire monter plus haut, la soupape E n'a pas plus d'avantage, placée où elle est, que si elle étoit posée au bas du tuyau d'aspiration, comme dans la figure cinquieme, parce que l'air naturel renfermé dans l'espace MFGN, s'appuie immédiatement sur l'eau, & alors la pompe tombe précisément dans le cas de tout ce que nous avons dit au sujet de la figure cinquieme. C'est pourquoi l'on peut supposer que la soupape E est placée à l'extrémité ST du tuyau d'aspiration.

Analyse du calcul que fait M. Parent, *lorsque la hauteur du tuyau d'aspiration est moindre que la somme du vuide & du jeu du piston.*

933. Si l'on réduit le diametre du corps de pompe à celui du tuyau d'aspiration, il n'y aura plus de distinction à faire entre ce tuyau & le vuide du corps de pompe, puisqu'on fait abstraction de la soupape qui les séparoit. C'est pourquoi il faut considérer le vuide, comme faisant partie du tuyau d'aspiration, & supposer que leur somme est indéterminée. Ainsi nous la nommerons z, pour résoudre le second cas du premier problême, d'où dépend celui des autres suivans ; d'autre part nous nommerons encore c, le jeu du piston, & x, la hauteur où l'eau pourra s'élever par aspiration. Or, selon ce qui a été dit, article 916, on aura cette proportion $a - x,\ a :: z - x,\ z + c - x$, qui donne $xx - zx - cx + ac = 0$, après la réduction, ou $xx - zx - cx = -ac$; ajoutant de part & d'autre le quarré de la moitié du coefficient $z + c$,

on aura $xx - cx + \overline{\dfrac{z+c}{2}}^2 = \overline{\dfrac{z+c}{2}}^2 - ac$, ou $x = \dfrac{z+c}{2} -$

$$- \sqrt{\overline{\dfrac{z+c}{2}}^2} - ac.$$

Pour connoître la hauteur du tuyau d'aspiration, & jusqu'où l'eau pourra y monter, considérez que, selon la nature de l'équation précédente, si $\overline{\dfrac{z+c}{2}}^2$ surpasse ac, la différence étant positive, il faudra, après en avoir extrait la racine, la soustraire de $\dfrac{z+c}{2}$, parce que le signe radical est précédé de —; au contraire si ac est plus grand que $\overline{\frac{z+c}{2}}^2$, la différence étant négative, il faudra ajouter sa racine à $\frac{z+c}{2}$; mais dans ces deux cas, il n'y a que le premier de possible, parce que dans le second, la différence ne peut donner qu'une racine imaginaire; nous ne considérerons donc que ce qui doit arriver dans le premier.

Remarquez que dans un sens x croît selon que $z+c$ augmente, & que dans un autre, il peut arriver le contraire; car plus $\overline{\frac{z+c}{2}}^2$ surpassera ac, plus la racine quarrée de la différence sera grande. Or comme il faut soustraire cette racine de $\frac{z+c}{2}$, cela ne se peut sans diminuer la grandeur x. Il est vrai que $\frac{z+c}{2}$ augmentera à mesure que la différence des deux termes qui sont sous le signe croîtra; mais comme les racines des petites quantités sont plus grandes à proportion que celles des autres quantités qui les surpassent, il s'ensuit que x perdra plus par la soustraction qu'il faut faire, qu'elle ne gagnera par l'accroissement de $\frac{z+c}{2}$, & qu'elle perdra d'autant plus que $\overline{\frac{z+c}{2}}^2$ surpassera ac. D'un autre côté si $\overline{\frac{z+c}{2}}^2$ devient, en diminuant, moindre que ac, la grandeur x deviendra imaginaire; mais il y a un milieu, c'est qu'en évitant le second cas, la différence des deux termes sous le signe, soit la plus petite qu'il est possible. Cela arrive lorsque ces deux termes sont égaux, parce que se détruisant, le signe radical s'évanouit, alors il naît un troisieme cas qui renferme ce que l'on demande, & d'où l'on tire les remarques suivantes.

934. Lorsque $\overline{\frac{z+c}{2}}^2$ est égal à ac, il arrive qu'en extrayant la racine quarrée des deux membres de cette équation, l'on a $\frac{z+c}{2} = \sqrt{ac}$, qui fait voir que la moitié de la somme des hauteurs du jeu du piston & du tuyau d'aspiration, ou si l'on aime mieux, la moitié de la somme des hauteurs du jeu du piston, du vuide & de l'aspirant, est moyenne proportionnelle entre le jeu du piston & la hauteur

entre le jeu du piston & la hauteur de la colonne d'eau équivalente au poids de l'atmosphere.

de la colonne d'eau équivalente au poids de l'atmosphere; ou, ce qui revient au même, la somme des hauteurs du jeu du piston, du vuide & de l'aspirant, est égale au double de la racine quarrée du produit du jeu du piston, multiplié par le poids de l'atmosphere, puisqu'en faisant évanouir la fraction, il vient $z + c = 2 \sqrt{ac}$.

Antre conséquence essentielle, tirée de la formule générale de l'article précédent.

935. On remarquera aussi que quand le signe radical s'évanouit, il reste $x = \frac{z + c}{2}$, qui fait voir que l'eau montera dans la pompe à une hauteur égale à la moitié de la somme du tuyau d'aspiration, du vuide & du jeu du piston; que par conséquent si le tuyau d'aspiration est moindre que la moitié de cette somme, c'est-à-dire, au-dessous de la valeur du jeu du piston & du vuide pris ensemble; l'on est sûr que l'eau passera dans le corps de pompe, & que diminuant un peu la hauteur naturelle de l'aspirant, elle parviendra jusqu'au piston.

Application de la formule, à la solution du second cas du premier problême de M. Parent.

936. Voilà deux remarques sur lesquelles les calculs de M. *Parent* sont fondés, qui ont tous pour objet de faire ensorte, lorsque le jeu du piston, joint à la hauteur du vuide, surpasse l'aspirant, que la somme des hauteurs réduites des trois parties d'une pompe, soit toujours égale au double de la racine du produit du jeu du piston par le poids de l'atmosphere; parce qu'ainsi ayant la somme de ces trois termes, & deux en particulier, il n'y a pas de difficulté de connoître l'autre, comme nous l'allons faire voir en appliquant l'équation $z + c = 2 \sqrt{ac}$ aux problêmes en question. (919) Pour avoir une formule qui quadre encore mieux avec ces problêmes, nous supposerons que b exprime la hauteur du vuide, & p, celle de l'aspirant, alors nous aurons $b + p = z$; par conséquent $c + b + p = 2 \sqrt{ac}$, qui renferme les trois parties de la pompe. J'ajouterai que si l'on fait disparoître le signe radical de l'équation $x = \frac{z + c}{2} - \sqrt{\frac{z + c}{2} - ac}$, sans avoir égard à aucune supposition, il viendra $xz - xx + cx - ac = 0$, qui est une équation à l'hyperbole par rapport à ses assymptotes, dont faisant la construction, l'on y trouvera les mêmes conséquences que celles que je viens d'expliquer dans les articles 933, 934, 935.

Dans le second cas du premier problême, voulant connoître la hauteur de l'aspirant, il n'y a qu'à mettre dans la formule précédente x à la place de p, & l'on aura $x = 2 \sqrt{ac} - c - b$, qui indique le même calcul que celui de M. *Parent*; (919) car ici il faut multiplier le poids de l'atmosphere par le jeu du piston, extraire la racine quarrée du produit, doubler cette racine, & du double souftraire la somme des hauteurs du jeu du piston & du vuide, la différence fera ce que l'on demande.

937. A l'égard du second problême, où l'on demande la hauteur de l'espace vuide; mettant dans la formule x à la place de b, il vient $x = 2\sqrt{ac} - c - p$, qui répond auffi au calcul numérique du second cas de ce problême, (920) qui eft de multiplier encore le poids de l'atmosphere par le jeu du piston, extraire la racine quarrée du produit, du double de cette racine, en souftraire la somme des hauteurs du jeu du piston & de l'afpirant, pour avoir la différence qui donnera ce que l'on demande.

Application de la même formule, au second cas du second problème.

398. Comme il eft queftion dans le troifieme problême de chercher le jeu du piston, nous mettrons dans la formule x, à la place de c, pour avoir $x + b + p = 2\sqrt{ax}$, & fuppofant $b + p = n$, l'on aura, en quarrant les deux membres de la formule, $xx + 2nx + nn = 4ax$, ou bien $xx + 2nx - 4ax = -nn$. Suppofant encore $2n - 4a = -2d$, on aura $xx - 2dx = -nn$, ou $xx - 2dx + dd = dd - nn$, ou enfin $x = d + \sqrt{dd - nn}$, & $x = d - \sqrt{dd - nn}$, pour les deux racines de cette équation. Or fi l'on prend les mêmes nombres que ceux du problême, (921) on aura $n = 24\frac{4}{5}$, & $d = 39\frac{1}{5}$, ou $nn = 615\frac{1}{25}$, & $dd = 1536\frac{16}{25}$, dont la différence eft $921\frac{3}{5}$, qui a pour racine quarrée $30 + \frac{2}{5}$, laquelle étant retranchée & ajoutée à la valeur de d, c'eft-à-dire, à $39\frac{1}{5}$, il vient $8\frac{4}{5}$, & $69\frac{3}{5}$ pour la valeur des deux racines, qui font les mêmes nombres que ceux qu'a trouvés M. *Parent*. On remarquera qu'il n'y a que la premiere $8\frac{4}{5}$ qui foit la véritable, c'eft-à-dire, qui détermine la hauteur naturelle du jeu du piston, & que c'eft affez mal à propos que cet Auteur dit, qu'il faut prendre entre $8\frac{4}{5}$ & $69\frac{3}{5}$, un nombre à plaifir comme 30 pour le jeu du piston. Il eft bien vrai qu'on ne fera pas mal de lui en donner un peu plus que la regle ne l'indique; mais on n'eft pas le maître d'augmenter le jeu d'un piston autant qu'on le veut, puifqu'il eft affujetti aux parties de la machine qui lui donnent le mouvement. Au refte, pour être convaincu que $8\frac{4}{5}$ répond à la formule $c + b + p = 2\sqrt{ac}$, on n'a qu'à multiplier $8\frac{4}{5}$ par 32, extraire la racine quarrée du produit & la doubler, on aura un nombre égal, autant qu'il peut l'être, à la somme des hauteurs des trois parties de la pompe.

Application de la même formule, au second cas du troifieme problème.

939. Il femble qu'avant que de parler des problêmes précédens, j'aurois dû infinuer pourquoi l'on ne peut fe difpenfer de faire des

Pourquoi l'on ne peut fe difpenfer dans

Bien des occa-
sions de faire
des pompes qui
comprennent
un espace su-
perflu.
PLAN. 1.
& 2.

pompes qui comprennent un espace vuide d'une capacité détermi-née ; mais j'ai cru que cela n'étoit pas nécessaire, puisqu'on a dû s'appercevoir que cet espace étoit indispensable aux pompes aspirantes & refoulantes, comme sont celles des figures 6, 7, 13, 15, 20, 25, dans lesquelles le tuyau montant, ou celui d'aspira-tion, communiquant au corps de pompe par le côté, empêchent que le piston ne puisse descendre jusqu'au fond, autrement l'on tomberoit dans l'inconvénient que nous avons remarqué article 884. On fera seulement attention, que pour déterminer cet es-pace on doit observer trois choses : la première, que voulant, par exemple, unir un tuyau montant au corps de pompe de la qua-trieme figure, il faut que le diametre GN, de la branche GNZY,

PLAN. 3.

soit égal à celui du corps de pompe : (897) la seconde, que cette branche approche le plus près qu'il sera possible du fond du corps de pompe : (884) la troisieme, faire ensorte de ne lui donner que le moins d'étendue que l'on pourra, parce que sa capacité depuis GN, jusqu'à la soupape qui soutient l'eau dans le tuyau montant, fait partie du vuide. (915) C'est pourquoi quand on veut faire quelques-uns des calculs précédens, on divise l'espace CFGY ZND, ou tout autre, par le quarré du diametre de l'aspirant, & le quotient donne un nombre qui exprime la hauteur du vuide. On en fait de même pour avoir celle du jeu du piston : la branche dont nous parlons n'étant qu'ébauchée, on pourra en sa place considérer celle de la septieme figure.

Maxime géné-
rale sur les
tuyaux d'as-
piration qui
sont coudés,
ou qui reposent
sur des plans
inclinés.

940. Il arrive assez souvent que les tuyaux d'aspiration ne sont pas droits, pouvant ramper le long d'un plan incliné, être cou-dés, & même aller en serpentant, pour être conduits à l'endroit où ils doivent tremper dans l'eau ; mais de quelque maniere qu'ils soient disposés, leur hauteur ne doit être considérée que par celle du piston au-dessus des plus basses eaux ; (360) lorsqu'elle sera bien proportionnée, l'eau montera de même que si ces tuyaux étoient droits : la seule différence, c'est qu'ayant plus de volume, on mettra plus de tems à expulser l'air.

Erreur où sont
la plûpart des
Ouvriers &
Machinistes,
sur l'élévation
de l'eau, dans
les pompes as-
pirantes.

941. Ceux qui ignorent la méchanique de l'air, s'imaginent que pour faire monter l'eau dans une pompe aspirante, il suffit d'en in-troduire dedans pour remplir le tuyau d'aspiration & l'espace vui-de, & qu'ensuite on n'a plus qu'à remettre le piston & faire jouer la machine, sans avoir égard à toutes les considérations dont j'ai parlé. Ils croient même qu'il n'est pas possible qu'elle s'y éleve jamais, sans s'y prendre ainsi, parce qu'en ayant fait l'essai, l'eau n'a point paru après un certain tems, ce qui les a fait conclure

qu'elle ne monteroit point du tout; mais s'ils avoient eu plus de patience, ils auroient vu le contraire. Je conviens que quand le jeu du piston est médiocre, & qu'il est élevé autant qu'il peut l'être au-dessus de la source, l'air est long-tems à s'évacuer, & qu'il faudra peut-être 5 ou 600 coups de piston avant que l'eau le suive; cependant à la fin cela arrive, à moins que la pompe n'ait pas été faite selon les regles précédentes, & que l'eau ne se soit arrêtée en chemin. Mais je veux que toutes les fois qu'on aura été obligé de mettre la pompe à sec pour renouveller les cuirs des pistons, celui des soupapes, ou réparer quelqu'autre défaut, on la remplisse pour une plus prompte exécution, lorsqu'on voudra la faire agir, cela n'est pas toujours aussi aisé qu'on pourroit se l'imaginer; car il faudra fermer le tuyau d'aspiration par le bout inférieur au-dessous des plus basses eaux de la source, autrement à mesure que l'on en verseroit elle se perdroit. Or si ce tuyau est plongé dans une riviere sujette à grossir, & que son extrémité se trouve quelquefois à 10 ou 12 pieds au-dessous de la surface, comment l'aller fermer toutes les fois que l'on sera obligé de faire cette manœuvre? Tout cela ne se fera point sans beaucoup de sujétion, à moins que l'on n'y mette une seconde soupape; mais on aura toujours la difficulté de maintenir levée celle du corps de pompe, pour que l'eau que l'on veut verser puisse descendre; au lieu qu'en suivant les regles, on prévient tous ces inconvéniens.

942. M. *Parent* parle dans le Livre que j'ai cité, (918) page 63, d'une pompe qu'il nomme *parfaite*, dans laquelle il dit que le vuide est nul, quoiqu'elle soit aspirante & refoulante, comme la sixieme figure, que j'ai vu exécutée chez un Fondeur à Paris. On suppose que le piston peut descendre jusqu'à la soupape inférieure, que venant à remonter, il aspire l'eau d'une part, & la refoule de l'autre dans le tuyau montant LZ, enté avec le corps de pompe par le moyen de la communication BGHC, servant aussi à loger le piston. Mais cette pompe a trois inconvéniens : le premier, c'est qu'il n'est guere possible d'élever l'eau à une hauteur considérable, à cause de la longueur qu'il faudroit donner à la tige du piston, qui deviendroit fort incommode par elle-même, & par le poids dont elle chargeroit la puissance, & que d'ailleurs on est assujetti à élever l'eau perpendiculairement. Le second, c'est que toutes les fois qu'il faudra réparer la soupape inférieure, ou renouveller les rondelles de cuir qui se trouvent dans la jonction du corps de pompe & de l'aspirant, il faudra démonter tous les tuyaux montans. Enfin le troisieme, c'est que faisant le tuyau

Examen d'une pompe que M. Parent propose comme parfaite.

PLAN. 3,
FIG. 6.

LZ plus étroit que le corps de pompe, la puissance n'en sera pas moins chargée d'une colonne d'eau qui auroit pout base le cercle du piston, & pour hauteur celle du réservoir au-dessus de la source, selon l'article 903, de même que si le tuyau étoit uniforme, comme EFKI, & même de quelque chose de plus, parce que l'eau sera obligée de monter plus vîte dans ce tuyau, qu'elle ne feroit si elle n'étoit point étranglée ; il est vrai qu'on peut éviter ce dernier inconvénient, en faisant le tuyau plus gros. Je ne chicane pas sur le terme de *nul* dont se sert M. *Parent*, à l'occasion du vuide dont il croit cette pompe exempte, quoique cela ne soit point à la rigueur, puisqu'il ne peut annuller ce qui est causé par le trou du piston.

943. La figure septieme représente une pompe dans le goût de la précédente, mais qui n'en a pas les inconvéniens ; le tuyau d'aspiration VX est uni comme à l'ordinaire à un corps de pompe ABCD, au fond duquel est une soupape T. Ce corps de pompe, qui est accompagné de brides, à son entrée, est fermé d'une plaque de fonte MN ; dans le milieu est un collet de même métal, à travers lequel passe la verge QR du piston S ; cette verge glisse contre plusieurs rondelles de cuir OP, couvertes d'un anneau, le tout serré & retenu avec le collet : par ce moyen le piston joue sans que l'eau puisse sortir par l'entrée de la pompe, ou s'il y en passe, c'est en si petite quantité, qu'elle ne mérite pas qu'on y fasse attention.

La branche FAEGH, qui répond au tuyau montant IK, se trouve ici vers le sommet du corps de pompe, au lieu d'être au bas, afin d'éviter l'espace vuide : quant au piston, il n'a rien de commun avec ceux des pompes précédentes. Pour en bien juger, il faut en voir la description dans les articles 955, 956 ; ainsi supposant qu'on les ait lues, en voici le jeu.

L'eau étant parvenue par aspiration dans le corps de pompe, quand le piston vient à descendre, les deux clapets dont il est couvert s'ouvrent, & l'eau passe au travers, tant qu'il soit arrivé jusqu'à la soupape T. Lorsqu'il remonte, les clapets se referment, & l'eau n'ayant d'autre débouché que par le trou AE, est refoulée dans le tuyau montant, comme à l'ordinaire. Sur quoi il est à remarquer que le piston est toujours entre deux eaux, parce que toutes les fois qu'il descend, celle qui se trouve dans la branche GA, & dans la partie EB du corps de pompe descend avec lui ; ainsi l'air ne peut jamais s'introduire par le piston dans le corps de pompe, ce qui est un avantage essentiel.

Sur

Sur l'épaisseur qu'il faut donner aux corps de pompe & aux tuyaux de cuivre & de plomb.

L'épaisseur qu'il convient de donner aux corps de pompe & aux tuyaux, est encore une recherche très-importante ; à moins que l'on n'ait quelques regles sûres, il pourra arriver qu'on les fera trop épais, par conséquent chargés d'une quantité de métal superflu ; ou trop foibles, ce qui mettra la machine en danger d'échouer, comme cela est arrivé plusieurs fois. M. *Parent* est le premier qui ait examiné ce sujet en Géometre, dans les Mémoires de l'Académie Royale des Sciences de 1707, mais j'ai suivi une route un peu différente de la sienne, pour me rendre plus intelligible.

944. Si l'on se rappelle ce qui a été dit sur la poussée de l'eau, (361) on concevra aisément qu'ayant un tuyau AB situé verticalement, & rempli d'eau, il pourroit être tellement chargé qu'il creveroit par le bas, c'est-à-dire, qu'il se feroit une fente verticale FG à sa surface cylindrique ; ce qui arrivera par le bas, parce que l'effort de l'eau y agit plus puissamment que dans tout autre endroit. Ainsi, faisant abstraction du poids que soutient la base, il est question de savoir quel est l'effort qui déchire le tuyau, quelle en est la mesure, & quelle épaisseur il doit avoir pour y résister.

Le plus grand effort de l'eau dans un tuyau vertical ou incliné, se fait vers le bas du même tuyau.

Plan. 3. Fig. 13.

945. Ayant tiré les diametres AC & FD, qui se coupent à angles droits, il est évident que l'eau qui répondra aux deux quarts de cercle AF & FC, agira en sens contraire selon les directions IH & IK, paralleles au diametre AC pour les séparer, en déchirant le tuyau de F en G, & qu'il pourra arriver la même chose aux quarts de cercle opposés AD & DC, qui tendront aussi à se séparer au point D, & à tous les autres quarts de cercle, pris à tel endroit que l'on voudra de la circonférence. Cela posé, nous regarderons le cercle exprimé par la figure douzieme, comme la base du cylindre, dont la circonférence tiendra lieu de la surface en faisant abstraction de sa hauteur dont on peut se passer présentement.

L'eau, pour crever un tuyau, agit toujours sur deux quarts de cercle contigus, qu'elle tend à séparer selon des directions paralleles au diametre.

Plan. 3. Fig. 12.

Si la base du tuyau étoit un dodécagone régulier, on auroit au lieu d'un cylindre un prisme, dont les côtés FS, SX, XC, inscrits dans le quart de cercle FC, pourroient être pris pour trois faces du prisme. Selon cette supposition, l'eau qui appuyera contre la face FS, agira perpendiculairement pour l'éloigner du centre E, avec une force qu'on pourra exprimer par la longueur FS de cette face. Si du point S, l'on abaisse la perpendiculaire

Part. I. Tome II.   O

SR fur le demi-diametre EF, la force précédente fera compofée de deux autres FR & RS, felon le principe général de la méchanique; (20) la premiere FR pouffera la face FS, felon une direction parallele au diametre AC; d'où il fuit que l'action perpendiculaire de l'eau eft à l'effort qu'elle fait pour féparer la face FS, du point F, comme FS eft à FR. (380, 381)

Ce que nous venons de dire de l'action de l'eau contre la premiere face FS, conviendra auffi aux deux autres SX & XC; car fi l'on tire la ligne XV parallele au diametre AC, & que l'on abaiffe les perpendiculaires ST & XY, la force abfolue de l'eau, contre la feconde & la troifieme face, fera partagée en deux autres ST, TX pour la feconde face, & XY, YC pour la troifieme. Il arrivera alors que l'action perpendiculaire de l'eau fur les trois faces, fera à l'effort qui les pouffe felon la direction parallele au diametre AC, comme $FS + SX + XC$ eft à $FR + ST + XY$, ou $FR + RV + VE = FE$. La fomme des puiffances exprimées par les lignes RS, TX, YC, étant auffi égale au rayon, on voit qu'agiffant felon des directions paralleles au diametre FD, on aura encore la même proportion pour l'effort que l'eau fait dans ce fens.

Si l'on confidere un cercle comme un poligone d'une infinité de côtés, on pourra dire que *l'effort perpendiculaire de l'eau contre tout le quart de cercle, eft à l'effort qui déchire, comme la fomme de tous les côtés infiniment petits, pris depuis F jufqu'en C, (c'eft-à-dire le quart de cercle même) eft au rayon.* Comme il en arrivera autant au quart de cercle FA, l'effort qui fe fera de part & d'autre pour déchirer le tuyau au point F, fera dans le même cas, que fi deux puiffances P & Q agiffoient en fens contraire, pour féparer les deux quarts de cercle, felon des directions paralleles au diametre AC.

946. L'effort perpendiculaire de l'eau, pris en fon entier, agiffant fur toute la circonférence du tuyau, & celui qui déchire n'agiffant que fur un point que l'on peut prendre indifféremment à tel endroit que l'on voudra, il s'enfuit que *l'effort perpendiculaire de l'eau qui agit fur la furface du tuyau, eft à l'effort qui tend à le déchirer, comme la circonférence du même tuyau eft au rayon, ou comme 6 eft à 1*, en fuppofant la circonférence fextuple du rayon.

947. En fuivant cette théorie, il eft aifé d'exprimer géométriquement l'effort par lequel l'eau creve un tuyau; mais pour en faire l'application, il faut être prévenu de quelque expérience. On fait qu'un tuyau de plomb de 12 pouces de diametre & de 60

pieds de hauteur, doit avoir 6 lignes d'épaisseur pour soutenir verticalement, sans crever, l'effort de l'eau. On sait encore qu'un tuyau de cuivre, aussi de 12 pouces de diametre & de 60 pieds de hauteur, doit avoir deux lignes d'épaisseur pour soutenir de même l'effort de l'eau dont il est rempli ; d'où il suit que les tuyaux de cuivre ont une force triple de ceux de plomb, toutes choses d'ailleurs égales, ce qui s'accorde assez bien avec les expériences que M. *Parent* cite. *plomb & de cuivre pleins d'eau.*

Cela posé, je nomme h, la hauteur du tuyau, tirée de l'expérience ; r, son rayon ; c, sa circonférence ; & n, son épaisseur ; on aura hn, pour la surface de rupture, & hc pour la surface du tuyau, qui, étant multipliée par la moitié de la hauteur de l'eau, (374) $\frac{chh}{2}$ exprimera l'effort perpendiculaire de l'eau contre la surface du tuyau. Pour connoître celui qui tend à le crever, on fera cette proportion, c, $r :: \frac{chh}{2}, \frac{hhr}{2}$; c'est-à-dire, comme la circonférence est au rayon, ainsi l'effort perpendiculaire est à celui qui agit sur la surface de rupture hn. (946)

On voit que les deux termes hn & $\frac{hhr}{2}$ vont devenir communs à toutes les proportions qu'on voudra faire, pour trouver les épaisseurs des tuyaux de toutes sortes de grandeurs, pourvu qu'on les fasse de même métal que celui de l'expérience : par exemple, si l'on a un tuyau dont la hauteur soit nommée p, son rayon q, sa circonférence t, & son épaisseur x, la surface de rupture sera px, & l'effort perpendiculaire de l'eau sera $\frac{ppt}{2}$.

948. Pour avoir l'effort qui tend à déchirer ce tuyau, l'on aura encore t, $q :: \frac{ppt}{2}, \frac{ppq}{2}$, dont le quatrieme terme $\frac{ppq}{2}$, donne ce qu'on demande. On peut donc former cette analogie ; comme la surface de rupture hn du tuyau d'expérience, est à l'effort $\frac{hhr}{2}$ qu'elle soutient, ainsi la surface de rupture px, du tuyau dont il s'agit, est à l'effort $\frac{ppq}{2}$ qu'elle doit soutenir ; d'où l'on tire cette équation $\frac{hhrpx}{2} = \frac{ppqhn}{2}$, ou, après la réduction, $x = \frac{pqn}{hr}$, qui est une formule générale & très-simple, pour trouver l'épaisseur de tel tuyau qu'on voudra. *Formule générale pour trouver l'épaisseur qu'il convient de donner aux tuyaux selon leur hauteur & leur diametre.*

L'équation précédente fournit trois conséquences auxquelles on peut réduire tout ce qu'on vient de voir. La premiere, que *deux tuyaux soutiendront également l'effort de l'eau qui tend à les crever, si leurs épaisseurs sont dans la raison composée de leur diametre & de leur hauteur ;* c'est-à-dire, si l'épaisseur du premier tuyau est à celle du second, comme le produit du diametre du premier par sa hauteur, est au produit du diametre du second par la sienne.

Car $x = \frac{p\,q\,n}{hr}$, donne $2hr, 2pq :: n, x$, en multipliant les deux premiers termes par 2, pour avoir les diametres au lieu des rayons.

La seconde, *que les tuyaux qui ont la même hauteur, doivent avoir leur épaisseur dans la raison de leurs diametres ;* car prenant h pour la hauteur commune, on aura $2rh, 2qh :: n, x$; ou $2r, 2q :: n, x$.

La troisieme, *que les tuyaux qui ont le même diametre & des hauteurs différentes, doivent avoir leurs épaisseurs dans la raison de leurs hauteurs,* puisque prenant $2r$ pour le diametre commun, on aura $2rh, 2rp :: n, x$; ou $h, p :: n, x$.

949. Pour appliquer la premiere regle à quelques exemples, nous chercherons l'épaisseur qu'il faut donner à un tuyau de plomb, qui auroit 90 pieds de hauteur, & 10 pouces de diametre. Pour cet effet, il faut avoir recours au tuyau de plomb, tiré de l'expérience, (947) qui a 60 pieds de hauteur, 12 pouces de diametre, & 6 lignes d'épaisseur ; nommant x l'épaisseur que l'on cherche, on aura 60 pieds × 12 pouces, 90 pieds × 10 pouces :: 6 lignes, x lignes, dont le quatrieme terme x est de 7 lignes $\frac{1}{2}$, pour l'épaisseur que l'on cherche.

950. Si l'on avoit une pompe refoulante de 8 pouces de diametre, dont la puissance qui feroit agir le piston, fût équivalente à une colonne d'eau de 200 pieds de hauteur, & qu'on voulût savoir l'épaisseur qu'il faut donner au corps de pompe que je suppose de cuivre ; il faut avoir recours au tuyau de même métal, tiré de l'expérience, (947) qu'on sait avoir 60 pieds de hauteur, 12 pouces de diametre & 2 lignes d'épaisseur. Nommant y, le terme que l'on cherche, on aura 60 pieds × 12 pouces, 200 pieds × 8 pouces :: 2 lignes, y, qui donne 4 lignes $\frac{1}{2}$ pour l'épaisseur que l'on demande ; pourvu que la colonne d'eau que soutient le piston puisse monter sans obstacle, autrement il faudroit avoir égard à l'effort que fait la puissance, plutôt qu'au poids de l'eau (901).

951. Ayant un corps de pompe de 10 pouces de diametre & de 5 lignes d'épaisseur, voulant savoir à quelle hauteur il peut refouler l'eau ; je nomme z cette hauteur ; & me servant du tuyau de cuivre tiré de l'expérience, comme dans l'exemple précédent, je

forme cette proportion : 60 pieds × 12 pouces, 7 × 10 pouces :: 2 lignes, 5 lignes ; il viendra 60 pieds × 12 pouces × 5 lignes = 7, × 10 pouces × 2 lignes, ou $\frac{3600}{20}$ = 7, qui donne 180 pieds pour la hauteur que l'on demande, en supposant que la puissance qui fera monter l'eau, sera égale au poids de la colonne.

952. Pour faciliter aux ouvriers le moyen de trouver l'épaisseur des corps de pompe, & celle des tuyaux de plomb & de cuivre, je joins ici deux Tables très-exactes, dont la premiere appartient aux tuyaux de plomb, où l'on trouve l'épaisseur qu'il faut leur donner pour toutes les hauteurs depuis 10 pieds jusqu'à 400 : la seconde appartient aux tuyaux de cuivre, qui auroient aussi les mêmes diametres & les mêmes hauteurs que les précédens ; faisant attention que pour les corps de pompe il faut supposer leur hauteur égale à la colonne d'eau équivalente à la puissance qui fait agir le piston, selon les articles 899, 900. Par exemple, si cette colonne étoit de 180 pieds de hauteur, & que le diametre du piston fût de huit pouces, on trouvera dans la seconde Table, que l'épaisseur du corps de pompe doit être de quatre lignes.

Il est bon d'être prévenu que dans ces Tables on a supposé la ligne divisée en six points, & non pas en douze, comme on fait ordinairement, pour éviter des parties presque insensibles dont on n'auroit pu faire usage dans la pratique.

Comme on a supposé, en calculant ces deux Tables, que la résistance des tuyaux étoit à peu près en équilibre avec l'action de l'eau qui tend à les rompre, il faut, lorsqu'on en fera usage, augmenter l'épaisseur des tuyaux & des corps de pompe d'une moitié en sus du nombre indiqué dans la Table. Ainsi, dans l'exemple précédent, il faudroit donner au corps de pompe 6 lignes d'épaisseur au lieu de 4. Cette augmentation est d'autant plus nécessaire, que les corps de pompe ne se font jamais de cuivre pur, mais de potin, qui est un métal d'une moindre résistance. On en usera de même pour les tuyaux de plomb.

Je ne parle point ici des tuyaux de fer qu'on emploie ordinairement pour conduire l'eau au réservoir, me proposant d'en faire mention dans le quatrieme Livre, au chapitre de la conduite des eaux.

trouver à quelle hauteur on pourra refouler l'eau.

Usage d'une Table pour trouver les épaisseurs qu'il faut donner aux tuyaux de plomb & de cuivre, selon leurs diametres & leurs hauteurs.

TABLE contenant les epaisseurs des tuyaux de plomb pour differens diametres, jusqu'à 20 pouces, & pour des hauteurs jusqu'à 400 pieds.

Diametre des tuyaux en pouces.

Epaisseurs des tuyaux en lignes & points.

Hauteur des tuyaux de plomb en pieds.

Plomb.	2		4		6		8		10		12		14		16		18		20	
10	0	1	0	2	0	3	0	4	0	5	1	0	1	1	1	2	1	3	1	4
20	0	2	0	4	1	0	1	2	1	4	2	0	2	2	2	4	3	0	3	2
30	0	3	1	0	1	3	2	0	2	3	3	0	3	3	4	0	4	3	5	0
40	0	4	1	2	2	0	2	4	3	2	4	0	4	4	5	2	6	0	6	4
50	0	5	1	4	2	3	3	2	4	1	5	0	5	5	6	4	7	3	8	2
60	1	0	2	0	3	0	4	0	5	0	6	0	7	0	8	0	9	0	10	0
70	1	1	2	2	3	3	4	4	5	5	7	0	8	1	9	2	10	3	11	4
80	1	2	2	4	4	0	5	2	6	4	8	0	9	2	10	4	12	0	13	2
90	1	3	3	0	4	3	6	0	7	3	9	0	10	3	12	0	13	3	15	0
100	1	4	3	2	5	0	6	4	8	2	10	0	11	4	13	2	15	0	16	4
110	1	5	3	4	5	3	7	2	9	1	11	0	12	5	14	4	16	3	18	2
120	2	0	4	0	6	0	8	0	10	0	12	0	14	0	16	0	18	0	20	0
130	2	1	4	2	6	3	8	4	10	5	13	0	15	1	17	2	19	3	21	4
140	2	2	4	4	7	0	9	2	11	4	14	0	16	2	18	4	21	0	23	2
150	2	3	5	0	7	3	10	0	12	3	15	0	17	3	20	0	22	3	25	0
160	2	4	5	2	8	0	10	4	13	2	16	0	18	4	21	2	24	0	26	4
170	2	5	5	4	8	3	11	2	14	1	17	0	19	5	22	4	25	3	28	2
180	3	0	6	0	9	0	12	0	15	0	18	0	21	0	24	0	27	0	30	0
190	3	1	6	2	9	3	12	4	15	5	19	0	22	1	25	2	28	3	31	4
200	3	2	6	4	10	0	13	2	16	4	20	0	23	2	26	4	30	0	33	2

SUITE de la Table pour les tuyaux de plomb.

Diametre des tuyaux en pouces.

Plomb.	2		4		6		8		10		12		14		16		18		20	
	Epaiſſeurs des tuyaux en lignes & points.																			
210	3	3	7	0	10	3	14	0	17	3	21	0	24	3	28	0	31	3	35	0
220	3	4	7	2	11	0	14	4	18	2	22	0	25	4	29	2	33	0	36	4
230	3	5	7	4	11	3	15	2	19	1	23	0	26	5	30	4	34	3	38	2
240	4	0	8	0	12	0	16	0	20	0	24	0	28	0	32	0	36	0	40	0
250	4	1	8	2	12	3	16	4	20	5	25	0	29	1	33	2	37	3	41	4
260	4	2	8	4	13	0	17	2	21	4	26	0	30	2	34	4	39	0	43	2
270	4	3	9	0	13	3	18	0	22	3	27	0	31	3	36	0	40	3	45	0
280	4	4	9	2	14	0	18	4	23	2	28	0	32	4	37	2	42	0	46	4
290	4	5	9	4	14	3	19	2	24	1	29	0	33	5	38	4	43	3	48	2
300	5	0	10	0	15	0	20	0	25	0	30	0	35	0	40	0	45	0	50	0
310	5	1	10	2	15	3	20	4	25	5	31	0	36	1	41	2	46	3	51	4
320	5	2	10	4	16	0	21	2	26	4	32	0	37	2	42	4	48	0	53	2
330	5	3	11	0	16	3	22	0	27	3	33	0	38	3	44	0	49	3	55	0
340	5	4	11	2	17	0	22	4	28	2	34	0	39	4	45	2	51	0	56	4
350	5	5	11	4	17	3	23	2	29	1	35	0	40	5	46	4	52	3	58	2
360	6	0	12	0	18	0	24	0	30	0	36	0	42	0	48	0	54	0	60	0
370	6	1	12	2	18	3	24	4	30	5	37	0	43	1	49	2	55	3	61	4
380	6	2	12	4	19	0	25	2	31	4	38	0	44	2	50	4	57	0	63	2
390	6	3	13	0	19	3	26	0	32	3	39	0	45	3	52	0	58	3	65	0
400	6	4	13	2	20	0	26	4	33	2	40	0	46	4	53	2	60	0	66	4

Hauteurs des tuyaux de plomb en pieds.

SECONDE TABLE *contenant les épaisseurs des tuyaux de cuivre pour différens diametres, jusqu'à 20 pouces, & pour les hauteurs jusqu'à 400 pieds.*

Diametre des tuyaux en pouces.

Cuivre.	2		4		6		8		10		12		14		16		18		20	
	Epaisseurs des tuyaux en lignes & points.																			
10	0	1/3	0	0 2/3	0	1	0	1	0	2	0	2	0	2	0	3	0	3	0	3
20	0	1	0	1	0	2	0	3	0	3	0	4	0	5	0	5	1	0	1	1
30	0	1	0	2	0	3	0	4	0	5	1	0	1	1	1	2	1	3	1	4
40	0	1	0	3	0	4	0	5	1	1	1	2	1	3	1	5	2	0	2	1
50	0	2	0	3	0	5	1	1	1	2	1	4	2	0	2	1	2	3	2	5
60	0	2	0	4	1	0	1	2	1	4	2	0	2	2	2	4	3	0	3	2
70	0	2	0	5	1	1	1	3	2	0	2	2	2	4	3	1	3	3	3	5
80	0	3	0	5	1	2	1	5	2	1	2	4	3	1	3	3	4	0	4	3
90	0	3	1	0	1	3	2	0	2	3	3	0	3	3	4	0	4	3	5	0
100	0	3	1	0	1	4	2	1	2	5	3	2	3	5	4	3	5	0	5	3
110	0	4	1	1	1	5	2	3	3	0	3	4	4	2	4	5	5	3	6	1
120	0	4	1	2	2	0	2	4	3	2	4	0	4	4	5	2	6	0	6	4
130	0	4	1	3	2	1	2	5	3	4	4	2	5	0	5	5	6	3	7	1
140	0	5	1	3	2	2	3	1	4	0	4	4	5	3	6	1	7	0	7	5
150	0	5	1	4	2	3	3	2	4	1	5	0	5	5	6	4	7	3	8	2
160	0	5	1	5	2	4	3	3	4	3	5	2	6	1	7	1	8	0	8	5
170	1	0	1	5	2	5	3	5	4	4	5	4	6	4	7	3	8	3	9	3
180	1	0	2	0	3	0	4	0	5	0	6	0	7	0	8	0	9	0	10	0
190	1	0	2	1	3	1	4	1	5	2	6	2	7	2	8	3	9	3	10	3
200	1	1	2	1	3	2	4	3	5	3	6	4	7	5	8	5	10	0	11	1

Hauteurs des tuyaux de cuivre en pieds.

SUITE

SUITE de la Table pour les tuyaux de cuivre.

Diametre des tuyaux en pouces.

Plomb.	2	4	6	8	10	12	14	16	18	20
Hauteur des tuyaux de cuivre en pieds.	Epaisseurs des tuyaux en lignes & points.									
210	1 1	2 2	3 3	4 4	5 5	7 0	8 1	9 2	10 3	11 4
220	1 1	2 3	3 4	4 5	6 1	7 2	8 3	9 5	11 0	2 1
230	1 2	2 3	3 5	5 1	6 2	7 4	9 0	10 1	11 3	12 5
240	1 2	2 4	4 0	5 2	6 4	8 0	9 2	10 4	12 0	13 2
250	1 2	2 5	4 1	5 3	7 0	8 2	9 4	11 1	12 3	13 5
260	1 3	2 5	4 2	5 4	7 1	8 4	10 1	11 3	13 0	14 2
270	1 3	3 0	4 3	6 0	7 3	9 0	10 3	12 0	13 3	14 5
280	1 3	3 1	4 4	6 1	7 5	9 2	10 5	12 3	14 0	15 2
290	1 4	3 1	4 5	6 3	8 0	9 4	11 2	12 5	14 3	16 0
300	1 4	3 2	5 0	6 4	8 2	10 0	11 4	13 2	15 0	16 3
310	1 4	3 3	5 1	6 5	8 4	10 2	12 0	13 5	15 3	17 0
320	1 5	3 3	5 2	7 1	8 5	10 4	12 3	14 1	16 0	17 3
330	1 5	3 4	5 3	7 2	9 1	11 0	12 5	14 4	16 3	18 1
340	1 5	3 5	5 4	7 3	9 3	11 2	13 1	15 1	17 0	18 4
350	2 0	3 5	5 5	7 5	9 4	11 4	13 4	15 3	17 3	19 2
360	2 0	4 0	6 0	8 0	10 0	12 0	14 0	16 0	18 0	19 5
370	2 0	4 1	6 1	8 1	10 2	12 2	14 2	16 3	18 3	20 2
380	2 1	4 1	6 2	8 3	10 3	12 4	14 5	16 5	19 0	21 0
390	2 1	4 2	6 3	8 4	10 5	13 0	15 1	17 2	19 3	21 3
400	2 1	4 3	6 4	8 5	11 1	13 2	15 3	17 5	20 0	22 0

Sur les Piſtons.

Les piſtons dont on ſe ſert communément peuvent ſe réduire à deux eſpeces, qui ſont les piſtons percés & les piſtons pleins : les uns & les autres ſe font ordinairement de bois. Comme on en a donné la deſcription dans les articles 866, 870, je n'en ferai mention préſentement que pour en examiner les défauts, afin d'y remédier par une conſtruction plus parfaite.

953. Le principal inconvénient des piſtons de bois qu'on eſt obligé de percer, vient du trou qui affoiblit conſidérablement le barillet, ſur-tout quand il faut faire ce trou un peu grand, afin que l'eau qui doit y paſſer, quand le piſton deſcend, puiſſe monter ſans contrainte ; autrement il trouveroit une grande réſiſtance s'il avoit 6 pieds de jeu, & qu'il fût obligé de parcourir cet eſpace en deux ſecondes de tems, comme à la machine de *Frêne*, proche Condé, rien ne devant être forcé dans les machines ; ſans quoi l'on employe ſans le ſçavoir une partie de l'action du moteur à la deſtruction de la machine même. (903) Pour ne pas tomber dans ce cas, il faut avoir pour maxime, que lorſqu'un piſton percé deſcend, ſon propre poids doit ſuffire pour contraindre l'eau qui eſt dans le fond du corps de pompe, à paſſer naturellement au travers du trou, dans le tems qu'il met à deſcendre. Or comme ce tems eſt déterminé par la vîteſſe que doit avoir la machine, relativement à celle du moteur, on voit que cela dépend de la quantité d'eau que le piſton aſpire à chaque relevée, & de la grandeur du paſſage qu'elle doit traverſer.

Pour mieux expliquer ma penſée, ſuppoſons que l'on a un corps de pompe AB de 8 pouces de diametre intérieurement, que le jeu du piſton eſt de 6 pieds, & qu'il parcourt cet eſpace en deux ſecondes ; il aſpirera à chaque relevée environ 74 pintes d'eau, qui devant paſſer par le trou Z, dans le tems qu'il employera à deſcendre ; on demande quel eſt le poids dont il faut qu'il ſoit chargé afin de refouler l'eau, de façon qu'elle paſſe en deux ſecondes au travers du trou Z, qu'on ſuppoſe de trois pouces de diametre, qui eſt le plus qu'on puiſſe lui donner, eu égard à celui du corps de pompe, pour ne pas trop affoiblir le barillet. Car on ſent bien que la quantité d'eau qui paſſera à travers le piſton dans un tems déterminé, doit dépendre de la grandeur du trou, & de la vîteſſe que lui donnera le poids dont il ſera chargé ; (901) c'eſt pourquoi ce problême ſe réduit à ſçavoir quelle hauteur

La grandeur du trou des piſtons percés dépend de la quantité d'eau qui doit y paſſer dans un tems déterminé & du poids dont le piſton eſt chargé.

Plan. I.
Fig. 8.

d'eau il faudroit donner à un reservoir percé par le fond d'un trou de trois pouces de diametre, pour qu'il en forte 74 pintes ou 148 livres en deux fecondes (467).

954. Si le pifton avec fon équipage pefoit moins que la colonne dont il s'agit, il faudroit pour ne rien forcer agrandir le trou Z pour fuppléer à la vîteffe que l'eau aura de moins, n'étant point refoulée par un poids convenable. Pour cela il faut que les fuperficies des deux trous, & les vîteffes de l'eau qui doit y paffer compofent quatre termes réciproquement proportionnels. Mais comme les poids dont nous parlons, peuvent être exprimés par des colonnes d'eau qui ont pour bafe le cercle du pifton, & que les racines quarrées des hauteurs de ces colonnes expriment les vîteffes de l'eau, on pourra en leur place prendre les racines quarrées des poids dont le pifton feroit chargé, fans fe mettre en peine de leur nature.

Les deux regles précédentes pouvant avoir leur application dans la conftruction des piftons, afin de les percer relativement au diametre du corps de pompe, au poids du pifton, à fon jeu & à fa vîteffe, j'ai été bien aife que l'occafion les ait fait naître, pour montrer que rien n'eft indifférent quand il eft queftion de bien proportionner les parties d'une pompe. Au refte, on peut conclure de tout ceci que les piftons de bois ne font pas auffi commodes qu'on fe l'étoit imaginé, puifqu'on ne peut les percer par un trou d'une grandeur raifonnable, fans rifquer de les rendre trop foibles & fujets à de continuelles réparations; c'eft pourquoi je vais en décrire un autre beaucoup plus folide.

955. Le pifton dont je parle eft développé par les figures 14, 17, 18, 19, 20, 21 & 22; la quatorzieme repréfente une boîte de cuivre, à-peu-près femblable à celles qu'on met dans les moyeux des roues, elle forme le corps du pifton, qui a la figure d'un cône tronqué avec un petit rebord CC. La figure dix-huitieme en fait voir le profil, & la dix-neuvieme le plan fuperieur, où l'on remarquera que cette boîte eft traverfée d'une barre DD, percée d'une mortaife E. Sur la furface de la boîte eft appliquée une bande de cuir AA (fig. 18, 20) embraffée par le bas d'un cercle de fer, que l'on encaftre dans l'épaiffeur du cuir, qui a près de trois lignes, ce qui fe diftingue encore mieux dans la vingtieme figure.

956. Le pifton eft couvert d'une foupape de cuir, fortifiée par des plaques de tôle ou de cuivre GG, faites en fegment de cercle, comme le montre la ving-deuxieme figure. Au deffus de la foupape il y a auffi de femblables plaques, mais d'un plus petit

diametre, afin qu'elles entrent dans le corps du piston, comme le marque la circonférence ponctuée IK, n'y ayant que le cuir & les plaques supérieures qui reposent sur le bord de la boîte ; ainsi le cuir se trouve serré entre-deux, à l'aide de quatre vis H, accompagnées de leurs écrous.

Cette soupape s'applique sur la boîte, en sorte que le milieu FF soit posé sur la barre DD ; (fig 19.) pour lier le tout ensemble, on se sert d'une croix de fer LMNOP, représentée par la vingt-unieme figure, qui est un profil coupé sur la longueur de la barre DD. La partie MN se pose sur le milieu FF de la soupape, alors le tenon OP traverse le trou E, & enfile une barre de fer QR, dont les extrémités XX s'encaîtrent moitié par moitié dans l'intérieur de la boîte & dans son épaiſſeur qui est échancrée en cet endroit, de même que le cercle BB qui se trouve soutenu par ce moyen, & serré contre la boîte, en faisant entrer une clavette V dans le trou T, comme on en peut juger par la figure 17, qui est encore un profil du piston coupé à angle droit avec le précédent.

Quant à la tige LO, on l'ajuste avec une barre de fer à l'aide d'un tenon qui est à son sommet, de la mortaise qui paroît dans le milieu, & des deux viroles servant à les serrer l'une contre l'autre ; cette barre est pendue à une manivelle ou à l'extrémité d'un balancier.

Les dimensions des parties de ce piston pouvant être mesurées avec l'échelle qui lui appartient, je ne m'y arrêterai pas ; il me suffira de dire qu'on l'a exécuté ainsi aux pompes de la machine de Frêne, l'ayant deſſiné moi-même sur les lieux, & qu'on l'a préféré à tous les autres dont on a fait l'eſſai. En effet il est d'une solidité à toute épreuve, & l'eau pouvant le traverser sans contrainte, quelque vîteſſe qu'il puiſſe avoir en descendant, je doute qu'on puiſſe rien imaginer de mieux.

Les pistons pleins, tels qu'on les employe communément aux pompes refoulantes, ne laiſſent pas d'avoir leur mérite ; mais étant faits de bois ils durent peu, & sont sujets à ne pas si bien joindre de toutes parts contre le corps de pompe, qu'il ne paſſe de l'eau quand la colonne qu'il refoule est fort élevée, le cuir ne pouvant résister au grand effort que l'eau fait pour s'échapper : car comme il est moralement impoſſible qu'on puiſſe aleser ſi parfaitement un tuyau, qu'il ne reste des inégalités imperceptibles, le cuir s'use plus d'un côté que d'un autre, & fournit des paſſages à l'air ou à l'eau. Pour remédier à ces défauts, voici un

PLAN. 4.

piſton beaucoup plus ſolide, & qui peut paſſer pour le plus parfait de tous ceux qui ont été mis en uſage juſqu'à préſent, comme on en va juger par l'explication des figures 15 & 16.

957. Le corps de ce piſton eſt compoſé de deux cylindres de cuivre ABCD, EFGH, d'une vis NO, & d'un anneau Z, le tout fondu enſemble; le diametre CD eſt d'une ligne ou d'une ligne & demie plus petit que celui du corps de pompe QRST, & le diametre EF n'eſt que moitié du précédent; quant à l'épaiſſeur AC, il ſuffira de lui donner le quart du diametre AB, & de faire EG environ double de EF.

Deſcription d'un piſton plein, d'un fort bon uſage.

PLAN. 4.

FIG. 15 & 16.

On a un nombre de rondelles de cuir dont le diametre doit être un tant ſoit peu plus grand que celui du corps de pompe; après les avoir percé d'un trou dans le milieu, d'un diametre égal à GH, on les enfile ſur le cylindre EFGH, qui leur ſert de noyau. Après les avoir bien battu à coups de marteau, pour les preſſer les unes contre les autres ſur toute la hauteur EG, on en ajoute quelques-unes de plus, que l'on ſoutient par une plaque de cuivre IK, qui doit avoir pour épaiſſeur la moitié de AC, & qui étant auſſi percée dans le milieu, s'ajuſte ſur la partie LM, après quoi on preſſe le tout par le moyen de l'écrou VX que l'on fait tourner à force. Cela fait, on poſe le piſton ſur le tour pour réduire les rondelles à n'avoir plus que le même diametre de la tête du piſton; ainſi le tout forme un cylindre IABK, dont la ſurface eſt uniforme.

Ce piſton ainſi diſpoſé, on l'introduit ſans difficulté juſqu'au fond du corps de pompe, après quoi l'on verſe de l'eau deſſus; alors le cuir s'enfle, & toutes les rondelles s'uniſſent contre le corps de pompe, & forment enſemble un nouveau cylindre Y, dont le diametre eſt égal à celui du corps de pompe, & ne laiſſent aucune entrée à l'air dans le tems de l'aſpiration, ni de paſſage à l'eau quand elle eſt réfoulée. Il arrive même qu'à meſure que la ſurface du cylindre Y vient à s'uſer par le frottement, le cuir s'étend en dehors pour ſe renfler tout de nouveau, parce qu'il s'en faut bien qu'il ait atteint au commencement le terme de dilatation dont il eſt capable, ſur-tout ſi l'on employe du cuir de *Liege*, qui eſt le meilleur que l'on puiſſe mettre en œuvre; ainſi l'adhéſion eſt continuelle.

J'ajouterai que l'anneau Z, ſert à accrocher la tige P, de maniere qu'elle puiſſe y jouer ſans contrainte, afin que le piſton en montant & en deſcendant n'ait rien qui tende à le déterminer d'un côté plutôt que de l'autre; car comme on n'eſt pas toujours le maître de faire agir la tige perpendiculairement, sur-tout quand elle est suspendue à une manivelle, il faut éviter qu'elle ne soit forcée dans son mouvement ; c'est pourquoi il vaut mieux dans les pompes refoulantes qu'elle soit accrochée au piston, que d'y être fixe.

Description d'un nouveau piston qui a une propriété singuliere.

958. Quoique le piston précédent soit des meilleurs, il faut pourtant convenir qu'après un certain tems, lorsque le cuir sera dilaté successivement pour remplacer le déchet causé par le frottement, l'adhésion ne sera pas assez grande, pour ne pas céder tant soit peu à l'effort de l'eau qui sera refoulée, si la colonne est fort élevée ; car la résistance qu'elle causera par son poids sera toujours la même, au lieu que l'adhésion du piston ira continuellement en diminuant. Ainsi, pour rendre les choses égales, il faudroit qu'il y eût une cause qui proportionnât son adhésion à l'effort qu'il est obligé de faire en refoulant, & alors un tel piston auroit toute la perfection qu'on peut demander ; cette pensée m'ayant occupé pendant quelques jours, j'ai apperçu plusieurs moyens de faire ce que je dis, & voici celui qui m'a paru le plus naturel & le plus commode dans l'exécution.

PLAN. 4.
FIG. 1.

Il faut s'imaginer un cylindre de cuivre *g h*, creux & percé d'un nombre de trous ; ce cylindre doit être couvert par en haut d'un plateau *AB* de même matiere, l'un & l'autre fondus ensemble, aussi-bien que le rebord *IK*, servant de bride pour attacher le cylindre à un second plateau *c d*, semblable au premier, avec cette différence seulement, qu'il doit être percé dans le milieu d'un trou d'un diametre égal à celui de l'interieur du cylindre : là, il doit y avoir une soupape à coquille, en sorte que la languette soit prise entre la bride *IK* & le plateau, le tout retenu ensemble par des vis & des écrous. Sur le pourtour de chaque plateau, on pratiquera une gorge circulaire, dont les bords doivent être arrondis pour recevoir les ourlets d'une bourse de cuir, de figure cylindrique, à laquelle les plateaux serviront de fond. Pour les unir ensemble on se servira de gros filets poissés, ausquels on fera faire un grand nombre de tours pour serrer fortement le cuir, en sorte que le tout forme un tambour représenté par la neuvieme figure, qui ne doit avoir d'autre ouverture que celle du fond, lorsque la soupape, dont la queue paroît à l'endroit *K* de la même figure, est levée : on attachera le piston à une tige *H*, ayant trois ou quatre branches *IG*, pour l'unir au plateau *AB* par le moyen des vis & des écrous.

On commencera par verser de l'eau dans le corps de pompe,

tant qu'il y en ait à-peu-près jufques aux trois quarts de fa hauteur ; enfuite on introduira le pifton qui entrera d'abord fans difficulté, mais lorfqu'il viendra à defcendre plus bas, l'air qui fe trouvera renfermé au-deffous, étant comprimé, levera la foupape, paffera dans le cylindre gh, de-là dans le tambour, lequel continuant à defcendre, une partie de l'eau y paffera auffi, jufqu'à ce que le pifton foit parvenu à l'entrée du trou NO, c'eft-à-dire dans la fituation où on le voit préfentement. Alors l'air étranger & l'eau ayant enflé le tambour plus qu'il n'étoit auparavant, le cuir commencera à s'unir au corps de pompe, foiblement à la vérité, mais affez pour empêcher l'introduction de l'air exterieur quand on levera le pifton, parce que la foupape fe refermera fur le champ.

959. A mefure que le pifton en montant & en defcendant agira comme à l'ordinaire pour expulfer l'air du tuyau d'afpiration, l'eau montera & parviendra enfin dans le corps de pompe. Lorfqu'elle y fera arrivée, le pifton en voulant la refouler, en recevra lui-même une partie qui contraindra l'air à fe réduire à chaque coup dans un moindre volume, & l'action du pifton devenant toujours plus forte, à mefure que l'eau fe trouvera élevée à une plus grande hauteur dans le tuyau montant, l'air du tambour acquerera auffi de fon côté une plus grande force, par conféquent preffera de plus en plus le cuir contre la pompe ; car ce que je dis de l'air doit auffi s'entendre de l'eau avec laquelle il eft renfermé. Enfin, lorfque le tuyau montant fera plein, la force du reffort de l'air fe trouvera en équilibre avec le poids de la colonne d'eau, à quelque hauteur qu'elle puiffe être, & foit que le pifton afpire ou qu'il refoule, fon adhéfion fera toujours la même. Quand le corps de pompe ne feroit pas parfaitement cylindrique, ce défaut qui feroit fort grand dans tout autre cas, fera indifférent dans celui ci ; puifque la furface du pifton étant flexible, s'affujettira à la figure de celle qui lui eft adhérente.

Malgré tous les foins qu'on peut fe donner pour la perfection d'une machine, on n'oferoit fe promettre de la rendre entierement exempte de défauts, & c'eft beaucoup faire quand on parvient à ne lui en laiffer que le moins qu'il eft poffible ; il arrive même affez fouvent qu'en voulant éviter une imperfection, on en fait naître d'autres qui ne font pas moins préjudiciables, & que tout bien confideré, il vaut encore mieux s'en tenir au premier projet. Le pifton que nous venons de décrire ne peut point perdre d'eau, fa furface étant parfaitement unie à celle du corps de pompe ;

mais comme de cette adhéfion il en réfulte un plus grand frottement, le cuir ne peut durer long-tems. C'eft pourquoi il convient,
pour ne pas le renouveller fi fouvent, d'en mettre plufieurs l'un
fur l'autre, afin de fortifier la bourfe qui n'en fera pas moins flexible à fe dérober en partie aux inégalités que le corps de pompe
pourroit lui oppofer ; car le frottement dont il s'agit ici eft bien
différent de celui qui eft occafionné par la rencontre des furfaces
des corps durs. Il faudroit donc, pour qu'un pifton ne laiffât rien
à défirer, qu'il eût la proprieté du précédent, mais qu'il fût exempt
de frottement, ce qui n'eft pas impoffible ; il faut feulement prendre garde de ne pas acheter cet avantage trop cher, en tombant
dans quelque inconvénient qui en diminueroit le prix.

960. Meffieurs *Goffet* & *De la Deuille*, en travaillant à la compofition d'une machine hydraulique extrêmement ingénieufe, &
dont je donnerai la defcription par la fuite, ont imaginé un pifton
entierement exempt de frottement, & qui peut s'employer indépendamment de la machine, dont il eft une partie effentielle,
comme ils l'ont fait au Jardin du Roi à Paris, à une pompe qui
éleve de l'eau pour arrofer les plantes du même Jardin.

Le pifton dont il s'agit peut fe faire auffi grand qu'on veut, &
avoir jufqu'à 36 pouces de diametre, mais je n'en donnerai que
15 à celui que je vais décrire, cette grandeur me paroiffant fuffifante, pour les raifons qu'on verra par la fuite. Comme il doit
agir dans un corps de pompe qui n'a rien de commun avec ceux
dont j'ai parlé jufques ici, je commencerai par faire voir en quoi
il confifte. Il eft compofé de deux plateaux de bois de chêne ou
d'orme, ayant 28 pouces de diametre fur 5 d'épaiffeur ; au
milieu de chacun on creufe un vuide cylindrique de 15 pouces
de diametre fur deux & demi de profondeur, ce qui forme deux
boîtes, que l'on applique l'une fur l'autre dans un fens oppofé ;
leur profil pris diametralement eft repréfenté par chacun des rec-
tangles ABCD, & EFGH.

Le pifton eft compofé d'une planchette circulaire YZ, d'un
pouce d'épaiffeur, dont le diametre doit être un peu moindre que
celui du vuide TOQV, pour en faciliter le jeu. Cette planchette
s'applique fur un grand cercle de cuir, ou fur plufieurs quand un
feul n'eft pas affez fort, en forte qu'il déborde tout autour de
6 ou 7 pouces ; enfuite on loge la planchette YZ dans le fond de
la boîte STVX, & l'on replie l'excédent tout autour du bord
ESXG de la même boîte. On applique enfuite celui de l'autre boîte ABCD fur le précédent, & le cuir fe trouve ferré entre
deux

deux. Afin qu'il le soit plus fortement , & que les deux boîtes n'en
fassent qu'une , on les retient ensemble par le moyen de plusieurs
boulons de fer 17 , 18 , dont les extrêmités sont taillées en vis,
pour s'ajuster dans des écrous. Ainsi le piston compose une espece
de bourse 3 , 4 , 5 , 6 , qui se retourne toutes les fois que le fond
YZ est attiré vers le ciel , c'est-à-dire, que ce qui étoit intérieur
devient extérieur.

Au fond de cette bourse est un trou L , couvert d'une soupape K
qui vient s'appuyer , quand elle est levée , contre l'anse MWM ,
à laquelle est attachée la tige N , servant à faire monter & descendre le piston. Pour cela il y a un autre trou 9 , 10 dans le fond
de la boîte supérieure, qui répond au tuyau montant 13 , 14, dans
lequel passe la tige N ; ce trou est évasé pour que le plateau puisse
venir s'appliquer contre le ciel OQ quand le piston monte. Dans
le fond inférieur de la boîte , il y a un autre trou 19 , 20 qui répond au tuyau d'aspiration 15 , 16 , qui trempe dans l'eau qu'on
veut élever ; ce trou est couvert d'une soupape I , comme à l'ordinaire.

Quand le piston vient à monter , l'eau qu'on suppose dans le
tuyau d'aspiration ouvre la soupape I , & passe dans le vuide qui
se forme sur la hauteur de 4 pouces , qui est le jeu que le piston
doit seulement avoir , pour ne pas trop affoiblir le cuir qui ne se
soutiendroit pas long-tems s'il avoit beaucoup de portée, au lieu
que n'ayant tout au plus que 2 pouces $\frac{1}{2}$ de 5 en X , il ne fatigue
gueres. Quand le piston baisse , la soupape I se referme , l'autre K
s'ouvre , & l'eau qui est renfermée entre le fond TV & le cuir
3 , 4 , 5 , 6 , passe par le trou L , vient se rendre dans l'espace OP-
YZQ, & de-là est refoulée dans le tuyau montant ; ainsi l'on voit
que le piston flottant toujours entre deux eaux, n'a nul frottement.
J'ajouterai que lorsqu'il est fait de bon cuir , il peut travailler continuellement pendant trois ou quatre mois , sans qu'on soit obligé
d'y toucher, comme l'expérience l'a fait voir aux pompes que
Messieurs *Gosset* & *De la Deuille* ont fait exécuter pour épuiser
les eaux des mines de Bretagne.

Le seul défaut qu'on puisse trouver dans ce piston , est que de
quelque grosseur que soit le tuyau montant 13 , 14 , la puissance
est toujours chargée du poids d'une colonne d'eau qui auroit
pour base le cercle OQ , & pour hauteur l'élevation du réservoir
au-dessus de la source. Il est vrai qu'on peut augmenter le diametre de ce tuyau & diminuer celui du piston , afin qu'étant égaux,

I. Partie Tome II.   Q la puiſſance ne ſoit chargée que du poids qu'elle doit naturellement élever.

On trouvera peut-être que ce piſton ayant ſi peu de jeu, ne donnera pas beaucoup d'eau à chaque relevée ; mais ce n'eſt pas là un défaut, puiſque les levées pourront être plus frequentes ; ainſi ce que l'on perdra d'un côté, pourra être réparé de l'autre, & le produit ſera toujours le même que ſi le jeu étoit plus grand.

Comme il faut que la tige du piſton paſſe dans le tuyau montant, on ne peut élever l'eau avec cette pompe à une hauteur conſidérable. Cependant la tige de la pompe qui eſt exécutée au Jardin du Roi, a au moins 25 pieds, & ſi l'on en donne autant au tuyau d'aſpiration, on pourra toujours élever l'eau juſqu'à 50 pieds audeſſus de la ſource, d'une maniere fort ſimple & avec très peu de dépenſe ; puiſqu'en ſe ſervant de tuyaux de bois, on pourra faire exécuter une pompe dans ce goût là, pour moins de 10 piſtoles, dans un grand nombre d'occaſions où elle peut devenir auſſi utile, que le ſeroit une machine conſtruite à grand frais.

Sur les Soupapes

Les différentes ſoupapes que l'on a mis en uſage juſques ici ſe réduiſent à quatre eſpeces ; la *ſoupape à coquille*, la *ſoupape conique*, la *ſoupape ſpherique*, & la *ſoupape à clapet* ; les trois premieres ſe font de cuivre : en voici la deſcription & les proprietés.

961. Si l'on conſidere la premiere figure de la planche 4, on y verra une ſoupape à coquille E, placée au fond d'un corps de pompe ; la languette AA, acccompagnée de deux rondelles de cuir, eſt reſtreinte avec les brides du corps de pompe, & celles d'un eſpece de culot IK ; à ce culot eſt enté, par un nœud de ſoudure, le tuyau d'aſpiration LM fait de plomb. Je crois qu'il n'eſt pas beſoin de dire que la ſoupape E eſt logée dans ſa coquille BC, & que la partie GH repréſente le ſupport de l'anneau dans lequel joue la tige F.

La figure huitieme repréſente encore la même ſoupape vue de profil, afin d'en mieux inſinuer les défauts, qui ſont plus eſſentiels qu'on ne penſe, puiſque ſi l'on y avoit bien fait attention, cette ſoupape ne ſeroit peut-être pas devenue d'un uſage auſſi commun. Pour en bien juger, il ſuffira de conſiderer que la ſuperficie de ſon grand cercle RL diminue le paſſage de l'eau de toute la capacité dont il occupe la place, puiſqu'elle ne peut s'échapper que par l'eſpace en forme de couronne qui regne entre la circonférence

du cercle RL & la surface du tuyau montant, ce qui est directement contraire aux articles 897, 899, où l'on a insinué qu'il falloit
que l'eau qu'un piston refoule, trouve par-tout un passage libre &
d'une capacité égale au cercle du corps de pompe, afin qu'elle
ne soit pas forcée à passer dans un endroit avec plus de vîtesse que
dans l'autre, parce qu'autrement la puissance qui donne le mouvement au piston, seroit obligée à un effort beaucoup plus grand
que si l'eau n'étoit pas étranglée.

Fig. 8.

962. Il semble que pour donner plus de facilité à l'eau de monter, il n'est besoin que de diminuer le cercle RL; mais cela ne se peut
faire que l'on ne diminue aussi l'autre cercle ND, ou son égal MI, par
conséquent sans retrecir le passage de l'eau au travers de la coquille
BC; ainsi l'on tombe toujours dans le même inconvénient. Tout
ce que l'on peut faire de mieux, c'est de regler de telle sorte les
diametres RL & MI, que l'eau en traversant la coquille & en
passant autour de la soupape, soit la moins contrainte qu'il est possible : pour cela il faut que la superficie du cercle MI soit égale à
la couronne qui fait la différence des superficies des cercles RL
& MI. Or comme cette soupape peut avoir son utilité dans certains cas, nous allons déterminer la grandeur de son diametre, eu
égard à celui du corps de pompe ou du tuyau montant, pour rendre égaux les deux passages dont on vient de parler. Mais avant que
d'en venir là, on sçaura que je nomme *repos*, le talud OI de la
coquille, sur lequel appuye la surface extérieure de la soupape.

Nommant a, le rayon du tuyau montant; b, la largeur du repos; x, le rayon du cercle MI ou ND; on aura $x + b$, pour le
rayon du grand cercle de la soupape. Presentement, si l'on prend les
quarrés des rayons pour exprimer les superficies de leur cercle, xx
tiendra lieu de la couronne dont il s'agit, puisqu'elle doit être égale
au cercle MI; & comme les cercles RL & MI pris ensemble valent
le cercle QG, on formera cette équation $2xx + 2bx + bb = aa$, de

laquelle dégageant l'inconnue, il vient $x = \dfrac{\sqrt{\frac{aa}{2} - \frac{bb}{4}}}{} - \dfrac{b}{2}$. Or si l'on

suppose b, d'un pouce; & a, de 5; on trouvera, en faisant le
calcul, que x, ou le rayon du petit cercle de la soupape, vaut trois
pouces, auxquelles ajoutant la largeur du repos, on aura 4 pouces
pour le rayon de son grand cercle. Comme celui du corps de
pompe en vaut cinq, les rayons de ces trois cercles seront dans
le rapport des nombres 3, 4, 5; ce qui est bien évident. Car si
le cercle ND ou MI est exprimé par le quarré de son rayon qui
est 9, le passage de l'eau autour de la soupape sera aussi exprimé par

Q ij

le même nombre, & la couronne qui exprime le talud du repos, pourra l'être par la différence du quarré de 3 à celui de 4, c'est-à-dire par celle de 9 à 16, qui est 7 ; cette différence étant ajoutée avec le double de 9, doit égaler le quarré de 5, aussi a-t'on 18 + 7 = 25.

On voit que de quelque grosseur que soit le corps de pompe, ou le tuyau montant, il faut, pour y proportionner la soupape, diviser le rayon du corps de pompe en cinq parties égales, en prendre 3 pour le rayon du petit cercle ND ou MI, & 4 pour celui du grand cercle RL de la soupape.

Ayant recherché la hauteur qui pouvoit le mieux convenir à la surface convexe de la soupape ; il m'a paru qu'il falloit donner au côté DL le quart du diametre RL de son grand cercle, & la huitieme partie à la largeur du repos ; alors l'angle GDH sera de 60 degrés, parce que le profil de la soupape formera un trapeze, tiré d'un triangle équilatéral qui auroit pour base le diametre RL.

Remarquez que l'eau refoulée du corps de pompe dans le tuyau montant, sera extrêmement contrainte en traversant un passage plus étroit que celui qui convient naturellement, qu'elle rencontrera en chemin le dessous du pourtour de la coquille & le cercle ND, ce qui la fera rejaillir, & repousser celle de dessous, & que ce ne sera qu'avec une force extraordinaire qu'on la fera monter, d'autant plus qu'elle sera poussée selon les directions PG & IK, obliques à la surface GK du tuyau. Ayant fait le calcul de la puissance qu'il falloit au-dessus de l'équilibre, j'ai trouvé qu'elle devoit être au moins 12 fois plus grande que si l'eau montoit partout d'une vîtesse uniforme. Je ne rapporte point le détail de ce calcul ; il suffit de conclure que si l'on a égard à toutes les raisons que je viens de rapporter, cette soupape ne convient nullement dans les pompes refoulantes placées au bas du tuyau montant, comme aux figures 14 & 17 de la planche deuxieme : cependant on peut s'en servir dans le fond d'un corps de pompe, ainsi qu'elle se trouve dans la premiere figure de la planche quatrieme. Car si la plus grande hauteur du piston n'est pas au-dessus de 27 ou 28 pieds, il restera assez de force au poids de l'atmosphere pour faire monter l'eau dans le corps de pompe, avec une vîtesse beaucoup plus grande que celle que pourra avoir le piston, parce que l'eau aura toujours un passage plus grand que celui qu'on pourroit déterminer en suivant l'article 909.

Cette soupape a encore un inconvénient, qui est de s'unir quelque fois si intimement à sa coquille, qu'elle cesse de jouer. M. de Fontenelle en rapporte un exemple dans l'Histoire de l'Académie Royale des Sciences, année 1703. Voici un extrait de ce qu'il a dit à ce sujet.

M. *Amontons*, ayant construit une pompe refoulante enfoncée de 6 pieds dans l'eau, fut étonné de voir que les soupapes, qui étoient de fonte, parfaitement bien faites & bien dressées sur leurs coquilles, s'arrêtoient tout-à-coup; il fit démonter la pompe plusieurs fois pour voir ce qui en pouvoit être la cause, mais il n'apperçut rien de sensible.

tes, ont le défaut de s'arrêter quelquefois, quand les pompes jouent.

Si ces soupapes, qui étoient posées horisontalement dans le corps de pompe, comme sont par exemple celles de la dix-septieme figure de la planche deuxieme, avoient été pressées de haut en bas par le poids de l'atmosphere, on auroit pu croire qu'elles s'étoient trouvées dans le cas de deux surfaces bien polies & mouillées, appliquées l'une contre l'autre, qui ne peuvent être séparées que par l'action d'un grand poids; mais il n'y avoit point d'air entre les soupapes & le piston, dont elles pussent être pressées de haut en bas, au contraire elles étoient poussées de bas en haut par l'eau que refouloient les pistons.

Il ne reste donc qu'une seule cause à laquelle on puisse attribuer la force de l'union des soupapes & de leurs coquilles, qui consiste dans l'eau qui les mouille. Il faut que les parties d'eau qui sont entrées dans les pores de l'un de ces corps, s'accrochent si puissamment à l'autre, qu'il n'y en ait aucune qui ne tienne par ses deux extrêmités aux deux corps, & qu'elles s'accrochent d'autant plus puissamment que les deux surfaces sont plus polies, pour en exclure plus parfaitement l'air qui pourroit se trouver entre-deux, & qu'ainsi c'est la multitude des particules d'eau qui contribue à la grandeur de l'effet, par la difficulté de les détacher ou de les étendre, par conséquent d'ouvrir les soupapes.

Cause à laquelle on peut attribuer l'adhésion des soupapes à coquille.

Il est certain que pour détacher du cuivre les parties d'eau qui le mouillent, il faut un effort assez considérable, & que ce n'est gueres que par l'évaporation ou par un frottement violent & à plusieurs reprises qu'on en vient entierement à bout. Quant à ce qui est d'étendre des parties d'eau, ni M. *Amontons*, ni tous les autres qui en ont voulu faire l'expérience, n'ont pu s'assurer que l'eau fût capable d'extension. Ainsi l'on peut croire que tout se réduit à la difficulté de détacher les parties d'eau; il est plus que vraisemblable qu'elles ne s'accrochent pas avec la même force à toute sorte de corps.

963. Quoique j'aye assez fait sentir dans les art. 903. 904. 905. l'importance de ne jamais contraindre l'eau refoulée à passer par

Preuve pour montrer la nécessité de faire

des endroits plus petits que la superficie du cercle du piston ; je ne laisserai pas de déduire ici des mêmes articles deux regles générales qui s'appliquent naturellement aux soupapes à coquille.

Quand le trou par où doit passer l'eau refoulée, se trouve plus petit que le cercle du piston, & que ce trou ne forme point un cercle parfait, mais une couronne ; la superficie de cette couronne, ou de toute autre figure, & celle du cercle du piston, peuvent être regardées comme les secondes puissances des diametres (902), par conséquent les quarrés des mêmes superficies comme les quatriemes puissances, qui expriment le rapport des forces *respectives* du courant (905) appliquées au piston (903). Ainsi *lorsqu'on aura deux pompes de même calibre, destinées à refouler à la même hauteur une égale quantité d'eau ; que dans la premiere l'eau puisse monter sans obstacle, & que dans la seconde elle soit contrainte de passer par le trou d'une soupape dont la superficie soit plus petite que celle du cercle du piston ; on voit qu'il faudra que les forces qui les feront mouvoir avec la même vîtesse, soient dans la raison réciproque des quarrés des superficies du cercle du piston, & du trou de la soupape.*

Par exemple, on a un piston dont le cercle est de 50 pouces, il arrive par le défaut des soupapes à coquille, que l'eau est contrainte de passer par un trou dont la superficie n'est que de 20 pouces ; regardant ces deux nombres comme les secondes puissances des diametres, les quarrés des mêmes nombres 2500 & 400, exprimeront le rapport des quatriemes puissances des diametres. Alors les forces qu'il faudra appliquer aux pistons de ces deux pompes, seront dans la raison réciproque de 25 & de 4, c'est-à-dire, que s'il faut 4 degrés de force à la puissance qui refoule l'eau sans obstacle, il en faudra 25 à celle qui est obligée de la faire passer par la soupape à coquille ; sans compter le surcroit de résistance que cette derniere puissance trouvera de la part des obstacles que cette soupape fait naître, par son opposition au passage de l'eau.

964 Si la puissance qui refoule l'eau du corps de pompe où il y a une soupape à coquille, n'étoit pas susceptible d'accroissement, c'est-à-dire, qu'elle restât égale à celle qui est appliquée à la pompe où il n'y a point d'obstacle, *le tems qu'il faudra à la premiere, sera au tems qu'il faudra à la seconde, pour faire faire au piston le même chemin, ou pour élever des quantités d'eau égales, dans la raison réciproque de la superficie du piston, à celle du trou de la soupape* (905), &, selon l'exemple précédent, comme 50 est à 20, ou comme 5 est à 2 ; c'est-à-dire, que si l'on suppose qu'il faille à la se-

conde puissance 4 secondes pour faire faire à son piston 38 pouces, il faudra que la premiere puissance en employe 10 pour faire faire au sien le même chemin ; ce qui est bien évident, par l'article 460, où il est démontré que *lorsque les hauteurs des réservoirs ou les vîtesses de l'eau sont égales, par conséquent les forces qui les impriment, il faut, pour qu'il sorte une égale quantité d'eau de deux orifices differens, que les tems de l'écoulement soient dans la raison réciproque des mêmes orifices.*

965. Il ne faut donc plus s'étonner s'il arrive souvent que les pompes ne donnent pas à beaucoup près la quantité d'eau qu'on devroit en attendre, eu égard à la force du moteur, parce que si le passage de l'eau se trouve retréci à l'endroit de la soupape, ou d'une branche, *la vîtesse du piston sera d'autant plus retardée par rapport à celle du courant qui les meut, qu'il faudra que la vîtesse respective de ce courant soit plus grande.*

Si l'on ne s'est point apperçu plutôt de l'inconvénient de faire passer l'eau par certains endroits avec plus de vîtesse que n'en a le piston, cela vient de ce que le plus grand nombre des Machinistes font leur calcul dans l'état d'équilibre, pour diminuer ensuite le poids d'une certaine quantité prise au hasard, sans se mettre en peine de la vîtesse qui peut lui convenir. La plûpart même ne font cette diminution que pour avoir égard aux frottemens, quoique ce soit un objet entierement séparé du précédent. Au reste on trouvera dans le 5°. chapitre la description d'une nouvelle soupape, que je n'ai pu rapporter dans celui-ci, dont les planches étoient gravées long-tems avant que cette soupape me fût venue en pensée, ne l'ayant imaginée que depuis peu, pour rectifier la machine du Pont Notre-Dame à Paris. Il me reste encore à parler de quelques autres soupapes qui sont en usage, mais que je ne rapporte que pour les faire connnoître, persuadé qu'on cessera de s'en servir quand on connoîtra l'avantage de celle dont je viens de faire mention.

966. La soupape conique est composée d'une cône tronqué E, qui se loge dans une coquille BC, faite à-peu-près comme la précédente, avec cette différence qu'elle n'a point d'anneau dans le milieu, parce que la tige est fort courte. A son extrêmité est une goupille RG, qui empêche que la soupape ne s'échappe ; son grand cercle répond immédiatement à un chapiteau convexe, dont les rebords doivent avoir assez de saillie pour, qu'en retombant, ils ferment toujours exactement la coquille ; car n'y ayant rien qui contreigne l'axe du cône à rester toujours dans le milieu, il pourroit, en s'écartant à droite ou à gauche, laisser un jour par où l'eau

rés des diametres des soupapes.

Si l'on n'a point senti plûtôt le défaut des pompes refoulantes, cela vient d'avoir calculé leurs effets dans l'état d'équilibre.

PLAN. 4.

FIG. 7.

Description des soupapes coniques & leurs défauts.

du tuyau montant, redefcendroit dans le corps de pompe. On voit que cette foupape eft dans le cas de la précedente, retréciffant de même le paffage de l'eau, & que tout ce que nous venons de dire lui peut-être appliqué, c'eft pourquoi je ne m'y arrêterai pas davantage.

Defcription des foupapes fphériques, & leurs défauts,

Fig. 6.

967. La foupape fphérique eft beaucoup plus fimple, n'étant compofée que d'une fphere E, qui retombe dans une coquille BC lorfque le pifton afpire. Il eft certain que cette foupape feroit préferable à toutes les autres, fi elle n'avoit pas le défaut de retrécir encore le paffage de l'eau ; car dès qu'elle feroit une fois logée au bas d'un tuyau, elle joueroit nombre d'années fans être obligée d'y toucher, n'étant fujette à aucune réparation. Il eft vrai qu'on pourroit élargir le tuyau montant au-deffus & au-deffous de la coquille, fur la hauteur d'un diametre du même tuyau, afin que le trou de la coquille & le paffage de l'eau autour de la fphere foit égal au cercle du pifton, & que l'eau ait par-tout une vîteffe uniforme ; alors cette foupape feroit auffi parfaite qu'on le peut défirer. Il faut feulement prendre garde de ne pas la faire trop légere ni trop pefante ; car fi elle eft trop legere & que le tuyau montant foit de même calibre que le corps de pompe, l'impulfion de l'eau ne manquera pas de l'élever à une hauteur confidérable, & la coquille ne fera pas fermée affez promptement pour empêcher que l'eau ne redefcende. Il pourra même arriver un effet affez bifarre, qui eft de voir la même eau paffer continuellement du corps de pompe dans le tuyau montant, & du tuyau montant dans le corps de pompe, felon que le pifton afpirera ou refoulera ; car fi le paffage n'eft pas interrompu dans le moment que l'impulfion vient à ceffer, il ne montera pas de nouvelle eau dans le corps de pompe, ni dans le réfervoir.

Si au contraire la foupape eft fort pefante, comme de 60 ou 70 livres, qui eft à-peu-près le poids qu'elle auroit, fi étant maffive elle avoit 7 à 8 pouces de diametre, la puiffance fera obligée de le furmonter, indépendamment de celui de la colonne d'eau. Il faut donc pour prendre un jufte milieu, regler la pefanteur fpécifique de la foupape fur la vîteffe du pifton, afin qu'elle ne s'éloigne jamais de fa coquille qu'autant qu'il le faudra pour laiffer paffer l'eau, à moins que pour éviter tout inconvénient elle n'y foit retenue par une chaîne.

Plan. 4, Fig. 5.

Defcription des foupapes faites en clapet.

968. Il nous refte à parler de la foupape faite en clapet, qui eft affurément la moins imparfaite, laiffant un libre paffage à l'eau comme on en peut juger par la cinquieme figure, où l'on voit la foupape AD qui differe peu de celle qui eft décrite dans l'article

cle 867. Elle eft compofée d'un morceau de cuir CD, ferré entre deux plaques de cuivre AB & EF, dont la premiere a un diametre de deux ou trois pouces plus grand que celui du tuyau LM; la feconde EF a au contraire fon diametre un peu plus petit que celui de ce tuyau, afin de pouvoir entrer dedans. Ces deux plaques font reftreintes enfemble par une vis SR, & un écrou GH; la piece de cuir a une queue DT fervant de charniere, ferrée entre les brides comme à l'ordinaire.

Cette foupape, que l'on fuppofe placée au bas d'un tuyau montant, eft logée dans un tambour IK, pour ne point retrécir le paffage de l'eau en cet endroit; je veux dire que l'on a enflé le bas du tuyau montant NO, afin d'avoir une couronne YZ tout autour de la bride du tuyau LM, pour appuyer la foupape qui fe trouve par conféquent horifontale: fituation préferable à celle que l'on peut nommer verticale, comme dans les figures 6 & 7 de la planche premiere, aux endroits S & C, qui ne ferme pas fi bien; il eft vrai qu'en récompenfe l'efpace vuide n'eft pas fi grand.

On pourroit fe difpenfer de faire cette foupape auffi materielle qu'elle le paroît ici, autrement la charniere qui n'eft que de cuir feroit bientôt ufée, étant la partie la plus foible; auffi eft-ce toujours par-là que manquent ces fortes de foupapes, fur-tout quand elles ont beaucoup de portée. D'ailleurs elles font fujettes à de fréquentes réparations, & ne font pas commodes pour la fermeture des grands tuyaux, parce qu'il arrive affez fouvent qu'en retombant elles s'écartent d'un côté plus que de l'autre, & ne ferment pas toujours exactement; le cuir de la charniere devenant trop flexible n'a plus affez de corps pour obliger la foupape à fuivre toujours la même détermination. Pour remédier à cet inconvénient, on pourroit, quand le tuyau montant a 8 ou 10 pouces de diametre, faire une foupape compofée de deux clapets, comme celle que je vais décrire.

969. Il faut s'imaginer une couronne de cuivre telle qu'on la voit repréfentée par la dix-neuvieme figure, dont le petit diametre foit égal à celui du tuyau montant, & que celui du grand cercle donne à la couronne toute la largeur néceffaire pour être ferrée entre les brides du tambour & celles du tuyau recourbé. Cette couronne doit être traverfée diamétralement par une barre DD, en forte que le tout ne faffe qu'une piece, ainfi qu'on l'a exprimé en profil dans la quatrieme figure, où la partie LM repréfente cette couronne avec la barre A vue en travers. On fera un cercle de cuir d'un diametre de deux pouces plus grand que celui du tu-

Defcription d'une nouvelle foupape en clapet, à l'ufage des gros tuyaux.
Plan. 4.

Tome II.   R

yau montant, pour déborder autour du trou ; on en formera deux clapets E & I, fortifiés en dessus & en dessous par des plaques de cuivre GH, entretenues ensemble, ainsi qu'il a été détaillé, en décrivant dans l'article 956 la soupape du piston de la dix-septieme figure. On appliquera le cercle de cuir diamétralement le long de la traverse A, on posera dessus une regle de cuivre B de même longueur, & on les unira ensemble par deux vis, comme on l'a représenté dans la troisieme figure, où l'on remarquera que la regle BC, est accompagnée d'une espece de poignée DE, vue en face, au lieu que dans la quatrieme elle paroît de profil. Cette poignée sert à empêcher que les clapets ne retombent tous deux du même côté. Il est certain que cette soupape est des plus commode, & qu'elle retrécit si peu le passage, que cela ne mérite pas la peine d'y faire attention.

970. Dûssai-je encourir le reproche de trop m'arrêter à des sujets qui semblent ne pas le mériter, il me reste encore une soupape à décrire ; car j'avoue ingénuement que je ne puis me taire, lorsque j'apperçois quelque chose qui a une apparence d'utilité. Les clapets de cuir n'étant point d'une longue durée, j'ai pensé qu'on en pourroit faire en cuivre d'aussi commodes, en les composant de deux demi-cercles enclavés ensemble par une charniere commune, ce qu'on entendra du premier coup d'œil, en considérant les figures 10, 11, 12 & 13. La treizieme figure représente le plan de ces clapets dans la situation où ils se trouvent lorsqu'ils sont fermés ; ils sont logés dans une boîte BB, dont le relief est égal au leur, & se meuvent par le moyen des charnieres GG, dont la goupille est entretenue par ses extrêmités dans deux montans E, qu'on ne peut bien distinguer que dans la douzieme figure. Vers le haut de chaque montant est un bouton F, qui sert à maintenir les clapets dans la situation où ils sont représentés dans les figures 10 & 11, afin qu'ils puissent retomber chacun de leur côté, aussi-tôt que le piston cesse de refouler. Comme les différens développemens que je donne ici sont assez bien exprimés pour juger de quoi il s'agit, je ne m'arrêterai point à une plus ample explication ; je dirai seulement que la languette AA doit être serrée avec des rondelles de cuir, entre les brides du tambour IK & celles du tuyau LM, qui répond au corps de pompe.

On trouvera dans le cinquieme chapitre une soupape beaucoup plus parfaite que les précédentes, qui m'est venue en penséе depuis peu, à l'occasion des nouvelles pompes que j'ai imaginées pour rectifier la machine appliquée au Pont Notre-Dame.

Il y a encore une autre ſoupape qui ſe place au fond des réſervoirs ou baſſins, ſervant pour les mettre à ſec, ou à lâcher l'eau dans les tuyaux de conduite, pour la faire jaillir dans un jardin de plaiſance. Cette ſoupape, que l'on voit repréſentée par la dixieme figure de la premiere planche du chapitre ſuivant, eſt compoſée d'une boîte de cuivre ABCD nommé *crapaudine femelle*, accompagnée d'un rebord BC, évaſé comme les coquilles des ſoupapes ordinaires, pour loger le couvercle G nommé *crapaudine mâle*, auquel eſt attachée une tige H, ſervant à ouvrir & à fermer la ſoupape à l'aide de la traverſe EF, percée dans le milieu d'un trou dans lequel la tige joue perpendiculairement.

Voilà en général ce qu'il m'a paru qu'on pouvoit dire ſur les pompes, peut-être trouvera-t'on que je ſuis entré dans un trop grand détail ; mais j'ai cru qu'un ſujet auſſi utile que celui-ci, & ſur lequel on n'a point écrit, ne pouvoit être trop développé, m'étant principalement propoſé l'inſtruction de ceux qui ont du goût pour les machines, & auſquels je ne devois pas ſuppoſer plus de connoiſſances que n'en ont la plûpart des ouvriers qui s'en mêlent ; je pourrois ajouter que les pompes étant les parties les plus eſſentielles des machines Hydrauliques, ce chapitre devient la baſe de celles que je vais expliquer.

CHAPITRE IV.

Où l'on décrit plusieurs machines pour élever l'eau par le moyen des pompes.

971. DE quelque maniere que l'on s'y prenne pour élever l'eau par le moyen des pompes, on tombera toujours dans l'un des trois cas que voici. Le premier, de la tirer d'un lieu profond, pour l'élever jusqu'au rez-de-chauſſée; & c'eſt ce qu'on peut faire en ſe ſervant des *pompes aſpirantes*, repetées autant de fois qu'il eſt néceſſaire. Le ſecond, lorſqu'on veut élever l'eau d'une ſource ſur une montagne; il faut ſe ſervir des *pompes refoulantes*, qui contreignent l'eau de monter dans des tuyaux, poſés verticalement, ou le long d'un plan incliné. Et le troiſieme, lorſque l'eau ſe trouvant fort inférieure au rez-de-chauſſée, on veut l'élever beaucoup au-deſſus; alors comme ce cas renferme les deux précedens, il faut néceſſairement ſe ſervir des pompes *aſpirantes & refoulantes*.

Pour donner dans ce chapitre différens moyens de faire mouvoir les pompes qui conviennent aux trois cas précedens, & qui ſoient en même-tems à portée d'être exécutées par des particuliers, nous commencerons par la deſcription d'une pompe aſpirante, exprimée ſur la premiere planche, dont l'uſage eſt de tirer l'eau d'un puits ou d'une citerne.

972. Cette pompe eſt compoſée d'un tuyau de plomb A de deux pouces de diametre, qui trempe dans l'eau qu'on veut élever, ayant ſon extrêmité F coudée afin de l'arrêter ſur un ſocle de bois ou de pierre. Ce tuyau aboutit à un autre B, auſſi de plomb, de cinq pouces de diametre, ſervant de corps de pompe, ayant ſa partie N terminée en entonnoir pour ſe raccorder avec l'aſpirant, & pour ſervir à loger un petit barillet D couvert d'une ſoupape ou clapet O; ce barillet eſt de bois garni de filaſſe, afin que l'eau qui eſt montée dans le corps de pompe, ne puiſſe plus deſcendre lorſque la ſoupape eſt fermée.

Le piſton de cette pompe eſt compoſé d'un autre petit barillet E, garni par le haut d'une bande de cuir; il eſt attaché à une anſe de fer ſuſpendue à la verge C, & couvert par la ſoupape N, qui s'ouvre & ſe ferme alternativement avec la précedente, de la même maniere qu'on l'a expliqué dans l'article 868.

La puiſſance appliquée à la poignée K, fait jouer le levier MAI, dont le bras LK eſt de 30 pouces, & l'autre LM de 5; ainſi l'on

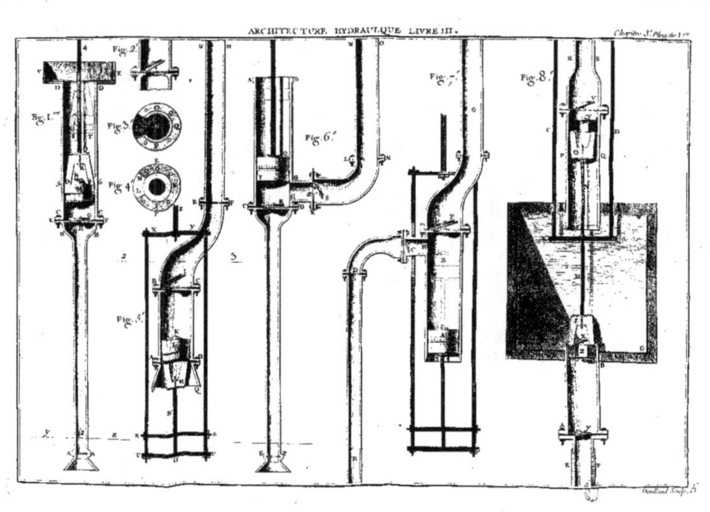
Chapitre 3.e Planche 1.re
Fig. 1.re
Fig. 2.
Fig. 3.
Fig. 4.
Fig. 5.
Fig. 6.
Fig. 7.
Fig. 8.

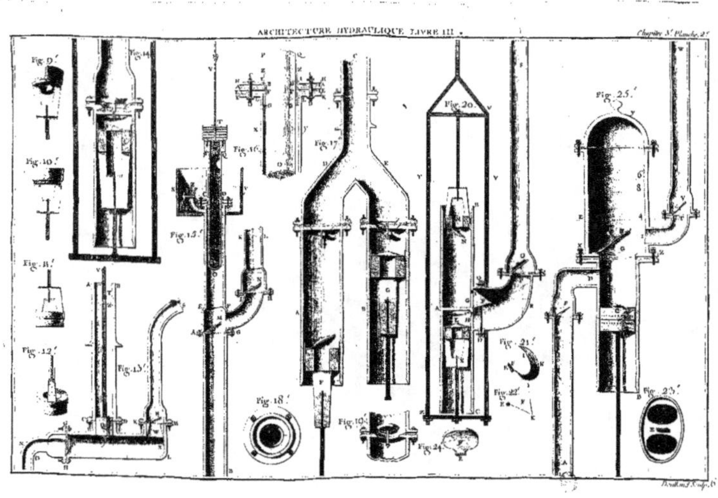

Fig. 9.
Fig. 14.
Fig. 10.
Fig. 11.
Fig. 12.
Fig. 13.
Fig. 15.
Fig. 16.
Fig. 17.
Fig. 18.
Fig. 19.
Fig. 20.
Fig. 21.
Fig. 22.
Fig. 23.
Fig. 24.
Fig. 25.
Chapitre IV. Planche 2.

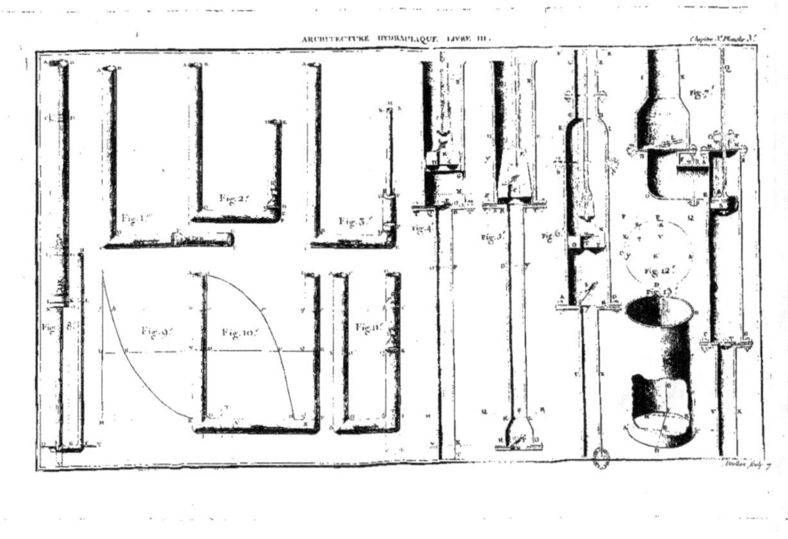
ARCHITECTURE HYDRAULIQUE. LIVRE III.
Chapitre V.e Planche 3.e
Fig. 1.
Fig. 2.
Fig. 3.
Fig. 4.
Fig. 5.
Fig. 6.
Fig. 7.
Fig. 8.
Fig. 9.
Fig. 10.
Fig. 11.
Fig. 12.
Fig. 13.

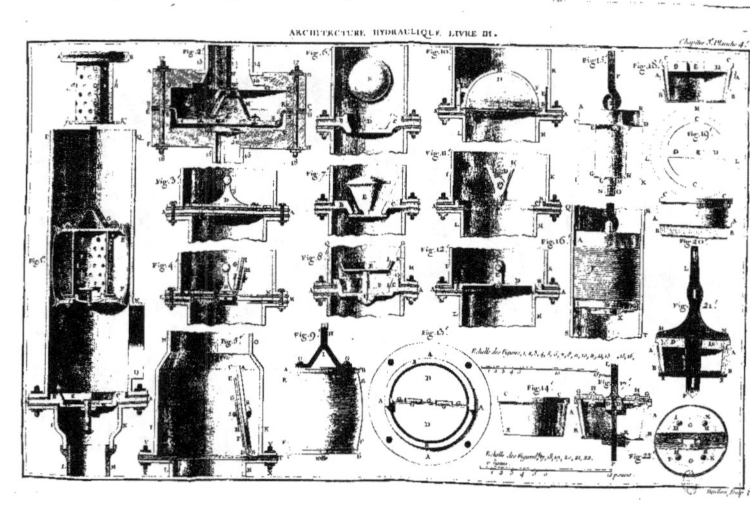

ARCHITECTURE HYDRAULIQUE, LIVRE III.
Chapitre X. Planche 4.

voit que la puissance est la sixieme partie du poids, lequel est exprimé ici par celui d'une colonne d'eau de 5 pouces de diametre, ayant pour hauteur l'élevation de la gargouille P au-dessus du niveau de l'eau.

Les pieces F & G, désignées par la figure 4, sont deux outils de fer, servant à asseoir ou à retirer le barillet D, que les ouvriers nomment *secret.* Pour le placer on le laisse couler dans le corps de pompe, & on l'affermit en le frappant avec la tête circulaire de la piece F. Pour le retirer on commence par lever la soupape O avec le crochet G, ensuite on introduit dedans l'autre bout H de l'outil F, avec lequel on l'accroche par le dessous. Pour plus d'intelligence, les figures 5 & 6 expriment en grand les deux barillets & leurs soupapes, qu'il sera aisé de rapporter à la premiere figure, en suivant les lettres qui lui sont relatives.

973. La figure 7 représente l'élevation d'une pompe qui peut avoir son utilité; le levier A fait mouvoir deux verges de fer B, C, dont l'une baisse tandis que l'autre hausse, ce qui peut servir dans les cas où l'eau se trouve trop basse, pour être levée tout d'une venue. Par exemple, si on avoit un puits de 40 pieds de profondeur, on pourroit avoir deux corps de pompes, le premier placé environ au milieu de la profondeur du puits, & l'autre au-dessus du rez-de-chaussée; la verge C fera mouvoir le piston qui aspirera l'eau à la hauteur de 18 ou 20 pieds, pour être ensuite reprise par le piston du corps de pompe qui répond à la verge B.

974. La figure 8 montre une autre sorte de pompe aspirante, qui joue par le moyen d'une balance E; la puissance est appliquée à la corde A, & leve le poids B; & ce poids en baissant, fait hausser la verge C. Cette pompe, qu'on suppose dans une cour, peut devenir si l'on veut, mitoyenne à un jardin, parce qu'ayant une corde attachée au bras D de la balance, & la faisant passer à travers le mur de clôture; en tirant la poignée F, on fera mouvoir le poids B, & par conséquent le piston qui répond à la verge C qui conduira l'eau dans le tuyau G pour la décharger par la gargouille H; mais alors il faut fermer l'autre I & réciproquement. Quant à la figure 9, elle représente deux corps de pompe de bois à l'usage des vaisseaux; on s'en sert aussi pour arroser les jardins.

975. La figure 3 de la troisieme planche, représente encore le dessein d'une machine propre à faire jouer à force de bras des pompes aspirantes. La manivelle A, à laquelle doit être appliquée la puissance, est accompagnée d'une volée B pour entretenir l'uniformité du mouvement. A l'essieu de cette volée est un pignon C

qui s'engraine avec une roue D, dont l'essieu GH est coudé, de maniere à former une double manivelle LMKINO, à laquelle sont suspendues les verges EF des pistons qui aspirent alternativement, pour qu'il n'y ait point de tems perdu.

A l'égard des dimensions qui conviennent le mieux aux parties de cette machine, il faut donner 12 pouces au coude de la manivelle A ; 6 à celui de l'autre manivelle MN ; 6 au rayon de la roue D, 2 à celui du pignon C, & 3 pieds à celui de la volée B.

976. Supposant que l'on veuille élever l'eau à une hauteur de 28 pieds, par le moyen de la force d'un homme, que nous estimons de 25 livres, appliqué à la manivelle A ; voici comment on pourra trouver le diametre des pistons, pour que le poids de la colonne d'eau soit proportionné à la puissance.

Si l'on se rappelle ce qui a été enseigné dans les articles 109, 110 & 111, on verra que cette machine peut être considerée comme si elle n'avoit qu'un corps de pompe, dont le piston fît monter l'eau sans interruption, & que le bras de levier moyen qui répond au poids, doit être exprimé par les *deux tiers* du coude LM ou NO de la manivelle. Or comme il se rencontre ici quatre bras de levier entre la puissance & le poids, qui sont le coude LM réduit à 4 pouces ; le rayon de la roue D de 6 ; celui du pignon C de 2 ; & le coude de la manivelle A de 12, la puissance sera au poids (74) comme 4 × 2 est à 6 × 12, ou comme 1 est à 9. On pourra donc dire, comme 1 est à 9, ainsi 25 est à un quatrieme terme, qu'on trouvera de 225 livres, pour le poids de la colonne d'eau que la puissance doit élever, dont on aura le volume, en disant : Si 70 livres d'eau donnent 728 pouces cubes, combien donneront 225 livres ? Il vient 5554 pouces cubes, qu'il faut diviser par 28 pieds, ou 336 pouces, hauteur de la colonne dont il s'agit ; on aura environ 16 pouces & demi pour la superficie du cercle de sa base qui repond à un diametre de 4 pouces 6 lignes.

977. Pour calculer le produit de cette machine, il faut considerer que le coude de la manivelle MN étant de 6 pouces, la levée de chaque piston sera de 12 ; ainsi, dans chaque révolution que fera cette manivelle, les deux pistons ensemble déchargeront une colonne d'eau de 2 pieds de hauteur, sur 4 pouces 6 lignes de diametre, qui pese environ 15 livres $\frac{1}{2}$

Le rayon du pignon C n'étant que le tiers de celui de la roue D, il faudra que la puissance fasse faire trois tours à la manivelle A, pour que l'autre MN en fasse un ; comme cette puissance pourra faire en une heure mille révolutions, (121) il suit que la mani-

velle MN, n'en fera que 333 dans le même tems, qui étant multipliés par 15½, donnent 5161 livres d'eau par heure, ou 184 pouces.

978. Voici un moyen assez simple de faire agir deux pompes, à
l'aide d'un balancier AB, chargé de poids à ses extrêmités ; il est
porté en équilibre sur deux tourillons C, comme on le peut voir sur
le plan. A droite & à gauche sont deux bouts de planches I, clouées
sur deux traverses E, D, attachées à l'essieu. Sur ces deux planches
est placé un homme, qui doit donner le mouvement au balancier ; & pour qu'il y soit en sûreté, on a élevé quatre poteaux assemblés par des lisses d'appui ; quatre autres poteaux couverts de
deux chapeaux, pourront porter cette balance, n'étant pas nécessaire d'un assemblage plus composé. A 10 pouces de chaque côté
de l'essieu, sont suspendues des verges de fer MN qui portent les
pistons. L'homme appuyant tantôt sur un pied, tantôt sur l'autre,
donnera le mouvement au balancier, aspirera l'eau dans les corps
de pompe OP, & la refoulera dans le tuyau montant LH, à une
hauteur proportionnée au diametre des pistons, & à l'action du
moteur. Il seroit bon de mettre à chaque côté un rouleau porté sur
deux ressorts de fer FG, pour aider à relever le balancier.

979. Feu M. *Morel*, de qui je tiens cette machine ainsi que les autres comprises sur la seconde & la troisieme planche de ce chapitre,
ayant remarqué qu'en plusieurs endroits, au lieu d'employer trois ou
quatre hommes, comme on fait ordinairement pour sonner les grosses cloches à *toute volée*, un seul les mettoit en branle, en faisant
effort avec le pied sur l'extrêmité d'une planche attachée au mou-
ton, a pensé qu'on pouvoit se servir du même moyen pour com-
poser la machine représentée par la quatrieme figure, dont l'objet
est de faire agir deux pompes. Pour cela il suppose que A est un
poids de 200 livres suspendu à un essieu, comme le seroit une cloche ;
que cet essieu est traversé d'une barre de fer propre à porter deux
verges F, avec leurs pistons pour refouler & aspirer l'eau des corps
de pompes D, C, dont on s'est contenté de marquer l'emplacement, sans se mettre en peine de la fourche & du tuyau montant.
En effet, un homme pressant du pied le bout de la planche E,
comme s'il évoloit une cloche, fera mouvoir les deux pistons ; car
quand il ne feroit qu'un effort de 60 livres, le levier ayant 4 pieds
de longueur, & les tiges suspendues à un pied du centre de l'essieu, le poids pourra être quadruple de la puissance ; par conséquent si l'on suppose les pistons de 2 pouces de diametre, ils pourront refouler une colonne d'eau de 154 pieds de hauteur.

980. La premiere & la seconde figure représentent la maniere de

Plan. 2.
Fig. 3.

Maniere de faire agir deux petites pompes refoulantes, pour élever l'eau dans un réservoir.

Autre moyen fort simple d'élever l'eau par le moyen des pompes.

Plan. 2.
Fig. 4.

Plan. 2.

faire agir des pompes aspirantes & refoulantes, mises en mouvement par un ou deux hommes, appliqués à la manivelle A, accompagnée d'une volée Q, à l'essieu de laquelle est un pignon B, qui
s'engraine avec deux roues C, D, dont l'essieu est commun à deux
autres petites roues E & F, qui ne sont dentées que sur la moitié
de leurs circonférences, comme on en peut juger par la cinquieme figure, qui montre la situation de ces roues par rapport à leurs
essieu. Ainsi quand on met la manivelle en mouvement, elle fait
tourner le pignon B, par conséquent les roues C, D, de même
que les deux autres E, F, qui s'engrainent alternativement dans
les coches des regles G & H, attachées aux tiges des pistons, dont
l'un refoule l'eau dans le tuyau montant O, tandis que l'autre l'aspire pour la faire monter au-dessus de la soupape inférieure, comme il est aisé de se l'imaginer, en se rappellant ce qui a été expliqué dans les articles 872 & 877. Car on fera attention que les
dents des deux petites roues étant situées dans un sens opposé, la
premiere E, fait monter la regle G jusqu'à la derniere coche, après
quoi ne présentant plus que la partie qui n'a point de dents, le poids
I, dont cette regle est chargée, fait descendre le piston, pour refouler l'eau à une hauteur proportionnée à la grosseur du corps de
pompe, & à l'action du poids I, qui doit être supérieur à celui de
la colonne. D'autre part, tandis que la regle G monte, & que son
piston aspire, les dents de l'autre roue F, accrochent la regle H,
pour la faire descendre jusqu'à la derniere coche; alors son piston
N refoule, ce qui se fait par l'action de la puissance motrice; &
aussi-tôt que ce trou présente la partie qui n'est point dentée, la
regle H remonte, parce qu'elle est élevée par l'action du poids K,
auquel elle répond par une corde qui passe sur deux poulies. Ainsi
il suffit que la pesanteur de ce poids soit un peu au-dessus de celui
de la colonne d'eau que le piston aspire, y compris la résistance
causée par le poids de la regle & du piston. J'ajouterai que les regles G & H, doivent glisser dans des coulisses L, pour qu'elles se
maintiennent verticales.

Quant aux dimensions de cette machine, il faut donner un
pied de coude à la manivelle A, 6 pieds au diametre de la volée
Q, 4 pouces à celui du pignon B, 16 à celui des roues C, D, &
4 au rayon des roues E & F, pris depuis le centre jusqu'au milieu
de la saillie des dents.

981. Comme entre la puissance & le poids, il y a quatre bras de
leviers qui sont le coude de la manivelle de 12 pouces, le rayon
du pignon de 2, celui des roues C, D de 8, & celui des roues

E

E & F de 4 ; la puissance sera au poids comme 2×4 est à 12×8 , ou
comme 1 est à 12 ; par conséquent un homme, avec un force de
25 liv. pourra élever une colonne d'eau de 300 liv. Il ne reste donc
plus qu'à suivre ce qui a été enseigné dans l'art. 976 , pour trouver le diamétre des pistons , en faisant attention que la hauteur de
la colonne d'eau doit être exprimée par celle du reservoir , au-dessus du niveau de la source , comme si le tuyau d'aspiration faisoit
partie de la hauteur du tuyau montant. (890)

982. La premiere figure de la planche troisieme , représente le
dessein d'une machine exécutée à *Sources* , Village d'Alsace, sur
la route de Strasbourg à Landau : elle est posée dans un grand
puits quarré , dont l'eau est propre à faire du sel. Pour la bien entendre , il faut être prévenu qu'il y a trois planchers situés à 10 ou
12 pieds les uns des autres ; l'assemblage de charpente A est posé
sur le premier au bord du puits ; le treuil B sur le second , & le
bac C sur le troisieme : on n'a point représenté ces différens étages,
parce qu'ils auroient embrouillé la figure.

Une chûte d'eau qui coule le long de l'auge R , fait tourner la
roue D , dont l'essieu E est accompagné de quatre pattes X , Y ,
qui appuyent les unes après les autres sur les leviers F , G , pour
faire mouvoir le treuil B , auquel ces leviers répondent par des
verges de fer attachées aux extrémités du balancier K. Comme
les bouts de l'autre balancier N , portent les tiges des pistons des
corps de *pompe I & H* , on voit qu'ils agissent tous deux à chaque mouvement du treuil ; car selon la construction de la machine,
le levier F ne sauroit baisser , sans que *l'autre* G ne hausse en même
tems , par le *mouvement* du balancier K.

La pompe H , qui est aspirante , & semblable à celle que nous
avons décrite dans l'article 971 , éleve l'eau du puits dans le bac C
à une hauteur d'environ 24 pieds , ensuite la pompe I , qui est aspirante & refoulante , comme dans l'article 872 , la reprend pour
la faire monter par le tuyau L à 60 pieds plus haut ; d'où elle est
conduite dans un réservoir voisin du lieu où se fait le sel , qui se
trouve environ à 84 pieds au-dessus de la surface de l'eau du puits.
Je ne donne point les dimensions que l'on a suivi dans la construction de cette machine, M. *Morel* , qui l'a dessinée sur les lieux avec
assez de précipitation, n'ayant pas eu le tems de les prendre ; mais
voici celles qui me semblent pouvoir lui convenir.

983. Je suppose que la roue a 5 pieds de rayon , que la longueur des pattes X , Y prise depuis l'axe de l'arbre , est de 20 pouces ; que la longueur VS du levier FV , depuis son point d'appui

jusqu'à l'endroit S, où l'extrémité de la patte X commence à appuyer, est de 70 pouces ; que le point T, où est suspendue la verge qui donne le mouvement au balancier K, est éloigné de 60 pouces du point d'appui V, & que les pistons ont chacun 12 pouces de levée. Cela posé, il faut que l'extrémité de la patte X, parcoure une certaine longueur déterminée SF du levier prolongé VF, pour que le point T, qui a le même mouvement que les pistons, puisse baisser de 12 pouces, & remonter d'autant, tandis que les pattes agiront alternativement sur les leviers F & G ; autrement si la patte n'échappe pas l'extrémité F dans l'instant de la plus basse descente du piston, il arrivera que la machine cessant d'agir, pourra faire un effort capable de casser quelque piece, parce que la roue D allant toujours son train, tendra à surmonter l'obstacle qui voudroit l'empêcher de tourner. Si au contraire la partie SF est plus courte qu'il ne faut, la patte ne faisant pas descendre le point T aussi bas qu'on se l'étoit proposé, l'on ne pourra pas dire que le piston a 12 pouces de levée, ni calculer le produit de la machine sur ce pied-là. Comme le cas dont il s'agit se rencontre souvent dans plusieurs moulins, je vais m'y arrêter un moment.

Considerez la figure quatrieme, dont le cercle *a* représente l'arbre de la roue, accompagné de la patte *dc*, qui agit sur le levier *eb*, dont le point d'appui est en *b*, ayant la tige *hk* du piston suspendu au point *h*, comme dans la figure précédente ; ainsi en suivant les mêmes mesures, *ac* sera de 20 pouces ; *hb*, de 60 ; *cb*, de 70, & l'intervalle *ab* de 90.

Lorsque la patte *dc* sera sur le point d'échapper le levier *eb*, les extrémités *c* & *e* seront réunies au point *g*, & le point *h* sera parvenu en *i*, après avoir décrit l'arc *hi* ; alors on aura le triangle *abg*, dont le côté *ab* sera de 90 pouces, & le côté *ag* de 20 ; d'autre part, on a aussi le triangle rectangle *inb*, dont l'hypotenuse *ib* sera de 60 pouces, & le côté *in* de 12, puisqu'il marque la descente du piston. On pourra donc dire, comme *in* est à *ib*, ainsi le sinus total est à la secante de l'angle *nib*, qui répond dans les tables à 78 degrés 27 minutes, dont le complément est de 11 degrés 33 minutes, pour la valeur de l'angle *nbi*. Or comme dans le triangle *agb*, on connoît deux côtés & un angle, il est aisé de parvenir à la connoissance du côté *gb*, qu'on trouvera de 79 pouces 6 lignes, pour la longueur entiere du levier *eb* ou FV de la premiere figure, d'où retranchant la partie SV de 70, il restera 9 pouces 6 lignes pour l'autre FS que doit parcourir la patte X, afin que le piston descende de 12 pouces.

PLAN. 3.
FIG. 4.

984. Pour montrer de quelle maniere il faudroit calculer cette Machine, considerez que le rayon de la roue étant de 5 pieds, ou de 60 pouces, & la longueur de la patte X de 20, la puissance, que nous nommerons P, sera à l'effort que fait cette patte au point S, comme 1 est à 3. Ainsi la puissance réduite au point S, pourra être exprimée par $3p$, lorsque le levier FV & la patte X se trouvent dans un même alignement : or comme ce levier est de la seconde espece, (59) la puissance qui agira au point S, sera à l'effort qu'elle produira au point T, pour pousser la verge de haut en bas, comme VT (60) est à VS (70), ou comme 6 est à 7 ; l'effort au point T pourra donc être exprimé par $\frac{7}{2}p$.

Pour connoître le diametre des pistons des deux Pompes, considerez que puisque celui de la pompe H aspire, tandis que celui de la pompe I refoule, ils soutiendront ensemble le poids d'une colonne d'eau de 84 pieds, ou de 1008 pouces de hauteur. Pour avoir la base de cette colonne en pouces quarrés, il faut commencer par réduire $\frac{7}{2}p$ en pouces cubes, e disant : comme 70 liv. est à 1728 pouces, ainsi $\frac{7}{2}p$, est à un quatrieme terme, qui donne $\frac{432}{5}p$, qu'il faut diviser par 1008 pouces ; il vient après la réduction $\frac{3}{35}p$, pour la superficie du cercle des pistons, qu'il faut multiplier par $\frac{14}{11}$, pour avoir le quarré du diametre, qui étant réduit donne $\frac{6}{55}p$, dont la racine sera le diametre que l'on cherche.

Supposant que la force respective de la chûte de l'eau, sur chaque aube de la roue dans le cas du plus grand effet, soit de 110 liv. *substituant ce nombre à la place de p*, il viendra 12 pouces quarrés, dont la racine donne 3 pouces 5 lignes 6 points pour le diametre des pistons.

On remarquera, que *quoique* chaque patte X & Y soient capables d'une force exprimée par $3p$, il n'y aura que celles qui agiront sur le levier FV qui l'exerceront toute entiere, parce qu'il n'y a que ce levier qui aspire & refoule l'eau ; car pour les autres pattes Y elles n'exercent qc'une très-petite partie de leur force ; ce levier G n'agissant point uniformement, la roue à chaque révolution doit tourner plus vîte dans un tems que dans l'autre. Un second défaut de cette machine vient de la patte X, qui ne presse pas non plus également la partie SF du levier, parce que la direction selon laquelle elle agit change à chaque point du chemin qu'elle parcourt, de même que la longueur du levier VS, qui va toujours en croissant. Pour rectifier cette partie, il faudroit que la patte X, au lieu d'être droite, eut la figure d'une *Epicycloïde*, comme M. *de la Hire* l'a enseigné dans le Traité qu'il a fait sur ce sujet.

S ij

985. Pour produire le même effet que dans la machine précédente, mais d'une maniere beaucoup plus simple, M. *Morel* suppose qu'on a une chûte d'eau pour faire tourner la roue A ; que
son essieu est accompagné de deux demi-roues dentées B, C,
posées du même côté, environ à trois pieds de distance l'une de
l'autre, pour mouvoir des pompes. Pour cela il se sert de deux regles, aux extrémités desquelles sont attachées les tiges des pistons.
Ces regles, qu'on suppose glisser dans des coulisses D, E, pour les
maintenir à-plomb, sont dentées sur la hauteur de 12 pouces, du
sens qu'on le voit représenté : l'une de ces regles est chargée du
poids F, pour faire descendre le piston de la pompe aspirante H ;
au bout de l'autre est attachée une corde qui passe sur deux poulies, & qui va répondre au poids G, servant à enlever le piston de
la pompe refoulante I ; chacune de ces regles est accompagnée
d'une cheville, pour limiter son mouvement par la rencontre des
coulisses DE.

Lorsque la roue A tourne, on voit que la demi-roue B doit faire
monter la regle D, en l'engrenant jusqu'à la derniere coche, &
qu'aussi-tôt qu'elle l'échappe, le poids F doit faire descendre le
piston. D'autre part, le poids G tenant la regle E élevée à une hauteur convenable, lorsque la demi-roue c viendra rencontrer les
dents de cette regle, elle l'obligera à descendre pour refouler l'eau
de la pompe I dans le tuyau montant K ; ensuite le poids G rele-
vera la regle tout de nouveau, ainsi les pistons aspireront & refouleront alternativement, de la même maniere qu'on l'a expliqué
dans l'article 982.

Comme la roue B n'exercera qu'une force médiocre pour aspirer l'eau à 24 pieds de hauteur, & surmonter la résistance du poids
F, joint à celui du piston, & qu'au contraire il faudra que la demi-
roue C, agisse avec une force beaucoup plus grande sur la regle E,
pour vaincre en même tems la résistance du poids G, & celui de la
colonne d'eau que le piston doit refouler à une hauteur de 60 pieds ;
il arrivera encore que la roue A tournera inégalement. Au reste,
n'ayant pas prétendu donner pour modele les machines précédentes, je laisse à la discrétion de ceux qui voudront en faire construire, d'en tirer ce qu'ils y rencontreront de bon, sans me mettre
en peine du sentiment qu'ils en auront ; il suffit qu'elles m'ayent
donné lieu à insinuer de quelle maniere on doit faire l'analyse des
machines exécutées, pour se mettre en état de les rectifier.

986. La planche quatrieme comprend les développemens d'une
fort belle machine exécutée à *Nynphenbourg*, par M. le Comte de

Wahl, Directeur des Bâtimens de l'Electeur de Baviere ; son objet est d'élever l'eau à 60 pieds dans un réservoir, pour la faire jaillir dans le jardin électoral.

L'eau du canal fait tourner une roue dont l'arbre est accompagné de deux manivelles A, qui aboutissent à des *tirans* de fer B, répondant à des bras de levier D, qui font mouvoir deux treuils C, à chacun desquels sont attachés six balanciers E, que l'on distingue particulierement dans la troisieme figure, portant les tiges F des pistons de 12 corps de pompes G, partagés en quatre équipages.

Chacun de ces équipages est renfermé dans une basche IK, au fond de laquelle sont assis les corps de pompes, arrêtés avec des vis sur deux madriers H percés de trous, pour que l'eau du canal, qui vient se rendre dans les basches par des tuyaux de conduite R, puisse s'introduire dans les corps de pompe.

Les trois branches L de chaque équipage, se réunissent aux fourches O, lesquels aboutissent aux tuyaux montans P, qui conduisent l'eau au réservoir. Pour que les pompes qui répondent à chacun de ces tuyaux soient solidement établies, on les a liées ensemble par des entretoises N, aux extrémités desquelles il y a des bandes de fer qui embrassent les pompes, comme on en peut juger par la quatrieme figure, qui représente une de ces pompes avec sa branche, exprimée plus sensiblement que dans les autres.

L'eau du canal Q, qui aboutit à la chûte, a 2 pieds de profondeur, & autant de vîtesse par seconde ; comme elle coule ensuite dans le coursier le long d'un plan incliné TX, dont la hauteur TV est de 10 pieds, on voit que pour estimer la force absolue du courant sur les aubes, il faut (selon l'art. 574) chercher une moyenne proportionnelle entre SV & ST, c'est-à-dire, entre 2 & 12, qu'on trouvera d'environ 4 pieds 10 pouces 8 lignes, qui répond dans la premiere table à une vîtesse de 17 pieds 1 pouce 6 lignes. Ainsi la puissance absolue pourra être regardée comme équivalente au poids d'une colonne d'eau qui auroit pour base la superficie d'une des aubes, & pour hauteur 4 pieds 10 pouces 8 lignes. (578).

Le diametre de la roue est de 24 pieds, ses aubes ont 5 pieds de longueur sur un de hauteur, par conséquent la puissance absolue est équivalente à un poids de 1715 livres.

Les manivelles ont un pied de coude, & sont disposées de façon que quand l'une est horisontale, l'autre est verticale, afin qu'il n'y ait jamais que les pistons d'un des quatre équipages qui refoulent en même tems sur une levée de 2 pieds, par l'action d'une puissance, qui n'eſt que la douzieme partie du poids des trois colonnes d'eau que ces piſtons ſoutiennent, le coude de la manivelle n'étant que la douzieme partie du rayon de la roue.

Les pompes de cette machi-
ne ſont très-
défectueuſes.

987. Le diametre des corps de pompe eſt de 10 pieds, & celui de leur branche de 3 ; ainſi le cercle de ce dernier ne ſera exprimé que par 9, tandis que celui des piſtons le ſera par 100 ; défaut commun à toutes les pompes refoulantes, & plus conſidérable ici qu'ailleurs, vu les différens coudes que l'on a fait faire à ces branches, qui ſont cauſe que l'eau ne peut monter, ſans rencontrer pluſieurs obſtacles qui s'oppoſent à ſon paſſage, & qui occaſionnent à la puiſſance plus de force qu'elle n'en employeroit ſi les pompes étoient bien faites. Comme ce ſurcroît de force ne peut avoir lieu, ſans que la vîteſſe reſpective du courant n'augmente, & que celle de la roue ne diminue à proportion, le produit de la machine doit être beaucoup au-deſſous de ce qu'il devroit être naturellement ; à cela près, il faut convenir que cette machine eſt fort ſimple & bien entendue, méritant d'être imitée en tout ou en partie, lorſqu'on voudra élever l'eau au-deſſus du rez-de-chauſſée. (971)

Deſcription & analyſe d'une machine exécutée au Val Saint-Pierre.

Voici une nouvelle machine pour faire agir des pompes refoulantes, exécutée au Val-Saint-Pierre, Chartreuſe en Tiérache, à deux licues de Vervins, ſituée ſur une hauteur, eu égard à une partie de la campagne des environs. Depuis ſa fondation, qui eſt fort ancienne, on n'avoit d'autres moyens d'avoir de l'eau, qu'en la tirant d'un puits d'une extrême profondeur, lorſqu'en 1720 le livre du *Chevalier Morland* étant tombé entre les mains de *Dom Fougeres*, alors Prieur de cette Maiſon, il ſaiſit la penſée de cet Auteur, au ſujet des *Ellipſes* qu'il propoſe en la place des manivelles, pour faire agir des pompes, & les appliqua à une machine mue par un cheval, pour élever l'eau d'une ſource à cent cinquante pieds de hauteur dans un réſervoir, d'où elle eſt enſuite diſtribuée par toute la maiſon.

Plan. 5
& 6.

L'eſpace EFGH (fig. 1.) repréſente le plan du couvert où cette machine eſt renfermée ; au milieu eſt un arbre tournant I, poſé verticalement, ſervant d'axe à un rouet, comme on en peut juger par la deuxieme & la troiſieme figures, qu'il ne faut point perdre de vue. Ce rouet s'engraine avec une lanterne M, dont l'eſſieu KL enfile trois Ellipſes N égales & ſemblables, faites de madriers, dans

la circonférence defquelles on a pratiqué un canal comme aux Fig. 11.
poulies : ces ellipfes font fituées de façon que fi elles étoient appliquées l'une fur l'autre, les extrémités de leur grand axe forme-
roient les fix points angulaires d'un exagone régulier A, B, C, D, E, F.

A l'endroit marqué O, eft un poteau, au fommet duquel on a
pratiqué trois fentes (fig. 6.) pour y paffer autant de balanciers PS,
traverfés d'un boulon qui leur fert d'effieu commun ; pour qu'ils
foient toujours maintenus dans la même direction, on les a dirigés
par des chaffis T, V, (fig. 2. & 5.) attachés à une poutre.

L'une des extrémités de chaque balancier eft embraffée par deux
jumelles SQ, qui laiffent entr'elles un vuide pour loger des roulettes R, qui tournent dans le canal des ellipfes (fig. 2. & 3.).
A l'autre extrémité X, on a fufpendu les tiges XY des piftons de trois
corps de pompe, placés dans une petite cave, qui renferme la
fource, (fig. 4 & 5.) où ils font embraffés par des fourches de fer
7, 8, liées aux piédroits de la voûte. Quant aux branches 9 de
ces corps de pompe, elles aboutiffent à l'endroit 26 au tuyau montant qui traverfe un des piédroits de la cave, & qui de-là va le
long d'une rampe de 200 toifes gagner le réfervoir.

988. Pour entendre le jeu de cette machine, on voit qu'ayant Explication du jeu de cette machine.
attelé le cheval au palonier 4, (fig. 1.) & ayant attaché fon licol à
la barre 5, 6, qui lui fert de guide ; venant à marcher, il fait tourner le rouet & la lanterne M, par conféquent les ellipfes qui donnent le mouvement aux balanciers, par la différence des axes. Car
lorfque le grand axe eft vertical, le centre des roulettes eft monté
d'une hauteur égale à *la moitié de la différence du grand axe au petit*,
au lieu qu'il eft defcendu de la *même hauteur* quand cet axe devient
horifontal. On voit que chaque roulette parcourt la demi-cir-
conférence d'une ellipfe, en montant & defcendant, & que pendant fa révolution entiere, le pifton de fon balancier afpire &
refoule l'eau deux fois, les roulettes n'abandonnant jamais le canal où elles cheminent, parce que la partie OQ des balanciers
l'emporte par fa longueur & par fon poids fur la réfiftance qui répond à l'autre partie PO.

On peut donc regarder chaque ellipfe comme la réunion de
quatre plans inclinés & curvilignes, tournant autour d'un point
fixe, & concevoir qu'à chaque révolution de l'effieu KL, un premier plan contraint le poids de monter du pied au fommet, qu'enfuite en fuccede un fecond, le long duquel le poids defcend par
la feule action de fa pefanteur ; puis un troifieme qui le fait monter
comme en premier lieu ; & enfin un quatrieme, le long duquel il
defcend.

989. Les trois ellipses ne se trouvant jamais dans la même situation, il arrive que tandis qu'une des roulettes monte, il y en a deux qui descendent, que peu après il n'y en a plus qu'une qui descend & deux qui montent; d'où il suit que les pistons aspirent & refoulent l'eau, selon les variations qui se rencontrent dans la manivelle triple. (115) Toute la différence, c'est qu'ici les pistons aspirent & refoulent l'eau six fois à chaque révolution de l'axe *KL*, au lieu que dans un tour de la manivelle il n'aspirent & refoulent que trois fois; ce qui montre que les ellipses ont la propriété de doubler la vîtesse des pistons, toutes choses d'ailleurs égales, ce que la manivelle triple ne pourroit produire sans un double engrainement. Un avantage encore des ellipses, c'est de rendre l'action de la puissance beaucoup plus uniforme, parce que les angles que forment ici les axes ne sont que de 60 degrés; c'est-à-dire, moitié de ceux qui naissent des coudes de la manivelle triple.

Ne connoissant point de machine plus simple & plus commode que celle-ci pour élever à peu de frais une grande quantité d'eau à une hauteur considérable, soit pour les besoins de la vie, soit pour la faire jaillir dans un jardin de plaisance, je vais m'attacher à en donner les dimensions telles qu'elles conviennent le mieux, sans me mettre en peine de celles qui ont été suivies dans l'exécution.

990. Le rouet a 6 pieds de rayon, depuis le centre jusqu'à la circonférence sur laquelle sont placées les dents. Les fentes, qui doivent être à double membrures, posées l'une sur l'autre, ont 9 pouces d'épaisseur & autant de largeur. Les dents, qui sont au nombre de 101, ont 16 pouces de longueur, 4 de saillie, & 12 de racine, 3 pouces 6 lignes de largeur, $1\frac{1}{2}$ d'épaisseur au sommet, & $2\frac{1}{2}$ par le bas à cause du talon; la racine a $2\frac{1}{2}$ pouces d'épaisseur en quarré par le haut réduit à $1\frac{1}{2}$ pouces par le bas. Quant à l'arbre tournant, son diametre est de 18 pouces.

991. Pour que le cheval en tournant puisse passer commodément sous l'arbre *LK* de la lanterne, il faut que le sommet des dents du rouet, soit élevé de 5 pieds & demi au-dessus du rez-de-chaussée. Le limon 2, 3, doit avoir 14 pieds de longueur, depuis le centre du rouet, jusqu'à l'endroit où est attaché le palonnier; & pour que le cheval puisse se mouvoir commodément, il faut que les trois côtés *EF*, *FG*, *GH* soient éloignés de 18 pieds du centre du rouet, au lieu que dans la figure cet intervalle n'est que de 15 pieds; faute que l'on a faite en construisant le bâtiment.

992. Les fuseaux de la lanterne sont au nombre de 20; leur diametre

m̃etre eſt de 2 pouces 6 lignes, la circonférence qui répond à leur *des parties de* axe a 34 pouces de diametre, & celui des tourteaux, 44; ils ſont *la lanterne.* faits de madriers de 5 pouces d'épaiſſeur, & l'arbre qui ſert d'eſſieu à la lanterne & aux ellipſes doit avoir 16 pouces de diametre.

993. Les ellipſes ſont éloignées de 6 pouces l'une de l'autre, & *Dimenſions* compoſées de madriers de 7 pouces d'épaiſſeur, leur canal eſt de *des ellipſes.* 4 pouces de largeur, ſur 1 ½ de profondeur; ainſi elles ont deux rebords dont la ſaillie ne fait point partie de la longueur des axes, qui doivent être meſurés du fond du canal, dans lequel il regne une bande ou frette de fer ſervant à lier les madriers. Le grand axe de ces ellipſes doit être de 5 pieds, & le petit de 3; ainſi la moitié de la différence de ces deux axes eſt de 12 pouces, qui eſt le chemin que les roulettes font en montant & en deſcendant (988).

994. La longueur des balanciers, priſe depuis le centre des rou- *Dimenſions* lettes juſqu'au point de ſuſpenſion des piſtons, doit être de 25 *des balanciers.* pieds, ſur 5 & 9 pouces d'équarriſſage poſés de champ; leur centre de mouvement doit être élevé de 9 pieds 6 pouces au-deſſus du rez-de-chauſſée, afin que chaque balancier ſe trouve dans une ſituation horiſontale, lorſque ſa roulette répond aux extrêmités du grand axe de l'ellipſe.

Les roulettes, qui ſont de bois, doivent avoir un pied de diametre ſur 3 pouces d'épaiſſeur, elles ſont fortifiées par un cercle de cuivre.

995. Le centre de mouvement des balanciers doit être éloigné *Les bras du* de 15 pieds de celui des roulettes, afin que la partie qui répond *balancier doi-* aux piſtons ſe trouvant les deux tiers de l'autre, les levées des piſ- *vent être dans* tons ſoient de 8 pouces, c'eſt-à-dire, les deux tiers du chemin des *la raiſon réci-* roulettes. *proque du che-*
min des rou-
lettes & de la
levée des piſ-
tons.

996. Les corps de pompes ont intérieurement 2 ¼ pouces de dia- *Détail des* metre ſur 12 de hauteur. (fig. 7 & 8.) Leur figure exterieure eſt com- *corps de pompe* poſée de quatre faces, chacune de 3 pouces 2 lignes de largeur: *tels qu'ils ſont* ils ſont unis par le bas à un culot 18 percé de trous, afin que l'eau *exécutés au* qu'aſpirent les piſtons, n'entraîne point d'ordures; entre ce culot & *Val-Saint-* le corps de pompe, ſe trouve priſe la languette d'une ſoupape à co- *Pierre.* quille développée par les figures 11, 12, 13, 14 & 15, auſquelles je ne m'arrête point, ayant été ſuffiſamment expliquée dans l'art. 961. On fera ſeulement attention que les nombres qui accompagnent ces figures, ne ſervent qu'à faire voir la correſpondance des parties ſemblables.

997. Dans l'une des faces du corps de pompe, on voit (fig. 8.) l'orifice 19 qui répond à la branche repréſentée dans la figure 7, obſervant que chacune de ces branches, qui n'ont guere intérieure-

ment qu'un pouce de diametre, comprend une soupape dans la partie 20, 21, semblable à la précédente, placée entre les brides 21 & 22 pour retenir l'eau du tuyau montant, dans le tems que le piston aspire.

Les pistons, (fig. 9 & 10) sont des cylindres de fonte, ayant une queue 27 de même métal, attachée à une double fourche 29, qui embrasse aussi la tige 28, qui n'est autre chose qu'un bout de solive de 4 pouces d'équarrissage, & d'une hauteur proportionnée à la situation de la source. Le corps de ces pistons est composé de deux parties, l'une (30, 31) a 8 pouces de hauteur sur 2 pouces 5 lignes de diametre, & l'autre (32, 33), 4 pouces de hauteur sur 15 lignes de diametre. A son extrêmité est une vis 36 qui s'ajuste dans un écrou (34, 35) servant à retenir & à resserrer un nombre de rondelles de cuir (27, 28), comme dans l'article 957.

998. Quand à l'action du piston, on sent bien que lorsqu'il aspire, le poids de l'atmosphere, qui agit ici en plein, force l'eau d'entrer dans les corps de pompe, en ouvrant la soupape qui est dans le fond, & qu'au moment qu'il refoule, cette soupape se refermant, l'eau passe dans la branche, leve la seconde soupape, & monte dans le tuyau de conduite.

Ces pompes ne sont point à imiter, ayant le défaut commun à toutes celles de cette espece.

999. Les branches des corps de pompe n'ayant guere qu'un pouce de diametre, tandis que celui des pistons est de $2\frac{1}{2}$ (996, 997), on voit que l'eau est contrainte de passer dans un tuyau dont la grosseur n'est que la sixieme partie de celle du piston, & que les soupapes qui répondent au tuyau montant, étant à coquille, le cheval qui fait agir la machine, employe une partie de sa force à surmonter les obstacles que l'eau rencontre en son chemin, qui est le même cas que dans l'art. 987, auquel je ne m'arrête point présentement, parce qu'on trouvera dans le chapitre cinquieme la maniere de l'éviter.

Maniere de calculer le produit de cette machine.

1000. Pour calculer le produit de cette machine, on saura que le cheval qui la meut, fait deux tours par minute, par conséquent 120 par heure, & qu'à chaque tour, il parcourt 14 toises 4 pieds ; ainsi sa vîtesse est de 1760 toises par heure, ce qui approche fort de celle qu'on a coutume de lui attribuer.

Le rouet ayant 101 dents (990) & la lanterne 20 fuseaux (992), elle fera $5\frac{1}{20}$ tours contre le rouet un ; comme ce dernier en fait 120 par heure, il suit que la lanterne en fera 606 dans le même tems ; & comme chaque piston refoule deux fois à chaque tour que fait la lanterne, (988) les trois feront donc ensemble 3636 relevées en une heure.

Les pistons ayant 2 ½ pouces de diametre, & 8 pouces de levée,
(995) chacun en refoulant une fois, fera passer dans le tuyau de
conduite une colonne d'eau de 39 ½ pouces cubes, qui étant multipliés par 3636, donnent 142843 pouces cubes, ou un peu plus de 10
muids, pour la quantité d'eau que la machine fournit par heure, à
une hauteur de 150 pieds ; sur quoi l'on remarquera que le même
cheval travaille ordinairement quatre heures le matin & autant l'a-
près midi. Ayant fait mettre à sec le réservoir, & fait agir la machine pendant quatre heures, j'ai mesuré l'eau qui s'y étoit rendue,
pour voir si le produit étoit conforme à mon calcul, j'ai trouvé
qu'il s'y étoit rendu, 324 pieds cubes d'eau, ou 40 muids & demi.

1001. Lorsqu'on voudra construire cette machine pour élever
l'eau au-dessus ou au-dessous de 150 pieds, il faudra diminuer le
cercle des pistons, à proportion qu'on voudra élever l'eau à une
plus grande hauteur ; autrement si on leur donnoit le même diametre qu'au Val-Saint-Pierre, il pourroit arriver que la force
d'un cheval ne suffiroit pas pour faire agir la machine. Si au contraire on veut élever l'eau à une hauteur moindre, il faudra augmenter le cercle des pistons à proportion, autrement le cheval
ayant toujours à-peu-près une vitesse de 1800 toises par heure, ne
fera pas monter une quantité d'eau proportionnée à sa force
moyenne. Pour déterminer la grosseur des corps de pompes dans
l'un ou l'autre de ces cas, relativement à l'effet actuel de cette
machine, voici une regle générale que je donne, principalement
pour la satisfaction de ceux qui n'ont qu'une médiocre connoissance des Mathématiques.

La superficie du cercle des pistons doit ê-tre proportionnée à la hauteur où on veut élever l'eau.

Le diametre des pistons étant de 2 pouces 6 lignes (996), son
quarré sera de 6 pouces & un quart, qui étant multipliés par 150
pieds, donnent 937 ½, qu'on peut prendre pour le poids de la
colonne d'eau que chaque piston refoule ; mais comme le diametre des mêmes pistons pourroit être un peu plus grand, si les pompes de cette machine n'avoient point les défauts que nous y avons
remarqués, (999) le produit précédent seroit aussi plus grand ;
c'est pourquoi en les supposant parfaites, on pourra prendre 1000
pour l'expression de la colonne d'eau, au lieu de 937 ½, encore
fera-t'elle au-dessous de ce qu'elle pourroit être.

1002. Lorsqu'on voudra construire la machine du Val-Saint-
Pierre, en suivant exactement les dimensions que nous avons données au rouet, à la lanterne, aux ellipses & aux balanciers ; il
faudra, pour trouver le diametre des trois corps de pompe, diviser le nombre 1000 par la quantité de pieds qui exprime la hau-

Regles pour déterminer le diametre des pistons de cette machine, rela-tivement à la hauteur où l'on veut élever l'eau.

teur où l'on veut élever l'eau , & extraire la racine quarrée du quotient, elle donnera le diametre que l'on cherche. Par exemple, fi l'on vouloit élever l'eau à 60 pieds, il faudroit divifer 1000 par 60, le quotient donnera 16⅔ pour le quarré du diametre , dont la racine eft 4 pouces 1 ligne.

Maniere de calculer le produit de cette machine , relativement à la groffeur des corps de pompe.

1003. Pour favoir la quantité d'eau que les nouvelles pompes fourniroient par heure , en fuppofant toujours leurs piftons de 8 pouces de levée, on dira : fi 6¼, quarré du diametre des piftons du Val-Saint-Pierre, donnent 10 muids d'eau pour le produit de la machine par heure, combien donnera 16⅔, quarré du diametre des nouveaux piftons pour leur produit ? Il viendra 26⅔ muids.

S'il arrivoit que le terrein ne permît pas de placer les corps de pompe dans l'eau comme au Val-Saint-Pierre, on pourra les fituer au-deffus à la hauteur qu'on jugera la plus convenable , en y faifant des tuyaux d'afpiration , pour pouvoir élever l'eau d'un ruiffeau ou d'une riviere ; alors on obfervera de divifer le nombre 1000 , non par la hauteur du réfervoir, au-deffus de l'endroit où feront placées les pompes , mais bien par la hauteur qui marquera l'élevation de ce réfervoir au-deffus du niveau des plus baffes eaux.

Lorfque les piftons refoulent de bas en haut , il faut que les roulettes foient au-deffous des ellipfes.

1004. Si l'on avoit quelque raifon pour faire des pompes dont les piftons refoulent de bas en haut plutôt que de haut en bas, on pourroit encore fe fervir des ellipfes pour donner le mouvement aux balanciers , en faifant enforte qu'elles prennent les roulettes en deffus , au lieu de les prendre en deffous. En ce cas il faudra que le cheval tourne d'un fens oppofé à celui où nous l'avons confideré , & que le rouet , l'effieu de la lanterne, & les balanciers foient placés à une hauteur convenable , pour qu'il ne rencontre point d'obftacles en fon chemin ; c'eft à quoi il convient de penfer férieufement avant que d'affembler les pieces de la machine.

De toutes les machines qui font venues à ma connoiffance, je n'en ai point rencontré de plus difficile à calculer que celle que je viens de décrire , parce qu'on ne peut parvenir à déterminer le rapport de la puiffance au poids, qu'avec le fecours d'une théorie fort fubtile ; & comme elle ne pourroit être entendue que de peu de perfonnes , je me contenterai d'en déduire quelques regles de pratique , dont on trouvera l'origine dans les recherches que j'ai faites au fujet des ellipfes qui tournent fur leur centre, pour élever un poids, que je donnerai dans un difcours féparé , m'ayant paru digne de la curiofité des Sçavans.

Le bras de levier qui répond à l'action

1005. Pour peu qu'on y faffe attention , on verra que lorfqu'une ellipfe en tournant fur fon centre , éleve un poids, le bras de levier qui répond à ce poids , varie fans ceffe , c'eft-à-dire , qu'il paffe du plus petit au plus grand , & enfuite du plus grand au plus petit (1018). Or il faut être prévenu *que le plus grand fe trouve égal à la différence des deux demi-axes de l'ellipfe,* (1024) & que c'eft celui qui doit entrer dans le calcul de la machine , lorfqu'elle eft mûe par un animal , dont la force étant fenfée limitée , ne doit point être inférieure à la plus grande réfiftance que le poids peut oppofer ; au lieu que quand elle eft mûe par un courant , on peut prendre un bras de levier moyen , felon ce qui a été dit au fujet de la manivelle fimple (109) ; par conféquent le bras de levier , qui doit fuivre immédiatement le rayon de la lanterne , eft ici de 12 pouces (993).

des ellipfes variant fans ceffe , il faut faire le calcul fur le plus grand , qui fe trouve égal à la différence des deux demi-axes.

1006. Comme l'ellipfe en tournant pouffe la roulette felon une direction oblique , qui eft caufe que l'action du poids eft compofée de celle de fa pefanteur propre , & de la réfiftance horifontale , qui naît de la part de l'effieu des balanciers , (1018) on faura que *la péfanteur abfolue du poids que l'ellipfe doit furmonter , eft à fa plus grande réfiftance , comme le produit de ces deux axes eft à la différence des quarrés des mêmes axes , c'eft-à-dire* (993) comme 5×3 eft à 5×5—3×3 , ou comme 15 eft à 16 (1026).

Il y a un inftant où les ellipfes éprouvent en tournant une réfiftance plus grande que celle qui naît de la péfanteur abfolue du poids.

1007. Pour bien entendre ce que je cherche à infinuer , il faut s'imaginer que la réfiftance qu'oppofe la roulette d'un balancier , tient lieu d'un poids pofé fur un plan incliné , retenu par une direction parallele à fa bafe; alors (felon l'art. 83), *la puiffance qui voudroit élever le poids en pouffant le plan , fera à ce poids comme la hauteur du plan eft à fa bafe.* Or fi la hauteur du plan étoit exprimée par 16 , & fa bafe par 15 , la puiffance le feroit par les $\frac{16}{15}$ du poids ; voilà le cas où l'on peut confidérer l'ellipfe , quand elle agit par fon plus grand bras de levier , (1005) lorfque le poids lui réfifte le plus. Ainfi nommant x , la réfiftance qu'oppoferoit chaque pifton , fi la roulette de fon balancier étoit pouffée de bas en haut , felon une direction verticale , on aura $\frac{16}{15} x$, pour celle que l'ellipfe doit furmonter , lorfqu'elle agira par un bras de levier de 12 pouces.

L'action des ellipfes eft dans le même cas qu'un plan incliné qu'on introduit fous un corps pour l'élever.

1008. Si l'on avoit trois ellipfes , dont les grands axes fuffent paralleles , qu'ils fiffent agir en même tems trois piftons de même diametre , la réfiftance que la puiffance motrice éprouveroit , à l'inftant où les ellipfes agiroient par leurs plus grands bras de levier , feroit triple de celle qui répond à une feule. Mais comme les trois ellipfes de notre machine font difpofées de façon que tandis que la premiere agit par fon plus grand bras de levier , celui de la feconde , lequel répond au pifton qui refoule en même tems , n'eft

Eftimation de la plus grande réfiftance , que peuvent oppofer les piftons de cette machine.

que la moitié du plus grand. On voit que cette puissance ne soutient alors que *la moitié de la résistance des trois pistons précédens* ; par conséquent on aura $\frac{3}{2} \times \frac{16}{15} x$, ou $\frac{8}{5} x$ pour l'expression du poids que la machine doit mouvoir.

On peut, dans le calcul des machines, dont le mouvement se communique par de grands bras de levier, négliger l'estimation du frottement des pivots & des tourillons.

1009. Avant que de commencer le calcul de la machine, je ferai observer que les frottemens du pivot du rouet, des tourillons de la lanterne, & de l'essieu des balanciers, étant peu de chose, nous les regarderons comme nuls, pour rendre les opérations plus simples ; ainsi nous n'aurons égard qu'à celui qui naît de la rencontre des dents du rouet & des fuseaux de la lanterne. C'est pourquoi nous multiplierons 180 livres, force moyenne d'un cheval (124), par $\frac{18}{19}$, selon l'article 291, dont le produit donne 170 livres pour la puissance réduite.

Calcul de la machine du Val-Saint-Pierre, pour connoître le poids de la colonne d'eau que chaque piston refoulera.

1010. Comme entre la puissance & le poids il y a six bras de leviers qui sont, le limon de 14 pieds (991), ou de 168 pouces ; le rayon du rouet de 6 pieds, (990) ou de 72 pouces ; le rayon de la lanterne de 17 pouces ; (992) le plus grand bras de levier de l'ellipse de 12 pouces ; (1005) celui qui vient de la partie du balancier répondant à la roulette, que nous exprimerons par le nombre 3, & le dernier qui répond au piston, qui pourra être exprimé par 2, puisqu'il n'est que les deux tiers du précédent : (995) multipliant de suite ceux qui répondent au poids & ceux qui répondent à la puissance, selon l'article 74, on aura dans l'état d'équilibre, 170 livres, $\frac{8}{5} x :: 72 \times 12 \times 2$, $168 \times 17 \times 3$, d'où l'on tire $2765 \times x = 1456560$, ou $x = \frac{1456560}{2765} = 526$ livres, dont le résultat montre que chaque piston pourra refouler une colonne d'eau du poids de 526 livres.

Maniere de connoître le diametre des pistons, en supposant les pompes parfaites.

1011. Pour connoître le diametre des pistons, il faut réduire en pouces la colonne précédente, en disant : Si 70 livres, pesanteur d'un pied cube d'eau, donnent 1728 pouces, combien donneront 526 livres ? On trouvera 12984 pouces cubes, pour la masse de cette colonne, qu'il faut diviser par la hauteur de la même colonne ; que nous avons dit être de 150 pieds ; ou de 1800 pouces. Il viendra environ $7\frac{1}{2}$ pouces quarrés pour la superficie du cercle du piston, dont on aura le diametre, en extrayant la racine quarrée de $\frac{14}{11} \times 7\frac{1}{2} = 9\frac{6}{11}$, qu'on trouvera de 3 pouces & environ une ligne. On voit par là que la machine du Val-Saint-Pierre ne remplit point tout l'effet qu'on pourroit en attendre, par la mauvaise construction des pompes, qui est cause, comme je l'ai déja remarqué (999) que la force du cheval n'est point totalement employée à surmonter le poids de l'eau.

1012. Pour en juger, il faut se rappeller (996) que les pistons de cette machine n'ayant que 2 pouces 6 lignes de diametre, leur quarré sera de 6 ¼ pouces ; comme ils pourroient être de 9 $\frac{6}{11}$, on connoîtra l'effet de ce dernier, en disant. Si 6 ¼ donnent 10 muids par heure, combien donneront 9 $\frac{6}{11}$? On trouvera 15 muids $\frac{3}{11}$ pour le produit dont cette machine seroit capable, si elle étoit rectifiée.

Quand cette machine sera rectifiée, la force moyenne d'un cheval pourra élever quinze muids d'eau par heure, à 150 pieds de hauteur.

1013. Nous avons dit (1006) que la résistance absolue de la roulette d'un des balanciers, étoit à sa plus grande résistance relative, comme le produit des deux axes d'une ellipse, étoit à la différence des quarrés des mêmes axes ; par conséquent si cette différence étoit égale au produit des axes, l'ellipse en tournant n'auroit jamais à surmonter une résistance au-dessus de celle que la roulette peut opposer naturellement, & il suffiroit dans le calcul de la machine, de n'avoir simplement égard qu'au plus grand bras de levier relatif à l'ellipse (1005). Il doit donc y avoir un rapport déterminé entre ces deux axes, pour que la résistance du poids n'excede jamais sa pésanteur propre.

On peut déterminer les axes des ellipses, de maniere qu'elles n'auront jamais à surmonter une résistance au-dessus de la pésanteur absolue du poids.

1014. Pour découvrir ce rapport, nous supposerons que le grand axe AB étant donné, il s'agit de trouver le petit CD, ensorte que l'on ait $AE \times ED = \overline{AE}^2 - \overline{ED}^2$. Ayant nommé AE, a; ED, x; on aura $ax = aa - xx$, où $xx + ax = aa$, qui étant réduit, donne $x = \sqrt{aa + \frac{aa}{4}} - \frac{a}{2}$, dont voici la construction.

Calcul pour déterminer les axes des ellipses. PLAN. 5. FIG. 12.

Il faut sur l'extrêmité A du grand axe AB, élever la perpendiculaire AF, égale à la moitié du demi-axe AE, tirer la ligne EF, d'où ayant retranché FH égale à AF, la différence EH, (x) donnera le demi-axe ED que l'on demande, comme il est aisé de s'en convaincre.

1015. Si l'on fait EG égal à EH ou à ED, le demi-axe AE se trouvera divisé en moyenne & extrême raison au point G ; car EG étant x, GA sera $a - x$; & comme par la propriété de cette ellipse l'on a $ax = aa - xx$, ou en transposant $xx = aa - ax$, d'où l'on tire a (AE), x (EG) :: x (EG), $a - x$ (GA); on voit que *pour avoir une ellipse dont le produit des deux axes soit égal à la différence des quarrés des mêmes axes, il faut que le petit axe soit égal à la médiane du grand, divisé en moyenne & extrême raison.*

Pour que les ellipses soient parfaites, il faut que leur petit axe soit égal à la médiane du grand divisé en moyenne & extrême raison.

1016. Si l'on vouloit que les ellipses de la machine du Val-Saint-Pierre fussent dans le cas de la précédente, il faudroit en donnant encore 5 pieds ou 60 pouces au grand axe, en donner

La grandeur que nous avons donnée aux axes des

ellipses, approche fort du point de perfection.

37 au petit, au lieu de 36 ; alors la différence des demi-axes, par conséquent le plus grand bras de levier & le chemin de la roulette se trouveroient de 11 pouces 6 lignes ; car si dans l'équation

$$x = \sqrt{aa + \frac{aa}{4}} - \frac{a}{2},$$

on suppose a de 30 pouces, x en vaudra $18\frac{1}{2}$, qui est une différence de 6 lignes, à laquelle nous n'avons point eu égard, pour rendre les dimensions plus simples ; autrement si le chemin de la roulette ne se trouvoit que de $11\frac{1}{2}$ pouces, tandis que le jeu des pistons seroit de 8, il faudroit que les bras du balancier fussent dans le rapport de 23 à 16, au lieu qu'ils sont dans celui de 3 à 2 (995). J'ajouterai qu'indépendamment de cette considération, il étoit à propos de montrer la maniere de calculer l'action des ellipses, quel que puisse être le rapport de leur diametre.

Le chemin de la roulette étant donné, ou la différence des deux axes, déterminer la grandeur des axes dans le cas le plus parfait.

1017. Si la différence des axes, ou le chemin de la roulette, que nous nommerons b, étoit donnée, & que l'on voulût connoître la grandeur des mêmes axes, pour que l'ellipse soit dans le cas le plus avantageux. Nommant x, la moitié du petit axe, on aura $b + x$ pour celle du grand, par conséquent $b + x, x :: x, b$, d'où l'on tire $bb = xx - bx$, qui étant réduit donne $\sqrt{bb + \frac{bb}{4}} + \frac{b}{2} = x$.

Voulant appliquer cette équation à un exemple, nous supposerons que l'on veut déterminer les axes des ellipses du Val-Saint-Pierre, de maniere que le chemin de la roulette soit de 12 pouces, alors on aura $bb + \frac{bb}{4} = 180$, dont la racine quarrée est de 13 pouces 5 lignes, à laquelle ajoutant 6, valeur de $\frac{b}{2}$, il vient 19 pouces 5 lignes pour la moitié du petit axe, & 31 pouces 5 lignes pour celle du grand. Que si l'on suit ces dimensions, la fraction $\frac{16}{17}$ devenant nulle dans le calcul de la machine, on aura $\frac{3}{2}x$, au lieu de $\frac{8}{5}x$ (1008) ; si l'on donne encore trois pouces au diametre des pistons, la puissance sera environ d'un douzieme plus forte que le poids ; ce surcroît de force servira à surmonter la résistance que peut opposer la pésanteur relative des balanciers soutenus par les ellipses ; nous n'avons point fait entrer cette pésanteur dans le calcul de la machine, l'ayant regardée comme un trop petit objet. J'ajouterai seulement que le poids de cette partie des balanciers, joint à l'avantage qu'elle tire de sa longueur, doit être tellement ménagé, que les roulettes n'abandonnent jamais les ellipses, afin que l'aspiration des pistons se fasse naturellement.

Recherches

Recherches sur une ellipse qui, en tournant sur son centre, éleve un poids.

1018. Ayant une ellipse BCIS mue verticalement autour de son centre A, par l'action d'une puissance Q, appliquée à un bras de levier constant AT, pour élever un poids P, représenté par le cercle DM, dont le centre D est supposé se maintenir dans la verticale AD, & soutenu par une puissance dont la direction DZ ne sort jamais de l'horisontale, on demande une expression de la puissance Q dans toutes les situations de l'ellipse, particulierement dans celle où cette puissance aura à soutenir la plus grande résistance que le poids peut lui opposer.

Examen des lignes qui peuvent exprimer la direction du poids & le bras de levier qui a rapport à l'ellipse. Plan. 5. Fig. 13.

Supposant que le point M soit celui où le poids P touche l'ellipse, tirant la ligne DMG, elle marquera la direction de l'effort que l'ellipse soutient au point M; si du même point on abaisse sur la verticale DA, la perpendiculaire MO, prenant DO pour exprimer la pesanteur absolue du poids P, le rayon DM (que nous nommerons R) exprimera l'effort que l'ellipse soutient; & si du centre A on abaisse la ligne AF, perpendiculaire sur DC, elle sera le bras du levier relatif à cet effort. Ainsi dans l'état d'équilibre, on aura Q, R :: AF, AT; il s'agit donc de trouver l'expression de AF & celle de la force R.

Ayant mené du point M l'ordonnée MP au grand axe AB de l'ellipse, & formé le triangle différentiel MmR, qui servira pour avoir l'expression de ME & de EP; nous nommerons AB, a; AC, b; DM, r; DF, f; AF, z; AP, x; PM, y; MR, dy; RM, dx; & Mm, du.

1019. La propriété de l'ellipse donnant $yy = bb - \frac{bb}{aa}xx$, ou $y = \frac{b}{a}\sqrt{aa - xx}$, on aura $dy = - \frac{bxdx}{a\sqrt{aa - xx}}$, & $du = \sqrt{dx^2 + dy^2}$

$$= \frac{dx\sqrt{a^4 - aaxx + bbxx}}{a\quad aa - xx} = \frac{dx}{a}\frac{\sqrt{a^4 - ccxx}}{aa - xx},$$ en supposant $aa - bb = cc$.

1020. On tire des triangles semblables MRm, MPE, Rm(dx) MR $\left(\frac{bxdx}{a\sqrt{aa - xx}}\right)$ :: MP $\left(\frac{b}{a}\sqrt{aa - xx}\right)$, EP $= \frac{bbx}{aa}$; d'autre part

Analogie pour trouver l'expression des mêmes lignes. Plan. 5. Fig. 13.

Rm(dx), Mm $\left(\frac{dx}{a}\frac{\sqrt{a^4 - ccxx}}{aa - xx}\right)$ :: MP $\left(\frac{b}{a}\sqrt{aa - xx}\right)$, ME $\left(\frac{b}{aa}\sqrt{a^4 - ccxx}\right)$; ainsi AP — EP $=$ AE $\left(\frac{aax - bbx}{aa} = \frac{ccx}{aa}\right)$

I. Partie. Tome II.　　　　　　　V

1021. On tire encore des triangles semblables MPE, AFE,

$$\text{EM}\left(\frac{b\sqrt{a^4-ccxx}}{aa}\right),\ \text{MP}\left(\frac{b\sqrt{aa-xx}}{a}\right) :: \text{AE}\left(\frac{ccx}{aa}\right),\ \text{AE}\ (z)$$

$$=\frac{ccx\sqrt{aa-xx}}{a\sqrt{a^4-ccxx}},\ \&\ \text{EM}\left(\frac{b\sqrt{a^4-ccxx}}{aa}\right),\ \text{EP}\left(\frac{bbx}{aa}\right) :: \text{AE}\left(\frac{ccx}{aa}\right),\ \text{EF}$$

$$=\frac{bccxx}{aa\sqrt{a^4-ccxx}}.$$

Ainsi l'on aura $\text{DF} = \text{DM}\,(r) + \text{ME}$

$$\left(\frac{b\sqrt{a^4-cxx}}{aa}\right) + \text{EF}\left(\frac{bccxx}{aa\sqrt{a^4-ccxx}}\right) = r + \frac{aab}{\sqrt{a^4-ccxx}}.$$

Cela posé, on tire du triangle rectangle DFA l'équation suivante, $\text{AD}\,(\sqrt{zz+ff})$

$$= \frac{\sqrt{aarr\times a^4-ccxx+2a^4b\sqrt{a^4-ccxx}+a^6bb+c^4xx\times aa-xx}}{a\sqrt{a^4-ccxx}},$$

qui annonce que la valeur de Q sera si composée qu'on n'en pourra rien faire, comme on en va juger après que nous aurons trouvé l'expression de R.

1022. Considerez que l'on a $\text{DF}\,(f)$, $\text{DA}\,(\sqrt{zz+ff}) :: \text{DO}$, $\text{DM} :: \text{P}$, $\text{R} = \text{P}\times\dfrac{\sqrt{zz+ff}}{f}$, & qu'on peut encore trouver une valeur de Q par cette nouvelle proportion $\text{AT},\ (b)$, $\text{AF}\,(z) :: \text{R}$, $\text{Q} = \dfrac{Rz}{b} = \text{P}\times\dfrac{z\sqrt{zz+ff}}{bf}$; d'où l'on tire $\text{Q} = \text{P}$

$$\times\ \frac{ccx\sqrt{aa-xx}\times\sqrt{aarr\times a^4\,ccxx+2a^4b\sqrt{a^4-ccxx}+a^6bb+c^4xx\times aa-xx}}{ab\sqrt{a^4-ccxx}\times ar\sqrt{a^4-ccxx}+a^3b}$$

1023. Quoique nous ayons réduit la valeur de la puissance Q à sa plus simple expression, elle est encore si composée qu'il ne me paroît pas possible de la déterminer dans le cas où elle a le plus grand effort à soutenir, à cause des difficultés insurmontables que fournit la longueur du calcul. Ayant tenté plusieurs voies différentes, qui ne m'ont pas mieux réussi que la précédente, j'ai pris le parti de supposer que le point d'attouchement M du poids & de l'ellipse, étoit toujours dans la verticale AD. Cette supposition est si peu éloignée de ce qui arrive en effet dans l'usage qu'on peut faire de ces sortes d'ellipses, que tout ce qu'on en déduira pour la pratique pourra être regardé comme vrai ; ainsi ne considérant plus que la figure quatorzieme, nous prendrons la ligne MG perpendiculaire à la tangente MN, pour la direction selon laquelle le poids P résiste à l'ellipse ; par conséquent la perpendiculaire AF sera le bras de levier relatif à cet effort. (1018).

1024. Si l'on se rappelle qu'on a trouvé (1021) AF $= \frac{ccx\sqrt{aa-xx}}{a\sqrt{a^4-ccxx}}$, prenant la différentielle de cette expression pour en chercher le *maximum*, on aura $\frac{\overline{aa-2xx}\times\sqrt{a^4-ccxx}\,x\,dx}{\sqrt{aa-xx}} + \frac{ccxx\sqrt{aa-xx}\,x\,dx}{\sqrt{a^4-ccxx}}$ $= 0$, d'où l'on tire $x^4 - \frac{2a^4}{cc}xx + \frac{a^6}{cc} = 0$, par conséquent $xx = \frac{a^4}{cc} \pm \sqrt{\frac{a^8}{c^4} - \frac{a^6}{cc}}$, ou $xx = \frac{a^4}{cc} \pm \frac{a^3}{cc}\sqrt{aa-cc}$. Or comme l'on a $aa - bb = cc$ (1019), d'où l'on tire $aa - cc = bb$, par conséquent $\sqrt{aa-cc} = b$, il viendra $xx = \frac{a^4 \pm a^3 b}{cc}$; mais comme dansle choix des signes $+$ & $-$, on reconnoît aisément qu'il faut se déterminer pour $-$, on aura donc $x = \frac{a}{c}\times\sqrt{aa-ab}$, qui étant substitué dans $\frac{ccx\sqrt{aa-xx}}{a\sqrt{a^4-ccxx}}$, expression de AF, donne AF $= \frac{cc}{a}$

$\times \frac{\frac{a}{c}\sqrt{aa-ab}\times\sqrt{aa-\frac{a^4+a^3b}{cc}}}{\sqrt{a^4-a^4+a^3b}}$, ou AF $= \frac{\sqrt{aa-ab}\times\sqrt{ab-bb}}{\sqrt{ab}}$, ou $\overline{AF}^2$

$= \frac{\overline{aa-ab}\times\overline{ab-bb}}{ab} = aa - 2ab + bb$, dont la racine donne AF $= a$ $- b$, qui montre que *la plus grande valeur que peut avoir AF, est égale à la différence des demi-axes AB & AC.*

1025. Pour connoître la plus grande résistance que le poids P peut opposer au mouvement de l'ellipse , nous supposerons que la tangente MN représente un plan incliné MLN , poussé en avant selon une direction horisontale LM , par une puissance qui a pour objet d'élever le poids P. En suivant cette idée , la pésanteur absolue du poids sera à la puissance, comme la base ML du plan est à sa hauteur LN , ou comme MF est à FA ; parce que les angles NML , AMF sont égaux , ou comme le sinus total est à la tangente de l'angle AMF. Ainsi lorsque la tangente de cet angle sera la plus grande qu'il est possible , le poids opposera à l'ellipse la plus grande résistance.

Nommant r le sinus total , & t, la tangente de l'angle AMF ; on aura (1026) MF $\left(\frac{aab}{\sqrt{a^4-ccxx}}\right)$, AF $\left(\frac{ccx\sqrt{aa-xx}}{a\sqrt{a^4-ccxx}}\right) :: r , t = \frac{ccr}{a^3b}$ $x\sqrt{aa-xx}$; prenant donc la différentielle de $\frac{ccr}{a^3b}x\sqrt{aa-xx}$ pour l'égaler à zéro, on trouvera que le plus grand donne $x = \frac{\sqrt{aa}}{2}$, qui montre que *lorsque* AP *a cette derniere valeur, le poids oppose à l'ellipse la plus grande résistance qu'il est possible.*

A quoi se réduit le rapport de la pesanteur absolue à la pesanteur relative du poids.

1026. Si l'on substitue la valeur d'x dans $t = \frac{ccr}{a^3 b} x \sqrt{aa - xx}$, il viendra $t = \frac{ccr}{ab}$, ou $\frac{r}{t} = \frac{ab}{cc}$; ce qui montre que *la pesanteur absolue du poids est à la plus grande résistance qu'il peut opposer au mouvement du plan incliné ou de l'ellipse, comme le rectangle compris sous les deux axes est à la différence des quarrés des mêmes axes.*

Maniere de déterminer le plus grand angle formé par une tangente & un diametre de l'ellipse.

1027. L'angle obtus AMN étant composé de l'angle droit FMN & de l'angle aigu AMF, on sent bien que lorsque ce dernier sera le plus grand de tous ceux qui peuvent être compris par le diametre AM & la ligne MF, perpendiculaire au point d'attouchement de la tangente, l'angle obtus AMN sera le plus grand de tous ceux qui peuvent être formés par la tangente & le diametre ; *c'est ce qui arrivera lorsque le sinus total sera à la tangente de l'angle aigu AMF, comme le rectangle des deux axes est à la différence des quarrés des mêmes axes.*

Lorsque l'angle d'un diametre & d'une tangente est le plus grand, les coupées correspondantes sont dans la même raisons que les axes.
PLAN. 5.
FIG. 14.

1028. Si l'on substitue aussi la valeur d'x, qui est $\frac{\sqrt{aa}}{2}$ (1025) dans MP $(y) = \frac{b}{a} \sqrt{aa - xx}$, il viendra MP $(y) = \frac{\sqrt{bb}}{2}$, par conséquent on aura $AP, PM :: a, b$; ce qui montre que *lorsque l'angle AMN est le plus grand, les triangles CAB, APM sont semblables.*

Supposant que la ligne AK soit horisontale, & que du point P l'on abaisse la perpendiculaire BH, les triangles BAH, CAB seront semblables, puisqu'ils le sont tous deux au troisieme AMP, d'où l'on tire $AH, BH :: PM, AP :: b, a$, par conséquent $b, a :: AH, HB$, ce qui montre que *quand l'ellipse soutient la plus grande résistance que le poids peut lui opposer, le petit axe est au grand, comme le sinus total AH est à la tangente HB de l'angle BAH, que le grand axe de l'ellipse fait avec l'horison.*

1029. Nommant T, la tangente de l'angle BAH ; & r, le sinus total, on aura $r, t :: b, a$, par conséquent $T = \frac{ar}{b}$; & comme nous avons trouvé dans l'article 1026, $t = \frac{ccr}{ab}$ pour la tangente de l'angle AMF, on aura donc $T, t :: \frac{ar}{b}, \frac{ccr}{ab}$, ou $T, t :: \frac{aar}{ab}, \frac{ccr}{ab}$

$:: aa, cc$, ce qui fait voir que *quand l'ellipse éprouve la plus grande ré-* *sistance du poids, la tangente de l'angle que le grand axe fait avec l'ho-* *rison, est à l'angle que la tangente de l'ellipse forme, comme le quarré* *du grand axe est à la différence du même quarré à celui du petit.*

Je ne m'arrête point à rapporter plusieurs autres conséquences au sujet des ellipses qui tournent sur leur centre, parce qu'elles se présentent d'elles-mêmes ; mais je ne passerai pas sous silence la solution d'un problême qui pourroit embarrasser des commençans s'ils le consideroient détaché de la liaison qu'il a avec ce qui précede.

1030. On demande de trouver dans la circonférence d'une ellipse un point M, sur lequel ayant abaissé une perpendiculaire MG, qui forme un angle droit MFA avec une autre ligne AF, tirée du centre A de l'ellipse, le produit de MF par AF soit le plus grand de tous ceux qui peuvent être formés par deux lignes tirées avec les mêmes conditions.

Problême nou-veau sur l'el-lipse, déduit des calculs précédens.

Ayant trouvé (1021) $MF = \dfrac{aab}{\sqrt{a^4 - ccx}}$ & $AF = \dfrac{ccx}{a}$

$\times \dfrac{\sqrt{aa - xx}}{\sqrt{a^4 - ccxx}}$, on aura $\dfrac{aab}{\sqrt{a^4 - ccxx}} \times \dfrac{ccx}{a} \dfrac{\sqrt{aa - xx}}{\sqrt{a^4 - ccxx}} = \dfrac{abcc \times \sqrt{aaxx - x^4}}{a^4 - ccxx}$

PLAN. 5. FIG. 14.

dont la différentielle donne toute réduction faite $\dfrac{a^4}{2aa - cc} = xx$,

ou $\dfrac{aa}{\sqrt{aa + bb}} = x$. Si l'on substitue la valeur d'xx, dans $y = \dfrac{b}{a}\sqrt{aa - xx}$, on trouvera $\dfrac{bb}{\sqrt{aa + bb}} = y$; ce qui donne AP (xx), PM $(y) :: aa, bb$, lorsque le produit de MF par AF est le plus grand.

Tirant la ligne CI, & abaissant du centre A sur cette ligne la perpendiculaire AV, on aura, à cause du triangle rectangle CAI, cette proportion CI $(\sqrt{aa + bb})$, AI $(a) ::$ AI (a) IV $= \dfrac{aa}{\sqrt{aa + bb}} = x$, d'autre part CI $(\sqrt{aa + bb})$, CA $(b) ::$ CA (b), CV $= \dfrac{bb}{\sqrt{aa + bb}} = y$; ce qui montre que *quand le rectangle de MF par FA* *est le plus grand, on a* $CI = AP + PM$, *& que pour avoir le point* *M, il suffit de faire AP égal au segment VI, qui répond à la moitié* *IA du grand axe, dans le triangle rectangle CAI.*

Maniere fort simple de faire mouvoir des piſtons par le moyen d'une roue ondée.

Entre les différens moyens de faire agir des pompes refoulantes par la force d'un cheval, je n'en connois point de plus ſimple, que celui que M. *Deſargues* a tiré d'une roue qu'il a fait exécuter au château de Beaulieu à huit lieues de Paris, & qui a été renouvellé depuis par M. *de la Hire*, qui en donne la deſcription dans ſon traité des épicicloydes, avec le moyen de la perfectionner. Comme ce qu'en dit cet Auteur m'a fait naître pluſieurs remarques utiles, j'ai cru devoir rapporter ici ſon diſcours à la lettre, afin que ceux qui n'ont point ce traité, puiſſent voir les endroits qui ont donné lieu à mes réflexions.

Planche 7.
Fig. 1.

Diſcours de M. De la Hire, tiré de ſon traité des Epicicloïdes.

» LMOI eſt une grande roue faite de groſſes pieces de bois
» aſſemblées les unes avec les autres, laquelle eſt poſée horiſon-
» talement. L'axe ou l'arbre AB de cette roue eſt une groſſe piece
» de bois qui ſe meut par le bas ſur ſon pivot P ſur une crapaudine,
» étant ſeulement entretenu par le haut dans une moiſe, afin qu'il
» demeure toujours à plomb. Cette roue eſt dentée ou ondée par
» le bord à la maniere des roues de rencontre des horloges ordi-
» naires ; & il n'y a que cinq dents comme OI qui agiſſent en
» paſſant par deſſus la roulette RS, qui eſt mobile ſur ſon aiſſieu C.
» Cet aiſſieu tient au bras DC qui eſt auſſi mobile autour de ſon
» aiſſieu D, lequel eſt arrêté ferme à quelque aſſemblage. Le bras
» DC eſt joint & attaché à la portion de cercle DEF, en ſorte
» qu'ils ne peuvent ſe mouvoir l'un ſans l'autre. Sur l'épaiſſeur de
» l'arc EF, il y a une double chaîne platte HG attachée vers le
» haut en E ; cette chaîne a deux anneaux à ſon extrêmité, qui
» ſoutiennent l'anſe de fer qui porte le piſton d'une pompe refou-
» lante. Le levier ou bras N de cette machine paſſe dans l'arbre
» en B, & peut être arrêté ſi l'on veut à la roue, pour être plus fer-
» me. Il y a deux roulettes comme celle que je viens de décrire,
» qui ſont oppoſées diametralement ſous la roue, & qui doivent
» toujours agir alternativement. Car par la diſpoſition des roulet-
» tes, lorſque l'une ſe trouve dans le fond ou creux de l'onde,
» l'autre ſe trouvera ſur le haut. Mais la roue tournant de O en I,
» la roulette deſcendra dans la rencontre de la partie OQ de
» l'onde, & elle remontera dans l'autre. On ne doit conſidérer
» que la partie OQ de l'onde, car il n'y a que celle-là qui tra-

»vaille pour faire abaisser la roulette qui éleve le piston de la
» pompe refoulante, & qui soutient tout le poids de l'eau. La rou-
» lette remontant dans l'autre partie de l'onde, ne fait aucun effort
» contre la roue, & elle suit seulement la sinuosité de la dent, n'é-
» tant élevée que par la pesanteur du piston & de son anse, & du
» triangle DEF, qui retombent en bas par leur propre poids, qu'on
» peut rendre à-peu-près égal à celui de la roulette.

» Tout l'effort de la roue ne se fait que par sa pesanteur, en-
» sorte que si elle est aussi pesante que le poids de la colonne d'eau
» qu'on doit soutenir dans le corps de pompe, la distance des
» leviers étant compensée, il est évident qu'elle ne fera pas un
» frottement considérable sur son pivot P : mais il faut qu'elle soit
» toujours plus pesante, & qu'elle ne puisse pas sortir de sa cra-
» paudine, car autrement elle travailleroit sur les deux roulettes
» tout-à-la fois, ce qu'il faut éviter.

» Le nombre des dents de cette roue doit être impair, afin
» qu'il y ait toujours une des deux roulettes opposées qui travaille,
» & que la puissance qui meut le levier N, agisse toujours égale-
» ment, & non par sauts, comme il arrive à la plûpart des machi-
» nes qui n'ont qu'une ou deux roues. C'est en ceci que consiste
» la principale adresse de la construction des dents, & de la po-
» sition des roulettes : car quoique l'on suive toujours la regle dans
» la forme des dents, il faut avoir égard aux proportions de la
» hauteur & de la longueur des dents avec le diametre de la
» roue.

» On doit remarquer qu'il n'est pas possible que la face des
» dents ou des ondes de la roue travaille par-tout sur la roulette
» à égales distances de l'axe de cette roue, à cause que le mou-
» vement de la roue est circulaire & horisontal, & que celui de la
» roulette est vertical ou à plomb. Car il arrive que lorsque les
» dents rencontrent la roulette dans leur fond & à leur pointe, si
» l'aissieu de la roulette est également éloigné de l'axe de la roue,
» il en sera plus proche quand la roulette sera vers la moitié de sa
» descente, ce qui sera facile à connoître dans le plan. Cette dif-
» férence d'éloignement causera un peu de frottement de la face
» de la dent avec celle de la roulette : mais ce sont de ces défauts
» qu'il n'est pas possible d'éviter entierement dans les machines,
» & l'on doit regarder celles qui en ont moins, ou de moins con-
» sidérables, pour les plus parfaites.

» Pour la construction des dents de la grande roue de cette ma-
» chine, on doit les considerer comme si elles étoient dans le mê-

» me plan que celui de la roulette ; & quand on en aura déter-
» miné la figure , on l'appliquera sur la roue à l'endroit où la rou-
» lette la rencontre , en se servant d'un profil ou calibre taillé de la
» figure de la dent.

PLAN. 7.
FIG. 2.

» Ayant donc déterminé le centre D du mouvement du bras
» DC de la roulette RS , & la grandeur DC de ce bras, du cen-
» tre D & pour rayon DC , on décrira le cercle CE , auquel on
» menera la ligne tangente ABC en C. Sur la ligne BA pour base,
» ayant pour cercle générateur CE, on décrira la cycloïde CVV ,
» & par tous ces points VV comme centres on décrira les cercles
» N égaux à celui de la roulette ; je dis que la ligne courbe SNN
» qui touche tous ces cercles , sera celle de la figure de l'onde.

» Si l'on imagine que la ligne droite BA se meut de B vers A sur
» elle-même avec la cycloïde CVV qui lui est attachée , il est évi-
» dent que chaque point B de la ligne BA fera autant de chemin
» que le point C en fera autour du centre D , étant mû par la cy-
» cloïde VV. Car si le point C de la ligne BA est transporté en T
» par l'espace CT, la cycloïde CV sera placée en TE, & le point
» C sera parvenu en E sur l'arc de cercle CE. Mais par la généra-
» tion de la cycloïde , l'arc CE est égal en longueur à la ligne droite
» CT : donc deux puissances égales dont l'une fait mouvoir la li-
» gne CT sur elle-même, & l'autre fait mouvoir le point C autour
» du centre D, feront par-tout équilibre ; car on doit considerer
» la ligne droite BA comme la circonférence d'un cercle dont le
» centre est à l'infini.

FIG. 2.
& 3.

» Mais maintenant, si au lieu du point C du rayon CD on ap-
» plique la roulette circulaire RS qui a son centre en C ; il est évi-
» dent, par la construction de la courbe SNN, qu'elle fera le même
» effet sur le centre C de la roulette, en rencontrant sa circonfé-
» rence, que si la cycloïde CVV rencontroit seulement ce point
» C : car le centre C étant posé en E , le point N de la courbe
» SNN sera posé en n, ensorte que En sera la plus courte distance
» du point E à la courbe.

» Dans la construction des dents de cette machine , on ne
» se sert pas de toute la courbe SNN , formée sur la cycloïde en-
» tiere , mais seulement d'une partie & de celle qu'on voudra ;
» car autrement il faudroit que les ondes fussent trop grandes. On
» peut donc prendre, par exemple, la partie du milieu NX de toute la
» courbe SNXF qui est formée sur la demi-cycloïde CV. Ainsi le
» fond de l'onde sera formé par le cercle de la roulette dans la po-
» sition

» fition NZP , & fa pointe fera au point **X**. On pourra donner
» à-peu-près la même figure à la partie de l'onde qui remonte &
» qui ne travaille pas , afin que la roulettte puiffe rouler plus dou-
» cement en remontant dans le fond.

» On doit remarquer que lorfque la roulette fera parvenue à
» l'extrémité **X** de l'onde , le centre **M** de la roulette n'eft pas
» le plus éloigné qu'il peut être du point **X** , c'eft-à-dire que la li-
» gne **MX** n'eft pas perpendiculaire à **BC** : mais comme le point
» **X** décrit une ligne parallele à **BC** , il travaillera feul fur la cir-
» conférence de la roulette , jufqu'à ce que le point **M** foit par-
» venu dans la ligne **MX** perpendiculaire à **BC**. Le centre **M** de la
» roulette décrira donc dans cet endroit un petit arc de cercle
» égal à celui de la roulette , & il arrivera que le point **X** de l'onde
» s'émouffera un peu dans la fuite du travail , ce qui n'arriveroit
» pas , fi l'on fe fervoit de toute la courbe **NXF** ; car l'onde ne
» feroit pas une pointe à fon extrémité **F** comme au point **X** , à
» caufe que la touchante de la courbe en **F** eft parallele à **BC** &
» que la touchante en **X** eft inclinée à cette même ligne **BC**. Il eft
» évident que le travail du point **X** feul durera d'autant plus de tems
» que la roulette fera plus grande ; car l'arc que le point **M** dé-
» crira , fera plus grand pour amener ce point **M** dans la ligne
» tirée par **X** perpendiculaire à **BC** , que fi le rayon de la rou-
» lette étoit plus petit. Il y a encore une incommodité dans la
» grande roulette ; car elle fera de plus grands balancemens d'un
» côté & d'autre fous l'onde , à caufe qu'elle fe meut fur deux
» points , dont l'un eft fon pivot , & l'autre eft celui du bras & de
» la portion de cercle qui porte la chaîne, ce qui ne feroit pas fi
» confidérable dans une petite roulette. Mais fi la roulette étoit
» fort petite , il faudroit prendre une plus grande portion de la
» courbe **NN** pour former l'onde , afin d'avoir toujours la même
» élévation dans le pifton de la pompe.

» Il eft facile à voir que la chaîne qui eft attachée à la portion de
» cercle fert à faire élever le pifton toujours à plomb , ce qui eft
» d'un très-bon ufage dans ces fortes de pompes : car autrement ,
» fi l'autre qui porte le pifton étoit feulement attachée à un levier
» mobile autour d'un aiffieu comme **D** dans cette machine , il
» arriveroit que le pifton feroit tiré tantôt d'un côté , & tantôt de
» l'autre , & frotteroit inégalement dans le corps de pompe en tra-
» vaillant ; ce qui la gâteroit en très-peu de tems , comme je l'ai
» remarqué en quelques rencontres ».

M. *de la Hire* ne s'expliquant point fur la maniere de calculer

I. Partie. Tome II.   **X**

cette machine, on ne comprend pas ce qu'il a voulu infinuer en difant : *Tout l'effort de la roue ne fe fait que par fa pefanteur, enforte que fi elle eft auffi pefante que le poids de la colonne d'eau qu'on doit foutenir dans le corps de pompe, la diftance des leviers étant compaffée, il eft évident qu'elle ne fera pas un frottement confidérable fur fon pivot P : mais il faut qu'elle foit toujours plus pefante, & qu'elle ne puiffe pas fortir de fa crapaudine, car autrement elle travailleroit fur les deux roulettes toute à la fois, ce qu'il faut éviter.*

Il femble que cet Auteur veut donner à entendre que le poids de la roue étant en équilibre avec celui de la colonne d'eau, la puiffance n'a d'autre réfiftance à furmonter, que celle qui provient du frottement qu'il a raifon d'eftimer peu confidérable, vu l'extrême petiteffe du rayon du pivot de l'arbre, par rapport à la longueur du limon BN, qui eft ce que l'on doit entendre par *la compaffation des leviers.*

Cette machine pourroit paffer à jufte titre pour une merveille, fi effectivement la puiffance ne foutenoit aucune partie du poids de l'eau, & fi elle n'avoit à furmonter que le frottement ; mais c'eft ce qui n'arrive point ici, & ce qui ne fe rencontrera jamais dans aucune machine.

On jugera de l'effet des ondes, en confiderant qu'elles ont deux actions : l'une, qui vient de la pefanteur propre de la roue, fe fait felon une direction verticale, & l'autre, qui vient de la puiffance qui la meut, fe fait felon une direction horifontale. D'où il réfulte une force compofée qui fait monter l'eau.

Pour me faire entendre, confiderez le levier coudé EDC ayant un poids P fufpendu à l'extrémité E de l'arc EF, & une roulette SR à l'autre extrémité C. Il eft conftant que fi la ligne horifontale BD exprime la face d'une poutre inébranlable, en introduifant le coin OAQ entre la poutre & la roulette RS, pour le faire gliffer de B en D, par l'action d'une puiffance T, ce coin forcera la roulette de defcendre, & le poids P de monter. Alors, dans l'état d'équilibre, les trois côtés du triangle rectangle OAQ exprimeront l'action de trois puiffances ; le premier AO, l'effort de la puiffance T ; le fecond AQ, l'action de la roulette SR contre la poutre BD, qui tient lieu du poids de la roue dont nous parlons ; & le côté OQ l'effort que foutient le plan incliné, ou celui qui réfulte du concours de la puiffance T & de la réfiftance de la poutre. Comme il n'y a que la puiffance T qui peut obliger la roulette à defcendre & le poids P à monter, on voit que cette puiffance fera à l'action du poids P, ou à la réfiftance que la roulette peut oppoſer au plan incliné , comme la hauteur AO de ce plan eſt à ſa baſe AQ, ou comme la tangente de l'angle AQO, que le plan incliné OQ forme avec l'horiſon BD , eſt au ſinus total ; par conſéquent cette puiſſance ne peut être nulle que dans le cas où le poids reſtant immobile , la roulette appuyera immédiatement contre la poutre BD.

Ce que nous venons de dire s'applique de ſoi-même à l'action de la roue dont nous parlons, car chaque onde peut être regardée comme un plan incliné , ou ſi l'on veut , à cauſe de ſa courbe , comme compoſée de pluſieurs plans inclinés contigus, ſur chacun deſquels on pourra faire le même raiſonnement. Mais comme ces plans font tous des angles différens avec l'horiſon , il ſuit que la puiſſance n'agira point d'une maniere uniforme , & qu'elle ſera tantôt plus petite ou plus grande que le poids , ſelon que les tangentes des mêmes angles ſeront au-deſſus ou au-deſſous du ſinus total , comme nous le démontrerons plus bas.

M. *de la Hire* a raiſon d'obſerver qu'il faut que la roue ſoit toujours plus peſante que la colonne d'eau qu'on veut élever , pour que cette roue ne ſorte point de ſa crapaudine , mais on n'entend pas encore ce qu'il veut dire , en ajoutant que ſi cela arrivoit, *elle agiroit ſur deux roulettes tout à la fois* , c'eſt-à-dire , que les deux piſtons refouleroient l'eau en même tems , mais c'eſt ce qui ne peut ſe rencontrer , à cauſe de la figure de la roue. En effet , il y aura toujours le vuide d'une des ondes diamétralement oppoſé à la ſaillie d'une autre onde. D'ailleurs les eſſieux des deux balanciers étant maintenus inébranlables à une diſtance l'un de l'autre à-peuprès égale au diametre de la roue, il n'eſt pas poſſible que les roulettes deſcendent toutes deux en même tems , quelque accident qu'il ſurvienne à la roue. Enfin , ſi le pivot ceſſoit d'être enfermé dans la crapaudine , l'arbre tomberoit de côté , & la roue ne pourroit plus agir ſur les roulettes ; en un mot , la machine ne ſeroit plus capable d'aucun effet.

Quant à l'application que M. *de la Hire* fait de la cycloïde pour déterminer la courbure des ondes , afin que le chemin de la circonférence de la roue ſoit égal à celui de l'eſſieu de la roulette , ce moyen ſeroit bien imaginé , pour égaler les deux puiſſances dont il parle , ſi elles étoient toujours les mêmes , mais elles ſont bien éloignées d'être uniformes, comme on le va voir.

On ſait qu'une tangente EF , menée à une cycloïde AEC , eſt toujours parallele à la corde AD de l'arc du cercle générateur , égal à l'ordonnée correſpondante DE, que par conſéquent l'an-

X ij

gle DEF augmente à mesure que le point E approche de C ; car à cet endroit la tangente CG forme avec la base BC un angle droit BCG, au lieu qu'au point A, cet angle devient zero. Comme par la génération de la courbe SNN, toute perpendiculaire à la cycloïde CVV, le sera aussi à la courbe SNN ; il suit que les tangentes de cette courbe & de la cycloïde qui répondront aux mêmes perpendiculaires seront paralleles ; que par conséquent les plans inclinés contigus dont la surface de chaque onde sera composée, formeront avec l'horison des angles qui iront en décroissant depuis T jusqu'en E ; celui qui est à la naissance de l'onde étant droit, le dernier au sommet de la même onde se réduira à zero. Mais ayant dit que lorsque la résistance de la roulette sera exprimée par le sinus total, la tangente de l'angle du plan incliné exprimera la puissance ; on voit que lorsque le plan incliné formera un angle droit avec l'horison, sa tangente étant alors infinie, la puissance sera aussi infinie : & qu'au contraire, lorsque cet angle deviendra zero, la puissance se trouvera nulle, parce que le poids dans cet instant sera autrement soutenu par celui de la roue.

Voilà les deux cas extrêmes de la puissance, lorsque le centre de la roulette se trouve aux points C & V, extrémités de la cycloide, c'est-à-dire au fond & au sommet de l'onde ; il est vrai que comme M. *de la Hire* n'employe qu'une partie XN, de la courbe FT, le fond de l'onde se trouvant exprimé par l'arc de cercle NZP, la résistance que la roulette présente au point N de l'onde n'est pas invincible, mais elle sera toujours beaucoup au-dessus de la pesanteur propre du poids, avec *lequel* la puissance n'est en équilibre que lorsque le centre de la roulette se trouve à un *certain* point de la cycloïde CV, éloigné de la base BC, d'une distance égale au rayon du cercle générateur.

Comme l'uniformité de la puissance, sur-tout quand cette puissance est un animal, doit faire une des principales considérations de la perfection des machines, on peut conclure de tout ce que nous venons de dire, que M. *de la Hire*, bien loin d'avoir rectifié la roue de M. *Desargues*, en y appliquant la cycloïde, l'a rendu plus défectueuse que s'il avoit donné aux ondes la simple figure d'un plan incliné ordinaire, un peu arrondi vers les extrémités, pour faciliter à la roulette le passage d'un plan à l'autre, parce qu'alors la puissance agiroit avec autant d'uniformité qu'on en peut désirer dans la pratique, comme on en jugera par l'usage que je vais faire de cette roue, pour mouvoir des pistons dans un cas pareil à celui du Val-Saint-Pierre.

1032. La figure cinquieme repréfente une roue dans le goût de la précédente , avec cette feule différence, que les faces AB & CD de chaque onde font fuppofées droites , n'étant arrondies qu'au fommet BC & dans le fond DE. A l'égard des roulettes F , leurs écharpes font attachées à des balanciers d'une longueur proportionnée à l'intervalle qui conviendra entre la roue & les pompes, pour la commodité de la manœuvre. Selon la difpofition de cette roue , il faudra fe fervir de pompes renverfées, les piftons ne pouvant refouler que de bas en haut ; je n'entre point dans le détail de ces pompes, perfuadé que ceux qui auront bien entendu le chapitre troifieme , joint aux lumieres qu'ils tireront du cinquieme , feront en état de les faire conftruire, relativement à la fituation du terrein. Cependant fi l'on aimoit mieux que les piftons refoulaffent de haut en bas , il fuffira, comme le montre la figure fixieme , de faire agir la roue d'un fens oppofé au précédent , je lui donnerois même la préférence pour éviter la fujettion de regler fa pefanteur fur celle de la colonne d'eau. Quand les roulettes repofent naturellement fur la roue , on a la liberté de faire la partie du balancier qui leur répond auffi longue que l'on veut , fans fe mettre en peine de fon poids , au lieu que dans la figure cinquieme , il faut néceffairement que le poids des piftons l'emporte , pour que les roulettes n'abandonnent jamais la roue ; *dans ce cas, fi le bras de levier des piftons eft plus court que celui des roulettes , on ne peut fe difpenfer de charger l'exrrémité du premier , pour fuppléer au poids des piftons , ce qui occafionne des attirails étrangers qu'il faut tâcher d'éviter.* On penfera peut-être qu'il n'y a qu'à faire ce bras plus long que celui des roulettes , & que fi l'on perd de ce côté-là , on en fera dédommagé par une plus grande levée de pifton ; mais ne pouvant jouir de cet avantage , fans diminuer leur cercle , à proportion qu'on racourcira le bras de levier des roulettes , on n'en aura pas une plus grande quantité d'eau , & l'on tombera dans l'inconvénient que voici.

Le centre de chaque roulette décrivant un arc en montant le long d'un plan incliné , plus cet arc fera fenfible , & plus il y aura d'inégalité dans l'action de la puiffance , au lieu qu'il feroit à fouhaiter que la direction du bras de levier de la roulette fût toujours horifontale. Mais tout ce qu'on peut de mieux , eft de faire qu'il ne s'en écarte que le moins qu'il eft poffible ; ce qui dépend néceffairement de deux chofes , l'une de la hauteur du plan incliné , par rapport à fa bafe , l'autre du rayon de l'arc que décrit le centre de la roulette , parce que plus ce rayon fera grand , & la

faillie des ondes petites, & moins cet arc s'éloignera de la verticale qui en fera la tangente. Il eſt vrai que quand la longueur des
balanciers fera limitée, & que les piſtons refouleront de haut en
bas, ſi leur bras de levier n'eſt pas d'une certaine longueur, leurs
tiges tomberont dans le défaut que nous voulons ſauver aux roulettes; mais il eſt aifé d'y remédier, en obſervant ce que nous avons
dit ſur ce ſujet vers la fin de l'article 957. Au reſte, voici le parti
le plus convenable.

Après qu'on aura déterminé la poſition des poteaux C, D, de
maniere que le cheval en tournant n'en ſoit point incommodé, on
connoîtra la longueur qu'on pourra donner à la partie EF des balanciers, & l'on fera l'autre égale aux deux tiers de celle-ci; enſuite
on reglera la hauteur des poteaux de maniere que lorſque la
roulette I fera parvenue au ſommet K d'une onde, ſon balancier
GH ſoit horiſontal. Alors quand la roulette L ſe trouvera dans le
fond N, de l'onde oppoſée, l'angle MLF formé par la verticale
ML & la ligne LF, qui joint les centres de mouvement de la
roulette & du balancier EF, ſera un peu plus ouvert qu'un droit,
ce qui fera cauſe que la direction LF de la puiſſance, qui eſt cenſée
ſoutenir le poids L ſur un plan incliné, ne ſe trouvant point horiſontale, il s'en faudra un peu qu'elle ne ſoit au poids comme la
hauteur du plan eſt à ſa baſe. Il eſt vrai que cette puiſſance croîtra
tant ſoit peu à meſure que le poids montera; mais comme elle
parviendra à peine à avoir avec lui le rapport précédent, on
pourra faire le calcul de la machine ſur ce pied-là, ſans être obligé
d'entrer dans les recherches abſtraites où jetteroit l'angle MLF,
s'il étoit aigu.

A l'égard des plans inclinés qui doivent compoſer les ondes,
il eſt conſtant que plus leur baſe excedera leur hauteur, moins
les ondes trouveront de réſiſtance de la part des roulettes; mais
comme on ne peut augmenter ces baſes ſans donner plus d'étendue
à la circonférence dont elles font partie, ou ſans éloigner le poids
du centre de la roue, qu'on doit regarder comme le point d'appui
du levier auquel la puiſſance motrice eſt appliquée, on voit que
cette puiſſance n'y gagnera rien; cependant pour fixer un rapport
entre la baſe & la hauteur du plan incliné, qui puiſſe s'accorder
avec les obſervations précédentes, je voudrois que l'on fît cette
baſe double de la hauteur.

Pour tracer les ondes, nous ſuppoſerons que la roulette a 8 pouces de diametre, que ſa levée doit être de 12 pouces, afin que
le jeu des piſtons en ait 8, comme au Val-Saint-Pierre. Cela poſé,

on décrira un triangle isofcelle ABC, dont la bafe AC fera de 48 pouces, & la perpendiculaire BD de 13, afin qu'ayant émouffé l'angle B, la hauteur BD de l'onde que ce triangle repréfente, foit le quart de la bafe AC; enfuite on prendra fur cette bafe prolongée une partie CE de 4 pouces, fur laquelle on tracera le triangle équilatéral CFE, pour décrire du point F & de l'intervalle FC, égal au rayon de la roulette, l'arc CE qui déterminera la figure qu'il faut donner au fond de chaque onde, afin que la roulette y étant logée, elle monte d'une hauteur égale à BD; ce qui ne manquera point d'arriver, parce que l'angle BCF étant un peu plus ouvert qu'un droit, quand cette roulette fera dans le fond de l'onde, elle ne s'appuyera pas fur le plan incliné.

La longueur AE de la bafe d'une onde, y compris le fond qui fert de logement à la roulette, fera donc de 52 pouces, qui étant multipliés par 5, donnent 260 pouces pour la circonférence de la roue, prife dans le milieu de l'épaiffeur des jantes, ce qui répond à un rayon de 3 pieds 6 pouces, auquel ajoutant 4 pouces pour la moitié de l'épaiffeur des jantes, le plus grand rayon de la roue fera de 3 pieds 19 pouces.

A l'égard de la conftruction de cette roue, il faudra la faire à double membrure, comme au rouet des moulins (648), enfuite y attacher les plans inclinés, auxquels on donnera 8 pouces d'épaiffeur, & les lier enfemble par une bande de fer d'environ 4 pouces de largeur, attachée fur le contour des ondes, pour fervir de chemin à la roulette, dont l'écharpe doit avoir affez de faillie pour que les balanciers ne touchent jamais la roue; la figure huitieme repréfente la tête d'un *balancier*, pour faire voir la maniere d'y appliquer la roulette.

Pour connoître le rapport de la puiffance motrice au poids que les ondes doivent élever, nous nommerons a, le rayon de la roue; b, la longueur du limon; c, la bafe de chaque plan incliné; d, fa hauteur; p, la puiffance; & q, le poids.

Maniere de connoître le rapport de la puiffance motrice au poids que la roue eleve.

Confidérant pour un moment la réfiftance du poids, comme fi elle étoit appliquée aux dents d'une roue ordinaire, on aura $a, b :: p, q$, d'où l'on tire $\frac{bp}{a}$ pour l'expreffion de la puiffance qui doit faire monter le poids fur le plan incliné felon une direction horifontale. Ainfi l'on aura $c, d :: \frac{bp}{a}, q$, ou $acq = bdq$, d'où l'on tire $p, q :: ac, bd$; ce qui montre que *la puiffance eft au poids que les ondes font monter, comme le produit du rayon de la roue, par la hau-*

teur du plan incliné , est au produit de la longueur du limon , par la base du même plan.

Cette machine n'ayant d'autre frottement que celui qui vient du pivot de la roue & des essieux des balanciers & des roulettes, qu'on peut regarder comme nul, vu le peu de résistance qu'ils opposeront à la puissance, nous n'en tiendrons aucun compte dans le calcul que nous allons faire, pour trouver le diametre des pistons.

Supposant que le limon ait 14 pieds de longueur, & que la force d'un cheval, estimée de 180 liv. soit totalement employée à surmonter la résistance du poids, on aura $a = 3\frac{1}{2}$ pieds ; $b = 14$ pieds ; $c = 1$ pied ; $d = 2$ pieds ; $p = 180$ liv. Ainsi, au lieu de ac, $bd :: p, q$, on aura $3\frac{1}{2} \times 1, 14 \times 2 :: 180$ liv. q ; ou $1, 8 :: 180, q$; ce qui montre que la puissance n'est que la huitieme partie du poids, qui sera par conséquent de 1440 liv. Or comme dans l'état d'équilibre ce poids doit être à celui de la colonne d'eau, dans la raison réciproque des bras du balancier, ou comme 2 est à 3 ; la puissance motrice ne sera donc que la douzieme partie du poids de la colonne que chaque piston peut refouler, ainsi cette colonne pesera 2160 liv.

Regle commode pour trouver le diametre des pistons, relativement à la puissance motrice, & à la hauteur de la colonne d'eau.

Pour donner aux ouvriers une regle par laquelle ils puissent trouver tout d'un coup le diametre des pistons qui doivent convenir à cette machine, ou à toute autre, relativement à la force du moteur & à l'élévation de l'eau ; voici ce qu'il faut suivre.

1°. On commencera par connoître le poids de la colonne d'eau que chaque piston peut refouler, que l'on multipliera par 1728, nombre *constant*, *pour avoir un premier produit.*

2°. On réduira en pouces la hauteur où *l'on veut élever l'eau,* que l'on multipliera par 55, autre nombre constant, pour avoir un second produit.

3°. On divisera le premier produit par le second, & l'on extraira la racine quarrée du quotient, qui donnera le diametre que l'on cherche.

Par exemple, venant de trouver que la puissance pouvoit soutenir une colonne d'eau de 2160 liv. je multiplie ce poids par 1728, il vient 3732480 ; supposant qu'on veuille élever l'eau à 150 pieds, ou à 1800 pouces, je multiplie ce nombre par 55 pour avoir 99000 ; faisant la division, le quotient donnera 37 pouces quarrés & environ $\frac{2}{3}$, dont extrayant la racine il vient 6 pouces une ligne, ou seulement 6 pouces, pour le diametre des pistons.

Comme on sera peut-être curieux de savoir sur quel principe

cette

cette regle eſt fondée, conſidérez que nommant p, le poids de la colonne d'eau, & h, ſa hauteur exprimée en pouces, il faudra dire ſi 70 liv. peſanteur d'un pied cube d'eau, donnent 1728 pouces pour ſa maſſe, combien donnera le poids p, pour la ſienne? Le quatrieme terme ſera exprimé par $\frac{p \times 1728\,\text{pou.}}{70\,\text{liv.}}$ qu'il faut diviſer par h, hauteur de la colonne, pour avoir la ſuperficie de ſa baſe qui ſera $\frac{p \times 1728\,\text{pou.}}{h \times 70\,\text{liv.}}$. Cette baſe étant circulaire, on aura le quarré de ſon diametre, en diſant comme 11 eſt à 14, ainſi $\frac{p \times 1728}{h \times 70\,\text{liv.}}$ eſt à un quatrieme terme, qui eſt $\frac{p \times 1728 \times 14}{h \times 11 \times 70}$; mais $\frac{14}{70}$ ſe réduiſant à $\frac{1}{5}$, on aura donc $\frac{\sqrt{p \times 1728}}{h \times 55}$ pour le diametre des piſtons.

Voulant connoître le produit de cette machine, je conſidere que le cheval pourra faire aiſément 120 tours par heure, & qu'à chaque tour les deux piſtons enſemble refoulant dix fois, ſur une levée de huit pouces, feront monter au réſervoir 1200 colonnes d'eau de 6 pouces de diametre, ſur 8 pouces de hauteur, qui contiennent enſemble 5500 pintes, ou environ 19 muids & demi.

Calcul de la quantité d'eau que cette machine peut donner par heure.

De quelque maniere que l'on s'y prenne, je doute que l'on puiſſe parvenir à faire une machine qui éleve avec la force moyenne d'un cheval une plus grande quantité d'eau à une hauteur de 150 pieds; ce qui vient de ce que les bras de levier étant bien ménagés & les corps de pompes ſuppoſés ſans défaut, la force du moteur eſt totalement employée à ſurmonter le poids de l'eau.

Quant à la dépenſe qui regarde l'exécution de cette machine, il faut convenir qu'elle ne peut être conſidérable, puiſqu'il ne s'agit que d'une ſimple roue, de deux corps de pompes, des tuyaux montans, & d'un couvert pour la renfermer; auſſi lui donnai-je la préférence ſur celle du Val-Saint-Pierre. C'eſt pourquoi je me ſuis fait un plaiſir de ne rien omettre de tout ce qui pouvoit en faciliter l'uſage, perſuadé que dans un grand nombre d'occaſions, elle conviendra mieux que toutes celles qui ont été imaginées juſqu'ici, par la facilité de ſe ſervir de l'une ou de l'autre des roues ſelon la ſituation du terrein; par exemple, ſi l'on vouloit tirer de l'eau d'un puits fort profond, on le pourroit encore en ſe ſervant de pompes aſpirantes répétées de 25 pieds en 25 pieds.

Les deux roulettes étant éloignées l'une de l'autre d'une diſtance d'environ 7 pieds, on penſera peut-être que c'eſt une ſujettion fâcheuſe d'être obligé de mettre le même intervalle entre les corps de pompes, mais comme on peut ſe diſpenſer de placer les balanciers parallelement, on pourra, quand la néceſſité y contraindra, approcher les extrémités qui répondent aux piſtons, pour n'éloigner les corps de pompes que de 2 ou 3 pieds, afin de racorder plus aiſément leurs branches, à un même tuyau de conduite. Alors ſi les balanciers ont environ 30 pieds de longueur, les roulettes n'en chemineront pas moins aiſément ſur les ondes, quoique leurs directions ne ſoient pas tout-à-fait perpendiculaires au diametre de la roue.

Deſcription & analyſe de la machine appliquée au Pont-Neuf, à Paris.

La machine hydraulique, que l'on nomme communément *la Samaritaine*, parce que l'on y voit jaillir une nappe d'eau, qui eſt accompagnée du Seigneur & de la Samaritaine, repréſentés en bronze, fournit de l'eau de la riviere de Seine au Louvre, au jardin des Tuilleries, & au Palais Royal. Cette machine appartient au Roi, & peut paſſer pour une des plus ſimples en ce genre. Comme le bâtiment où elle eſt renfermée eſt parfaitement bien entendu, je vais commencer par en faire une courte deſcription, qui étant accompagnée des plans, profils & élévations, ſuffira pour en donner une idée aſſez juſte.

Cet édifice répond à la ſeconde arche du Pont-Neuf, du côté du nord, & au parapet qui regarde le couchant, ſituation beaucoup plus convenable que du côté oppoſé, parce que la riviere venant du levant, ſon paſſage ſe trouve retréci par les piles du pont, ce qui la fait gonfler, & lui donne plus de force pour faire tourner la roue qui fait agir les pompes ; cet exemple montre que quand on veut appuyer une machine contre un pont, il faut toujours la conſtruire du côté d'aval.

Explication des plans, profils & élévations de cette machine.

PLAN. 8.

FIG. 1, 2 & 3.

1033. Si l'on conſidere la planche huitieme, on y verra que la premiere figure exprime l'élévation du bâtiment, la roue, les corps de pompes, vus du côté du couchant, ou du Pont Royal ; que la ſeconde figure eſt une élévation de la face du côté du midi, ou du Fauxbourg Saint Germain, & que la troiſieme repréſente celle qui regarde le Pont-Neuf. A l'égard de l'intérieur du même édifice, on en pourra juger par la quatrieme figure, & mieux encore après qu'on aura ſuivi l'explication des différens plans qui lui ſont relatifs.

1034. La cinquieme figure est un plan qui représente l'assemblage des différentes pieces de charpente servant de base à l'édifice. On a commencé par planter deux files de pieux, qui regnent de chaque côté sous les *chapeaux* AB dont ils sont recouverts ; sur ces chapeaux sont attachés des *liernes* CD servant aussi à enclaver deux autres files de pieux E, beaucoup plus élevés que les précédens, liés par quatre cours de *moises* FG, qu'on ne peut bien distinguer que dans les trois premieres figures, où l'on remarquera que ces moises sont entretenues par les *clefs* HI.

Plan. 9.

1035. Pour rétrécir le passage de l'eau qui coule sous l'arche occupée par la machine, on a fait de chaque côté un coffre de charpente rempli de maçonnerie, afin que les eaux étant soutenues par les bords KLM, quand la riviere est basse, se réunissent à la rencontre de la roue Q ; pour ménager le courant, on a planté deux poteaux N, servant de coulisse à une *vanne* T, que l'on manœuvre à l'aide d'un cric.

1036. A l'égard de la roue Q, son essieu repose sur deux *chevets* P, encastrés dans deux poteaux à coulisse O, servant à les diriger, quand on veut baisser ou hausser la roue pour l'assujettir à la hauteur de l'eau.

1037. Aux extrémités de l'essieu, il y a des manivelles doubles, qui répondent à des *vannes* ou *jumelles*, servant à donner le mouvement aux pompes placées en V, où elles sont entretenues par un assemblage de quatre poteaux R, liés ensemble, & accompagnés de deux autres à *coulisse* Z, le long desquels peut jouer le chassis qui porte les pompes, afin de pouvoir les retirer de l'eau quand il y a quelques réparations à y faire ; parce que ces chassis soutiennent des entretoises S, qui embrassent les corps des pompe, comme on peut le remarquer dans la premiere figure, en suivant les lettres précédentes.

Les figures 6 & 7 représentent deux planchers formant deux especes de galeries, pratiquées à la hauteur des nombres 6 & 7, marqués aux profils & élévations, pour faciliter le travail qui regarde la machine.

Plan. 10.

1038. La huitieme figure exprime l'étage où sont placés les *balanciers* qui communiquent le mouvement aux pistons, les crics servant à lever & baisser la roue & la vanne, placés en A & en B du plan & du profil.

La neuvieme figure exprime la distribution du logement du gouverneur de la machine, pris au rez-de-chaussée, comme on en peut juger par le pont de bois qui y répond.

Y ij

PLAN. 10.

1039. La dixieme figure, celle de l'étage qui eſt au-deſſus ; & enfin la onzieme, le grenier où les tuyaux montans des pompes aboutiſſent aux endroits A & B, où ils dégorgent l'eau, qui eſt conduite par le canal CD dans la cuvette D, & de-là à l'endroit E, d'où elle ſe décharge dans la coquille qui eſt au-deſſous du cadran, repréſenté à l'endroit F de la planche précédente, & qui fait jouer un carillon qui couronne agréablement cette façade.

Détail des principales parties qui entrent dans le méchaniſme de la même machine.

PLAN. 11.

1040. Pour entrer dans le détail des principales parties de la machine, nous commencerons par les crics développés dans les figures 12, 15 & 16, où l'on voit qu'ils ſont compoſés d'un volant à quatre bras de levier AB, dont l'eſſieu eſt accompagné d'un *pignon* C (fig. 16) s'engrainant avec une roue D, qui a auſſi un pignon E répondant aux *coches* du *cric* F ; ainſi on jugera aiſément que le volant venant à tourner, la roue D doit auſſi tourner & faire monter le cric.

La figure douzieme repréſente deux crics, dont les *futs* ſont attachés ſur une *ſemelle* Q, pour concourir au même objet ; cette ſemelle repoſe ſur le plancher S, qui eſt ſoutenu en cet endroit par des *encheveſtrures* R, enclavées dans les poutres T (fig. 15).

1041. Comme les crics qui ſervent à lever la roue agiſſent de même que ceux qui levent la vanne, les uns & les autres étant ſemblablement diſpoſés, la même explication leur deviendra commune. Ainſi nous ſuppoſerons que la piece GH, qui traverſe le plancher S, repréſente l'*éguille* ou *fleche* de la vanne que l'on voit percée de pluſieurs trous, pour y paſſer les *clefs* de fer L, M, diſtinctement marqués dans les figures 12, 15, où l'on voit auſſi que la fleche GH eſt embraſſée par deux *priſons* N, O, qui ſoutiennent la premiere clef L, à l'aide du ſupport P, contre lequel s'appuyent les crics F, lorſqu'ils élevent la vanne. Alors quand ils ſont parvenus à leur plus haut point, on ſe ſert de l'autre clef M, pour arrêter la vanne ſur la ſemelle Q ; lorſqu'elle ne ſe rencontre point à une hauteur ſuffiſante pour y reſter à demeure, on baiſſe les crics ; pour placer plus bas la clef L, en faiſant deſcendre les priſons, afin de recommencer la même manœuvre autant de fois qu'on le juge néceſſaire.

PLAN. 11.

1042. Les corps de pompe ſont au nombre de quatre, partagés en deux équipages, dont chacun eſt repréſenté par les figures 17, 18, 19, qui montrent que les deux pompes V & leur *fourche* ſont entretenues par les *entretoiſes* S, attachées par des boulons à un chaſſis, dont Y repréſente les *montans*, qui peuvent gliſſer contre les couliſſes Z, embraſſées par les extrémités des entretoiſes, comme cela ſe diſtingue parfaitement dans la figure dix-neuvieme, où l'on voit que ces entretoiſes ſont échancrées aux endroits B, pour laiſſer aux tringles C du chaſſis FE, qui porte le piſton D, la liberté d'agir.

1043. Ces chaſſis ſont ſuſpendus par des tringles de fer GF, à l'une des extrémités des balanciers N, & à l'autre ſont de ſembla-bles tringles GP, attachées à des rames qui répondent aux ma-nivelles (1038), leſquelles venant à tourner, font jouer les piſtons alternativement dans l'ordre que nous dirons plus bas.

Fig. 13 & 14.

Les tourillons K de ces balanciers ſont portés par des *chevalets* ML, poſés ſur le plancher AB, fortifié en cet endroit par les *en-cheveſtrures* C, enclavées dans deux poutres, comme à la figure quinzieme.

On a du remarquer dans la figure premiere (1033), que les corps de pompe étoient entierement plongés dans la riviere, & que c'étoit afin de pouvoir les retirer quand il faut les réparer ou les deſcendre, lorſque la riviere eſt ſort baſſe, qu'on les a atta-chés à un chaſſis qu'on leve & baiſſe à l'aide des cabeſtans qui en facilitent la manœuvre, dont on auroit pu ſe diſpenſer, en ſuivant la diſpoſition repréſentée par les figures 20 & 21, où l'on voit que les pompes refoulantes trempent dans une *baſche* EFGH, qu'on ſuppoſe élevée ſur le plancher AB, repréſenté par la figure ſepticme. Au fond de cette *baſche* ſont des pompes *aſpirantes* I, renfermées avec leur tuyau dans une caiſſe KL, pour les garantir du choc des corps étrangers que la riviere charie quelquefois, & principalement des glaces.

Plan. 12.

1044. Pour juger des pieces qui ſervent à élever la roue, conſi-derez les figures 22 & 23, où l'on remarquera d'abord la fleche S, percée par le haut comme l'éguille de la vanne, afin de pouvoir être élevée de même par le moyen des crics (1041): cette fleche eſt accompagnée de deux *tirans* de fer *f*, attachés avec des bou-lons *m* percés par le bas, pour y paſſer les clavettes *n*, ſervant à ſoutenir les *patins* P, qui compoſent le *chevet* ſur lequel repoſe l'eſſieu de la roue, dont les *rais* ſont figurés par la lettre *p*.

Explications des pieces qui ſervent à éle-ver & à baiſſer la roue.

Ces patins ſont liés enſemble par quatre boulons *l*, & deux au-tres *q*, dont les premiers ſervent d'appuis aux tirans *f*; pour que le chevet ſuive toujours la même direction, lorſqu'on fait monter ou deſcendre la roue, ſes extrémités agiſſent le long de deux couliſſes *r*, qui font partie des *poteaux* O.

A l'égard des pieces T, elles n'ont nul rapport avec les précé-dentes; ce ſont les bouts des rames (1038) qui répondent aux balanciers & à la manivelle **CD**, dont les coudes se trouvent embrassés par des coliers K, le rectangle **AD** représentant le profil de la manivelle, pris le long de la *branche*, qui détermine l'intervalle d'un coude à l'autre, comme on en peut juger par les mêmes lettres marquées aux figures 4 & 5.

PLAN. 12.
FIG. 22 &
25.

1045. Le bout des manivelles, qui est enfoncé dans l'arbre de la roue, où il est retenu par un boulon *hs*, sert d'essieu à un cylindre *g* de 5 pouces de rayon, dont la surface est couverte d'un nombre de lames de cuivre, arrondies comme les fuseaux d'une lanterne, retenues par les extrémités avec des *frettes*. Ce cylindre, qui tient lieu de tourillon, joue sur un palier encastré dans le patin **PQ** seulement, l'autre qui se trouve du côté de la roue ne la touchant point, étant un peu évuidé dans le milieu.

Voilà qui suffit, ce me semble, pour avoir une idée générale de cette machine; il ne reste plus, pour en faciliter le calcul, que de donner les mesures des parties qui doivent y entrer, afin de faire naître des exemples de la maniere d'appliquer les principes aux différens cas qui se présentent.

Dimensions des principales partie de la machine.

1046. Le rayon de la roue, pris jusqu'au centre d'impression des aubes, est de 8 pieds ou de 96 pouces, ce qui répond à une circonférence de $50\frac{1}{2}$ pieds.

1047. Les *aubes* ont 18 pieds de longueur, sur 4 de hauteur, ce qui donne 72 pieds quarrés de superficie.

1048. Le *coude* des manivelles est de 21 pouces.

1049. Les *balanciers* ont 20 pieds de longueur, partagée de façon par les tourillons, que la partie qui répond à la manivelle fait un bras de levier de 10 pieds 9 pouces, & celle qui répond aux pompes, un autre de 9 pieds 7 pouces.

1050. Le *diametre des pistons*, ou celui des corps de pompe, est de 9 pouces; celui des *fourches* & du tuyau *montant* n'est que de 6.

Vitesse de la roue lorsque la riviere est dans son état moyen.

1051. La *relevée* des pistons est de trois pieds, & refoule une colonne d'eau de 72 pieds de hauteur.

1052. Quand la riviere est dans son état moyen, la roue fait 28 tours en 10 minutes; alors la vîtesse du centre d'impression des aubes est de 2 pieds 7 pouces 6 lignes par seconde.

Le bord inférieur de la vanne trempe ordinairement de 2 ou 3 pouces dans l'eau, ce qui contribue à donner plus de vîtesse à celle qui passe dessous pour venir frapper les aubes, que si cette vanne étoit entierement levée; on a soin de baisser assez la roue, pour que les aubes ne soient point couvertes par la vanne.

Vitesse de

1053. M'étant servi de l'instrument de M. *Pitot* (614) pour mesurer la vîtesse de l'eau qui passoit sous la vanne, lorsque la roue faisoit 28 tours en 10 minutes, j'ai trouvé qu'elle étoit de 6 pieds & environ 2 pouces par seconde.

1054. Pour faire ensorte que la puissance agisse avec le plus d'uniformité qu'il est possible, les manivelles sont disposées de façon que si leurs coudes étoient tracés dans un même plan *vertical*, ils diviseroient en quatre parties égales la circonférence du cercle qu'ils décrivent. Ainsi ces deux manivelles peuvent être considérées comme n'en faisant qu'une seule à quatre coudes, tels que nous l'avons expliqué dans l'article 115 ; paa conséquent il faudra pour avoir le bras de levier moyen, suivre ce qui a été enseigné dans l'article 116, en disant comme 7 est à 9, ainsi le coude de la manivelle de 21 pouces (1048) est au bras de levier moyen, qu'on trouvera de 27 pouces. On pourra supposer, dans le calcul de la machine, qu'elle n'est composée que d'un seul corps de pompe, dont le piston refoule sans interruption ; alors la machine se trouvera composée de 4 bras de levier dont les longueurs étant prises de suite donnent ce qui suit.

Rayon de la roue 96 pouces (1046).

Coude ou bras de levier moyen de la manivelle, 27 pouces (1054).

Bras du balancier qui répond à la manivelle, 129 pouces (1049).

Bras du balancier qui répond aux pistons, 115 pouces (1049).

1055. Si l'on se rappelle ce qui a été dit dans l'article 74, on verra que dans cette machine le poids sera à la puissance, comme 96×129 est à 27×115, ou à-peu-près comme 4 est à 1.

Comme le poids dont nous parlons est réduit à celui d'une colonne d'eau de 9 pouces de diametre (1050), sur 72 pieds de hauteur (1051), il sera d'environ 2228 liv. dont le quart donne 557 liv. pour la puissance appliquée à la roue, en faisant abstraction des frottemens, qui n'ont ici lieu qu'aux tourillons de la roue & à ceux des balanciers. Cependant on va voir que cette puissance est beaucoup au-dessus de celle que nous venons d'estimer, ce qui vient moins des obstacles causés par le frottement, que de la mauvaise construction des corps de pompes, qui ont 9 pouces de diametre, tandis que celui des fourches & du tuyau montant n'est que de 6 pouces (1050), ce qui rétrécit le passage de l'eau, eu égard au cercle des pistons, dans le rapport de 4 à 9, & même dans celui de 1 à 4, à cause des soupapes qui sont à coquilles, inconvéniens dont j'ai fait sentir les conséquences dans les articles 902, 903 & 963, 964, 965 ; on en va voir l'application d'une maniere bien sensible.

1056. La vîtesse du courant s'étant trouvée de 6 pieds 2 pouces par seconde (1053), & celle de la roue de 2 pieds 7 pouces 6 lignes , lorsque j'ai fait mes observations (1052), soustrayant cette derniere de l'autre , on trouvera 3 pieds 6 pouces 6 lignes , pour la vîtesse respective du courant qui frappoit les aubes , dont le choc sur une surface d'un pied quarré est de $14\frac{1}{3}$ liv. comme on en peut juger par la table troisieme rapportée dans le premier volume , pag. 258. Multipliant $14\frac{1}{3}$ liv. par 72 pieds quarrés , superficie des aubes (1047), il viendra 1056 liv. pour le choc de l'eau qui agissoit sur la roue (585) tandis qu'une puissance de 557 liv. devroit ce semble suffire pour cela (1056); ce qui fait une différence de près de 500 liv. pour surmonter les obstacles étrangers au poids.

1057. Si les pompes étoient rectifiées , & qu'on supprimât les soupapes à coquilles , pour que les pistons pussent refouler l'eau sans obstacle , il n'y a point à douter que la roue ne fit plus de 28 tours en 10 minutes (1052) ; car plus l'on emprunte de la force respective du courant pour surmonter la résistance qui lui est opposée , & moins la roue a de vîtesse.

Pour en juger , cherchons quelle seroit la vîtesse respective de la riviere , pour être capable d'une impression de 557 liv. Il faut diviser 557 liv. par 72 pieds , superficie des aubes , on trouvera $7\frac{3}{4}$ liv. pour la force respective du courant sur une surface d'un pied quarré , qui répond dans la troisieme table , page 258 , à une vîtesse de 2 pieds 7 pouces , laquelle étant soustraite de 6 pieds 2 pouces , vîtesse entiere du courant , il reste 3 pieds 7 pouces pour la vîtesse de la roue par seconde , au lieu de 2 pieds 7 pouces 6 lignes ; ce qui donne 2150 pieds en 10 minutes. Or ce nombre étant divisé par $50\frac{2}{7}$ pieds , circonférence de la roue (1046), il vient 43 pour le nombre des tours que la roue fera en 10 minutes ; par conséquent le produit de la machine dans son état actuel , sera au produit dont elle seroit capable si elle étoit rectifiée , comme 28 est à 43.

1058. Les manivelles faisant 28 tours en 10 minutes , chaque piston fera le même nombre de relevées , & les quatre ensemble 112 , qui étant multipliés par 3 pieds , jeu du piston (1051), donne 336 pieds pour la hauteur de la colonne d'eau que les quatre pistons feront monter ensemble en 10 minutes ; cette colonne ayant pour base un cercle de 9 pouces de diametre (1050), son poids sera de 10395 liv. ce qui revient à 1039 liv. d'eau par minute , ou à $37\frac{1}{9}$ pouces (342). On peut donc dire , comme 28 est à 43 , ainsi $37\frac{1}{9}$ pouces est à un quatrieme terme , qu'on trouvera de $56\frac{8}{9}$ pouces ,

ces, pour la quantité d'eau que la machine donneroit par minute
si elle étoit rectifiée ; ce qui monte à une différence d'environ 57
muids par heure (341).

1059. Cette machine ne pouvant être capable du plus grand
effet, que lorsque la vîtesse de la roue sera le tiers de celle du courant (588), il ne suffiroit pas pour la rendre parfaite d'en rectifier
le corps de pompe, leur laissant le même diametre, parce qu'alors
la vîtesse de la roue se trouveroit de 3 pieds 7 pouces par seconde
(1057), qui est plus que la moitié de celle du courant.

Pour continuer l'application des principes, afin d'en rendre l'u-
sage familier, cherchons quel diametre devroient avoir les corps
de pompe, en conservant toutes les autres parties de la machine
dans le même état où nous les avons exposées : ce n'est pas qu'elle
soit exempte de défaut, la roue se trouvant susceptible d'une correction importante, dont je ferai mention par la suite.

Lorsque la vîtesse de la roue sera le tiers de celle du courant,
la vîtesse respective du même courant se trouvera de 4 pieds 1 pouce 4 lignes (1053), dont le choc sur une surface d'un pied quarré
répond à 20 liv. dans la troisieme table, qui étant multiplié par
72 pieds, superficie des aubes (1047), donne 1440 livres pour la
puissance, qu'il faut quadrupler, parce que le rapport de cette puissance au poids, a été trouvé d'un à quatre (1055) ; il viendra
5760 livres pour le poids de la *colonne d'eau que cette puissance
pourra élever*, dont la hauteur devant être de 72 pieds (1051), il
ne s'agit plus que d'avoir son diametre. Pour cela il n'y a qu'à multiplier 55 livres, pesanteur d'un pied cylindrique d'eau, par une
colonne d'eau de même hauteur que celle dont nous parlons ; &
comme elles sont l'une à l'autre dans la raison des quarrés de leur
diametre, on dira, comme 3960 liv. est à 5760 livres, ainsi 144
est à un quatrieme terme, qu'on trouvera de 209 $\frac{5}{11}$ pouces, dont
la racine donne 14 pouces 5 lignes pour le diametre des pistons.

1060. Le produit de la machine dans son état actuel, étant à
celui dont elle seroit capable, si elle étoit parfaite, dans la raison composée des quarrés des diametres des pistons, & de la vîtesse de la roue ; dans ces deux cas, on aura son produit pour le
dernier, en disant comme 81 pieds × 2 pieds 7 pouces 6 lignes est à
209 × 2 pieds 8 lignes, ou comme 213 est à 419 ; ainsi 37 $\frac{1}{2}$ pouces,
est à un quatrieme terme, qu'on trouvera de 74 pouces d'eau,
qui est la quantité que la machine fournira par minute, lorsqu'elle
sera parfaite.

Comme des pistons qui auroient 14 pouces 5 lignes de diametre,

Maniere de
trouver le dia-
metre des pis-
tons qui pour-
roient conve-
nir à cette ma-
chine si e.^{le}
étoit rectifiée.

I. Part. Tome II.   Z

feroient peut-être peu commodes dans l'ufage ; on pourroit, au lieu de quatre corps de pompes, en faire manœuvrer 6 de 11 pouces 9 lignes de diametre, qui produiroient enfemble la même quantité d'eau ; mais je ne m'arrête point à cette confidération, puifqu'il ne s'agit ici que d'examiner de quel effet cette machine auroit pu être capable, fi les corps de pompe avoient été conftruits dans le goût de ceux que j'ai fait faire pour la machine du Pont Notre-Dame, & dont on trouvera les développemens dans le chapitre fuivant.

1061. Nous avons fuppofé jufqu'ici que la roue étoit fans défaut, c'eft-à-dire, que le nombre des aubes étoit proportionné à leur largeur & au rayon ; c'eft ce qui ne fe rencontre point, cette roue ayant 8 aubes, au lieu que pour bien faire elle n'en devroit avoir que 7, felon l'article 675. Alors, quand la roue aura la même vîteffe, l'action de l'eau dans le premier cas fera à fon action dans le fecond, à peu-près comme 3 eft à 4, parce qu'à une roue de 10 pieds de rayon qui a 8 aubes de 4 pieds de largeur, lorfque chacune fe trouve verticale, elle n'eft choquée par le courant que fur les $\frac{3}{4}$ de fa largeur : le refte fe trouvant couvert par l'aube qui la fuit immédiatement. Ainfi, l'on voit qu'il ne faut gueres compter que fur les $\frac{3}{4}$ de la puiffance, que nous avons dit (1056) qui agiffoit actuellement pour faire monter l'eau ; par conféquent le défaut de cette machine ne doit point être entierement attribué à la mauvaife façon des pompes.

1062. Que fi au lieu de 7 aubes on n'en employoit que 6 chacune de 5 pieds de largeur, il arriveroit que fe trouvant verticale & entierement plongée dans l'eau, celle qui la fuivra immédiatement ne la couvrira point, parce qu'elle fe trouvera à fleur d'eau ; fon niveau divifera le rayon de la roue en deux également, comme il eft aifé de s'en convaincre. Alors le courant, au lieu d'agir fur une furface de 4 pieds de largeur, comme nous l'avons fuppofé dans les calculs précédens, en frappera une de 5, & la puiffance fe trouvera augmentée d'un quart en fus, ou de 360 livres; ce qui eft une force plus que fuffifante pour furmonter le frottement dont la machine peut être fufceptible, dans le cas du plus grand effet, comme on en va juger ; alors elle donnera au moins 74 pouces d'eau, c'eft-à-dire, le double de ce qu'elle produit actuellement, en fuppofant que la vîteffe du courant fera toujours de 6 pieds 2 pouces par feconde (1053).

1063. Pour calculer le frottement de cette machine, je confidere que la réfiftance qui vient de cette part, dépend de la pe-

fanteur des parties qui frottent & de la longueur des bras de levier. Ayant cherché la folidité d'un balancier, je l'ai trouvé de
20 pieds cubes, qui étant multipliés par 60 livres (650), donnent
1200 livres ; comme les ferrures qui y font appliquées pefent environ 560 livres, chaque balancier pefera donc 1760 livres.

Les tringles & le chaffis de fer qui portent chaque pifton, peuvent pefer 500 livres, & chaque rame avec fes ferrures 360 livres ;
ainfi les paliers qui portent les tourillons d'un balancier fe trouvent chargés de 2620 livres, feulement de la part des attirails.

Quoique le bras de levier de la puiffance qui répond aux manivelles, foit un peu plus grand que celui qui répond au poids (1049),
nous ne laifferons pas, pour la facilité du calcul, de fuppofer que
les tourillons qui fervent de point d'appui font dans le milieu des
balanciers. Alors chaque extrémité pourra être confidérée comme
étant chargée d'un poids de 2228 livres (1055), qui font enfemble
4456 livres, lefquelles étant ajoutées au précédent, donnent 7076
livres pour la charge d'un balancier. Comme il y en a toujours deux
qui manœuvrent en même tems en pleine force, doublant ce nombre, on aura 14152 livres, dont la moitié eft 7076 livres, qu'il
faut multiplier par 1 pouce, rayon des tourillons (1054), & divifer
le produit par le bras de levier qui répond à la manivelle (1054),
qui eft de 129 pouces ; il viendra environ 55 livres pour le frottement des tourillons réduits à la manivelle (249), qu'il faut multiplier par le coude de la même manivelle, & divifer le produit par
le rayon de la roue, jufqu'au centre d'impreffion des aubes, pour
avoir $\frac{21\ \text{pou.} \times 55\ \text{livres}}{90}$; ce qui donne 13 livres pour la puiffance qui
furmonte le frottement des balanciers.

1064. Ayant auffi eftimé le poids de la charpente & des ferrures
qui compofent la roue, avec celui des manivelles, qui font de
fonte, j'ai trouvé que le tout enfemble pefoit 12400 liv. fur quoi
il eft important de remarquer que les deux colonnes d'eau que la
roue fait monter fans ceffe, loin de charger les paliers, les foula-
gent. En effet la réfiftance qu'elles oppofent, agiffant de haut en bas,
tend à attirer les manivelles de bas en haut, & les attireroit en
effet, fi la roue étoit d'un poids inférieur aux mêmes colonnes.
Voilà donc deux puiffances qui agiffent felon des directions oppo-
fées, c'eft pourquoi il faut retrancher de 12400 livres, le double de
2228 livres (1055), il reftera 7944 livres pour la charge relative
des paliers de la roue, dont la moitié donne 3972 livres, qui étant
multipliées par 5 pouces, rayon des tourillons (1045), & le pro-

Z ij

duit divisé par 96 (1046), il vient 206 livres, à quoi ajoutant 13 livres, que l'on a trouvé en premier lieu, on aura 219 $\frac{7}{8}$ liv. pour la puissance capable de surmonter tous les frottemens, excepté celui des pistons, auquel je n'ai point égard, pour les raisons rapportées dans l'article 227. Comme nous avons 360 livres de force destinée pour cet usage, on voit qu'il en reste une de 130 livres, qui contribuera à donner à la roue une vîtesse qui sera un peu au-dessus du tiers de celle du courant ; que si l'on ajoute 219 $\frac{7}{8}$ liv. à 1440 livres, on aura 1659 $\frac{7}{8}$ liv. pour la puissance qui surmonte le poids & le frottement.

Tous les calculs précédens, étant fondés sur des principes incontestables, il semble qu'en faisant les corps de pompes de 14 pouces 5 lignes de diametre, la machine doit nécessairement produire 74 pouces d'eau par minute, lorsque la riviere aura 6 pieds 2 pouces de vîtesse par seconde ; d'autant mieux qu'après avoir eu égard à toutes les résistances que la puissance aura à surmonter, il lui restera encore 130 livres de force ; cependant nous allons faire voir que le produit deviendroit beaucoup moindre, si l'on ne corrigeoit pas un défaut auquel les Machinistes n'ont pas coutume d'avoir égard, faute d'en connoître la conséquence.

Examen des variations de la force respective d'un courant sur la roue.

Voyez sur la planche onzieme la figure désignée par la lettre X.

1065. Quand nous avons calculé l'action de l'eau contre les aubes, nous avons supposé, comme on fait ordinairement, qu'elles étoient toujours frappées en plein, selon une direction perpendiculaire, mais c'est ce qui ne peut arriver que par intervalle, comme on l'a insinué dans l'article 676. Car lorsque l'angle BAI que forment les rayons AB, AI, se trouve divisé en deux également par la verticale AK, & que le niveau de l'eau passe par le point H, milieu du rayon AC, la premiere aube FB ne trempe dans l'eau que sur la hauteur DB, oblique au courant. Or si dans cette situation l'impulsion du courant se trouve inférieure à la puissance sur laquelle on avoit compté, il arrivera que par intervalle la roue aura une vîtesse moindre que celle du tiers du courant, ce qui ne pourra manquer d'en retarder l'effet, comme on en va juger.

Le triangle ABI étant équilatéral, le quarré de la perpendiculaire AK sera les $\frac{3}{4}$ de celui du côté AB, que nous supposerons divisé en mille parties égales ; alors on trouvera que la perpendiculaire en contient 866, de laquelle retranchant la partie AH de 500, puisqu'elle est égale à la moitié du rayon, reste 366, pour la partie HK $=$ DE, les triangles semblables DBE, BAK, donnant AK (866), AB (1000) :: DE (366), DB $=$ 422.

Si l'aube FB éroit dans la situation verticale HC, le choc qu'elle recevroit seroit à celui que peut recevoir la surface DE de même base, comme HC est à DE ; on aura donc comme CH (500) est à DE (366), ainsi 1800 livres est à un quatrieme terme, qu'on trouvera de 1317. Mais on a vu dans l'article 583 que l'impreslion d'un courant contre une surface DE, est à son impreslion contre une autre inclinée DB, comme DB est à DE, ou comme AB est à AK ; on aura donc, comme AB (100), est à AK (866), ainsi 1317 est à un quatrieme terme, qu'on trouvera de 1140 livres, pour l'action du courant, lorsque la roue se rencontre dans la situation la plus défavantageuse, au lieu de 1800 livres, qui répond à la situation opposée. Que si l'on compare ces deux actions, on trouvera qu'elles peuvent être exprimées par $\frac{19}{30}$; on voit par-là que le courant, pour agir sur la partie BD avec $1659\frac{7}{8}$ de force, doit avoir une vîtesse respective plus grande que les deux tiers de la vîtesse totale, que par conséquent la vîtesse de l'aube FB sera moindre que le tiers de celle du courant, mais qu'elle ira toujours en croissant, jusqu'à son arrivée dans la verticale AC.

1066. On peut remédier en partie à cet inconvénient, en descendant la roue, ensorte que les bords supérieurs F & G des aubes, dans le cas le plus défavantageux, répondent au niveau OP de l'eau ; alors on ne perdra plus que de la part de l'obliquité du courant, dont voici le déchet.

Rapport de la force du courant dans les deux cas extrêmes.

Nous supposerons que la ligne RD exprime la vîtesse respective du courant, qu'on a abaissé RS perpendiculaire sur FB, & qu'on a mené FQ parallele à AK ; nommant FB ou HC, *a* ; FQ, *b* ; RD, *m* ; RS, *n*, alors on aura *mma* pour la force respective du courant contre l'aube FB, quand elle se trouvera dans la situation verticale HC, & *nna*, quand elle sera dans la situation la plus défavantageuse. Mais comme les triangles semblables RSD, & FQB, donnent RD (*m*), RS (*n*):: FB (*a*), FQ (*b*), ou *mm*, *nn* :: *aa*, *bb* ; si l'on multiplie les termes de cette proportion par *a*, on aura *mma*, *nna* :: *aaa*, *bba*, ou *mma*, *nna* :: *aa*, *bb*, ce qui montre que le choc de l'eau contre l'aube verticale, est à son impulsion contre l'aube oblique, comme le quarré de FB est au quarré de FQ ; mais comme le dernier est les $\frac{3}{4}$ du précédent, il suit que le choc dans les deux cas extrêmes, sera comme 4 est à 3, par conséquent l'impreslion de l'eau dans le cas le plus défavantageux sera de 1350 livres, qui est encore inférieure à la puissance de 1670 livres (1064).

1067. Les analogies précédentes pouvant être appliquées à

toutes les situations que l'aube FB prendra, en décrivant l'arc BC, de 30 degrés ; on voit que prenant l'hypotenuse FB du triangle rectangle FBQ pour le sinus total, les quarrés de tous les sinus FQ, des angles FBK, c'est-à-dire, de tous les sinus qui sont entre 60 & 90 degrés, exprimeront les différens chocs de l'eau dans le passage de l'aube FB, du cas le plus désavantageux à celui du plus grand effet.

Voyez sur la planche onzieme de la figure désignée par la lettre Y.

Si dans le quart de cercle ABC, on fait la corde BD égale au rayon AC, l'arc DA sera de 30 degrés, & le triangle DBC se trouvera équilatéral ; alors le quarré de la perpendiculaire DE étant les $\frac{3}{4}$ de celui du rayon CA, tous les quarrés des sinus LI, renfermés dans le segment ADEC, pourront exprimer les différentes impressions de l'eau dans les deux cas extrêmes.

La force moyenne d'un courant qui agit sur une roue à six aubes, est égale aux onze douziemes de la plus grande.

1068. Comme parmi tous les quarrés dont nous parlons, il y en a un moyen, qui étant multiplié par la ligne EC, donne un produit égal à la somme de tous les autres ; il est constant que si l'impulsion que ce quarré moyen exprime se trouve égale ou un peu au-dessous d'une puissance de 1670 liv. cette impulsion pourra être prise pour une force moyenne, entre celles de 1350 liv. & de 1800 liv. Pour savoir ce qui en est, il faut prendre sur le prolongement de EG la ligne GF, égale à GA, pour avoir le triangle rectangle & isoscelle FGA, qui donne $AK = HK =$, IC, d'où l'on tire $\overline{LC}^2 - \overline{IC}^2 = \overline{LI}^2$, ou $\overline{AC}^2 - \overline{HK}^2 = \overline{IC}^2$, ou $\overline{KI}^2 - \overline{HK}^2 = \overline{LI}^2$. Comme il en sera de même à quelque point de la hauteur GA qu'on tire la ligne HI, il suit que la somme de tous les quarrés des élémens du rectangle AGFC, moins la somme de tous les quarrés des élémens du triangle AFG, est égale à la somme des quarrés des élémens du segment ADEC. Or si l'on nomme AC ou KI, a ; EC ou GA, ou GF sera $\frac{a}{2}$, alors la somme de tous les quarrés des élémens du rectangle AGEI, sera $aa \times \frac{a}{2}$, & celle des quarrés des élémens du triangle AFG, qui compose une pyramide, sera $\frac{aa}{4} \times \frac{a}{6}$, dont la différence avec la précédente donne $\frac{a^3}{2} - \frac{a^3}{24}$, ou $\frac{11a}{24}$ pour la somme de tous les quarrés du segment ADE, qui étant divisé par $\frac{a}{2}$, il vient $\frac{11aa}{12}$; ce qui montre que le quarré moyen est égal aux onze douziemes du quarré du rayon. D'où l'on peut conclure que l'action moyenne du courant, entre les deux cas extrêmes, est égale aux onze douziemes de son impulsion contre l'aube verticale ; ainsi multipliant 1800 liv. par $\frac{11}{12}$, on trouvera 1650 liv. pour la puissance moyenne qui doit mouvoir la machine dans le cas du plus grand effet. On peut donc conclure que la vîtesse moyenne de la roue se trouvera à-peu-près égale au tiers de celle du courant, & par conséquent que la machine produira 74 pouces d'eau.

De tout ce qui précede, je vais tirer plusieurs maximes qu'il ne faut point perdre de vue, lorsqu'il s'agira de regler les proportions des parties d'une machine mise en mouvement par le courant d'une riviere.

1069. Une roue à six aubes est préférable à celle qui en a un plus grand nombre, parce que ces aubes peuvent avoir pour hauteur jusqu'à la moitié du rayon.

Maximes qu'il faut suivre dans la construction des machines mûes par un courant, pour les rendre parfaites.

1070. Il faut toujours que la roue soit plongée dans l'eau, de maniere que son niveau couvre le bord supérieur des deux aubes qui se trouvent également éloignées de la verticale, parce qu'alors dans une roue à six aubes, l'action moyenne du courant n'est inférieure à celle du plus grand effet que d'un douzieme.

1071. Après avoir déterminé la longueur & la largeur des aubes, on ne doit compter que sur les *onze douziemes de leur superficie, pour regler le poids que la machine pourra élever*, afin d'avoir égard aux variations de la roue.

1072. Après qu'on aura trouvé la puissance *moyenne*, il faut, pour avoir le poids, faire entrer dans le calcul la résistance causée par le frottement, pour ne point estimer le poids plus fort qu'il ne doit être.

1073. L'estimation de la puissance ne doit se faire que sur la vîtesse qu'aura le courant dans le tems des *moyennes eaux, & l'on doit prendre garde si les aubes pourront alors y être plongées entierement*, parce que faute de ces attentions, on feroit peut-être le cercle des pistons trop grand, & la machine seroit en danger de s'arrêter dans le tems des sécheresses.

1074. Pour n'avoir rien à craindre de la diminution du courant, il faut connoître sa vîtesse dans le tems des basses eaux, & *voir si sa force absolue sera supérieure à la puissance qui doit surmonter le poids & le frottement*. Si cela se rencontre, on sera sûr que la machine ne s'arrêtera pas, au lieu que si la force absolue du courant se trouvoit inférieure à la puissance, il faudroit nécessairement diminuer le poids, c'est-à-dire, le diametre des pistons.

Formules ou regles générales pour déterminer les principales parties d'une machine mûe par un courant.

1075. Pour réduire les calculs précédens à des regles générales dont on puisse faire usage, indépendamment de la troisieme table, considerez que lorsqu'on a *la vîtesse* d'un courant, *la superficie des aubes*, & *la puissance* appliquée à une machine, on pourra toujours trouver *la vîtesse de la roue*, par conséquent *celle du poids*. Car nommant V la vîtesse du courant ; x, celle de la roue ; f, la superficie d'une aube *réduite* ; p, la puissance, on aura V $— x$, pour la vîtesse respective du courant contre les aubes, dont le quarré étant divisé par 60, donne $\overline{V — x}^2 / 60$, pour la hauteur de la chûte capable de cette vîtesse (602), qu'il faut multiplier par 70 liv. pour avoir l'expression de la force respective du courant, contre une surface d'un pied quarré, qui sera $\dfrac{\overline{V — x}^2}{60} \times 70$, ou $V — \dfrac{\sqrt{6}}{7} \times \dfrac{p}{f} = x$. Cette formule montre que *pour avoir la vîtesse de la roue, il faut diviser la puissance par la superficie d'une des aubes, multiplier le quotient par* $\frac{6}{7}$, *extraire la racine quarrée du produit, la soustraire de la vîtesse du courant, & la différence donnera la vîtesse de la roue.*

1076. S'il s'agissoit d'une machine existante dont la vîtesse de la roue fût connue, & qu'elle se rencontrât moindre que celle qu'on aura trouvée par le calcul, la différence sera causée par le frottement de la machine, ou par le défaut de quelques pieces. *Pour savoir quelle est la puissance qui surmonte les obstacles, il faudra soustraire de la vîtesse du courant les deux vîtesses de la roue, quarrer les différences, pour avoir le rapport du choc de l'eau dans ces deux cas ; si l'on en multiplie les termes par* $\frac{7}{6} S$, *les produits donneront les chocs réels, & leur différence la force employée pour surmonter les frottemens.*

1077. Pour juger de l'effet de la machine dans les mêmes cas, nous nommerons q, le poids ; u, sa vîtesse ; & b la vîtesse que doit avoir la roue relativemeut au poids ; alors les quantités de mouvement de la puissance & du poids, donneront dans le premier cas $\overline{V — b}^2 \times bf \times \frac{7}{6} = qu$, au lieu que dans le second, le premier produit étant toujours plus grand que l'autre, on aura $\dfrac{qu}{\overline{V — b}^2 \times bf \times \frac{7}{6}}$

pour le rapport de l'effet de la machine à celui qu'elle devroit produire.

1078. Si en connoissant la vîtesse de la roue, & la puissance capable de surmonter le poids & le frottement, on vouloit avoir la vîtesse du courant, que nous nommerons x, la premiere formule deviendroit

deviendroit $\overline{x - b} \times \frac{7}{6} \times f = p$; d'où l'on tire $x = \frac{\sqrt{6}}{7} \times \frac{p}{f} + b$.

1079. Pour avoir aussi une formule qui puisse servir à calculer toutes les machines *dans le cas du plus grand effet*, considerez que nommant encore V, la vîtesse du courant ; u, celle du poids ; S, la superficie réduite d'une des aubes ; on aura $VV \times \frac{7}{6} \times S$, pour la puissance qui seroit en équilibre avec le poids & le frottement, (1076) qu'il faut multiplier (595) par $\frac{4}{9}$, & le produit par $\frac{V}{3}$ vîtesse que doit avoir la roue ; il viendra $V^3 \times S \times \frac{14}{51}$ pour la quantité de la puissance, qui devant être égale à la quantité de mouvement du poids, donne $V^3 \times f \times \frac{14}{51} = q \times u$. Formule générale avec laquelle on pourra toujours connoître l'une des quatre grandeurs V, u, f, p, moyennant la connoissance des trois autres.

1080. Par exemple, *pour avoir le poids* que la machine doit élever, on aura $\frac{V^3 \times S \times \frac{14}{51}}{u} = q$, qui montre qu'*il faut multiplier le cube de la vîtesse du courant, par la superficie réduite d'une des aubes, pour avoir un premier produit, qu'il faut multiplier par $\frac{14}{51}$, & diviser ce second produit par la vîtesse que doit avoir le poids ; si du quotient on retranche la résistance causée par le frottement, on aura le poids réel que la machine doit élever.*

1081. Si on vouloit connoître *la vîtesse du courant*, la formule deuiendra alors $V = \frac{\sqrt{q \times u \times \frac{51}{14}}}{f}$, qui montre qu'*il faut multiplier la quantité de mouvement du poids par $\frac{51}{14}$, diviser le produit par la superficie réduite d'une des aubes, & extraire la racine cube du quotient.*

1082. Voulant de même connoître *la superficie de chaque aube réduite*, on aura $f = \frac{q \times u \times \frac{51}{14}}{V^3}$, qui montre qu'*il faut multiplier la quantité de mouvement du poids par $\frac{51}{14}$, & diviser le produit par le cube de la vîtesse du courant.*

1083. Enfin voulant avoir *la vîtesse du poids*, on aura $\frac{V^3 \times S \times \frac{14}{51}}{q} = u$, qui montre qu'*on doit multiplier le cube de la vîtesse du courant par la superficie d'une des aubes réduite pour avoir un premier produit, qu'il faut multiplier par $\frac{14}{51}$, & diviser le second produit par le poids, y compris le frottement.*

On voit que les calculs précédens peuvent être appliqués à toutes sortes de machines mûes par un courant quelle qu'en soit la conſtruction, ſans ſe mettre en peine de la longueur des bras de levier.

Deſcription des pompes pour éteindre les incendies.

Ordre que l'on obſerve en Al-ſace & dans les Pays-Bas, pour les in-cendies.

1084. Perſonne n'ignore la néceſſité d'avoir dans une ville pluſieurs pompes ambulantes pour éteindre les incendies, & de ſe munir de longue main de tout ce qui peut donner un prompt ſecours, lorſque par malheur le feu prend dans quelque quartier ; autrement il eſt à craindre qu'il ne ſe conſume en peu de tems un grand nombre de maiſons, ſur-tout quand ſon activité ſe trouve ſecondée d'un vent impétueux.

Il n'y a point de pays où la police ſoit mieux entendue en pareil cas que dans les Pays-Bas & en Alſace ; dans chaque ville il y a une maiſon où l'on renferme pluſieurs pompes, avec un grand nombre de ſceaux de cuir, d'échelles, crocs de fer, cuves, &c. Il y a auſſi des ſceaux répandus dans tous les différens quartiers, principalement dans les maiſons des Magiſtrats, où ils ſont accrochés aux planchers de leurs veſtibules, comme une marque d'honneur.

Lorſque le feu prend en quelque endroit, auſſi-tôt le guetteur ſonne le tocſin ; ſi c'eſt la nuit il expoſe un flambeau allumé en dehors du Béfroy, du côté où il apperçoit le feu, & ſi c'eſt pendant le jour, il ſe ſert d'un drapeau rouge. Dans les villes de guerre, au premier coup de la cloche, l'on bat la générale, la garniſon prend les armes pour s'emparer des poſtes marqués par celui qui commande ; l'on poſe des détachemens ſur toutes les avenues qui répondent à l'endroit où eſt le feu pour empêcher le déſordre, & pour prévenir les ſurpriſes que les ennemis auroient tenté ſur la place. Pendant ce tems-là tout eſt en mouvement du côté de l'Hôtel de Ville, chacun ayant ſon emploi marqué par le Magiſtrat ; pour exciter l'émulation, celui de Strasbourg a établi dans chaque quartier des Officiers chargés de la direction des manœuvres qu'ils doivent exécuter en cas d'incendie : celui de ces Officiers qui arrive le premier à l'endroit où il faut donner du ſecours eſt récompenſé d'une certaine ſomme payée par la ville, celui qui arrive le ſecond en a une moindre, ainſi du troiſieme ; mais celui qui n'arrive que le dernier, eſt obligé de payer une amende, qui fait une partie de la récompenſe des plus diligens, à moins qu'il ne ſoit dans l'impuiſſance de ſe trouver à ſon devoir.

D'un autre côté, tous les Religieux mendians, qui ſont d'un

grand secours en pareils cas , partent de leur Monastere , munis des sceaux qu'ils ont chez eux , & de ceux qu'ils rassemblent en chemin , se rendent au lieu où est le feu , pour y donner des marques de leur zele, en s'exposant aux plus grands dangers.

On place les pompes dans les endroits les plus commodes pour y lancer l'eau ; & comme elles en consomment beaucoup , on prend toutes les mesures nécessaires pour qu'elles n'en puissent pas manquer. On fait ranger en file des deux côtés des rues qui aboutissent à l'incendie , tous les habitans , pour se donner de main en main des sceaux plein d'eau , ce que font les plus forts que l'on range d'un côté , tandis que les plus foibles que l'on met de l'autre , les renvoyent vuides jusqu'aux endroits où l'on puise l'eau. De cette sorte les pompes se trouvant au centre de la manœuvre , il leur vient de l'eau de toutes parts ; & comme elles sont environnées de plusieurs cuves, où l'on décharge celle qu'elles ne peuvent consommer sur le champ ; il arrive qu'à quelque éloignement qu'elles soient de la riviere ou des puits , elles sont toujours bien servies.

Si malheureusement le vent vient à pousser le feu vivement, & qu'on ait lieu d'appréhender pour les maisons voisines, on abat promptement celles qui sont le plus à portée de l'incendie , afin de lui couper le chemin. Après ce détail , voici la description des plus belles pompes qui sont venues à ma connoissance.

1085. La planche 13 comprend les développemens d'une pompe exécutée à Strasbourg ; comme elle est représentée dans tous les sens, je me contenterai d'en donner une légere explication. On voit qu'elle est composée d'abord d'un grand bac monté sur quatre roues , accompagnées d'un train , pour être voiturée par des chevaux. Au fond de ce bac sont attachés sur une plate-forme deux corps de pompes D , de 4 pouces de diametre , unis à une fourche E , qui va aboutir au tuyau montant H , à l'extrémité duquel est un autre tuyau I , servant à diriger l'eau , comme nous le dirons plus bas. Dans chaque corps de pompe joue un piston sur 8 ou 10 pouces de levée , répondant à des verges de fer suspenpendues aux leviers ou balanciers FG , qui font aspirer & refouler les pistons alternativement par l'action des hommes qui y sont appliqués ; le bac est partagé en deux parties par une cloison percée de trous , l'un sert à loger les corps de pompes , & l'autre à recevoir l'eau qui doit être refoulée. Je passe sous silence les soupapes qu'on suppose placées dans le fond des corps de pompes & au bas de la fourche qui leur est unie; je ne dis rien non plus de la construction des pistons qui sont massifs & entourés de ban-

Description d'une pompe pour les incendies , exécutée à Strasbourg.

Plan. 13.

A a ij

des de cuir comme à l'ordinaire, étant aifé de s'imaginer ces petits détails, après tout ce qui a été dit fur les pompes dans le chapitre précédent.

1086. Voici une autre pompe dans le goût de la précédente, mais dont la manœuvre paroît plus commode ; elle eft exécutée à *Ypres*, & on s'en eft fervi nombre de fois avec beaucoup de fuccès, paffant pour la meilleure du pays. Elle eft compofée d'un grand bac pofé fur un traîneau ; ce bac fur fa longueur eft divifé en trois parties égales par les cloifons VX, percées de plufieurs trous, pour qu'en verfant l'eau dans les réfervoirs T, elle ne puiffe point en paffant dans le milieu, entraîner d'ordures. Les corps de pompes font placés en S, accompagnés de leurs foupapes, piftons & branches, comme on le voit repréfenté en particulier dans la quatrieme figure.

On voit dans la premiere figure que les piftons E, F font fufpendus à un balancier CD, traverfant un effieu AB qui repofe fur les paliers BI, repréfentés dans la feconde figure, qui eft une vue extérieure de la pompe en perfpective. Aux extrémités de cet effieu font fufpendus des fupports de fer BO, dont chacun porte une piece de bois LM ou OP, que je nomme rame, laquelle peut jouer librement autour du boulon fur lequel elle eft en équilibre. A ces rames font attachées un nombre de chevilles de bois N en forme de poignées, auxquelles font appliquées autant de perfonnes qui pouffent en avant & en arriere, comme font les rameurs, & qui donnent le mouvement à l'effieu qui fait jouer les piftons ; ce qui eft aifé de s'imaginer en confidérant encore la premiere figure, relativement à la feconde ; les parties GH, IK n'étant autre chofe que la repréfentation des rames LM, OP.

On a accompagné la quatrieme figure de toutes les parties effentielles à cette pompe qui méritent quelque attention ; & pour faire voir l'effet des différentes foupapes, on a fuppofé que les unes telles que I, G, étoient coniques, & les autres K, H faites en clapets. A l'égard du tuyau B qui répond aux branches L, M, on voit qu'il eft accompagné d'une boëte à deux anfes A, percée en écrou par le dedans, avec un rebord intérieur, dont le diametre eft de même calibre que le tuyau B, qu'elle ne peut abandonner & dont on va voir l'ufage. C'eft un tuyau coudé & taillé en vis par fes extrémités, dont celle d'en haut doit s'ajufter avec un autre tuyau D. E eft une feconde boëte à écrou comme la premiere A, avec cette feule différence qu'elle n'a point d'anfes pour la tourner, parce qu'étant plus petite, elle peut être plus aifément maniée. D est un tuyau d'environ 7 pieds de longueur, servant à diriger l'eau, c'est pourquoi il va en diminuant vers le bout.

Pour monter la fourche avec son genou, on fait entrer le bout du tuyau B dans l'autre tuyau coudé C, on éleve la boëte A, qu'on tourne autour de la vis qui répond au tuyau C. Alors ces deux pieces se trouvent unies, de maniere que celle d'en haut peut tourner librement autour du tuyau immobile B, afin de pouvoir lancer l'eau du côté que l'on veut; ensuite on fait entrer jusqu'à la vis dans le tuyau D, l'extrémité supérieure du tuyau coudé C, que l'on unit par le moyen de la boëte E, dont l'écrou vient s'ajuster avec la vis dont nous parlons, ce qui n'empêche pas le tuyau D de tourner pour le diriger plus haut ou plus bas, selon que sa courbure se trouve disposée.

Le dessus du milieu de la partie du bac dans lequel sont placés les corps de pompes, est couvert par un plancher sur lequel est situé celui qui conduit le tuyau D, qui est une commodité essentielle qu'on n'a pas coutume de pratiquer au pompes ordinaires.

1087. Les figures 4, 5 & 6 de la planche 15, comprennent le profil, le plan & l'élévation d'une pompe différente des deux précédentes, & telle qu'on en trouve dans plusieurs villes de Hollande : elle est composée d'un bac partagé en trois parties par deux cloisons percées, comme ci-devant, de plusieurs trous, pour que l'eau versée dans les réservoirs O & P parvienne pure au retranchement du milieu, où sont placées les pompes, dont voici la disposition.

Nouvelle pompe pour les incendies, exécutée en Hollande.

Plan. 15.

Dans le milieu est un cylindre Q, couvert d'un chapiteau arrêté par des vis, le pourtour garni de rondelles de cuir, de maniere que l'air n'y puisse entrer ni sortir; ce cylindre est uni à deux corps de pompes diamétralement opposés, lesquels par le jeu de leur piston, font entrer l'eau dans le récipient Q, en passant par les communications N, M, qui s'ouvrent & se ferment alternativement avec les clapets A, selon que les pistons haussent ou baissent. Le pourtour des corps de pompes est percé vers le bas au-dessous des soupapes K, L, qui est l'endroit par où l'eau s'introduit, lorsqu'on vient à lever chaque piston, dont on sentira l'effet, en considérant que l'eau qu'ils ont aspiré pour remplir chaque corps de pompe est refoulée dans le récipient, dont l'air ne pouvant sortir aussi-tôt que le trou B se trouve surmonté par l'eau, va se réunir vers le sommet du récipient où il se condense de plus en plus à mesure que l'eau y entre en plus grande quantité, parce que le trou B étant plus petit que le cercle des pistons, il entre plus d'eau dans le récipient qu'il n'en peut fortir dans le même tems. Ainfi cette eau eft refoulée fans interruption, non-feulement parce qu'il y a deux piftons qui jouent alternativement, mais encore parce que la furface de celle du récipient eft preffée de haut en bas par le reffort de l'air, qui refoule avec une force à-peu-près égale à celle qu'on imprime aux piftons. Par ce moyen, l'eau eft lancée continuellement avec une vîteffe qui eft toujours à-peu-près la même, malgré l'inégalité de l'action de ceux qui font appliqués au balancier EF, dont les extrémités font terminées en fourche, comme on le voit dans la fixieme figure, afin de pouvoir y enfiler une poignée affez longue pour que cinq ou fix hommes puiffent agir de front. Cette figure fait voir auffi le boyau du cuir D, qui s'ajufte avec une boëte de cuivre C, répondant au trou B, par lequel l'eau eft refoulee dans le boyau, pour être dirigée à l'aide du tuyau E, dans les endroits embrafés qui ne peuvent être apperçus du lieu où la pompe eft placée. Au refte, comme cette pompe eft de même efpece que celles dont j'ai fait mention dans les articles 801, 887, je ne m'y arrêterai pas davantage, la fimple confidération du profil faifant affez connoître le méchanifme qui lui eft propre.

Defcription d'une pompe pour les incendies, avec laquelle on lance l'eau fans interruption par le mouvement d'un feul pifton.

PLAN. 15.

FIG. 1.

1088. M. *Perrault*, dans fon Commentaire fur *Vitruve*, pag. 318, fait mention d'une pompe de même efpece que la précédente, qui étoit de fon tems dans le cabinet de la bibliotheque du Roi, laquelle, dit cet Auteur, *fert à lancer de l'eau fort haut dans les incendies : ce que cette machine a de particulier, & qui n'eft point dans les autres de cette efpece, dont la defcription fe voit dans le livre des Forces mouvantes de* Salomon de Caux, *étant qu'avec un feul pifton, par le moyen de l'air, l'eau eft pouffée de maniere qu'elle a un cours continu, & qui n'eft point interrompu, lorfque le pifton attire l'eau.*

Pour en juger, confiderez la premiere figure compofée d'un corps de pompe A, dont le fond eft percé d'un trou fermé par une foupape pour recevoir l'eau du bac, dans lequel l'on fuppofe que cette machine eft placée. Ce corps de pompe eft uni à un récipient B, par le moyen d'un tuyau de communication C, ayant à l'endroit E une foupape pour empêcher que l'eau qui eft entrée dans le récipient n'en puiffe fortir. Ce récipient, qui eft fermé de toutes parts, comprend dans le milieu un tuyau FD, qui defcend prefque jufqu'au fond.

Lorfqu'on fait jouer le levier H, auquel eft fufpendu le pifton, l'eau entre d'abord dans le corps de pompe & dans le récipient jufqu'à une certaine hauteur au-deffus de l'orifice D, qui s'y trouvant submergé, l'air renfermé dans le récipient, qui n'en peut plus sortir, se comprime de plus en plus à mesure que le récipient se remplit. Or comme chaque fois que le piston refoule, le récipient reçoit plus d'eau qu'il n'en peut sortir par le tuyau FD, dont l'orifice supérieur est beaucoup plus petit que le cercle du piston, il arrive que non-seulement l'eau est lancée avec beaucoup de vîtesse dans le tems que le piston refoule, mais qu'elle monte encore à-peu-près à la même hauteur dans le tems de l'aspiration, par l'action du ressort de l'air qui presse la surface de l'eau pour se remettre dans son état naturel, comme dans l'article 881. Voilà l'*énigme de méchanique* deviné par M. *du Fay* * lorsqu'il vit à Strasbourg une pompe qui agissoit sans interruption, quoiqu'il n'y eût qu'un seul piston, dont M. *Jacob Leupold* faisoit mystere comme d'une chose nouvelle.

** Histoire de l'Académie, année 1725, page 78.*

Fig. 2.

La seconde figure représente une autre maniere de construire la machine précédente, en faisant que l'eau soit lancée par l'orifice B à côté du récipient A, & non par le sommet, & on y a ajouté deux corps de pompes, afin que l'un des leviers E ou F puisse travailler au défaut de l'autre. À l'égard du cercle D, on suppose qu'il marque la surface de l'eau dans le récipient, au moment que le piston en refoulant est parvenu au plus bas, & qu'ensuite elle est descendue en C à la fin de l'aspiration.

1089. Voici une fontaine artificielle qui agit par la condensation de l'air, imaginée par *Heron*, célebre Mathématicien d'Alexandrie, & qui m'a paru trop ingénieuse pour ne pas mériter de trouver place ici. Elle est composée de deux vaisseaux cylindriques égaux ABCD, EFGH, chacun fermés par deux fonds IK, CD & EF, GH, dont le premier IK est à quelque distance du bord AB, pour former un petit bassin IABK. Ces deux vaisseaux sont entretenus ensemble par un cylindre creux, 4, 5, au travers duquel passe un tuyau RS, dont un des orifices R est soudé au fond IK du bassin, & l'autre S répond à une petite distance du fond GH; la surface de ce tuyau est entretenue au fond CD, EF en Y & Z.

Description d'une fontaine artificielle, nommée communément Fontaine Héroniene.

Fig. 3.

Ensuite est un second tuyau TV, dont une des ouvertures V est soudée avec le fond EF, & l'autre T est autant éloignée du fond IK que S l'est de GH : ce tuyau a aussi sa surface soudée au fond CD à l'endroit X; enfin le fond IK est traversé par un tuyau PQ, dont l'ouverture Q est éloignée du fond CD, à la même distance que le sont T & S de ceux qui leur répondent. A ce troisieme tuyau est adapté un ajutoir P de 2 ou 3 lignes de diametre; cela bien entendu, voici le jeu de cette machine.

On commence par ôter l'ajutoir P, afin de verfer de l'eau plus commodément dans le vaiffeau CIKD jufqu'à la hauteur LM de l'orifice T du tuyau TV, c'eft-à-dire, que l'on ceffe d'en verfer lorfqu'on l'entend defcendre dans le vaiffeau GF. On remet l'ajutoir, & l'on ferme le trou, enfuite on verfe de l'eau dans le baffin IABK, laquelle defcendant par le tuyau RS, va fe rendre dans le vaiffeau GF, où il n'en peut entrer que jufqu'à une certaine hauteur NO, parce que l'air dont cette eau occupe la place venant à fe condenfer, empêche qu'il n'en entre davantage. Toutes les colonnes d'eau comprifes dans l'efpace GNOH, & qui ont pour hauteur NG, tendant à monter auffi haut que la colonne comprife dans le tuyau RS, le reffort de l'air renfermé dans les efpaces NF, LK fe trouve augmenté d'une force équivalente au poids d'une colonne d'eau qui auroit pour bafe le cercle LM, & pour hauteur KO.

Si l'on débouche l'ajutoir, le reffort de l'air preffant la furface LM de l'eau CM, la fera jaillir à une hauteur à-peu-près égale à KO, & continuera de même tant qu'il y aura de l'eau dans le vaiffeau CK, parce que celle qui fort retombant dans le baffin IB, vient fe rendre dans le vaiffeau GF, & y occupe la place de l'air qui eft paffé dans le vaiffeau CK, où il fe trouve toujours également condenfé, puifque l'eau ne faifant que fortir du vaiffeau fupérieur pour fe rendre dans l'inférieur, la machine en contiendra toujours une égale quantité ; mais lorfque l'orifice Q du tuyau PQ ne trempera plus dàns l'eau, alors l'air trouvant une *iffue pour s'échapper*, la machine ceffera d'aller.

Pour la faire jouer tout de nouveau, on fait fortir par un trou pratiqué au fond GH, toute l'eau qui s'eft rendue dans le vaiffeau inférieur, & après l'avoir refermé, l'on met la machine en état de recommencer de nouveau.

Tandis que nous en fommes fur le concours des effets de l'air & de l'eau, je crois qu'il ne fera point inutile de faire mention d'une maniere de fouffler le feu des forges, bien différente de celle dont on fait ufage ordinairement, mais elle ne peut gueres avoir lieu que dans les pays de montagnes d'où il defcend de l'eau, comme en Provence, où le foufflet que je vais décrire eft fort en ufage, fe rencontrant le long de l'Ifere, entre Ramand & Grenoble, cinq ou fix forges qui n'en ont point d'autres.

1090. La premiere figure de la planche 16, comprend le plan du bâtiment d'une de ces forges ; avec la fituation du foufflet par rapport au fourneau ; ce foufflet eft compofé d'une cuvette HI renverfée,

versée, faite en ovale, de 7 pieds de longueur sur 3 ou 4 de largeur,
représentée par les figures 3 & 4 ; ses bords sont enterrés de 5 ou 6
pouces, pour que l'air extérieur ne puisse y entrer. Sur le fond de
cette cuve, sont attachés deux tuyaux de bois B, C, de 10 ou 12
pieds de hauteur, dans le milieu desquels on arrête aussi sur la
cuve une espece de pyramide G faite de planches, ayant vers son
sommet un troisieme tuyau D, qui conduit le vent à la forge ;
toutes ces pieces sont bien emboîtées & calfatées avec la cuve, de
maniere que l'air n'ait aucun passage par les joints.

des forges, par le moyen d'une chûte d'eau.

Un petit canal d'un pied de largeur, sur 7 à 8 pouces de profondeur, & qui se partage en deux branches E, F, conduit l'eau dans
les tuyaux B, C, en plus ou moins grande quantité, selon que l'on
veut augmenter ou diminuer l'action du vent, ce que les Forgeurs
reglent par le moyen d'une petite vanne placée à l'entrée A du
canal. Comme les tuyaux B, C sont percés vers le sommet de plusieurs trous inclinés au-dedans, par lesquels l'air s'introduit, il arrive que l'eau en tombant, entraîne avec elle dans la cuve une
grande quantité d'air, qui se trouvant comprimé cherche à se dilater, & n'ayant d'autre issue que par le tuyau D, qui va en diminuant
vers le bout, il en sort avec impétuosité, & va souffler le feu de
la forge avec tant de force, qu'on est quelquefois obligé d'en laisser
échapper une partie par un petit trou pratiqué au sommet de la
pyramide G, ne le laissant agir pleinement que lorsqu'on a de
grosses piecs à forger.

On place dans la cuve, sous chacun des tuyaux B, C une espece
de petite sellette H, pour qut l'eau venant jaillir dessus, l'air puisse
s'en séparer plus aisément, après quoi l'eau en sort par une rigole
qui en est toujours bouchée, afin que l'air ne puisse s'échapper par
l'ouverture qu'on a été obligé de faire à la cuve.

J'ajouterai que la cinquieme figure représente une roue qui tourne par le courant d'un canal pratiqué à côté de la forge, comme
on le voit dans la premiere figure à l'endroit KQ ; que l'arbre L
de cette roue fait agir un martinet M, dont le manche est appuyé
en N, & qu'on interrompt le mouvement de la roue par le moyen
d'une vanne placée à l'endroit Q, qu'on leve & baisse à l'aide du
levier QP.

PLAN. 16.

1091. M. *Mariotte*, dans son *Traité du mouvement des eaux*, fait
«mention, pag. 68, d'une maniere de soufflet tel que le précédent,
»mais un peu différent, comme on en peut juger par la seconde
»figure. On sait, dit cet Auteur, que dans beaucoup de lieux on
»se sert de certains soufflets pour faire fondre les mines de fer

Discours de M. Mariotte sur les souf-flets précé-dens.

PLAN. 16.
FIG. 2.

» dans les fourneaux par la seule chûte de l'eau, ce qui se fait ainsi.
» On a un tuyau de bois ou de fer blanc de 14 ou 15 pieds de hau-
» teur, & d'un pied de diametre, qui est soudé dans une médiocre
» cuve renversée, dont le bas est posé sur le terrein, ensorte que
» pour peu d'eau qui y tombe, elle ferme les ouvertures, & l'air
» n'y peu plus passer. On laisse au haut du tuyau une ouverture de
» trois ou quatre pouces de diametre, dans laquelle on met un en-
» tonnoir, dont le goulot est de la même grosseur; on y fait tomber
» de 15, 20, ou 30 pieds de hauteur, de l'eau de quelque fontaine,
» dont la largeur en tombant est à-peu-près égale à l'ouverture de
» l'entonnoir, ensorte qu'il ne peut s'y amasser de l'eau que de 5
» ou 6 pouces de hauteur. Cette eau en tombant entraîne avec elle
» beaucoup d'air qui la suit jusqu'au-dessous de l'entonnoir, à
» cause de la pesanteur de l'eau qui continue de tomber. & de la
» vîtesse de son mouvement. On met à côté de la cuve, un tuyau
» qui va en étrécissant jusqu'auprès du trou du fond du fourneau
» où le charbon doit être soufflé ; l'air pressé & enfermé dans la
» cuve ne pouvant sortir par en haut à cause de la chûte impétueuse
» de l'eau qui occupe le trou de l'entonnoir, ni par en bas à cause
» de l'eau qui s'y amasse, & qui s'éleve d'un pied ou deux par dessus
» les fentes qui restent entre la terre du fond & les douves de la
» cuve, cet air est contraint de sortir avec une très-grande force
» par le bout du canal, de maniere qu'il fait le même effet pour
» souffler le charbon, que les plus grands soufflets de cuir dont
» on se sert ailleurs ».

J'ai appris par un de mes amis, qui a beaucoup voyagé en Italie, que près de Salan sur le lac de Guarde & proche de Rome, dans la montagne Tiburtine, il y avoit des forges où les soufflets dont nous parlons étoient employés.

Il y a encore une nouvelle maniere de soufflet exécutée à une fonderie proche Valenciennes.

1092. On a construit proche Valenciennes, en 1733 & 1734, une fonderie pour la fabrique des boulets de canon, dont le feu du fourneau est animé par un soufflet nouvellement imaginé en Angleterre; l'eau n'y a aucune part, il se réduit à faire circuler l'air d'une maniere que l'on dit être fort ingénieuse, & qui produit un effet surprenant. Comme je ne l'ai point vu, & qu'on n'a pu m'en donner qu'une idée fort imparfaite, je n'entreprendrai point de l'expliquer présentement, me réservant d'en donner la description aussi-tôt que je m'en serai instruit par moi-même : on la trouvera dans le premier volume de la seconde partie de cet ouvrage.

Description de la Machine de Marly.

1093. Il ne paroît pas que l'on ait jamais exécuté de machine qui ait fait autant de bruit dans le monde que celle de Marly ; elle peut être mise au nombre de ces ouvrages rares qui étoient réservés à la magnificence de *Louis le Grand*. En effet, il n'appartenoit qu'à ce Monarque de forcer une riviere comme la Seine à quitter son cours naturel, pour s'aller rendre sur le sommet d'une montagne aussi élevée que celle où elle coule présentement. Les Poëtes ont fait faire à leurs héros des choses merveilleuses avec le secours des Dieux ; mais ce grand Roi, sans avoir recours à la fiction, trouvoit dans ses finances & dans l'habileté de ceux qui cherchoient à contribuer à sa gloire, tout ce qu'il falloit pour accomplir ses grands desseins. La situation qu'il choisit lui-même dans la forêt de Marly pour y faire bâtir un château, peut passer pour une des plus belles du monde ; une exposition heureuse & une vue charmante, fournissoient du côté de la nature tout ce que l'on pouvoit desirer, excepté de l'eau. Et comment pouvoir s'en passer, dans un lieu que l'on vouloit enrichir de tout ce que l'imagination peut se représenter de plus riant, de ces lieux enchantés que les romans nous décrivent avec tant de pompe ? Cet obstacle auroit rebuté un Prince moins puissant, mais il voulut montrer qu'il pouvoit venir a bout des plus grandes entreprises. Il parle, aussi-tôt tout ce qu'il y a d'habiles gens en France & dans les pays étrangers, attirés par les bienfaits dont il récompensoit le mérite, se disputent la gloire de le servir.

Comme alors il suffisoit qu'on eut quelques talens pour être écouté favorablement des Ministres, un nommé *Rannequin*, du pays de Liege, homme d'un génie excellent pour les machines, fut assez hardi pour entreprendre de rendre les eaux aussi abondantes à Marly & à Versailles que si elles y eussent coulées de source. La machine qu'il a exécutée pour cela, a commencé d'agir en 1682 : on prétend qu'elle a coûtée plus de huit millions. J'ai hésité long-tems de la rapporter dans cet ouvrage, par la difficulté de la bien décrire & d'en avoir un dessein exact ; d'ailleurs son exécution étant d'une aussi grande dépense, il me paroissoit ridicule de la donner pour modele à ceux qui auroient recours à mon livre pour y chercher les moyens d'élever de l'eau. Cependant j'ai consideré que cette machine ayant fait jusqu'ici l'admiration de toute l'Europe, les curieux ne seroient pas fâchés d'en avoir les développemens, ne fût-ce que pour en raisonner avec plus de justesse que ne font la plûpart de ceux qui croyent l'entendre. A cette considération j'en ajouterai une plus essentielle encore, qui est que dans bien des occasions on peut en tirer des pieces pour s'en servir utilement, cette machine en comprenant de fort ingénieuses qu'on ne trouve point ailleurs.

J'en ai cherché long-tems les plans & les profils sans avoir pu les trouver, car ce n'étoit pas une petite affaire que de prendre la peine de les aller lever moi-même sur les lieux ; heureusement un de mes amis qui les avoit, a bien voulu me les communiquer. Pour m'assurer s'ils étoient exacts & pour en faire la description, j'ai passé huit jours à la Machine, où M. *Delespine*, qui en est le Contrô-leur, m'a donné tous les éclaircissemens que je pouvois désirer.

Cette machine est située entre Marly & le village de Lachaussée ; à cet endroit, la riviere est barrée en partie par la machine, & par une pessiere ou digue qui fait regonfler les eaux. Pour ne point interrompre la navigation, on a pratiqué à deux lieues au-dessus de Marly, un canal pour le passage des bateaux. On a aussi cons-truit un brise-glace à 30 ou 35 toises de la machine, pour empê-cher que les glaces ou les bois entraînés par le courant ne l'endom-magent ; pour mieux garantir les vannes qui répondent aux roues de la machine, on a fait encore un grillage de poutres, qui arrête tout ce qui seroit échappé au brise-glace.

La machine est composé de 14 roues ; elles ont toutes pour objet de faire agir les pompes qui forcent l'eau de monter jusques sur la tour élevée au sommet de la montagne, où elle se réunit à la sortie de plusieurs tuyaux, pour couler sur un aquéduc, & se rendre dans les réservoirs qui la reçoivent. Comme il suffit d'entendre tout ce qui appartient à une de ces roues pour juger de l'effet des autres, qui ne font que répéter à-peu-près la même manœuvre, je vais m'at-tacher à en faire le détail partie à partie, pour ne point embrasser trop d'objets à la fois.

1094. La premiere figure de la planche dix-septieme représente le plan & le profil d'une roue de la machine & des parties les plus générales qui y répondent depuis la riviere jusqu'à l'aquéduc. Cette roue, qui est marquée par le nombre 2, a un coursier fermé par une vanne comme à l'ordinaire : son mouvement produit deux effets : le premier est de faire agir des pompes aspirantes & refou-lantes, qui font monter l'eau, par le tuyau 3, à 150 pieds de hauteur dans le *puisard* 4, éloigné de la riviere de 100 toises ; le second est de mettre en mouvement les balanciers 5 & 6, qui font agir des pompes refoulantes placées dans les bâtimens 7 & 8. Celles qui répondent au premier puisard 4, reprennent l'eau qui a été élevée à mi-côte, & la font monter par le tuyau 10 dans le second puisard 9, élevé au-dessus du premier de 175 pieds, & éloigné de 324 toises de la riviere. De-là elle est reprise de nouveau par les pompes qui sont dans le bâtiment 8, qui la refoulent par le tuyau 11, sur la plate-forme de la tour 12, élevée au-dessus du puisard supérieur de 177 pieds, & de 502 pieds au-dessus de la riviere, dont elle est éloignée de 614 toises. De-là l'eau coule naturellement sur un aquéduc, en suivant la pente qu'on lui a donnée, jusqu'auprès de la grille du Château de Marly, d'où elle descend dans les grands réservoirs, qui la distribuent aux jardins & bosquets.

Pour bien entendre de quelle maniere la roue fait agir les parties qui donnent le mouvement aux pompes dont je viens de faire mention, il faut, en suivant ce que je vais expliquer, faire beaucoup d'attention aux figures 2, 3, 4, 5 & 6, & prendre garde que les lettres & chiffres semblables qui les accompagnent sont appliqués aux mêmes pieces de différens sens.

PLAN. 17 & 18.

1095. D'abord on a formé sur le lit de la riviere un radier qu'on a rendu le plus solide qu'il a été possible par des pilots & palplanches, garnis de maçonnerie, ainsi qu'on le pratique en pareil cas ; c'est ce qu'on remarque dans la troisieme & la quatrieme figures. A 14 pieds au-dessus de ce radier on a établi un plancher ou pont, qui sert à soutenir les pompes & tout ce qui leur appartient, comme on en peut juger par la seconde figure, qui fait voir que l'arbre de la roue est accompagné de deux manivelles 13, 14 ; à cette derniere répond une *bielle* 15, qu'on ne peut bien distinguer que dans la troisieme figure, qu'il faut suivre relativement à ce qui regarde la seconde. A chaque tour de manivelle cette *bielle* fait faire un mouvement de vibration au *varlet* 16 sur son essieu. A ce *varlet* est attachée une autre *bielle pendante* 17, qui est accrochée au *balancier* 18, aux extrémités duquel sont deux *poteaux pendans* 19 portant chacun 4 pistons qui jouent dans autant de corps de pompe, marqués au plan par le nombre 20.

Quand la manivelle 14 & le varlet 16 font monter la bielle 17, les pistons qui répondent à la gauche du balancier aspirent l'eau par les tuyaux 21 qui trempent dans la riviere, tandis que ceux de la gauche la refoulent pour la faire monter dans le tuyau 22, d'où elle passe dans le premier puisard. Lorsque la manivelle tire à soi le varlet 16, le balancier 18 s'inclinant d'un sens opposé au précédent, les pistons de la gauche refoulent, & ceux de la droite

afpirent, continuant toujours de faire la même chofe alternativement.

1096. Pour empêcher que l'air n'ait communication avec la capacité des corps de pompes, & pour que les cuirs qui font aux piftons ne laiffent point de vuide, on a ajouté à chaque équipage, indépendamment des huit pompes refoulantes, une pompe afpirante,
appellée *mere nourrice*, afin d'entretenir toujours de l'eau dans un
baffin 23, élevé à-peu-près à la hauteur du bord des corps de pompes : ainfi il y a un des poteaux pendans 19, qui porte un cinquieme
pifton.

La manivelle 13 donne le mouvement aux pompes du premier
& du fecond puifard ; pour juger comment cela fe fait, il faut con-
fiderer la quatrieme & la cinquieme figures, relativement à la feconde, du fens qui leur convient, on y verra que cette manivelle
fait faire un mouvement de vibration au varlet 25 par le moyen de
la bielle 24, qui tire à foi & pouffe en avant l'extrémité 30. Ce
varlet en fait agir deux autres horifontalement placés au-deffous
des nombres 28 & 29, par le mouvement qui leur eft communiqué
de la part des bielles 26, 27, qui pouffent ou qui tirent à elles le
varlet fupérieur ou inférieur, felon la fituation de la manivelle.

On voit fur le plan comment le varlet 29 peut fe mouvoir fur fon
axe 32, & qu'à l'extrémité 31 il y a une chaîne 31, 33, qu'on doit
regarder comme faifant partie de la chaîne 34, 35, exprimée dans
la fixieme figure. De même le varlet 28, qu'on ne peut voir fur le
plan, mais qui eft en tout femblable à l'inférieur, répond auffi à une
chaîne qui fait partie de l'autre 39, 37 ; ainfi ces deux chaînes font
tirées alternativement par les varlets 28 & 29 pour faire agir les
pompes des puifards. Pour les entretenir, on les a foutenus avec
les balanciers 38, pofés de 18 pieds en 18 pieds, ces balanciers
font traverfés par un boulon qui appuye fur le cours de lice 29
pofé fur les chevalets 40.

La figure fixieme eft un profil qui peut être commun au premier & au fecond puifard, mais qui doit plutôt appartenir au fecond qu'au premier, parce que les chaînes vont aboutir aux varlets 42, 46, au lieu qu'elles traverfent le premier après y avoir mis
en mouvement les pompes qui y font.

Mouvement des piftons qui répondent aux puifards.

1097. Lorfque la chaîne 36, 37 tire à foi de la droite à la gauche le varlet 42, ce varlet enleve le chaffis 45 fufpendu à l'extrémité
43, ayant trois cadres 44, portant les piftons qui refoulent l'eau
dans les corps de pompes, 50, 51. Quand cette chaîne ceffe d'être
tendue, & que l'inférieure 34, 35 eft tirée, alors le poids du chaffis

45 , joint à celui des cadres & des piftons , fait baiffer l'extrémité 43 du varlet 42 , & l'eau monte dans les trois corps de pompes de cet équipage. D'autre part , l'extrémité 38 du varlet 46 enleve le chaffis 49 , & les piftons que foutiennent les cadres 52 refoulent l'eau dans les trois corps de pompes de ce fecond équipage , qui font unis comme les précédens au tuyau 50 , 51.

Tous ces corps de pompes font maintenus inébranlables par des barres de fer qui les embraffent , comme on le peut voir au plan du puifard. J'ajouterai que les pompes que la manivelle 13 fait agir dans le premier & le fecond puifard , élevent l'eau dans leur bache , fans rien avoir de commun avec les équipages des autres roues ; c'eft-à-dire , qu'au rez-de-chauffée des bâtimens 7 & 8 , dans la premiere figure , il y a un baffin qui en occupe prefque toute la capacité , divifé par des cloifons pour former des baches , dans chacunes defquelles il y a fix corps de pompes renverfés , qui ne font monter l'eau que quand on le juge néceffaire. S'il y a quelques réparations à faire aux équipages dont je viens de parler , on peut mettre leur bache à fec & y faire defcendre des ouvriers fans interrompre l'action des autres pompes.

1098. Pour tirer commodément les cadres dehors leurs baches quand il faut les réparer , on fe fert d'une machine qui rend cette manœuvre fort aifée. A l'endroit 53 eft un treuil fur lequel file un cable : à l'une des extrémités de ce treuil eft une roue dentée accompagnée d'un déclit pour empêcher que ce cable ne fe déroûle plus que la longueur dont on a befoin ; de-là il va paffer fur une poulie 54 , & fe termine à la chappe d'une autre poulie 55 , qui peut couler d'un bout à l'autre de la poutre 60 , 60. Sur cette feconde poulie paffe un autre cable , à l'extrémité duquel eft attaché le double crochet 56 ; ce cable paffe enfuite fur la poulie 57 , & de-là va aboutir au treuil d'une roue 58 , laquelle s'engraine avec une lanterne 59 , que l'on tourne avec une manivelle. Ainfi l'on peut placer le crochet 56 vis-à-vis de l'endroit où on veut le faire monter ou defcendre felon le befoin.

Maniere de manœuvrer les chaffis qui portent les piftons.

1099. Comme les pompes qui font au-deffus de la riviere & celles des puifards fe trouvent exprimées trop en petit dans les figures précédentes pour en diftinguer les piftons & les foupapes , on les a détaillées en grand fur la planche dix-feptieme pour les rendre plus intelligibles , de même que plufieurs autres pieces que je vais expliquer.

Développement des pompes afpirantes & refoulantes de la Machine.

La figure 20 exprime l'intérieur d'une des 8 pompes afpirantes & refoulantes , mife en mouvement par la manivelle 14 de la fe-

PLAN. 17. conde & troisieme figures. Quand le piston 62 monte, l'eau de la
riviere, attirée par le tuyau d'aspiration 63, ouvre la soupape
64, remplit la capacité 65, & une partie du corps de pompe 66.
Quand il descend, il presse l'eau qui étoit montée dans le corps
de pompe pour la contraindre d'entrer dans la capacité 65 ; celle
qui est à cet endroit faisant effort de toutes parts pour s'échapper,
referme le clapet 64, & ouvre la soupape 67 pour monter dans le
tuyau 68. Quand le piston aspire, cette soupape se referme, & le
clapet 64 s'ouvre tout de nouveau.

L'extérieur de cette pompe est représenté par la figure 19, qui
fait voir de quelle maniere les tuyaux sont liés ensemble à l'aide
des brides & des vis. Le tuyau 69 se réunit avec celui d'une autre
pompe, aboutissant l'un & l'autre à un troisieme tuyau marqué A
dans la troisieme figure, coudé en B, pour aboutir au tuyau 22,
qui a quatre branches, deux à droites & autant à gauche, le petit
cercle que l'on voit au-dessus du nombre 22 exprimant la circonférence de ce tuyau ; par conséquent les huit tuyaux 69 n'en font
plus que quatre par leur réunion, & ces quatre n'en font plus qu'un
qui reçoit l'eau des huit pompes pour la porter au premier puisard.
Quant à la pompe aspirante, que nous avons nommée *mere nourrice*, & qui sert à entretenir le petit bassin qui répond à l'orifice des
huit corps de pompes, l'intérieur en est représenté par la seizieme
figure & n'a rien de particulier, son piston 70 étant percé comme
celui des pompes aspirantes ordinaires ; il est accompagné d'une
soupape pour retenir l'eau qu'il éleve, & d'un clapet 71 pour
empêcher que l'eau qui est montée ne descende. Tous les corps
de pompes dont je viens de faire mention & leurs tuyaux sont de
potin, excepté les tuyaux d'aspiration 63 & 72, qui sont de
plomb.

La figure septieme représente l'intérieur d'une des pompes refoulantes du premier & du second puisards, & fait voir que chaque corps de pompe, tel que 73, est porté par des barres de fer,
vues de profil aux endroits 74, & que d'autres 75 empêchent que
ces corps de pompes ne soient enlevés par le piston dans le tems
qu'il refoule. On voit aussi que la tige 76 qui porte le piston est
attachée à deux entretoises du cadre 77, que ce cadre & le piston
haussent & baissent avec le chassis 45 ; aux endroits 78 sont des
roulettes qui servent à soulager la manœuvre, lorsque l'on veut
ôter ou remettre un cadre.

Le piston de cette pompe est creux, accompagné d'une soupape
qui s'ouvre quand le chassis baisse pour laisser passer l'eau, & qui se
referme

referme quand elle est refoulée ; alors les soupapes 79 & 80 s'ouvrent pour la laisser passer dans le tuyau 81 qui aboutit , ainsi
que les six autres, aux tuyaux 50 , 51 , qui accompagnent la sixieme figure. Enfin la figure huitieme montre l'extérieur de cette
pompe , & les brides servant à la maintenir inébranlable sur les
barres de fer qui les accompagnent.

La figure quinzieme est le profil d'un tuyau de conduite , accompagné d'une de ses extrémités marquées S, vues en face , pour
faire voir les brides à l'aide desquelles on joint par des vis ces
tuyaux les uns aux autres, en mettant entre deux des rondelles de
plomb & de cuir, pour les mieux serrer.

La figure dix-huitieme représente une soupape qu'on nomme
crapaudine, placée au fond de chaque bache, pour la vuider par le
tuyau 84, ce qui se fait en tournant la manivelle qui est à l'extrémité de la verge 83. Quant à la figure 17 , elle représente le clapet qui se place au sommet 87 des corps de pompes , pour empêcher que l'eau ne descende quand elle est une fois montée.

Les figures 9 , 10 & 11 expriment les différentes faces du bout
d'un varlet auquel sont suspendues les pieces qu'il met en mouvement. On voit qu'à ce bout est une oreille de fer 85 dont la queue,
qui entre de trois pieds dans le bois , est désignée par des lignes
ponctuées. Cette queue est lardée par des boulons 86 , serrés avec des
liens de fer ; dans cette oreille sont pratiquées des crapaudines de
cuivre, qu'on peut renouveller lorsque le frottement des pivots
qui y jouent les a rendues d'un trop grand calibre.

Comme il pourroit arriver qu'une des barres de fer qui compo-
sent les chaînes 5 , 6 de la premiere figure venant à casser, en feroit casser aussi plusieurs autres , par le grand effort de la manivelle
qui les fait agir , il y a de 12 toises en 12 toises une chaîne brisée
qui obéit , & qu'on a représentée de différens sens par les figures
12 , 13 & 14.

Au reste voici une récapitulation générale des parties les plus
essentielles de cette machine, accompagnée des supplémens nécessaires à l'explication précédente.

1100. La largeur de la machine comprend 14 coursiers fermés
par des vannes qu'on leve & qu'on baisse avec des verins; dans chacun de ces coursiers est logée une roue. Ces roues sont disposées
sur trois lignes , dans la premiere du côté d'amont , il y en a
sept, dans la seconde six , & dans la troisieme il n'y en a qu'une
seule.

Description & usage des 14 roues qui font jouer la machine.

Les extrémités des essieux de chaque roue excédent leur palier ,

& font coudées en manivelle, formant un bras de levier de 2 pieds, obfervant que la manivelle qui eft du côté de la montagne afpire & refoule l'eau de la riviere dans le premier puifard, & que l'autre manivelle fait mouvoir les balanciers.

Des roues qui font fur la premiere ligne, il y en a fix qui font agir, par une de leurs manivelles, un équipage de 8 pompes, fans compter la mere nourrice. Ces équipages font compofés d'un balancier, à chaque extrémité duquel pend une piece de bois quarrée, qui porte & dirige quatre piftons; le balancier eft mis en mouvement par le moyen de deux bielles : l'une couchée, répond à la manivelle de la roue & à un varlet vertical, & l'autre pendante, eft unie au même varlet & au balancier.

Des fix roues dont nous venons de parler, il y en a cinq qui par l'autre manivelle font agir les pompes du puifard à mi-côte, à l'aide des varlets horifontaux & des chaînes qui communiquent le mouvement. La fixieme roue, qui eft la premiere du côté de la digue, conduit une grande chaîne qui fait agir les piftons d'une des baches du puifard fuperieur, que l'on nomme puifard des grands chevalets. A l'égard de la feptieme roue de la premiere ligne, chacune de fes manivelles conduit une chaîne qui aboutit au premier puifard.

Les fix roues de la feconde ligne font agir, par chacune de leur manivelle, une chaîne qui aboutit au puifard fuperieur, ce qui fait 13 chaînes, y compris celle qui répond à la fixieme roue de la premiere ligne. Ces treize chaînes paffent par un des puifards à mi-côte, là il y en a cinq qui font agir enfemble les piftons de 30 corps de pompes, & les huit autres chaînes vont droit au puifard fuperieur.

Enfin, la roue qui fe trouve fur la troifieme ligne, fait agir par chacune de fes manivelles un équipage de 8 pompes afpirantes & refoulantes, & entretient elle feule un tuyau.

1101. Les fept chaînes des roues de la premiere ligne font auffi *Pompes provifionnelles placées au-deffous du premier puifard.* agir en paffant 8 pompes afpirantes, placées un peu au-deffous du réfervoir à mi-côte, parce qu'en cet endroit fe trouvent les eaux d'une fource confidérable qu'on y a amenée par un aqueduc. Les mêmes chaînes reprennent l'eau de ce puifard pour la refouler dans 49 pompes au puifard fuperieur, par deux conduites de 8 pouces, & par trois autres de 6 pouces de diametre. A l'égard des trente pompes de l'autre puifard de mi-côte, elles refoulent auffi l'eau par deux conduites de 8 pouces, jufqu'au puifard fuperieur.

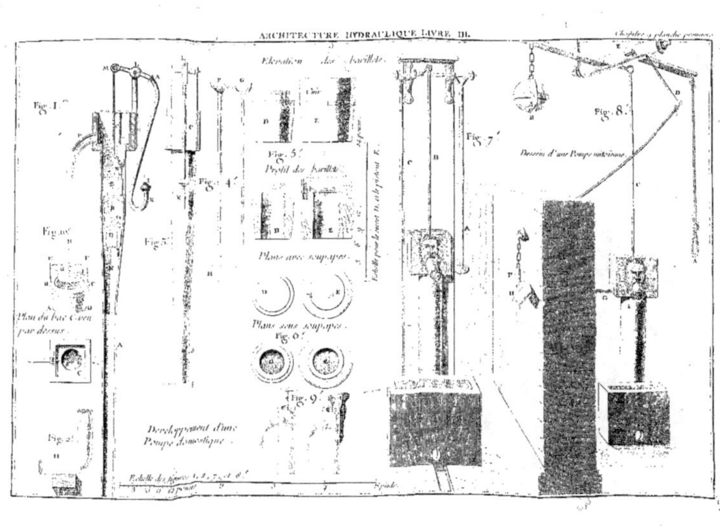
Chapitre 4 planche première.
Fig. 1.
Fig. 2.
Fig. 3.
Fig. 4.
Fig. 5.
Profil des Rouilles.
Plans avec soupapes.
Plans sans soupapes.
Fig. 6.
Fig. 7.
Fig. 8.
Fig. 9.
Élévation des Rouilles.
Plan du bac C vu par dessus.
Développement d'une Pompe domestique.
Dessein d'une Pompe intérieure.
Échelle des figures 1, 2, 3, 4 et 5.
Échelle pour les numéros 6, 7 et 8.

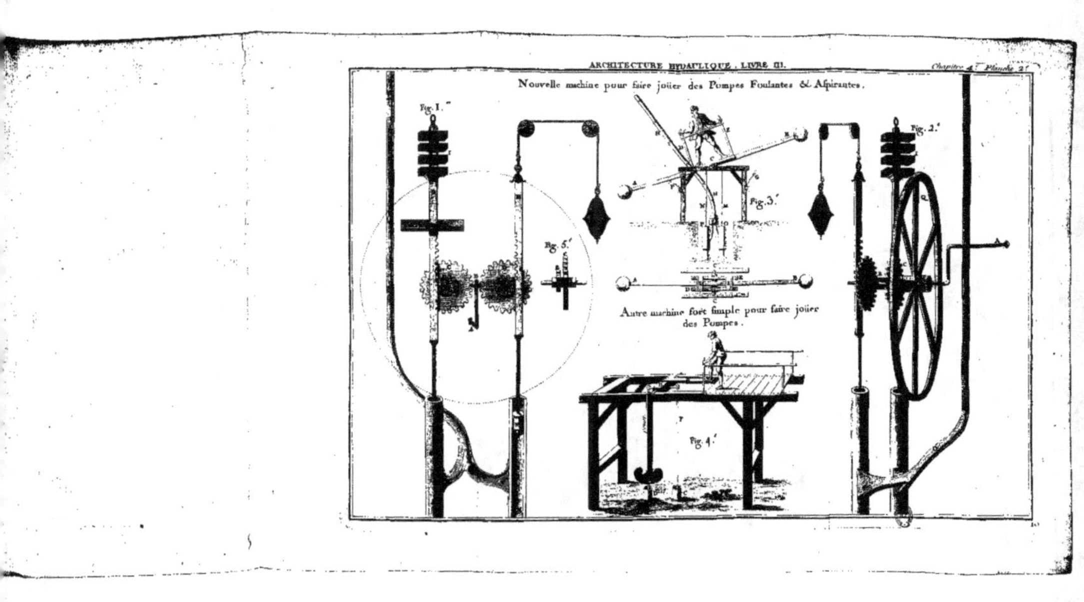
Nouvelle machine pour faire joüer des Pompes Foulantes & Aspirantes.
Fig. 1.re
Fig. 2.e
Fig. 3.e
Fig. 5.e
Autre machine fort simple pour faire joüer
des Pompes.
Fig. 4.e

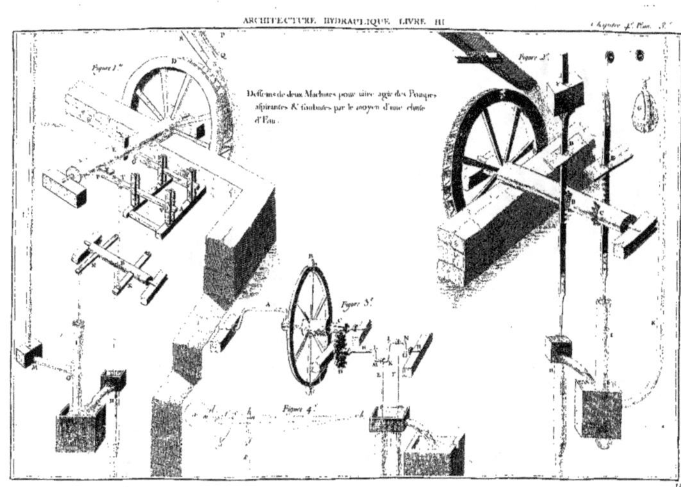

Figure 1.re
Figure 2.e
Desseins de deux Machines pour faire agir des Pompes
aspirantes & foulantes par le moyen d'une chûte
d'Eau.
Figure 3.e
Figure 4.e

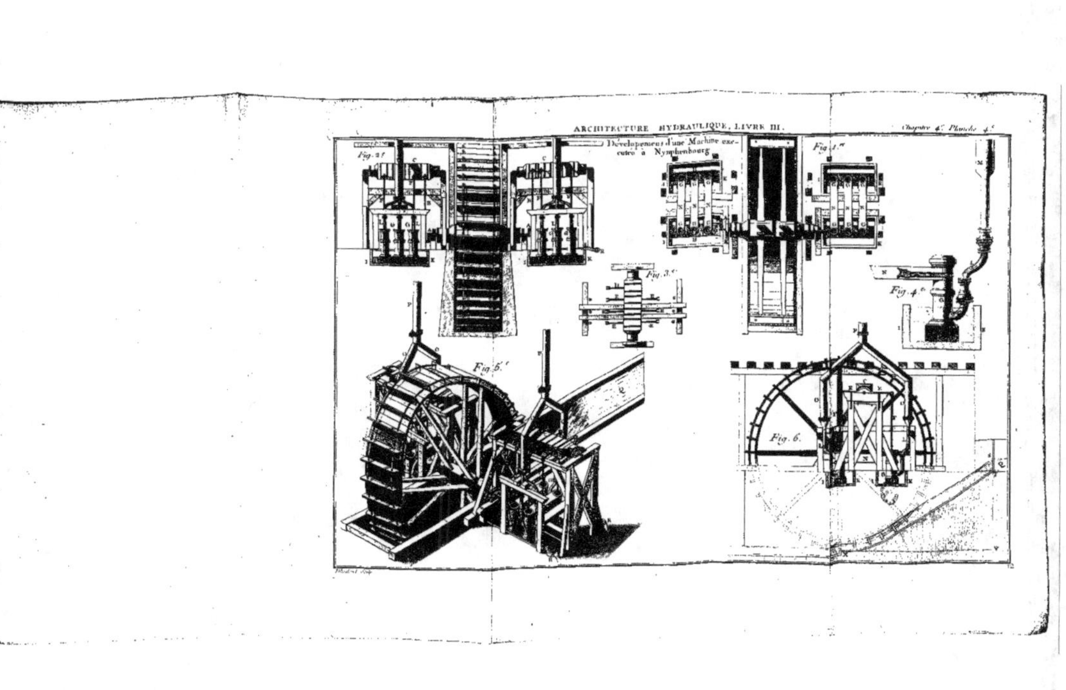

ARCHITECTURE HYDRAULIQUE, LIVRE III.
Chapitre 4. Planche 4.
Développemens d'une Machine exe-
cutée à Nymphenbourg
Fig. 1.
Fig. 2.
Fig. 3.
Fig. 4.
Fig. 5.
Fig. 6.

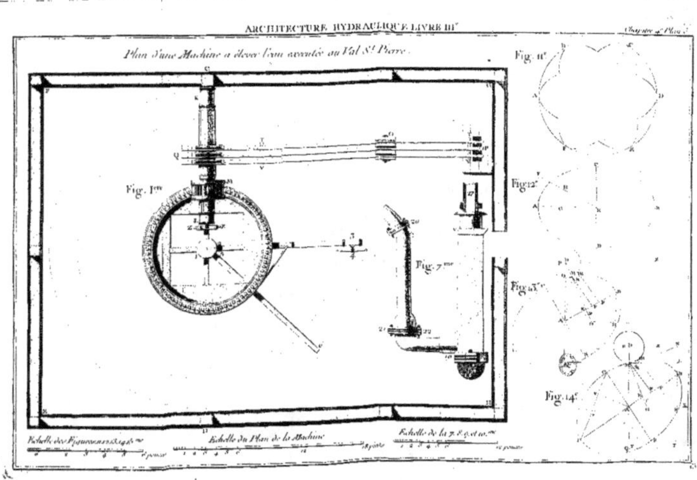

Plan d'une Machine a élever l'eau exécutée au Val St Pierre.
Fig. 1ere.
Fig. 7me.
Fig. 11e.
Fig. 12e.
Fig. 13e.
Fig. 14e.
Echelle des Figures
Echelle du Plan de la Machine
Echelle de la 7. 8. 9. et 10.me

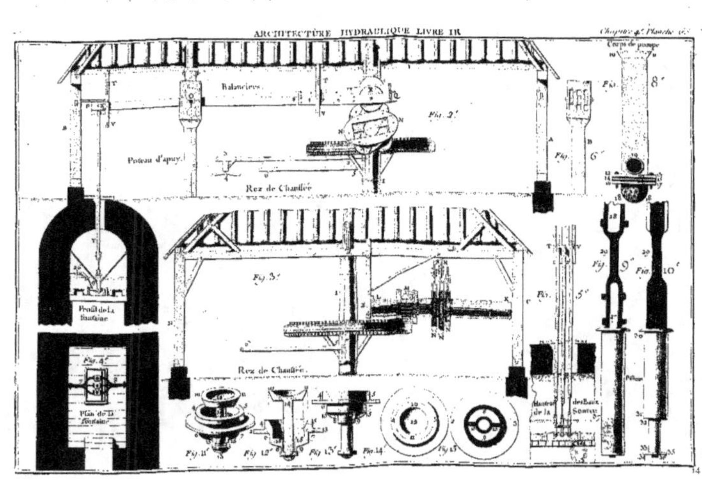

ARCHITECTURE HYDRAULIQUE LIVRE II.
Chapitre 4. Planche 6.
Corps de pompe
Balanciers.
Poteau d'apuy.
Rez de Chaussée.
Fig. 2.
Fig. 8.
Fig. 3.
Rez de Chaussée.
Fig. 5.
Profil de la fontaine
Fig. 4.
Plan de la fontaine
Fig. 9.
Fig. 10.
Piston.
Manteau de la Source
des Eaux de la Source
Fig. 11.
Fig. 12.
Fig. 13.
Fig. 14.
Fig. 15.

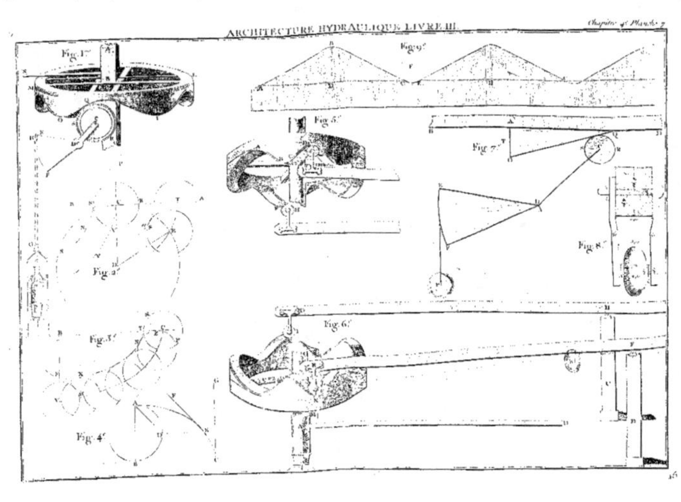

ARCHITECTURE HYDRAULIQUE LIVRE III.
Chapitre 4. Planche 7.
Fig. 1.
Fig. 9.
Fig. 5.
Fig. 7.
Fig. 2.
Fig. 8.
Fig. 3.
Fig. 6.
Fig. 4.

Elevation du Bâtiment qui comprend la Machine hydraulique, appliquée au pont neuf à Paris
Echelle des Elevations
Face Occidentale
Face Méridionale
Face Orientale
Fig. 1.er
Fig. 2.e
Fig. 3.e

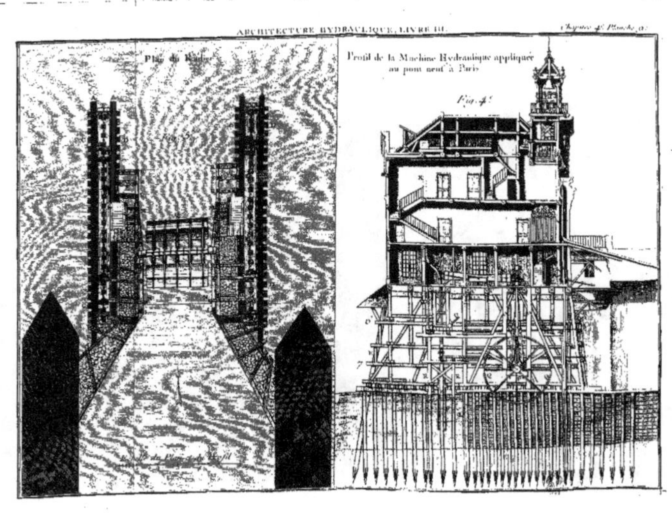
Plan du Radier
Profil de la Machine Hydraulique appliquée
au pont neuf à Paris
Fig. 4.

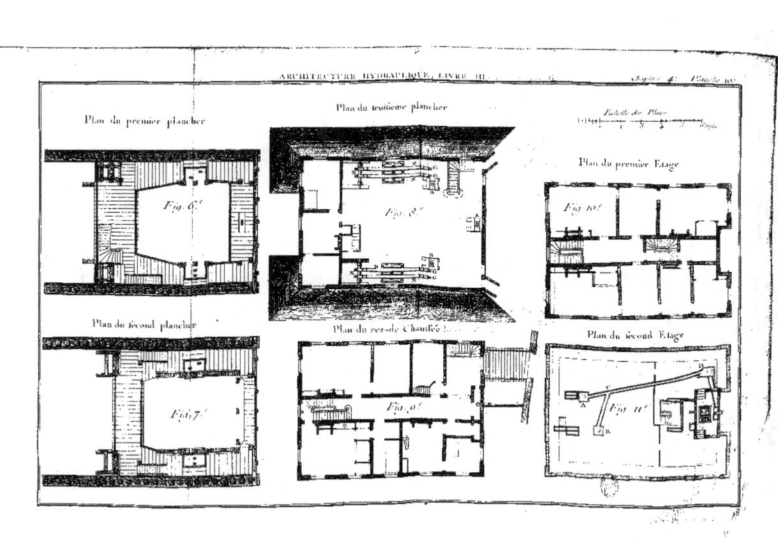
Plan du premier plancher
Plan du troisieme plancher
Echelle des Plans
Plan du premier Etage
Fig. 6.
Fig. 8.
Fig. 10.
Plan du second plancher
Plan du rez-de Chaussée
Plan du second Etage
Fig. 7.
Fig. 9.
Fig. 11.

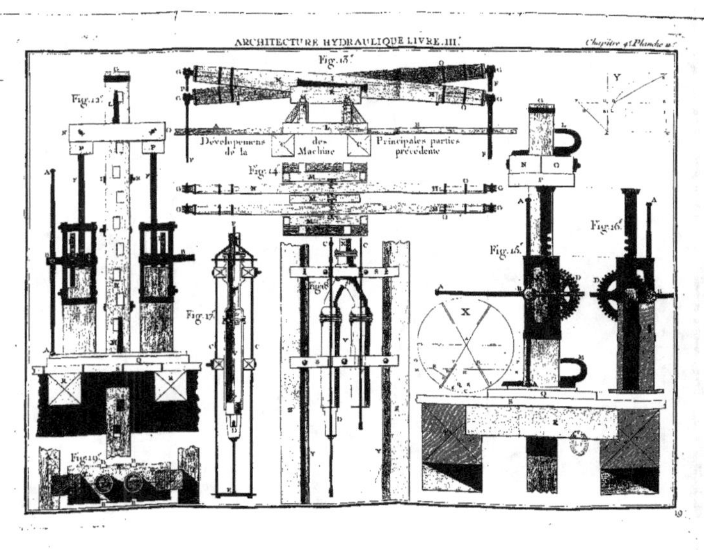

Fig. 13.
Développemens
de la
Machine
des
Principales parties
précédente
Fig. 14.
Fig. 15.
Fig. 16.
Fig. 17.
Fig. 18.
Fig. 19.

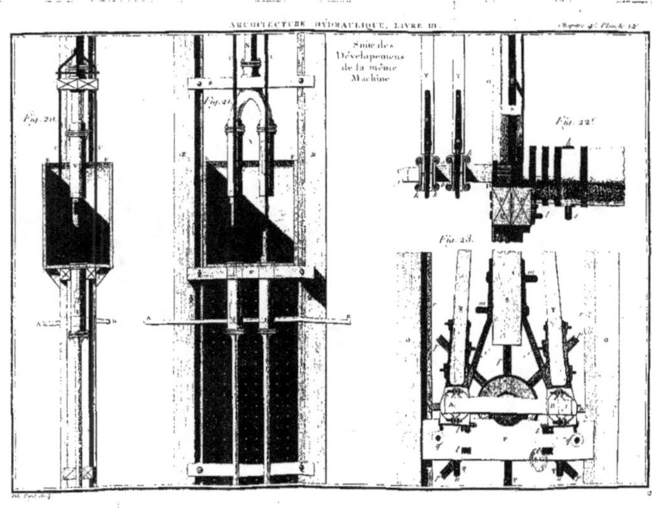

Suite des
Développemens
de la même
Machine
Fig. 20.
Fig. 21.
Fig. 22.
Fig. 23.

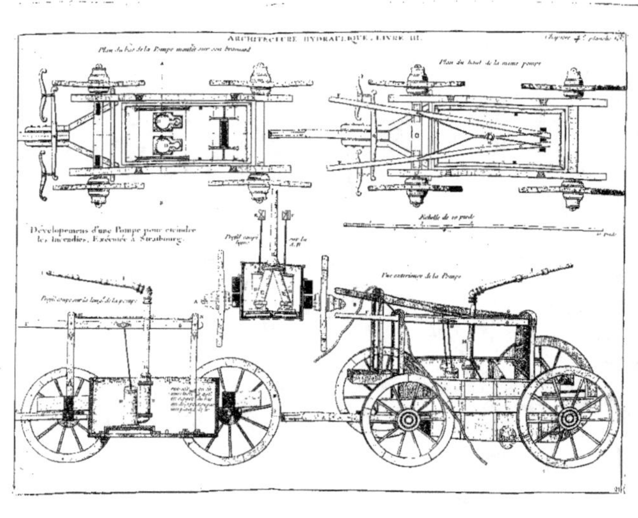
Plan du bas de la Pompe montée sur son brancard
Plan du haut de la même pompe
Développemens d'une Pompe pour éteindre
les Incendies, Exécutée à Strasbourg.
Profil coupé sur la
Échelle de 10 pieds.
Profil coupé sur la long.r de la pompe
Vue extérieure de la Pompe

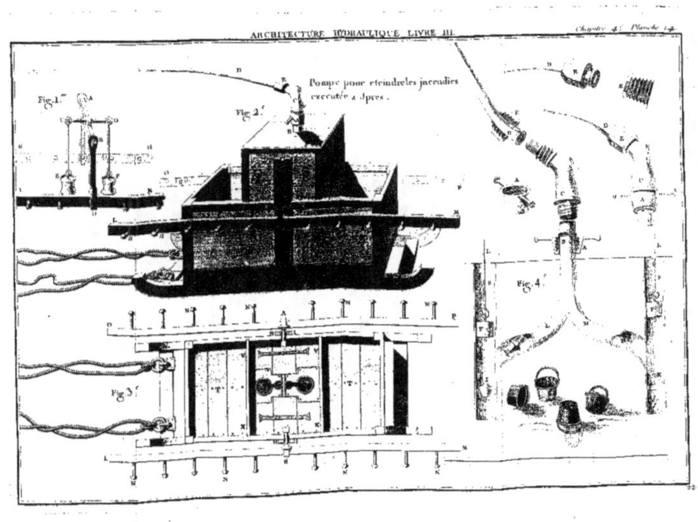
Fig. 1.ʳ
Fig. 2.ᵉ
Fig. 3.ᵉ
Fig. 4.ᵉ
Pompe pour eteindre les incendies
executée a Ipres.

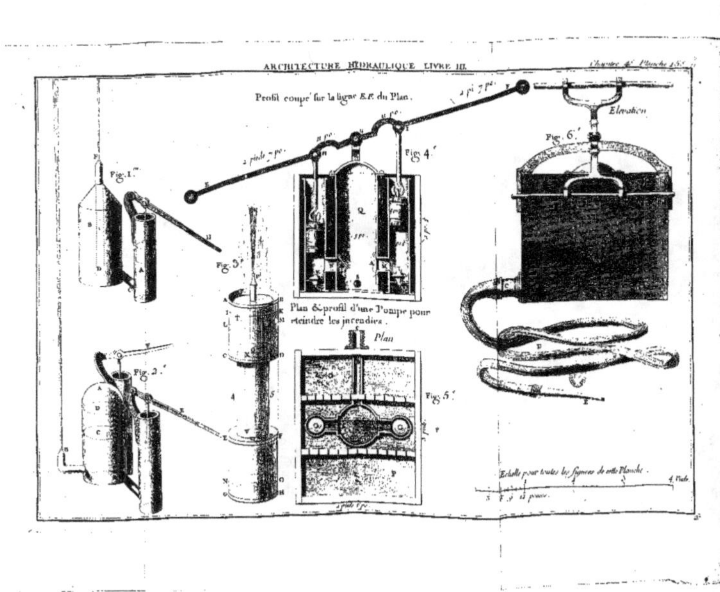

ARCHITECTURE HIDRAULIQUE LIVRE III.
Chapitre III. Planche 15.
Profil coupé sur la ligne E.F. du Plan.
Elevation
Fig. 6.
Fig. 4.
Fig. 1.re
Fig. 2.
Fig. 3.e
Plan & profil d'une Pompe pour éteindre les incendies.
Plan
Fig. 5.
Echelle pour toutes les figures de cette Planche.

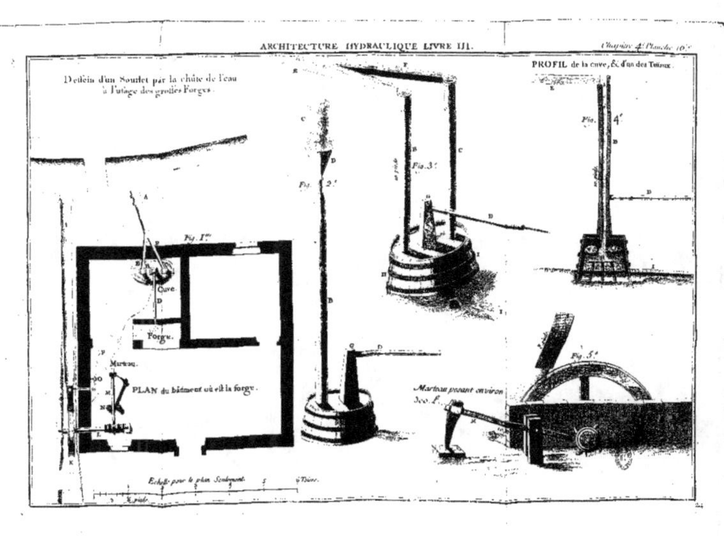

Dessein d'un Soufflet par la chûte de l'eau
à l'usage des grosses Forges.
PROFIL de la cuve, & d'un des Tuiaux.
Fig. 1.
Cuve.
Forge.
Marteau.
PLAN du bâtiment où est la forge.
Fig. 2.
Fig. 3.
Fig. 4.
Fig. 5.
Marteau pesant environ 300. ℔.
Echelle pour le plan.
Souloyant.
Toise.
pied.

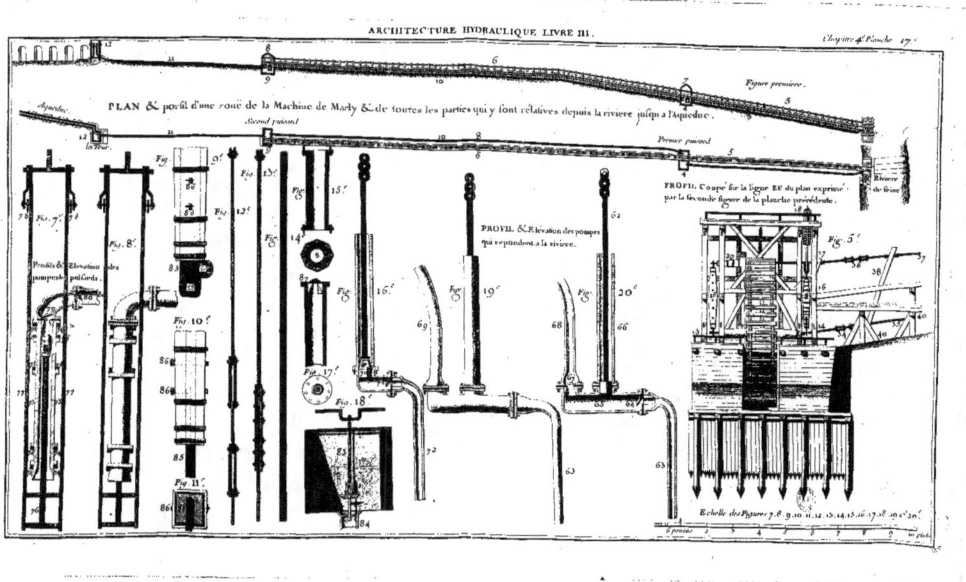
PLAN & profil d'une roüe de la Machine de Marly & de toutes les parties qui y sont rélatives depuis la riviere jusqu'à l'Aqueduc.
Figure premiere.
PROFIL. Coupe sur la ligne EF du plan exprimé par la seconde figure de la planche précédente.
PROFIL & Elevation des pompes qui répondent à la riviere.
Profils & Elevation des pompes puisards.
Aqueduc.
la Tour.
Second puisard.
Premier puisard.
Riviere de Seine.
Fig. 5.ᵉ
Fig. 7.ᵉ
Fig. 8.ᵉ
Fig. 9.ᵉ
Fig. 10.ᵉ
Fig. 11.ᵉ
Fig. 12.ᵉ
Fig. 13.ᵉ
Fig. 14.ᵉ
Fig. 15.ᵉ
Fig. 16.ᵉ
Fig. 17.ᵉ
Fig. 18.ᵉ
Fig. 19.ᵉ
Fig. 20.ᵉ
Echelle des Figures 7. 8. 9. 10. 11. 12. 13. 14. 15. 16. 17. 18. 19. et 20.ᵉ
6 pouces

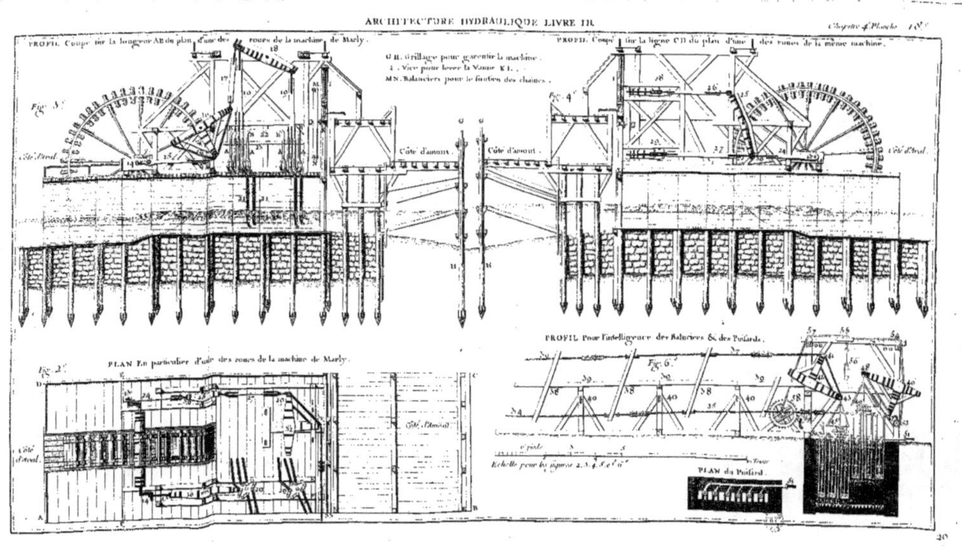
PROFIL. Coupe sur la longueur AB du plan d'une des roues de la machine de Marly.
Fig. 3.
Côté d'aval.
G H. Grillage pour garentir la machine.
I. Vis pour lever la Vanne K L.
M N. Balanciers pour le soutien des chaines.
Côte d'amont.
Côte d'amont.
PROFIL. Coupe sur la ligne CD du plan d'une des roues de la même machine.
Fig. 4.
Côté d'aval.
PLAN En particulier d'une des roues de la machine de Marly.
Fig. 2.
Côté d'aval.
Côté d'amont.
PROFIL Pour l'intelligence des Balanciers & des Poisards.
Fig. 6.
Echelle pour les figures 2. 3. 4. 5. et 6.
PLAN du Poisard.
20

L'eau que les deux puifards à mi-côte ont refoulée, va fe dé-charger dans un grand réfervoir, & de-là par deux conduits d'un pied de diametre, elle fe rend dans des réfervoirs de communica-tion, pour être diftribuée à chaque bache du puifard fuperieur, d'où elle eft refoulée par 82 pompes dans 6 conduits de 8 pou-ces de diametre, jufques fur la tour qui répond à l'aqueduc.

Les huit grandes chaînes qui vont droit au puifard fuperieur, & qui ne font point chargées d'équipage à mi-côte, font agir der-riere le puifard fuperieur feize pompes afpirantes, pour ramener dans le réfervoir du même puifard l'eau qui fe perd des fix tuyaux qui montent à la tour.

1102. Les huit équipages qui afpirent & refoulent l'eau de la riviere, comprennent 64 corps de pompes ; les deux puifards à mi-côte en comprennent enfemble 79, & les puifards fuperieurs 82, aufquels ajoutant les 8 pompes afpirantes que nous avons ap-pellé *mere nourrice*, enfuite les 8 autres qui font au-deſſous du pui-fard à mi-côte, & les 16 que nous avons dit être placées derriere le puifard fupérieur, on trouvera que la machine en comprend 253.

Le baſſin de la tour qui répond à l'aqueduc & qui reçoit l'eau de la riviere, en eft éloigné de 610 toifes ; ce baſſin eft élevé de 500 pieds au-deſſus de l'extrémité inferieure des tuyaux d'afpiration des équipages d'en bas.

Les pompes qui font fur la riviere afpirent l'eau fur une hauteur de 13 pieds, depuis le fond des courfiers jufqu'aux foupapes ; elle eft refoulée dans cinq conduits de 8 pouces de diametre jufqu'aux puifards à mi-côte.

L'eau, après avoir coulé fur un aqueduc de trente-fix arcades, eft féparée en différens canaux, qui la conduifent à Marly, & au-trefois à Verfailles & à Trianon.

1103. Les réfervoirs de Marly ont 18700 toifes quarrées de fu-perficie fur 15 pieds de profondeur ; celui de Lucienne a 24500 toifes quarrées de fuperficie, & auſſi 15 pieds de profondeur.

Lorfqu'autrefois la machine agiſſoit dans toute fa force & que les eaux de la riviere étoient hautes, elle donnoit en 24 heu-res dans le réfervoir de Marly, trois pouces de hauteur d'eau, ce qui fait 779 toifes cubes, ou à-peu-près 292 pouces d'eau ; mais communément elle n'en fournit gueres que la moitié.

Il y a environ foixante ouvriers qui veillent continuellement à l'entretien de cette fameufe machine, fous la conduite de M. *Delepine*, qui en eft Contrôleur.

CHAPITRE V.

Qui comprend la description & l'analyse de la machine hydraulique appliquée au pont Notre-Dame à Paris, avec le projet que l'on a exécuté pour la rectifier, afin de la rendre capable de fournir une plus grande abondance d'eau.

1104. IL n'y a point eu de Nation qui se soit plus appliquée à la conduite des eaux que les Romains ; leur magnificence n'ayant pas moins éclaté dans les ouvrages qu'ils ont faits pour ce sujet, que dans les autres monumens, dont on ne peut voir les restes sans admiration. L'Art d'amener les eaux des sources éloignées, pour les conduire dans les villes qui en avoient besoin, principalement à Rome, la distribution qui en devoit être faite aux citoyens, soit en public ou en particulier, étoit considérée des Princes & des premiers Magistrats d'une assez grande conséquence, pour mériter toute leur attention.

On prétend que ce fut le Roi *Ancus Martius* qui fit travailler le premier à conduire à Rome les eaux de la Fontaine *Piconia* ; pour cela il fit percer des montagnes, par des voûtes dont la construction étoit admirable, & soutenir l'eau dans les vallées sur des aqueducs d'une hauteur extraordinaire. Par la suite ces travaux furent multipliés considérablement, & il y eut jusqu'à neuf ou dix de ces principaux aqueducs qui conduisoient à Rome plus de cinq millions de muids d'eau en 24 heures, qui alloient se rendre dans de grands bassins clos & couverts de bâtimens ; de là elle étoit amenée par des tuyaux souterreins à des fontaines situées dans les différens quartiers. Ces fontaines faisoient un des principaux ornemens de la Ville, étant accompagnées de statues de marbre & de bronze. Sous l'Empire d'*Auguste* il y avoit peu de notables citoyens qui n'eussent chez eux un bassin d'eau vive.

Indépendamment des sources, on ramassoit encore toutes les eaux qui n'étoient pas bonnes à boire, comme celles qui se dégorgeoient des fontaines, & celles qui tomboient du ciel ; elles alloient se rendre dans d'autres réservoirs, servant à abreuver les animaux : de-là elles étoient conduites par des tuyaux dans les maisons des Corroyeurs & autres Artisans, qui avoient besoin d'eau pour leurs ouvrages ; & après qu'elles avoient servi à plusieurs

uſages, elles ſe ramaſſoient dans les égouts & cloaques pour les
nettoyer, après quoi elles alloient ſe décharger dans le Tibre.

Rome ne profitoit pas ſeule des eaux qu'on amenoit des ſources éloignées, les habitans des campagnes par où elles étoient
conduites y avoient auſſi part, ſoit pour l'uſage des maiſons, ou pour
la fertilité du pays qu'elles arroſoient dans les endroits arides, ce
qui procuroit à Rome une grande abondance de denrées. Mais
cette diſtribution de l'eau pour la campagne étoit faite avec beaucoup d'économie & avec une police admirable ; on avoit grand
ſoin qu'elle *ne fût employée* qu'à des uſages eſſentiels & ſelon la
quantité qu'on en deſtinoit à chaque choſe. Il étoit encore enjoint
à un certain nombre de perſonnes de la campagne choiſies par les
Commiſſaires, d'entretenir les aqueducs proprement, afin que
l'eau arrivât à Rome pure & ſaine. Pour *les engager à s'appli*
quer ſérieuſement à ce ſervice & pour leur en faciliter le moyen, *ils*
étoient exempts de toute charge, redevance & impoſition publique ; ceux qui négligeoient de remplir leurs devoirs, étoient
punis par la confiſcation de leur héritage, que l'on donnoit enſuite
à d'autres plus ſoigneux : ainſi le châtiment des uns faiſoit la récompenſe des autres. Ils étoient de plus obligés de planter des arbres le long des aqueducs, chacun ſur le terrein qui lui appartenoit, afin que l'eau coulant à l'ombre, fût entretenue fraîche.

Tous ces grands ouvrages étoient conduits & entretenus avec
beaucoup d'ordre & de diſcipline ; & comme il n'eût pas été poſſible d'y parvenir ſans une grande autorité, les Conſuls & même les
Empereurs ne mépriſoient pas d'y veiller attentivement, regardant
la conduite des eaux comme une des choſes qui intéreſſoit le
plus le bien public. Les Conſuls en eurent long-tems l'Intendance ; mais par la ſuite ils abandonnerent cette partie de la Police à leurs Ediles qui en furent chargés, juſqu'au tems qu'*Au*
guſte voulant récompenſer *Marcus Agrippa* des peines qu'il avoit
priſes pendant ſon Edilité, pour donner à Rome beaucoup plus
d'eau qu'elle n'avoit eu encore, ayant fait faire 700 réſervoirs,
130 châteaux d'eau, & 150 pompes magnifiquement décorées, le
créa Sur-Intendant des eaux, & chef d'une Compagnie de deux
cens quarante Officiers ou Commiſſaires des eaux qui fut formée
dans le même tems. On en créa enſuite encore une ſeconde,
compoſée de quatre cens ſoixante perſonnes, & ces deux compagnies étoient diſtribuées en différens offices, qui avoient tous
pour objet la conduite & la diſtribution des eaux.

On peut bien juger que l'entretien de tant d'Officiers, & les

réparations continuelles des aqueducs , baſſins , fontaines & châteaux d'eau devoit être d'une grande dépenſe , auſſi le revenu que
l'on en tiroit dans la diſtribution qui en étoit faite , étoit-il im-
menſe, chaque particulier payant un tribut proportionné à la quantité d'eau qu'on lui fourniſſoit chez lui. *Frontin* ayant fait la ſuppu-
tation des deniers que l'on percevoit pour cela , dans le tems qu'il
avoit la Sur-Intendance des eaux , trouva qu'ils montoient à deux
cens cinquante mille ſeſterces par an , ce qui revient à ſix millions
deux cens cinquante mille livres de notre monoye , ſelon M. *de
la Mare* , dans ſon ſavant Traité de la Police , duquel j'ai extrait
une partie de ce que je rapporte ici des anciens. Cependant il
arrivoit ſouvent qu'une ſomme auſſi conſidérable ne ſuffiſoit
pas encore pour les frais de l'entretien , & qu'il falloit avoir recours à de nouvelles contributions pour les fonds extraordinaires ;
& perſonne n'étoit exempt de la taxe , de quelque condition
qu'il fût , & quelques exemptions qu'il pût avoir d'ailleurs.

Les Empereurs *Honorius* & *Arcadius* voulant ſoulager le peu-
ple des dépenſes extraordinaires que demandoit l'entretien des
eaux , ordonnerent que les fonds publics qui avoient été deſtinés
juſqu'à lors pour les jeux profanes , ſeroient à l'avenir appliqués à
l'entretien des eaux.

Les Romains en établiſſant leur domination dans les Gaules , y
ont apporté l'uſage des aqueducs , comme on en peut juger par
celui d'Arcueil , que l'Empereur *Julien* fit bâtir pour conduire de
l'eau de fontaine à ſon palais des Thermes proche de Paris , & par
le pont du Gar en Languedoc , qui ſont des monumens de cette
antiquité que perſonne ne diſpute. Cependant il ne paroît pas
que ces ouvrages y fuſſent fort répandus ; le grand nombre de
fleuves & de rivieres dont ces provinces ſont arroſées , la multitude des ſources qui ſe rencontrent en tous ces lieux , & qui y rempliſſent les fontaines & les puits de bonnes eaux , ont diſpenſé leurs
habitans d'en faire venir de loin.

De tous les Peuples des Gaules , il n'y en avoit point qui fuſſent plus à portée que les Pariſiens d'avoir de l'eau communément ;
le fleuve de la Seine qui renfermoit alors entre ſes deux bras toute
l'étendue de leur ville , leur en fourniſſoit abondamment ; ils
étoient ſi proche de ſes bords pour en puiſer , qu'ils n'étoient pas
dans le cas d'avoir recours à des ſources éloignées.

Philippe Auguſte ayant fait renfermer dans une même enceinte
dix petits bourgs qui s'étoient formés aux environ de cette ville ,
& les campagnes qui les ſéparoient s'étant peuplées en peu de

tems, un grand nombre de ces nouveaux habitans se trouvant
trop éloigné des bords de la Seine, & le terrein en bien des endroits étant peu propre à y creuser des puits, ils eurent recours
aux sources des éminences voisines. Celles du village de *Belleville*
en fournirent d'abord suffisamment, elles furent conduites à Paris
par un aqueduc souterrein, pour être distribuées à trois fontaines
publiques.

Quoique les sources de *Belleville* ne donnassent à Paris que
huit pouces d'eau, cette petite quantité a long-tems suffi pour sup-
plément *des eaux de la Seine*; mais les nouveaux agrandissemens
de la ville ayant obligé par la suite de multiplier le nombre des
fontaines, on a fait venir à Paris pour le côté du nord, les sources du *Pré-Saint-Gervais*, & pour celui du midi, celles du village
de *Rungis* & des environs. Leurs eaux sont conduites par des aqueducs, accompagnés de leurs rigoles, tuyaux, regards, réservoirs, châteaux d'eau, & de tous les autres ouvrages nécessaires
pour les conserver dans leur bonté, & pour en faire une juste
distribution.

Le *Pré-Saint-Gervais* fournissoit 20 pouces d'eau, & *Rungis* 83;
ainsi toutes ces eaux, qui arrivoient à Paris par trois aqueducs,
montoient autrefois à cent onze pouces, mais il s'en faut bien aujourd'hui que ces sources soient aussi abondantes. De ces cent
onze pouces, il y en avoit soixante destinés pour les maisons Roya-
les, & les cinquante-un pouces restans, étoient distribués en vingt-
six fontaines construites en différens quartiers, pour la commodité
publique.

1105. Quoique cette quantité d'eau fût déja considérable, il arrivoit cependant quelquefois, dans le tems des grandes sécheresses, que la ville en manquoit dans les lieux éloignés de la riviere. D'ailleurs il s'en falloit beaucoup que ces fontaines fussent
suffisantes à la grandeur où la ville a été portée depuis le commencement du regne de *Louis le Grand*; plusieurs quartiers entiers
dont elle a été augmentée vers ses extrémités, se trouvant privés
d'eau, on prit la résolution de multiplier le nombre des fontaines
publiques. Le Roi en ayant approuvé le dessein & ordonné l'exécution, Messieurs les Prevôt des Marchands & Echevins firent
en 1670 deux Traités, le premier avec le sieur *Joly*, Ingénieur
ordinaire du Roi, qui s'obligea d'élever 30 pouces d'eau par une
machine qui fut construite dans le petit moulin du pont Notre-
Dame; le second avec le sieur *de Mans* pour en élever 50, par
le moyen d'une autre machine qu'il proposoit dans le grand mou-

lin. Depuis ces deux machines, qui n'étoient point semblables, ont été construites à neuf par le sieur *Rannequin* qui les a fait uniformes, & beaucoup moins défectueuses que dans le premier établissement. Cependant M. *Turgot*, Prevôt des Marchands, & Messieurs les Echevins, plus occupés que jamais du dessein de donner à Paris une grande abondance d'eau, ayant été informés en 1737, que les pompes de la machine appliquée au pont Notre-Dame avoient des défauts qui étoient cause qu'elle ne fournissoit pas à beaucoup près une quantité d'eau proportionnée à la force du courant de la Seine, considerée dans son état moyen, me firent l'honneur de m'inviter par la délibération suivante, de leur donner les connoissances qui pouvoient contribuer à rectifier cette machine.

NOUS Prevôt des Marchands & Echevins de la Ville de Paris, assemblés au Bureau de la Ville avec le Procureur du Roi & de la Ville pour les Affaires d'icelle, Nous aurions mis en considération la nécessité de procurer dans tous les quartiers de cette Ville une plus grande quantité d'eau, tant pour l'usage des Bourgeois & Habitans, que pour la tenir nette dans les rues & dans l'intérieur des maisons ; que la Machine Hydraulique du Pont Notre-Dame auroit été construite il y a plus de soixante années, & poussée depuis à différens degrés de perfection ; que devant regarder comme un des plus importans de nos soins d'atteindre au dernier point de cette perfection, si nos Prédecesseurs & Nous n'y sommes point encore parvenus, Nous pourrions esperer cet avantage du zele & de la capacité connue du sieur Belidor, Commissaire Provincial de l'Artillerie, Professeur Royal des Mathématiques aux Ecoles du même Corps, actuellemenn en cette Ville, & faisant son séjour ordinairement à la Fere pour le Service du Roi ; la matiere mise en délibération : Oui, & à ce consentant le Procureur du Roi & de la Ville, avons arrêté & ordonné, arrêtons & ordonnons que ledit sieur Belidor sera invité de se transporter dans la Machine Hydraulique appliquée au Pont Notre-Dame, d'en observer l'état actuel, & s'il croiroit nécessaire d'y faire quelque changement pour la conduire au plus grand degré de perfection, & de Nous donner ses Mémoires, Desseins & Devis. Fait au Bureau de la Ville le trentieme jour d'Août mil sept cent trente-sept.

Pour répondre à la confiance de Messieurs les Prevôt des Marchands & Echevins de la Ville de Paris, Nous avons saisi avec ardeur l'occasion de leur marquer notre parfait dévouement, & l'envie de seconder leur zele, pour ce qui intéresse le bien public, en tâchant de procurer dans tous les quartiers de la Ville de Paris une plus grande quantité d'eau.   Selon

Selon l'intention de ces Meſſieurs, nous nous ſommes tranſ-
portés pluſieurs fois dans la machine appliquée au Pont Notre-
Dame, afin d'en conſiderer l'action & d'en examiner toutes les
parties, que nous avons développées par des deſſeins exacts, dont
voici la deſcription, qui ne laiſſera rien à déſirer pour l'intelligence
de notre projet.

Deſcription de la machine appliquée au Pont Notre-Dame.

1106. Cette machine eſt compoſée de quatre équipages, dont
chacun comprend trois corps de pompes accollés, qui aſpirent
l'eau, & de trois autres qui la refoulent en même tems dans les
cuvettes de diſtribution. Comme deux roues égales font chacune
agir deux équipages, par la force du courant de la Seine, nous ne
ferons mention dans cette deſcription que d'une moitié de la machine, parce que ſe trouvant compoſée de deux parties ſemblables
qui n'ont aucune communication de mouvement ; ces parties peuvent être regardées comme deux machines ſéparées qui ont un
même objet.

1107. La grande roue AB qui trempe dans l'eau, eſt accompagnée d'un rouet vertical CD, s'engrainant avec deux lanternes E,
F ; l'eſſieu de la premiere fait tourner une manivelle à tiers point
marquée G, qui fait agir en même tems trois balanciers H, exprimés dans la ſeconde figure. Ainſi il faut concevoir qu'à leurs extrémités I, il y a des tringles de fer qui répondent à cette manivelle, ce qu'on ne peut bien diſtinguer que dans la quatrieme figure, où l'on reconnoîtra par l'indication des lettres précédentes,
le profil de la roue AB, l'élévation du rouet CD, les lanternes E,
F, la manivelle G, les balanciers H, & leur relation avec la lanterne E par les tringles IK.

En ſuivant avec un peu d'attention la même figure, on verra
qu'aux extrémités oppoſées L des balanciers, ſe trouvent ſuſpen-
dues d'autres tringles M, répondant aux chaſſis qui portent les piſtons, dont il eſt aiſé de diſtinguer les corps de pompes N & leurs
baches communes O, exprimés auſſi par les mêmes lettres N, O,
au plan relatif à la premiere figure. Ainſi à ne conſidérer que ce
premier équipage, nommé équipage du *petit mouvement*, il réſulte
qu'à chaque tour que fait la lanterne E, la manivelle G fait alternativement aſpirer & refouler une fois chacune de ces pompes ;
c'eſt-à-dire, que d'abord l'eau de la riviere eſt élevée dans la bache
O, par l'aſpiration des pompes inférieures ; de-là elle eſt refou-

PLAN. 1.

FIG. 1
& 2.

*Deſcription
d'un équipage
du petit mou-
vement.*

FIG. 4.

lée par les supérieures dans les tuyaux montans , comme on l'a expliqué dans l'article 875.

1108. Pour juger de la maniere dont agit le second équipage , nommé équipage du *grand mouvement* , il faut considérer dans la quatrieme figure que le rouet CD , en faisant tourner la lanterne F , fait tourner aussi un rouet horisontal P , par le moyen de l'arbre 13 , 14 , qui leur sert d'essieu commun ; que ce rouet s'engraine avec la lanterne Q , dont l'axe R fait agir une manivelle à tiers-point S , à laquelle sont suspendus des tringles de fer , & des chassis portant les pistons des corps de pompes aspirantes & *refoulantes* , qui jouent alternativement comme les précédentes.

Les corps de pompes & la bache de ce second équipage sont exprimés par les lettres T , V , au plan qui répond à la premiere figure , & l'on distingue sensiblement dans la seconde , en suivant les lettres relatives à la quatrieme , les parties qui lui communiquent le mouvement ; *par exemple , le rouet P qui s'engraine avec la lanterne* Q , l'essieu R & les manivelles S.

Quant à la troisieme figure , elle représente un profil coupé sur l'alignement YZ du plan ; on y voit rassemblés les deux équipages que nous venons de décrire ; le premier qui répond à la bache O a ses trois corps de pompes vus de front avec leur tuyau d'aspiration , au lieu que ceux du second qui répondent à la bache V , ne pouvant être vus que de file , on n'a pu les exprimer aussi sensiblement , se trouvant d'ailleurs cachés par des pieces de charpente; mais il est aisé de s'imaginer leur situation par celle du plan qui leur est relatif. J'ajouterai que pour que les tringles de cet équipage soient toujours maintenues verticalement , elles sont dirigées par les guides X , qu'on trouve aussi exprimés dans la seconde figure.

1109. A l'endroit 2 . 2 . de la premiere figure , on voit la coupe horisontale d'une vanne servant à ménager la force du courant qui fait tourner la roue AB , afin qu'elle s'entretienne dans une vîtesse uniforme , c'est-à-dire , que quand la force du courant est plus grande qu'il ne faut pour faire agir la machine rondement , on baisse la vanne plus ou moins , afin que les aubes n'étant frappées que sur une partie de leur superficie , ne tournent point avec trop d'impétuosité. Au contraire , quand la riviere est basse , on leve la vanne pour que les aubes reçoivent toute l'impression du courant , ce qui se fait par le moyen d'un cric placé à l'endroit 4 de la seconde figure ; ce cric est semblable à celui dont nous avons fait mention dans l'art. 1041. Alors on baisse , ou on leve avec le secours de trois autres crics , représentés aux endroits 5 de la même figure, & d'un verrin marqué 6, le chaſſis 9, 10, 11, 12, qui porte la roue AB, la lanterne E, & l'eſſieu 13, 14.

1110. Comme on ne peut changer la ſituation de la roue ſans faire monter ou deſcendre en même tems les lanternes E & F, qui ne peuvent être ſéparées de leur rouet commun CD, on ſaura que le grand rouet P a un moyeu 7, qui repoſe & qui tourne ſur une plate-forme 8, comme un pivot ſur ſa crapaudine; que ſon eſſieu 13, 14, peut monter & deſcendre ſans changer la ſituation de ce rouet; que quand le chaſſis qui porte la roue a été fixé à une hauteur convenable, on enfonce des coins dans le moyeu pour le contraindre de tourner avec ſon eſſieu; enfin qu'on racourcit, ou qu'on allonge les tringles IK qui communiquent le mouvement de la manivelle G aux balanciers H, & que toute cette manœuvre n'a lieu que pour le premier équipage, le ſecond reſtant toujours dans le même état.

Le grand rouet reſte toujours au même endroit, quoique l'on hauſſe ou baiſſe ſon axe.

1111. *Pour que l'on puiſſe bien juger de la diſpoſition intérieure* des corps de pompes d'un des équipages, on les a exprimés en grand par les figures 5 & 6. La premiere montre que les trois corps de pompes refoulantes A, B, C, ſont raccordés avec les branches D, E, F, qui ſe réuniſſent au tuyau G, pour compoſer enſemble ce qu'on appelle la *fourche*, par laquelle paſſe l'eau, qui eſt refoulée dans le tuyau montant H, qui aboutit aux cuvettes de diſtribution. A l'égard des corps des pompes aſpirantes I, K, L, qui répondent au fond de la bache MN, dans laquelle ils élevent l'eau de la riviere à une hauteur de 16 pieds par les tuyaux d'aſpiration O, je ne m'arrêterai point à expliquer le jeu de leur piſton, par rapport à ceux des pompes ſupérieures, étant aiſé de ſe l'imaginer, en ſe rappellant ce qui a été dit ſur les manivelles triples dans l'article 11.

PLAN. 3
FIG. 5
& 6.

Développement particulier des pompes refoulantes d'un équipage.

La figure ſixieme repréſente un autre profil du même équipage coupé du ſens des chaſſis qui portent les piſtons, & qu'on ſuppoſe paſſer par la verticale EO ou FO; ainſi quoique ce profil ſoit renfermé dans la même bache MN, on ne doit pas le regarder comme s'il appartenoit à une pompe ſéparée du groupe dont nous parlons. On a cru devoir ajouter auſſi la figure ſeptieme, qui montre l'élévation extérieure que forment les pompes refoulantes unies à leurs fourches.

1112. Toutes les ſoupapes des pompes refoulantes ſont à coquille, & celles des aſpirantes à clapets. Les piſtons ſont faits de bois, frettés & garnis de cuir, ſelon l'uſage ordinaire. Les 12 corps de pompes ne ſont point uniformes, il y en a neuf refoulans, dont le

Le diametre des corps de pompes n'eſt pas le même dans tous les

D d ij

équipages de cette machine. diametre intérieur eſt de 6 pouces 9 lignes, & celui de leurs aſpi-rans de 7. Le diametre des trois autres refoulantes, qui appartien-nent à un même équipage, eſt de 7 pouces 9 lignes, & celui de leurs aſpirantes de 8 pouces. Tous les piſtons font monter l'eau dans les cuvettes de diſtribution, élevées de 8 1 pieds au-deſſus du lit de la riviére, de-là elle retombe dans des tuyaux deſcendans, pour s'aller rendre aux fontaines.

Deſcription de deux équi-pages de relais pour ſuppléer à ceux qui viennent à chommer. 1113. M. *Turgot* s'étant apperçu qu'il arrivoit aſſez ſouvent que le plus grand nombre des fontaines publiques manquoit d'eau, lorſqu'on étoit obligé de faire chommer la machine, pour répa-rer les parties des pompes qui venoient à manquer, a fait faire, en 1737, un équipage de relais, répondant à chacune des roues, pour agir au défaut de l'un des deux autres; ſage précaution, qui marque parfaitement le zele de ce digne Magiſtrat pour tout ce qui inté-reſſe le bien public. Nous avons exprimé ce nouvel équipage par la neuvieme figure, qui eſt une partie détachée de la ſeconde, que nous avons cru devoir ſéparer, pour plus d'intelligence.

Plan. 1 & 3.

Fig. 2 & 9. Pour juger du rapport de ces deux figures, il faut conſiderer que toutes les parties accompagnées des mêmes lettres appartien-nent à la machine telle qu'elle étoit avant que d'y avoir rien ajouté, & qu'on a profité de l'eſpace qui s'eſt rencontré dans le coin BCD du bâtiment, pour placer un arbre horiſontal F, qui répond d'une part à la lanterne E, qui s'engraine avec les dents du rouet P, & de l'autre à une manivelle G, qui fait agir trois pompes dont les tringles qui portent les chaſſis des piſtons ſont dirigées par les guides K, pour faire jouer un équipage entierement ſemblable à celui qui eſt repréſenté dans la cinquieme figure, & diſpoſé comme on l'a expliqué dans l'article 1108. Il eſt à propos de remarquer à cette occaſion, que les lanternes E & Q pouvant être ſéparées des dents du rouet P, on peut en laiſſer chommer une & agir l'autre, pour que les piſtons qu'elle met en mouvement élevent l'eau conjointe-ment avec ceux que font mouvoir les balanciers H. S'il arrive qu'on ſoit obligé d'arrêter ces derniers, alors on laiſſe tourner enſemble les deux lanternes; ainſi chaque roue peut toujours faire agir deux équipages en même tems, mais non pas les trois enſemble, parce que, ſelon le ſieur *Rannequin*, qui a la direction de la machine, on ne peut lui faire ſoutenir un auſſi grand travail, ſans la mettre en danger de rompre. On ne doit donc compter, pour eſtimer le pro-duit de cette machine, que ſur la quantité d'eau que peuvent éle-ver les ſix corps de pompes des deux équipages que chaque roue peut mettre en mouvement.

1114. Pour juger de la vîtesse des pistons par rapport à celle de la roue, l'on saura que cette roue a 10 pieds de rayon, pris jusqu'à la base des aubes, que ces aubes ont 18 pieds de largeur sur 3 pieds de hauteur. Si l'on prend leur centre de gravité pour celui d'impression, le bras de levier moyen relatif à la force du courant sera de 8 pieds 6 pouces; alors le centre d'impression décrira à chaque tour de roue une circonférence d'environ 54 pieds.

Dimensions des roues à aubes.

1115. On saura aussi que le coude des manivelles est de 9 pouces, que par conséquent la levée de chaque piston est de 18 pouces, que le rouet CD a 60 dents, & la lanterne E 15 fuseaux; ainsi quand la roue AB fait un tour, cette lanterne & sa manivelle en font quatre. Comme chacun des pistons qui sont mis en mouvement par cette manivelle hausse & baisse une fois à chaque tour de lanterne, on voit que les pistons donnent *douze relevées* à chaque tour de roue. Or comme, selon l'article 114, on peut ne supposer *qu'un seul piston qui refoule sans interruption*, il suit, sans se mettre en peine du bras de levier moyen, que ce piston fera en montant 18 pieds de chemin, tandis que la roue en fera 54, & que la vîtesse de la puissance qui meut le premier équipage est à la vîtesse du poids qui lui répond, comme 3 est à 1.

Vîtesse des pistons des équipages du petit mouvement, par rapport à celle de la roue.

1116. À l'égard du second équipage, comme la lanterne F a 20 fuseaux qui s'engrainent avec la roue CD de 60 dents, cette lanterne & le rouet P feront trois tours, tandis que la roue AB n'en fera qu'un. Comme ce rouet est accompagné de 40 dents qui s'engrainent avec la lanterne Q, qui a aussi 20 fuseaux, il suit que cette lanterne fait six tours à chaque révolution de la roue AB, & que les pistons du second équipage font ensemble *dix-huit relevées* dans le même tems; par conséquent si l'on ne suppose encore qu'un piston qui refoule sans cesse, il fera 27 pieds de chemin, tandis que la roue en fera 54, ainsi le rapport de la vîtesse de la roue à celle du poids qui répond au second équipage, est comme 2 est à 1.

Vîtesse des pistons des équipages du grand mouvement.

Pour exposer l'objet principal de notre projet, il faut se rappeller que nous avons insinué dans les articles 897, 898, 963, 964, que les colonnes d'eau que refouloient les pistons ne devoient jamais recontrer d'obstacle en montant. On jugera si cette maxime a été observée dans la construction des pompes de la machine dont nous parlons, en considérant la cinquieme figure où l'on remarquera trois défauts essentiels.

1117. Le premier vient des soupapes à coquille qui rétrécissent considérablement le passage de l'eau que tous les pistons refoulent,

Les pompes de cette machine ont trois

défauts qui font cause qu'elle ne fournit pas , à beaucoup près, la quantité d'eau qu'elle devroit donner.

ce qui demande de la part de la puissance, beaucoup plus de force pour imprimer à l'eau une certaine vîtesse , que si le piston montoit librement. Or comme on ne peut emprunter du courant une plus grande force respective sans diminuer la vîtesse de la roue, l'effet de la machine est nécessairement moindre que l'effet naturel.

1118. Le second consiste en ce que l'eau en montant dans le corps de pompe est refoulée contre la soupape & son palier, ce qui la fait rejaillir de haut en bas , & s'oppose à celle qui est poussée de bas en haut par le piston ; à quoi l'on peut ajouter qu'après avoir surmonté ces obstacles, elle ne passe dans les branches que selon des directions obliques aux parois, qui la font réfléchir en plusieurs endroits & en alterent la vîtesse.

1119. Le troisieme est que l'eau se trouve étranglée dans des branches qui n'ont gueres intérieurement que 3 pouces d. diametre, tandis que celui des *pistons en a 7 à 8* ; ainsi la grosseur de ces branches n'est que d'environ la cinquieme partie de celle des corps de pompes. D'ailleurs les tuyaux montans n'ont que 6 pouces de diametre , au lieu qu'ils devroient en avoir au moins 8 , afin que l'eau ne soit point obligée d'y monter avec une vîtesse double de celle du piston , & même par intervalle avec une vîtesse quadruple , lorsque deux pistons refoulent ensemble, ce qui arrive une fois à chaque tour de manivelle. Or comme les frottemens de l'eau contre les parois des tuyaux , sont d'autant plus grands que l'eau est obligée de couler avec plus de vîtesse ; il naît encore de cette part de nouveaux obstacles, qui étant réunis aux précédens , sont cause que le courant employe la plus grande partie de sa force , non à soulever les colonnes d'eau qu'il fait monter dans les cuvettes , mais à surmonter tous les obstacles que les mêmes colonnes rencontrent en chemin , ce qui est cause encore un coup, que ne lui restant que peu de vîtesse , la roue ne peut tourner que lentement.

Les défauts précédens contribuent à la destruction de la machine.

1120. Pour peu que l'on réfléchisse sur ce qu'on vient d'insinuer , on sentira que les pistons en refoulant l'eau doivent faire un grand effort, & même pousser de bas en haut les corps de pompes avec beaucoup de violence ; aussi voit-on toutes les parties de la machine prêtes à fléchir , parce qu'une bonne partie de l'action du courant est employée à la destruction de la machine. Comme elle doit d'autant plus fatiguer que la roue aura plus de vîtesse , il n'y a point à douter que l'on ne mît la machine en danger de rompre , si l'on vouloit se prévaloir de la force du courant lorsque la riviere est dans son état moyen, & voilà la raison qui oblige de baisser la vanne, pour empêcher que les aubes ne soient frappées en plein. Ainsi quand la machine souffre, ce n'est pas précisément à cause que la roue va plus vîte, mais parce que les corps de pompes ont des défauts contraires à cette vîtesse ; au lieu que si l'eau montoit librement avec une vîtesse égale à celle des pistons, on pourroit en toute sûreté laisser une plus grande partie des aubes en prise au courant, pour donner à la roue plus de vîtesse.

1121. Nous *étant* rendus dans la machine le 17 Septembre de l'année 1737, nous avons observé que chacune des roues faisoit à-peu-près deux tours par minute ; alors la riviere étoit forte, & les vannes se trouvoient baissées d'environ 15 pouces au-dessous du niveau des eaux à l'endroit des arches du côté d'amont, & les quatre équipages ensemble donnoient environ 100 pouces d'eau. M. *Rannequin* s'étant aussi rencontré dans la machine, nous dit que les pompes alloient aussi-bien qu'on pouvoit le désirer ; que cependant s'il vouloit il donneroit plus de vîtesse aux roues, mais que cela ne se pourroit sans fatiguer beaucoup la machine.

Depuis le 17 Septembre, nous avons remarqué que les roues faisoient toujours à-peu-près deux tours par minute, par conséquent que les pompes fournissoient environ 100 pouces d'eau. Si dans certaines occasions elles paroissent en donner davantage, c'est qu'on baisse moins les vannes, pour donner plus de vîtesse aux roues ; mais comme elles ne restent point long-tems dans cet état, crainte des suites fâcheuses, sagement prévues par M. *Rannequin*, chargé de l'entretien annuel de la machine, on ne doit compter que sur 100 pouces d'eau dans le tems de l'année le plus favorable.

1122. Il s'agit donc, pour rectifier cette machine, d'employer de nouveaux corps de pompes, qui n'ayent aucun des défauts dont nous venons de parler, de leur donner 8 pouces de diametre, & de se servir de tuyaux montans de même calibre. Alors comme les pistons ne seront guere plus chargés qu'auparavant, on aura de reste toute la force que le courant employoit mal-à-propos, dont une partie servira à imprimer aux roues une plus grande vîtesse, qui sera bien reglée, lorsqu'au lieu de deux tours elles en feront trois par minute. C'est à quoi il sera aisé de les assujettir en haussant ou baissant la vanne plus ou moins, relativement à la force du courant ; alors la machine ira rondement sans rien avoir à craindre de la précipitation des frottemens, & l'on aura au moins 100 pouces d'eau de plus que de coutume.

Ayant dit (1 1 1 6) qu'à chaque tour que faifoit une des roues, leur grand rouet horifontal en faifoit trois, il fera bien plus commode d'eftimer le produit de la machine par la vîteffe de fes rouets, que par celle de la roue, qu'on ne peut aller obferver au bas de la machine, fans s'expofer à quelque danger ; au lieu que l'on eft en fûreté fur le plancher qui foutient les mêmes rouets. Comme il foutient auffi les crics dont on fe fert pour hauffer & baiffer les vannes, on fera à portée de les mettre au point convenable pour que les roues faffent trois tours par minute, *ce qui arrivera toujours quand chacun des grands rouets en fera 9 dans le même tems.* J'ajouterai que comme on ne peut guere avec une montre mefurer exactement le tems d'une minute, il convient pour plus de précifion d'en laiffer écouler cinq ; alors il faudra, pour que la vîteffe de la machine foit bien reglée, que chacun des grands rouets faffe 45 tours dans le même tems.

1123. Il ne faut point appréhender, lorfque les roues feront trois tours par minute, que la machine ait plus à fouffrir qu'auparavant, au contraire, le jeu en fera bien plus doux quand les piftons ne rencontreront plus les obftacles qui s'oppofoient à leur mouvement ; les réparations en feront moins fréquentes, les manivelles fur-tout dureront bien plus long-tems, dès que la caufe de leur fréquente rupture ne fubfiftera plus.

1124. J'ai dit (1 1 1 2) qu'ordinairement les vannes trempoient dans l'eau fur la profondeur de 15 pouces, pour modifier la force du courant fur les aubes, & que le 17 Septembre de l'année 1737, le fieur *Rannequin* étoit convenu qu'on pouvoit faire faire aux roues plus de deux tours par minute. C'eft de quoi j'ai été convaincu plufieurs fois dans le cours de la même année, entr'autres le 26 Décembre, avec le fieur *Sirebeau*, Fontainier de la *Ville*, qui m'a accompagné dans la machine ; car ayant fait lever les vannes de 5 à 6 pouces, pour que les aubes reçuffent l'impreffion de l'eau fur plus de hauteur que de coutume, j'ai vu le rouet de la roue feptentrionale faire 9 tours & demi en une minute, & celui de la roue méridionale en faire dix, ce que j'ai obfervé pendant une heure. Or puifque le courant dans fon état moyen eft capable de faire faire aux roues trois tours par minute, malgré les obftacles qu'oppofe la mauvaife conftruction des corps de pompes, & dans le cas où les aubes ne font pas choquées en plein, c'eft une preuve inconteftable qu'on pourra les entretenir dans cette vîteffe, lorfque les corps de pompes feront rectifiés ; mais en voici encore
une

une d'un plus grand poids, tirée du calcul de la puissance qui meut la machine.

1125. Les eaux de la riviere, le long du Quai Pelletier, étant soutenues par une peſſiere, leur niveau eſt ordinairement plus élevé de 12 ou 13 pouces que celui de l'eau qui coule du Pont Notre-Dame au Pont au Change, comme on en peut juger par pluſieurs remarques; ce qui fait que quand la riviere eſt dans ſon état moyen, ſa vîteſſe à la ſortie de la ſeconde & de la troiſieme arches du côté du nord, leſquelles répondent aux roues de la machine, eſt de 8 pieds 9 pouces par ſeconde, ou de 525 pieds par minute, comme j'en ai été convaincu par pluſieurs expériences faites avec l'inſtrument de M. *Pitot* (614). Il eſt vrai que quand il ſe rencontre beaucoup de bateaux entre le Pont Notre-Dame & le Pont au Change, cette vîteſſe eſt un peu retardée; mais auſſi quand cet obſtacle ne ſe rencontre point, il y a des tems où la vîteſſe de l'eau priſe à l'endroit que je viens de dire va juſqu'à 10 pieds par ſeconde, ſans qu'il ſoit ſurvenu de nouvelles crues d'eau. Ainſi nous nous en tiendrons à celle de 8 pieds 9 pouces, qui regne le plus conſtamment dans le cours de l'année.

La riviere vient ordinairement rencontrer les aubes, avec 8 pieds 9 pouces de vîteſſe par ſeconde.

1126. Quand j'ai inſinué qu'il falloit que les roues de notre machine fiſſent trois tours par minute, je n'ai point déterminé cette vîteſſe au haſard, je l'ai déduite du principe général auquel doivent être ſoumiſes toutes les machines mûes par un fluide, ſavoir que pour qu'elles ſoient capables du plus grand effet, il faut que la vîteſſe de la roue ſoit le tiers de celle du courant (588). Or comme nous venons de voir que celui ſur lequel nous opérons étoit capable de faire 525 pieds de chemin par minute, dont le tiers eſt 175 pieds, diviſant ce nombre par 54 pieds, circonférence que décrit le centre d'impreſſion des aubes dans chacune de leur révolution, il viendra $3\frac{13}{54}$; ce qui montre que pour que la vîteſſe de la machine ſoit bien reglée, il faudroit que chacune des roues fît trois tours & un quart de tour par minute : ainſi ne leur faiſant faire que trois tours ſeulement, leur vîteſſe ne ſera guere éloignée de celle qui leur convient à la rigueur. Il ne s'agit plus que de voir ſi en les aſſujettiſſant à ce point, la force reſpective du courant ſera capable de ſurmonter le poids des colonnes d'eau que les piſtons doivent refouler, y compris la réſiſtance cauſée par les frotremens.

Quand les roues feront trois tours par minute, leur vîteſſe ſera à-peu-près le tiers de celle du courant.

1127. Les roues faiſant trois tours par minute, leur vîteſſe dans le même tems ſera de 162 pieds, qui étant retranchés de 525, reſte 363 pieds pour la vîteſſe reſpective du courant par minute, qui ſera de 6 pieds 7 lignes par ſeconde, répondant dans la troiſieme ta-

La puiſſance appliquée aux roues eſt de 2308 livres.

I. Partie Tome II.   E e

b e du premier volume , page 259 , à un choc de $42\frac{3}{4}$ liv. fur une furface d'un pied quarré.

Les aubes ayant 18 pieds de largeur fur 3 pieds de hauteur (1114), leur fuperficie eft de 54 pieds , qui étant multipliés par $42\frac{3}{4}$ liv. donnent 2308 l. pour la force refpective du courant , ou pour l'expreffion de la puiffance appliquée à chacune des roues.

1128. Pour eftimer le poids de la colonne d'eau que chaque équipage doit refouler , on faura que dans le tems que la riviere eft la plus baffe , l'eau n'eft jamais élevée à plus de 80 pieds au-deffus de fon niveau. Or comme le diametre de toutes nos nouvelles pompes eft de 8 pouces (1122), chaque équipage élevera donc une colonne d'eau de 80 pieds de hauteur , fur 8 pouces de diametre , qui pefe 1955 livres.

1129. Si l'on fe rappelle (1115) que la vîteffe de la colonne que l'équipage du *petit mouvement* refoule (1107) eft le tiers de la vîteffe de la roue , on verra que le poids & la puiffance dans l'état d'équilibre étant dans la raifon réciproque de leur vîteffe , la puiffance qui meut cet équipage fera le tiers du poids , c'eft-à-dire , le tiers de 1955 liv. qui eft 652 livres , qu'il faut multiplier par $\frac{19}{18}$, parce que le mouvement eft communiqué à cet équipage par le moyen de l'engrainement d'un rouet & d'une lanterne (290); il viendra 688 liv. pour la puiffance effective du même équipage , en faifant abftraction du frottement des tourillons , des balanciers , & de celui de la lanterne & de la roue , qui ne font point affez fenfibles pour s'y arrêter , parce qu'on va voir , qu'après nos calculs faits , il nous refte beaucoup plus de force qu'il n'en faut pour furmonter la réfiftance qui peut naître de cette part.

Etant prévenu auffi que la colonne d'eau que *refoule l'équipage du grand mouvement* (1108) monte avec une vîteffe égale à la moitié de celle de la roue (1116), la puiffance qui meut cet équipage fera la moitié du poids , par conféquent de 978 livres ; qu'il faut multiplier par le quarré de $\frac{19}{18}$, qui fe réduit à peu de chofe près à $\frac{10}{9}$, & non pas à $\frac{7}{6}$, comme on l'a rapporté dans les articles 293 & 298 , où la réduction du quarré de cette fraction a été mal faite ; il viendra après la multiplication 1087 liv. pour la puiffance effective qui doit mouvoir ce fecond équipage , en faifant abftraction du frottement des tourillons comme ci-devant. Or fi l'on ajoute l'eftimation de cette puiffance à celle de la précédente , il viendra 1775 liv. pour la fomme des deux , c'eft-à-dire , pour la force qu'il faudra au courant , afin de mouvoir les deux équipages en même tems ; & comme nous venons de voir (1127) qu'il pouvoit exercer sur les aubes une force de 2308 liv. il lui en restera donc une partie équivalente à 533 liv. pour vaincre tous les obstacles dont nous n'avons pas tenu compte, & pour suppléer à la modification du courant, lorsque les aubes, qui sont au nombre de 8 à chaque roue, se trouvent dans la situation la plus désavantageuse (1065). Sur quoi il est bon d'être prévenu qu'ayant fait l'estimation de tous ces déchets, j'ai trouvé qu'ils ne pouvoient jamais aller à 200 liv; j'ai cru devoir en supprimer le détail, pour ne point employer l'impression à d'aussi petits objets, sur lesquels je me suis assez étendu dans le premier chapitre du second livre. Il nous reste à faire voir quel sera le produit de cette machine, lorsque les pompes étant rectifiées, les roues feront chacune trois tours par minute.

1130. Si l'on se rappelle qu'on a vu dans les articles 1115 & 1116 que les pistons d'un équipage du petit mouvement donnoient 12 relevées à chaque tour de roue, & que ceux du grand mouvement en donnoient 18, on verra qu'à chaque révolution d'une des roues, les deux équipages qui lui répondent, élevent ensemble 30 colonnes d'eau de 18 pouces de hauteur (1115); par conséquent les quatre équipages ensemble en éleveront 60, ou une seule de 90 pieds de hauteur sur 8 pouces de diametre, qui pese 2200 livres, qui étant divisée par 28 livres, pesanteur d'un pouce d'eau (342), donne 78 liv. $\frac{4}{7}$ pouces pour le produit des quatre équipages à chaque tour de roue. D'où il suit que lorsque ces roues seront assujetties à faire trois tours par minute, la machine pourroit fournir dans le même tems 235 $\frac{5}{7}$ pouces; cependant je ne compte que sur 200 pouces, pour avoir égard à tous les déchets imprévus, & c'est sur quoi l'on pourra compter lorsque la riviere sera dans son état moyen, c'est-à-dire, lorsqu'elle aura 8 à 9 pieds de vîtesse par seconde dans l'endroit où je l'ai mesurée.

Calcul par lequel on prouve que quand les pompes seront rectifiées, elles éleveront au moins 200 pouces d'eau.

1131. Tout ce que nous venons d'exposer étant fondé sur des expériences & sur des principes incontestables, nous sommes sûrs que l'événement sera conforme à nos calculs, pourvu que les roues soient assujetties à faire trois tours par minute, sans souffrir qu'on modifie l'action de cette vîtesse dans le tems que la riviere en sera capable, ce qu'on peut toujours espérer, excepté pendant les sécheresses extraordinaires. Alors comme le courant a moins de vîtesse que dans son état moyen, on peut augmenter la superficie des aubes, en y ajoutant des planches. Je ferai remarquer à cette occasion que les roues de cette machine seroient beaucoup plus avantageuses, si au lieu de 8 aubes, elles n'en avoient que 6, chacune de 5 pieds de hauteur, pour les raisons rapportées au sujet de la

Les roues qui sont à cette machine seroient bien plus parfaites, si elles n'avoient que six aubes au lieu de 8.

E e ij

machine de la Samaritaine, dans les articles 1061, 1062, 1069, auxquels je renvoye, c'est pourquoi il conviendroit de s'y conformer la premiere fois qu'on voudra renouveller ces roues, pour n'avoir point la sujettion d'augmenter la hauteur des aubes quand la riviere est basse. Au reste je passe à l'explication de mes nouvelles pompes, qui pourront servir de modeles pour toutes celles qu'on voudra faire à l'avenir, ayant été généralement approuvées des habiles gens qui les ont examinées.

Explication des nouvelles pompes qu'on a exécutées pour rectifier la machine appliquée au Pont Notre-Dame.

1132. Les nouvelles pompes que nous allons décrire sont si simples & si éloignées de tout ce qui peut exciter l'admiration, qu'on sera sans doute surpris qu'elles n'ayent point été imaginées plutôt, & qu'on ait fait si long-tems usage *des anciennes*, sans en avoir apperçu les défauts; mais, comme l'a dit fort à propos M. *de Fontenelle* dans l'Histoire de l'Académie, les idées les plus naturelles ne sont pas celles qui se présentent le plus naturellement. Pour bien juger de l'effet des pompes, il falloit raisonner selon les principes d'une théorie dont les ouvriers ne sont guere à portée d'être instruits. D'ailleurs quand les choses se trouvent autorisées par un long usage, on ne s'avise guere de soupçonner qu'elles sont fort éloignées de leur perfection ; elles se transmettent d'un siecle à l'autre avec la même confiance , & ce n'est pas sans peine qu'on parvient à leur faire prendre une disposition plus avantageuse : le renouvellement de la philosophie nous en fournit un bel exemple ; mais pour ne point m'engager dans des réflexions qui pourroient me distraire de mon sujet , je passe à la description dont il s'agit.

Développement d'une nouvelle soupape.

PLAN. 4 & 5.

1133. Si l'on considere les figures comprises sur la quatrieme planche , on y verra les plans, profils & élévations des nouvelles pompes, qui n'ont aucun des défauts des anciennes, ayant supprimé la soupape à coquille, pour en substituer une autre qui laisse à l'eau que refoulent les pistons toute la liberté du passage, comme on en peut juger par la troisieme figure de la planche quatrieme, qui comprend l'intérieur des pompes refoulantes d'un équipage où cette soupape se trouve représentée dans les différens sens où elle peut être apperçue, lorsque les pompes agissent, & mieux encore par les développemens rapportés sur la cinquieme planche. La huitieme figure de cette planche 5 exprime cette soupape vue horisontalement, séparée de son palier; la neuvieme , le même palier accompagné d'une languette pour être serrée entre les brides des corps de pompes & de leurs branches ; la treizieme, un profil de l'essieu de la soupape, pour faire voir de quelle maniere il y est uni avec des vis & écrous ; la quatorzieme, un profil du palier séparé de la soupape ; la quinzieme, une vue horisontale de cette soupape enfermée dans son palier, pour faire voir comme les tourillons sont retenus par en haut avec des susbandes attachées avec des vis ; la seizieme est un profil de la soupape & de son palier dans la situation précédente : enfin la dix-septieme, un autre profil du palier & de la soupape quand elle est ouverte.

1134. Cette soupape est composée d'un diaphragme circulaire & mobile sur les tourillons C, D, d'un axe EF, dont le milieu ne passe point par le centre G, s'en trouvant éloigné de la douzieme partie du diametre AB, *qu'on suppose un peu plus grand que celui des corps de pompes*, c'est-à-dire, que ce diametre étant divisé en 12 parties égales, l'intervalle AH en comprend sept, & l'autre HB cinq.

1135. On remarquera aussi que le centre I de l'axe EF (fig. 17) se trouve éloigné du milieu de l'épaisseur du diaphragme AB, d'une distance IH, égale aussi à la douzieme partie du diametre AB, ce qui fait naître un levier coudé KIH, dont le plus petit bras IK répond aux frottemens des tourillons, & l'autre IH soutient à son extrémité H le poids de la soupape, qui ne peut rester ouverte, à moins qu'elle n'y soit contrainte par une force étrangere.

1136. Les segmens inégaux dont cette soupape se trouve composée, sont accompagnés de rebords en chanfrein AL, BM, disposés dans un sens contraire, afin que quand elle est fermée, le premier AL qui répond au plus grand segment puisse s'appuyer de haut en bas, sur le bord supérieur OP du palier, & l'autre BM de bas en haut contre le bord inférieur QR, avec lesquels la soupape doit s'emboîter parfaitement.

1137. Quand le piston refoule, l'eau pousse de bas en haut la soupape (fig. 16), mais avec beaucoup plus de force contre le grand segment HA que contre le petit HB, *dans la raison du produit de la superficie de chacun de ces segmens par le bras de levier qui lui répond*, c'est-à-dire, par la distance de son centre de gravité à son centre de mouvement. Alors la soupape s'ouvre pour se mettre dans une situation verticale (fig. 17) au milieu du cercle de son palier, parce que le bras de levier IH a autant rejetté le point H vers le centre du palier, qu'il s'en trouvoit éloigné quand la soupape étoit fermée, & l'eau passe librement des deux côtés du diaphragme sans rencontrer aucun obstacle, parce que le cercle du palier a été

Le centre de mouvement de cette soupape, est éloigné de son centre de grandeur, de la douzieme partie de son diametre.

PLAN. 5.
FIG. 8
& 17.

Cette soupape a un bras de levier égal à la douzieme partie de son diametre.

Les rebords des segmens de cette soupape sont dans un sens opposé.

FIG. 16
& 17.

Explication du jeu de cette soupape.

fait un peu plus grand que celui du corps de pompe, pour avoir égard à la place que peut occuper la soupape. Ainsi le premier & le second défaut des anciennes pompes (1117, 1118) se trouvent ici entierement corrigés.

1138. D'autre part, au premier instant que le piston commence à descendre, la soupape cessant d'être soutenue par l'eau qui montoit, se referme, étant entraînée par son propre poids, qui agit à l'extrémité de son bras de levier, sans aucune opposition que celle du frottement des tourillons. Alors la colonne d'eau qui est dessus s'appuyant beaucoup plus sur le grand *segment que sur le petit*, il est impossible que la soupape puisse s'ouvrir d'elle-même ; au contraire, plus le poids de la colonne qu'elle soutiendra sera grand, & mieux les bords s'appuieront contre leurs paliers.

Explication des figures qui facilitent l'intelligence des nouveaux corps de pompes.

PLAN. 4.

FIG. 3.

1139. Pour avoir lieu de donner plus de superficie au cercle intérieur du palier que n'en a celui du piston (1134), on a évasé le sommet DE de chaque *corps de pompe CDEF*, de même que leur *chapiteau GHIK*, pour suppléer au volume qu'occupe la soupape AB quand elle est ouverte, afin que l'eau qui est refoulée ne soit contrainte en aucun endroit.

Pour la même raison, on a supprimé la *fourche* des anciennes pompes (1111), & on a substitué en sa place un *récipient* NOPQR, qui ne fait qu'une seule piece avec les trois chapiteaux GHIK, ayant été fondus ensemble ; ainsi l'on voit que l'eau refoulée par les pistons vient se réunir dans le récipient, pour passer de-là dans le tuyau montant, & que par ce moyen le troisieme défaut (1119) se trouve entierement corrigé.

La premiere figure représente extérieurement l'union des corps de pompes avec leurs chapiteaux & le récipient accompagné d'un cordon M, servant à soutenir le tout sur les moises dont ce récipient doit être embrassé. La seconde est une coupe qui passe par la verticale ST, faisant voir l'intérieur du récipient à l'endroit SL, la forme extérieure du corps de pompe qui est dans le milieu, & le profil du cordon M du récipient.

La quatrieme est une autre coupe qui passe par la verticale VX, pour montrer l'intérieur du récipient du chapiteau & du corps de pompe qui est dans le milieu, avec la disposition où se trouve la soupape AB quand elle est ouverte & vue en face.

La sixieme est une coupe horisontale prise sur l'alignement YZ, qui représente le sommet des corps de pompes refoulantes, leur bride & leur évasement DE. Enfin la septieme est une autre coupe horisontale prise sur l'alignement NR du récipient, pour en faire voir le fond & son union avec le colet HI des chapiteaux, dont le diametre en cet endroit est égal à celui des corps de pompes.

1140. Quant à la cinquieme figure, elle comprend un profil qui montre la communication des pompes aspirantes & refoulantes par le moyen de la bache qui leur est commune, & des pistons qui doivent jouer en même tems dans l'un & dans l'autre, pour aspirer & refouler l'eau ; comme ces pistons n'ont rien de commun avec ceux dont on s'est servi jusqu'à présent, en voici l'explication.

1141. Pour rendre un piston exempt de défauts, il faut que sa construction soit assujettie à quatre conditions essentielles.

Conditions qui peuvent rendre un piston accompli.

La premiere, qu'il soit percé d'une ouverture assez grande pour que l'eau qui doit le traverser puisse remplir entierement le corps de pompe dans le tems que le piston manœuvre (953, 954).

La seconde, que la soupape qui ferme le passage, laisse à l'eau une entiere liberté de monter, & que lorsqu'elle est baissée elle soit bien étanche.

La troisieme, que l'axe du piston se trouve toujours vertical, malgré l'obliquité que reçoit la tige dans le mouvement des balanciers ou des manivelles, pour éviter toute contrainte, afin que le cuir qui entoure le piston ne fatigue pas plus d'un côté que de l'autre.

La quatrieme, que le cuir qui cause l'adhésion du piston à la surface intérieure du corps de pompe, soit tellement disposé qu'il puisse durer long-tems, pour éviter les fréquentes réparations que cette partie occasionne, ce qui est cause qu'il arrive souvent qu'un ou plusieurs équipages sont obligés de chommer. A quoi l'on peut ajouter que pour que le piston soit accompli, il doit être le plus solide qu'il est possible, puisque c'est de toutes les pieces d'une pompe celle qui fatigue davantage : ce sont ces conditions que l'on a fait ensorte de remplir dans la construction du piston que nous avons imaginé.

1142. Le corps de ce piston est composé d'une boëte de fonte CDK, servant de noyau à un nombre de rondelles de cuir GH pressées les unes sur les autres, ayant pour base une saillie EF, qui regne autour de la boëte en forme de corniche.

Description d'un nouveau piston refoulant, fait selon les conditions précédentes.

Plan. 5.

Fig. 10, 11, 12 & 20.

La surface extérieure de cette boëte vers le sommet CD est taillée en vis pour s'ajuster avec un anneau AB, servant d'écrou & à presser les rondelles de cuir autant qu'il est possible ; ensuite on a appliqué sur cet anneau une soupape à bascule, semblable à celle que nous venons de décrire, retenue par quatre vis.

Le bas de la boëte est terminé par deux oreilles I, K, percées pour recevoir un boulon LM, fervant à enfiler une fourche NO, dont le manche P n'eft autre chofe que la tige du pifton, laquelle peut jouer librement autour de fon boulon. Ainfi quand le pifton fera logé dans le corps de pompe, & que les balanciers ou les manivelles feront fortir la tige de la direction verticale, le pifton s'y maintiendra & laiffera prendre à la tige les obliquités que l'action de la machine peut faire naître, fans que le pifton en reçoive aucune contrainte, ce qui fatisfait à la troifieme condition.

Les rondelles de cuir étant appliquées les unes fur les autres, compoferont enfemble un corps incomparablement plus folide que s'il n'y avoit autour de la boëte qu'une bande comme à l'ordinaire, parce que le cuir eft capable d'une bien plus grande réfiftance fur fa tranche que fur fa furface. D'ailleurs l'adhéfion en fera bien plus parfaite, parce qu'à mefure que le cuir s'ufera par le frottement, il fera renouvellé, pour ainfi dire, par les parties contiguës, qui font pouffées en dehors pour fortir de la contrainte où elles font refoulées, l'eau dont elles font imbibées les faifant tendre à occuper un plus grand volume. Or comme elles ne peuvent fe dilater que vers les parois du corps de pompe, ces rondelles ferviront long-tems avant que l'on foit obligé de les renouveller, d'autant mieux qu'elles ne fatigueront jamais plus d'un côté que de l'autre ; ce qui fatisfait à la quatrieme condition.

La boëte de ce pifton étant de cuivre, on pourra toujours faire fon diametre intérieur au moins auffi grand que celui du tuyau d'afpiration ; & comme le trou de la foupape eft fuppofé avoir le même diametre que celui de cette boëte, on voit que quand le pifton defcendra, il pourra paffer au travers au moins autant d'eau qu'il en doit refouler en montant, & qu'il en pourroit même monter bien plus que le corps de pompe n'en peut contenir, parce que le poids de l'air agit en plein fur la furface de l'eau qui eft dans les baches, ce qui fatisfait à la premiere & à la feconde condition.

1143. A l'égard du pifton afpirant, il eft entierement conftruit dans le goût du précédent ; toute la différence, c'eft que la faillie AB doit être en haut, de même que les oreilles C, D qui fervent à fufpendre le pifton à la fourche E qui lui tient lieu de tige ; ainfi la vis & l'anneau FG doivent être placés au bas de la boëte H, pour foutenir & ferrer les rondelles de cuir IK. Quant à la foupape, on voit dans la vingt-unieme figure, qui repréfente le deffus du pifton, vu horifontalement, que la languette du palier eft échancrée à l'endroit des oreilles OP, & qu'il ne refte de cette languette que

les

les deux parties MN, attachées sur le rebord AB avec des vis.

Comme la dix-huitieme figure repréſente bien naturellement le profil de ce piſton, & la dix-neuvieme, la diſpoſition extérieure de la boëte & de toutes les parties qui l'accompagnent, excepté les rondelles de cuir qu'on a ſupprimées pour n'en point cacher le corps ; je ne m'y arrêterai pas davantage, parce que tout ce que j'ai dit au ſujet du piſton précédent peut être appliqué à celui-ci.

1144. Pour juger du rapport des parties de la ſoupape déve-loppée ſur la cinquieme planche, relativement à la groſſeur du corps de pompe où l'on voudra l'employer, il faut être prévenu qu'on a pris le diametre du corps de pompe diviſé en huit parties égales, & la premiere encore ſubdiviſée, pour l'échelle dont on s'eſt ſervi, & qu'on en a uſé de même pour celle des piſtons, c'eſt-à-dire, que les parties du diametre du corps de pompe doivent être conſidérées comme arbitraires, ainſi que les modules dans l'ar-chitecture civile.

Par exemple, on veut ſavoir quel doit être le diametre inté-rieur du palier de la ſoupape, il faut le prendre avec le compas, dans la neuvieme figure, le porter ſur l'échelle, on le trouvera de huit parties & demie, c'eſt-à-dire, que ſi le diametre du corps de pompe eſt de 8 pouces, celui du palier de la ſoupape ſera de 8 pouces 6 lignes.

De même on demande quel doit être le diametre intérieur de la boëte du piſton refoulant ; je prends dans la dixieme figure ce diametre, & l'ayant rapporté à l'échelle, je trouve qu'il contient huit parties & demie, ce qui montre que ſi ce diametre eſt encore de 8 pouces, celui de cette boëte ſera de 8 pouces 6 lignes : ainſi des autres. Car quoique l'échelle qui appartient aux piſtons pa-roiſſe moins grande que celle de la ſoupape, cela n'empêche pas que l'une & l'autre ne puiſſe appartenir à la même pompe, n'ayant fait celle des piſtons plus petite, qu'afin de pouvoir raſſembler leurs développemens ſur la même planche.

1145. Il nous reſte à donner la maniere de tracer l'évaſement ſupérieur des corps de pompes & la figure de leurs chapiteaux. Pour commencer par l'évaſement des pompes, il faut diviſer le diame-tre AB en 8 parties égales, que nous nommerons modules ; ſur le milieu on élevera la perpendiculaire CD que l'on fera de 3 modu-les ; par le point D, on fera paſſer la ligne HG parallele au diametre AB, & du point D comme centre, avec le rayon DA ou DB, on décrira les arcs AE & BF, qui formeront l'évaſement AEFB.

I. Partie. Tome II.   F f

Il faut que la largeur des rebords EH & FG soit plus grande d'un module que l'épaisseur qu'on donnera au métal des pompes, relativement à l'effort qu'ils auront à soutenir, & que les saillies O soient d'un demi-module.

Pour tracer le profil du chapiteau, il faut commencer par décrire un rectangle IZLK, dont la base IK soit de 11 modules, & la hauteur IZ de 2 ; ensuite tracer sur le milieu de la ligne IK un autre rectangle MTXN, dont la base MN soit égale au diametre AB du corps de pompe, & la hauteur MT de 6 modules.

Cela posé, on divisera la ligne ZL en trois parties égales, aux points Q, R, & de ces points, comme centre, on décrira les arcs ZT & LX ; enfin on prolongera les perpendiculaires MT, ZX de la hauteur TV, XY de 2 ½ modules, pour avoir le rectangle TVYX, qui marquera l'intérieur du collet du chapiteau.

Après cette construction, qui sert à former les noyaux dont le Fondeur a besoin, il ne reste plus qu'à déterminer l'épaisseur du métal, en se conformant à l'article 950, & l'on observera de fortifier les rebords HE & FG des corps de pompes par les quarts de rond P.

PLAN. 4.
FIG. 3.

Pour dire aussi un mot du récipient XOQR, on déterminera la longueur XR de sa base, selon le nombre des corps de pompes qu'il faudra accoler : par exemple, quand il y en aura trois, on fera XR quintuple du diametre des corps de pompes, & triple, lorsqu'il n'y en aura que deux. Si je ne me suis pas conformé à cette regle, c'est que j'ai été assujetti à la disposition des parties de la machine du Pont Notre-Dame. A l'égard de la largeur intérieure du récipient, il faut qu'elle soit égale au diametre des corps de pompes, & lui donner le plus de hauteur qu'il est possible, pour diminuer l'inclinaison de ses côtes.

Disposition qu'il faut donner aux nouvelles pompes, lorsque les pistons refoulent de haut en bas.

1146. Ayant fait remarquer dans les articles 999, 1011 & 1012, le défaut des pompes du Val-Saint-Pierre, qui étoit cause qu'elles ne fournissoient que dix muids d'eau par heure, au lieu de quinze qu'elles pourroient produire, si elles étoient rectifiées, je me suis réservé de faire voir dans celui-ci la maniere de rendre ces pompes parfaites, afin qu'étant prévenu de ce que je viens d'insinuer sur celles du Pont Notre-Dame, on entrât plus facilement dans mes vues ; je profiterai de cette occasion, pour montrer la disposition qu'il faut donner aux pompes, lorsqu'on veut que les pistons refoulent de haut en bas.

Je suppose qu'il s'agit d'une machine qui doit faire mouvoir trois pistons, pour refouler de haut en bas l'eau de leur corps de pompe dans un même tuyau montant, ensorte qu'elle ne rencontre aucun obstacle en chemin, pour que la puissance soit totalement employée à remplir sa principale fonction ; que l'on a déterminé la levée des mêmes pistons par rapport à la construction de la machine, pour connoître la hauteur qu'il faudra donner aux corps de pompes ; & qu'on a trouvé leur diametre, relativement à la force du moteur & à l'élévation du réservoir au-dessus de la source, en suivant la regle rapportée à la page 168.

Cela posé, considérez la premiere figure de la planche sixieme, qui représente le profil des parties d'une pompe dont le diametre est supposé de 8 pouces, & la levée des pistons de 20. Ce profil comprend trois pieces principales ; la premiere, le corps de pompe ABCD fondu avec le rameau EFDG, dont le diametre intérieur est égal à celui du piston ; la seconde, la branche FGH-IK, évasée à sa sortie pour les raisons rapportées dans l'article 1139 ; la troisieme, le récipient LNOM, fondu avec les chapiteaux KLMI.

PLAN. 6.
FIG. 1.

A l'égard des soupapes placées au fond CD des corps de pompes & à la sortie KI des branches, on suppose qu'elles sont faites à bascule, comme on l'a décrit dans les articles 1134, 1137, 1138, & que tous les endroits par où doit passer l'eau sont au moins aussi grands que le cercle du piston ; que ceux du collet NPQO & du tuyau montant ont une superficie double de celle du cercle du piston, afin d'avoir égard à l'article 898.

Les figures 2 & 3 expriment l'élévation extérieure de cette pompe, considérée de côté & en face du récipient ; la quatrieme, le profil du récipient, des chapiteaux & du coude des branches ; la cinquieme représente à vue d'oiseau la jonction des corps de pompes, des branches & du récipient ; & la sixieme, la coupe horisontale des corps de pompes, accompagnés de leurs branches.

Pour faire sentir de quelle maniere cet équipage doit être établi solidement, on voit dans la premiere, seconde & cinquieme figures, que les corps de pompes sont entretenus ensemble par des moises RS liées avec des bandes de fer ; que les branches sont encastrées & arrêtées sur une semelle TV, & que le récipient est soutenu par des moises XY. J'ajouterai qu'on a représenté dans la premiere & seconde figures le tuyau d'aspiration Z, dont les pompes doivent être accompagnées, lorsqu'elles ne répondent point immédiatement à la source, comme on l'a supposé dans l'article 1903.

Ff ij

1147. Il est bon de remarquer en passant, que lorsqu'on veut accoller deux pompes pour les incendies, comme celle qui est représentée sur la treizieme planche du chapitre précédent, il convient, pour les rendre exemptes de défaut, de les faire dans le goût de celles que je viens de décrire, c'est-à-dire, qu'au lieu d'aboutir à une fourche, il faut qu'elles répondent à deux branches unies à un récipient, & n'y employer que des soupapes à bascule, & des pistons comme celui qui est décrit dans l'article 957.

1148. Ayant fait remarquer aussi dans l'article 1055, que les pompes de la Samaritaine avoient le même défaut que celles du Val-Saint-Pierre & du Pont Notre-Dame, j'ai rapporté les figures 7 & 8, qui montrent la forme qu'il faudroit donner à chaque équipage de cette machine, pour la rendre capable d'un produit proportionné à la force du courant qui la fait agir. Comme ces figures sont exprimées si naturellement, qu'il ne faut qu'un coup-d'œil pour juger de leur objet, & que l'on trouvera avec le secours de l'échelle le rapport de leurs parties, je ne m'y arrêterai pas davantage.

Ayant insinué dans l'article 317, qu'on ne devoit point commencer une machine sans avoir fait auparavant un devis bien circonstancié des dimensions & façons qui convenoient à chaque piece, je vais rapporter pour exemple celui que j'ai remis au Fondeur pour la construction des pompes du Pont Notre-Dame.

Devis des nouvelles pompes pour la rectification de la machine appliquée au Pont Notre-Dame à Paris.

ARTICLE PREMIER.

Les corps de pompes refoulantes seront au nombre de trois, accollés pour chaque équipage, ce qui fait douze corps de pompes pour les quatre équipages ensemble, lesquels doivent être uniformes dans leurs dimensions, comme ils sont représentés par l'élévation & le profil d'un de ces équipages.

I I.

Pour plus d'intelligence, on a dessiné en grand les principales parties d'un corps de pompe & du chapiteau qui lui répond, afin que l'un & l'autre pussent servir de modele au Fondeur, qui n'aura qu'à imiter exactement trait pour trait ce qui est exprimé dans le dessein.

Le diametre intérieur AB de chaque corps de pompe, fera de 8 pouces, & le diametre extérieur de 9 pouces 8 lignes, afin que l'épaiſſeur du métal ſoit de 10 lignes.

dont on parle ici.
PLAN. 3.
FIG. 8.

I I I.

La hauteur des corps de pompes ſera de 32 pouces entre leurs extrémités, celle d'en bas ſera évaſée de 8 lignes ſur la hauteur de 2 pouces, c'eſt-à-dire, que pour faciliter l'introduction du piſton, l'entrée des corps de pompes aura 8 pouces 8 lignes de diametre.

I V.

A l'égard du diametre EF de l'extrémité ſupérieure qui répond à la ſortie de l'eau, il doit être de 10 pouces, afin de former un évaſement AEFB ſur une hauteur CD de 3 pouces.

Pour tracer cet évaſement, on décrira du centre D & de l'intervalle DA les portions de cercle AE & BF.

Le diametre extérieur HG de la même extrémité, doit être de 13 pouces 8 lignes, afin d'avoir une couronne d'un pouce 10 lignes de largeur pour la jonction du corps de pompe & de ſon chapiteau.

V.

La largeur de la ſaillie HG ſervant de cordon, ſera de 6 lignes, ſur une épaiſſeur HO ou GO de 10 lignes, & l'on fera immédiatement après ce cordon un quart de rond P, de 8 lignes de rayon.

V I.

Chaque corps de pompe ſera accompagné de quatre brides, (*fig. 6*) pour l'unir à ſon chapiteau.

PLAN. 4.

V I I.

Chaque corps de pompe ſera percé bien droit, parfaitement cylindrique, bien aleſé, & leur ſurface intérieure auſſi polie qu'il ſe pourra; c'eſt à quoi le Fondeur aura grande attention, cette partie exigeant d'être achevée avec beaucoup de ſoin.

V I I I.

Les chapiteaux ſeront figurés intérieurement, comme le repréſente leur profil. Leur grand diametre IK ſera de 11 pouces, pris

Chapiteaux.
PLAN. 3.
FIG. 8.

intérieurement, & le diametre extérieur de 13 pouces 8 lignes ;
ainsi la saillie du cordon sera de 6 lignes, & l'épaiffeur de ce chapiteau de 10.

I X.

Pour tracer le chapiteau, on prendra fur le diametre MK les
parties IM & MK chacune d'un pouce 6 lignes, on élevera aux
points M , N des perpendiculaires indéfinies, on élevera auffi les
perpendiculaires IZ , KN de 2 pouces, on menera la parallele ZL
à la ligne IK, on la divifera en trois parties égales aux points Q, R,
& de ces points comme centre avec les rayons RZ & QL , on décrira les arcs ZT , LX, qui venant rencontrer les perpendiculaires
élevées aux points M , N , détermineront la concavité du chapiteau, dont on aura le collet en donnant aux lignes TV , XY 2
pouces 6 lignes.

X.

Chaque chapiteau fera accompagné de quatre brides difpofées
de maniere à pouvoir fe raccorder exactement avec celles des
corps de pompes, pour les unir enfemble par des vis & écrous,
comme à l'ordinaire ; au furplus, il faut que ces chapiteaux foient
bien aléfés , & la furface intérieure adoucie comme celle des
corps de pompes.

X I.

L'intervalle du collet d'un chapiteau à celui de l'autre doit être
de 4 pouces 8 lignes pris extérieurement ; alors felon les mefures
précédentes , la diftance d'un corps de pompe à l'autre fera auffi
de 4 pouces 8 lignes.

X I I.

Récipient.
PLAN. 4.
FIG. 3.

Les trois chapiteaux qui répondent à chaque équipage feront mis
& fondus avec un récipient MNOQR , deftiné pour la communication de l'eau des corps de pompes dans le tuyau montant : ce
récipient aura par le bas intérieurement dans fa longueur NR 35
pouces 4 lignes , fur une largeur de 8 pouces, prife auffi intérieurement.

X I I I.

La hauteur de ce récipient comprife entre OQ & NR , fera de
23 pouces, & fon fommet fe terminera à un collet OPQ de 8

pouces de diametre, sur une hauteur de 4 pouces, observant que si l'on pouvoit avoir des tuyaux montans du calibre de 12 pouces, il faudroit donner à ce collet 12 pouces de diametre au lieu de 8.

Le Fondeur prendra bien garde de faire ensorte que le centre de ce collet réponde précisément dans le milieu de l'intervalle qui se trouve entre le premier & le second corps de pompe, afin que le second tuyau montant n'empêche pas le jeu des cadres ou chassis qui portent les pistons.

X I V.

Pour juger de quelle maniere le récipient & les chapiteaux des corps de pompes doivent être unis ensemble, il faut considerer les figures seconde & quatrieme, qui sont des profils, dont le premier fait voir que le fond ALB du récipient est fait en demi-cercle, & le second que les faces opposées du même récipient sont réunies par une courbure ABC, formant aussi un demi-cercle de 8 pouces de diametre.

Plan. 4.
Fig 2
& 4.

X V.

L'épaisseur du récipient doit être de 16 lignes & regner uniformément depuis le sommet jusqu'à l'alignement EF du raccordement des chapiteaux.

X V I.

La surface extérieure du récipient sera accompagnée d'un cordon placé dans le milieu de sa hauteur ; ce cordon aura une saillie de 2 pouces sur une épaisseur d'un pouce, raccordé en chanfrein avec la surface du récipient ; son objet est de soutenir le récipient sur les moises qui doivent l'embrasser.

X V I I.

Pour faciliter le raccordement du collet du récipient avec le tuyau montant, & faire ensorte que ce tuyau soit incliné de maniere à pouvoir passer dans les ouvertures pratiquées au plancher de la cage de la machine, on les joindra par un tuyau de fonte incliné, selon le profil qui sera donné au Fondeur ; ainsi ce tuyau doit être accompagné de brides à ses deux extrémités pour l'unir avec le collet du récipient & le tuyau montant.

POMPES ASPIRANTES.

XVIII.

Les corps de pompes d'aspiration servant à élever l'eau dans les baches auront intérieurement 8 pouces 3 lignes de diametre sur 30 pouces de hauteur & 8 lignes d'épaisseur ; on leur fera des rebords pour les soutenir dans le fond des baches ; ils seront alesés & conditionnés comme ceux de l'article septieme.

XIX.

L'entrée de ces corps de pompes sera évasée de 8 lignes sur 2 pouces de hauteur, comme dans l'article 3, pour faciliter l'introduction du piston.

XX.

Ces corps de pompes doivent être placés dans le fond des baches à 4 pouces 10 lignes de distance l'un de l'autre, de maniere que leur axe & celui des pompes supérieures soient dans une même verticale, afin que les uns & les autres se répondent parfaitement, observant qu'il y ait 21 ou 22 pouces de distance, entre les pompes supérieures & les inférieures, afin que le jeu de leur piston puisse se faire librement ; ainsi l'on voit que la position des pompes supérieures doit se faire relativement aux inférieures.

XXI.

On ne parle point dans ce devis de la maniere dont les soupapes & les pistons doivent être conditionnés, parce qu'on en remettra des modeles au Fondeur, auxquels il faudra qu'il se conforme en tout point, n'étant pas possible d'exprimer par écrit la figure & la disposition d'un grand nombre de petites parties, dont on ne peut avoir l'intelligence sans le secours des reliefs.

XXII.

Le Fondeur se conformera exactement à tous les articles du présent devis, il prendra garde sur toute chose que sa fonte soit de bonne matiere, qu'il ne s'y rencontre aucune soufflure ou gersure, devant s'attendre que son ouvrage sera visité scrupuleusement avant sa reception ; que si l'on y trouve quelque défaut, il sera tenu de recommencer à ses frais les pieces qui ne seront pas trouvées suffisamment bien conditionnées, sans qu'il puisse prétendre aucun dédommagement, puisque ce n'est qu'à ces conditions que les ouvrages ci-dessus mentionnés lui ont été accordés.   Ce

Ce devis a été exécuté à la lettre de la part de ceux qui font en poſſeſſion de travailler pour la Ville ; j'ajouterai ſeulement que les ſoupapes à baſcules, d'un diametre extraordinaire, comme de 9 ou 10 pouces, ne réuſſiſſant pas auſſi-bien que quand ce diametre n'a que 3, 4, 5 ou 6 pouces, nous n'avons point héſité d'y ſubſtituer des clapets à-peu-près ſemblables à celui qui eſt exprimé dans la cinquieme figure de la quatrieme planche du troiſieme Livre. L'expérience nous a auſſi montré, dans le cours de ce travail, que les piſtons de bois feroient le même effet que ceux de cuivre, lorſqu'on prendroit de juſtes meſures pour que les corps de pompes ne fuſſent point rayés par la tête des clous qui attachent les cuirs, & pour que le paſſage de l'eau à travers le piſton fût le plus aiſé qu'il eſt poſſible. D'ailleurs quand les ouvriers ſont dans l'uſage de certaines pratiques, on ne peut guere ſe promettre qu'ils en adoptent d'autres, quoique meilleures, ſur-tout quand elles intéreſſent l'entretien d'une machine : c'eſt pourquoi le parti le plus ſage eſt toujours de concilier l'avantage de l'objet, avec ce qui demande le moins de ſujétion de la part des ouvriers, pour moderer autant qu'il ſe peut la répugnance qu'ils ont à changer de méthode. Au reſte, peu importe de quelle maniere on faſſe les piſtons & les ſoupapes, pourvu qu'ils rempliſſent bien leurs objets, & que l'eau qui refoule les piſtons ne rencontre point d'obſtacles ſenſibles qui abſorbent une partie de la puiſſance motrice.

Ayant eu égard à ces conſidérations, nous avons eu la ſatisfaction de voir, moyennant une modique dépenſe, que l'équipage répondant à la roue qui regarde le Quai Pelletier que nous avons rectifié, produit cent pouces d'eau, & continue de les donner, ainſi que nous l'avions promis au Bureau de la Ville, au lieu de 50 qu'il élevoit auparavant, par le ſeul changement des corps de pompe, des récipiens qui les couronnent, & des tuyaux montans. Ces changemens ont paru ſi naturels à ceux qui en ont bien entendu la méchanique, que ces pompes ainſi rectifiées ſont aujourd'hui imitées à Paris & dans les Provinces; parce que l'on a enfin ſenti l'avantage qu'il y avoit de faire le paſſage de l'eau, depuis l'endroit des piſtons juſqu'aux cuvettes ou réſervoirs, d'un diametre au moins égal à celui des corps des pompes.

Fin du troiſieme Livre.

Développemens de la Machine appliquée au pont Notre Dame à Paris.

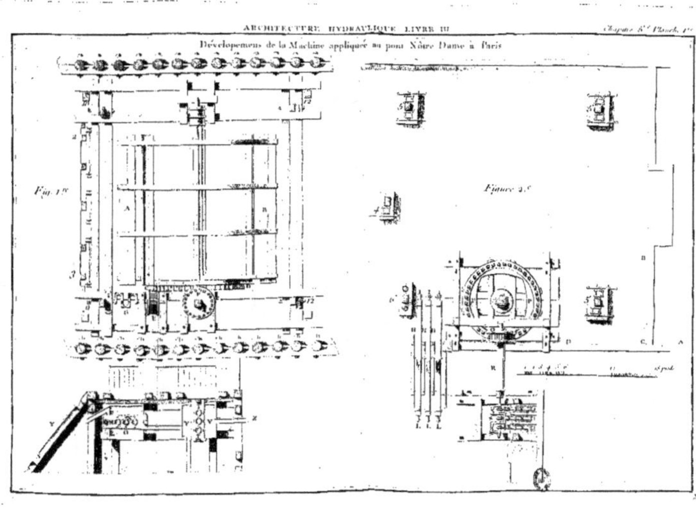

Développemens de la Machine appliquée au pont Nôtre-Dame à Paris.

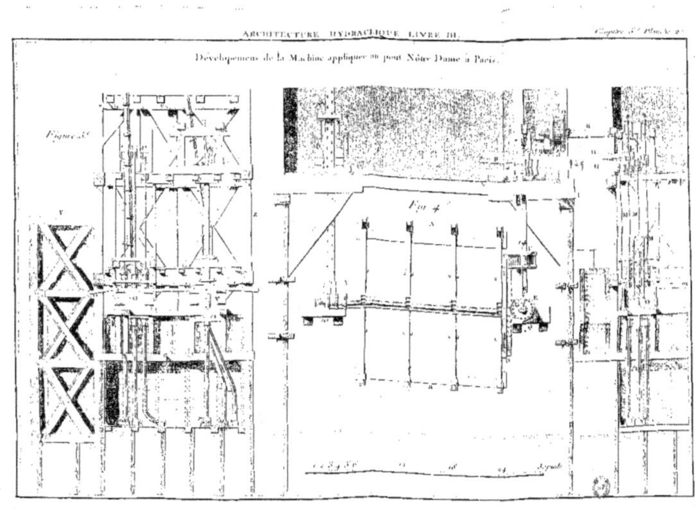

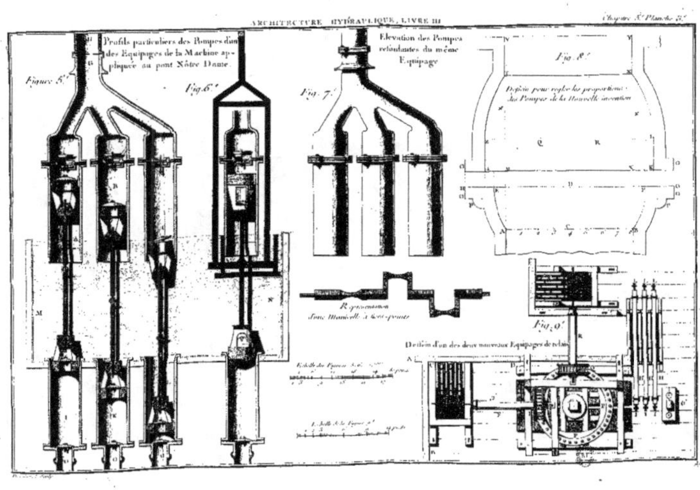
Figure 5.e
Profils particuliers des Pompes d'un des Equipages de la Machine appliquée au pont Nôtre Dame.
Fig. 6.e
Fig. 7.e
Elevation des Pompes refoulantes du même Equipage
Fig. 8.e
Dessein pour regler les proportions des Pompes de la Nouvelle invention
Representation d'une Manivelle à trois-pointes
Fig. 9.e
Dessein d'un des deux nouveaux Equipages de relais
Echelle des Figures 5, 6, et 7
Echelle de la Figure 9.e

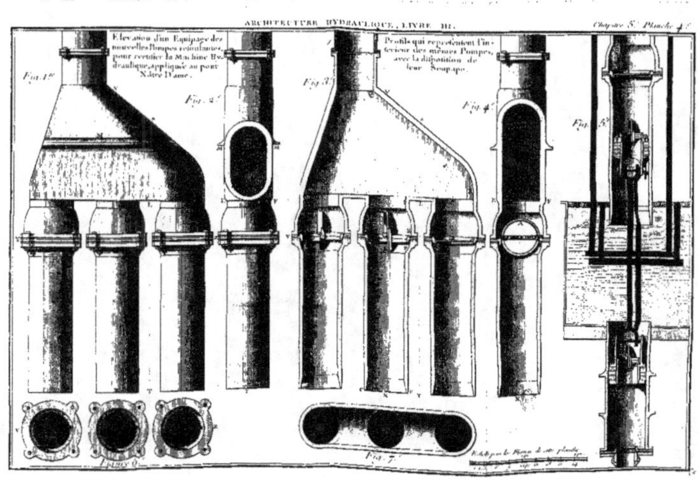
Fig. 1.er
Elevation d'un Equipage des
nouvelles Pompes refoulantes,
pour rectifier la Machine Hy-
draulique, appliquée au pont
N.tre Dame.
Fig. 2.e
Fig. 3.e
Profils qui representent l'in-
terieur des mêmes Pompes,
avec la disposition de
leur Soupape.
Fig. 4.e
Fig. 5.e
Fig. 6.
Fig. 7.

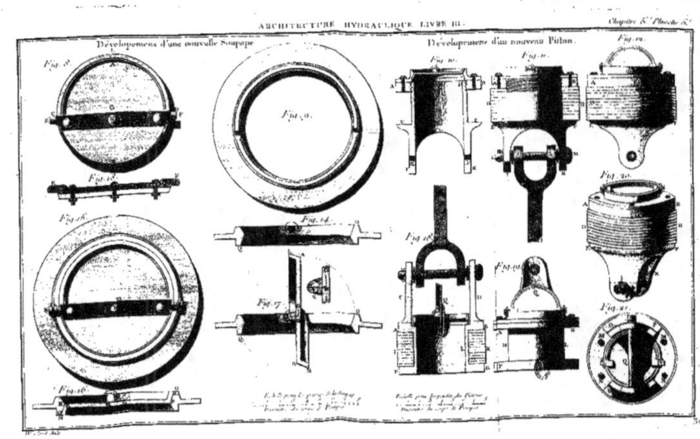

Développemens d'une nouvelle Soupape.

Développemens d'un nouveau Piston.

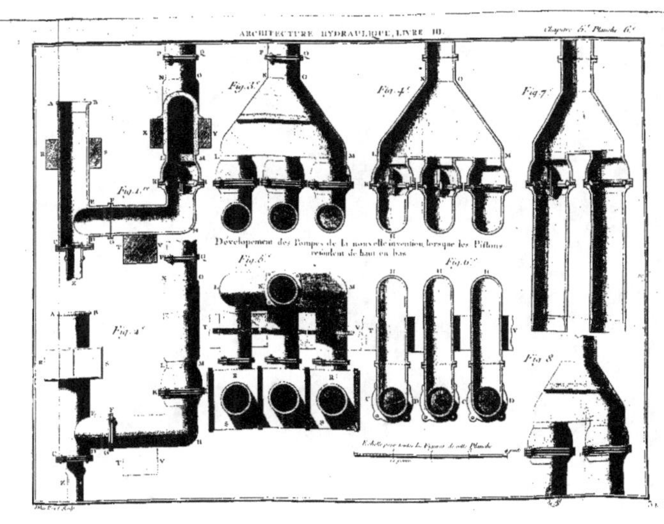

ARCHITECTURE HYDRAULIQUE, LIVRE III.
Chapitre 6.e Planche 6.e
Fig. 3.
Fig. 4.
Fig. 7.
Fig. 5.
Fig. 6.
Développement des Pompes de la nouvelle invention, lorsque les Pistons
refoulent de haut en bas.
Fig. 1.er
Fig. 2.
Fig. 8.
Echelle pour toutes les Figures de cette Planche.